Travestilidades em diálogo na pista acadêmica

Marco Aurélio Máximo Prado
Rafaela Vasconcelos Freitas
(Orgs.)

Travestilidades em diálogo na pista acadêmica

autêntica   aRGos

EDITORAS RESPONSÁVEIS
Cecília Martins
Rejane Dias

REVISÃO
Bruna Emanuele Fernandes

CAPA
Alberto Bittencourt
(sobre ilustração de Paulo Bevilacqua)

DIAGRAMAÇÃO
Christiane Morais de Oliveira

CNPq FAPEMIG

Dados Internacionais de Catalogação na Publicação (CIP)
(Câmara Brasileira do Livro, SP, Brasil)

Travestilidades em diálogo na pista acadêmica / organização Marco Aurélio Máximo Prado , Rafaela Vasconcelos Freitas. -- Belo Horizonte, MG : Autêntica, 2022. -- (Argos.)

Bibliografia
ISBN 978-65-5928-065-0

1. Ciências sociais 2. LGBTQIAP+ - Siglas I. Prado, Marco Aurélio Máximo. II. Freitas, Rafaela Vasconcelos. III. Série.

21-75432 CDD-300

Índices para catálogo sistemático:
1. Ciências sociais 300

Aline Graziele Benitez - Bibliotecária - CRB-1/3129

GRUPO **AUTÊNTICA**

Belo Horizonte
Rua Carlos Turner, 420
Silveira . 31140-520
Belo Horizonte . MG
Tel.: (55 31) 3465 4500

São Paulo
Av. Paulista, 2.073 . Conjunto Nacional
Horsa I . Sala 309 . Cerqueira César
01311-940 . São Paulo . SP
Tel.: (55 11) 3034 4468

www.grupoautentica.com.br
SAC: atendimentoleitor@grupoautentica.com.br

©PAULO BEVILACQUA

Homenagem a Anyky Lima (*in memoriam*).

Pesquisa, corpos e saúde

Direitos

Trânsito e trabalho

Violências e ontologias da exceção

Cidades e outras histórias

Prefácio

Keila Simpson Sousa

Recebi muito honrada o desafio de escrever este prefácio. Chamo de "desafio" especialmente por duas razões: a primeira porque se trata de uma obra que homenageia uma pessoa que me ensinou muito do que eu sei, que gostava da vida da maneira mais simples, que gostava da vida da maneira mais simples, que era senhora de um amor inigualável, inclusive pelos animais, especialmente cães, e que tinha prazer em receber visitas na sua casa e cozinhar para elas. Tinha aquele jeito de vovó, dessas avós que adoram suas netas e netos e que amam contar histórias, histórias nem sempre felizes, histórias reais escritas com tinta forte, pois aprendeu desde cedo o peso de ser excluída. Mas não deixou que essa exclusão a acompanhasse para sempre.

Anyky Lima, senhora de todas nós, quantas passagens, quantas lembranças. Quanta risada arrancou de nós com seu senso de humor inigualável? Sempre estava aberta a novos aprendizados, e se descobriu ativista, aquela que conhecemos depois de ter chegado à idade adulta, mas que ela sempre fora. A sua existência já era por si só uma resistência ativista que deixaria mais adiante esse caminho aberto para muitas outras. Com isso, tornou-se um referencial para a cidade de Belo Horizonte, para o estado de Minas Gerais, para o Brasil e o mundo. Ela atravessou fronteiras. Portanto, essa homenagem premia a grande história e o imenso legado dessa senhora travesti que sabia como ninguém o lugar de onde veio e o que queria deixar para as pessoas que viessem depois dela. Era professora por opinião. Sem precisar ostentar um diploma, formou muita gente por esse Brasil afora. Resta a saudade e a certeza que nunca será esquecida.

A segunda razão honrosa de escrever esse prefácio também é motivo de orgulho, porque acompanhei de perto pesquisadores que produziram o trabalho acadêmico que ora é apresentado aqui, mas cujos dados já há muito foram publicados na internet – há dez anos. É um estudo atemporal, nesse sentido. Além de ajudar na elaboração do questionário da pesquisa e nas reuniões com os pesquisadores, pude ainda constatar *in loco* como é o relacionamento e as tarefas das pessoas que atuaram com a pesquisa.

Lidar com travestis em quaisquer circunstâncias levará as pessoas a se envolverem com questões que fogem àquelas que estão descritas nos projetos. Isso porque a vida delas é cheia dessas intempéries momentâneas, e elas obviamente lançarão mão das pessoas mais próximas, requerendo auxílios diversos, seja com questões simples ou mais complicadas. Fato é que qualquer pessoa com um mínimo de sensibilidade não passará incólume diante da convivência com essa população, mesmo nos trabalhos de pesquisas acadêmicos. Por isso quero insistir, quase que como um pedido dos movimentos sociais dos quais faço parte, que aumentem as possibilidades de pesquisas nesse campo e seus desdobramentos para dialogar com a população e ajudar nas construções de políticas públicas tão importantes para a inclusão social desse segmento.

Obviamente que a obra está recheada de outros textos de relevada importância para os nossos aprendizados quotidianos e para as nossas reflexões, pois são estudos diversos de pesquisadores empenhados em demonstrar, sob variados aspectos, as travestilidades que permeiam a população em geral e aquelas em diálogo com a pesquisa. Ora temas mais antigos, mas não sem importância, ora temas mais atuais que precisam ser debatidos para que se avance ainda mais. Mesmo com os parcos direitos já conquistados, é fundamental olhar para o futuro no sentido de avançar e conquistar ainda mais, e jamais deixar se aproximar o retrocesso que teima em se avizinhar.

O diálogo entre a travestilidade acadêmica e a travestilidade da pista poderia colocar esses dois polos em lugares distintos, e até hierarquizados, mas não é o que se observa lendo as autoras e os autores deste livro. Reconhece-se nelas e neles a grande contribuição que deram para que a travestilidade da pista e fora dela fosse algo cada vez mais natural e que pudesse espelhar nas pessoas a possibilidade ampla de oportunidades de se reconhecer e agir como bem entenderem e quiserem.

Vocês poderão acompanhar aqui nessa dança de travestilidades uma grande variedade de estudos, pensamentos e trabalhos de quem está sempre problematizando os privilégios, se afetando com os problemas e buscando soluções, trazendo em seu bojo as opiniões e contribuições das pessoas pesquisadas. E, em alguns momentos, as próprias pesquisadas de antes se tornaram as pesquisadoras de agora. Esse movimento cíclico só é possível hoje pelas muitas resistências que foram se estabelecendo no decorrer do percurso, em especialmente a população trans ocupando o espaço acadêmico. E isso se pode notar especialmente na entrevista de Liliane Anderson sobre a sua experiência nesse estágio superior e sua imensa convivência com Anyky Lima, a homenageada.

Fechando o ciclo, acredito que vocês terão aqui um exemplar farto dos conteúdos que permeiam o universo de travestis e demais pessoas trans, e que, a despeito do tempo, da localização e do espaço em que a pesquisa foi realizada, ainda são fundamentais para que nosso olhar crítico possa estar sempre alerta a qualquer sinal de retrocesso, para que a nossa travestilidade possa ser ainda mais visibilizada e respeitada.

Apresentação

viviane vergueiro

*Quero começar esta carta agradecendo ao bom confrade José Mina e pedindo licença, com afeto, a Keila Simpson, Alexandre Peixe, Anyky Lima (*in memoriam*), Liliane Anderson Reis Caldeira, João W. Nery (*in memoriam*), Jaqueline Gomes de Jesus, Martinha (*in memoriam*), Simone (*in memoriam*), Guilherme Almeida, Sara Wagner York, Millena Passos, Paulett Furacão, Azii Repolês, Megg Rayara Gomes de Oliveira, Gab Lamounier, Thiffany Odara, Linda Brasil, Fernanda Bravo, Indianare Siqueira, Kika Medina e a tantas outras mulheres e homens trans, travestis, transvestigêneres, pessoas não bináries que seguem, seguimos!, em resistências de vida. Eu e tantas outras pessoas só sentimos que somos como somos, nos dias de hoje, porque vocês existem.*

E assim me sinto um pouco menos insegura para escrever estas linhas, para estar nestas páginas em que nos propomos pensar a respeito de espaços e tempos pelos quais pessoas trans e travestis passaram, seja em Belo Horizonte, seja por outros lados desta Abya Yala, este continente "amefricanizado". Este mundo que, enfim, vamos destruindo, enquanto humanidade neste cistema-mundo capitalista. Espero que a gente negocie bem o babado nesse apocalipse militarizado, seja pelas pistas da Pedro II, Pampulha, Santos Dumont, da avenida Paraibuna (em São José dos Campos, SP), entre tantas outras, e para além delas.

Estou muito agradecida pelo convite feito a mim para elaborar a apresentação de um livro em que confluem tantos afetos e saberes, nas relações entre comunidades trans, travestis e não binárias e pessoas pesquisadoras dedicadas às questões relacionadas a identidades de gênero.

As linhas iniciadas acima, de uma carta com que pretendia abrir um texto para este livro, eu as considerei manter pela percepção de que elas são meu melhor pedido de "com licença" às pessoas que estiveram (bem) antes nas lutas, àquelas que vêm realizando a continuidade dessas lutas, e às que estarão. Ainda que profundamente incompleto, meu desejo é enfatizar esse sentimento de que "somos como somos, nos dias de hoje, porque vocês existem".

Entre a saudade e a indignação diante de injustiças, entre incidências babadeyras e atuações institucionais, entre eleições e entornos acadêmicos, entre as artes, os bares e as casas de acolhimento e a sobrevivência contra cistemas, tento – tentamos – compreender e expressar o que é (também, e apesar deles) abundância e complexidade, nos espaços-tempos de *in memoriams* e ciscolonialidades sempre presentes, inclusive nas estruturas acadêmicas e em movimentos sociais.

Agradeço ao do Núcleo de Direitos Humanos e Cidadania LGBT (NUH), da Universidade Federal de Minas Gerais, por toda a confiança em poder estar entremeada a uma população que, de diversas maneiras, me permite conhecer melhor quem sou. Junto ao Núcleo de Pesquisa e Extensão em Culturas, Gêneros e Sexualidades (NUCUS) e ao Núcleo de Estudos Interdisciplinares sobre a Mulher (NEIM), ambos na Universidade Federal da Bahia, aos espaços acadêmicos e às trocas de ideias que tive privilégios em acessar, e me permitiram conviver e conhecer com amigues e colegas que me ensinaram demais, em especial a partir de 2012.

Pelas conversas com chás e bolachas, em saídas de evento ou acolhidas na casa das pessoas amigas e pares de trabalho acadêmico, sinto que há muito mais do que a importante dimensão existencial e subjetiva, quando pensamos sobre identidade(s) de gênero. Essa dimensão é sem dúvidas um marco fundamental, mas é nas perambulações e nas relações que nosso existir como homens, mulheres, pessoas efetiva-se como dinâmica, negociação e afeto – algo que os ambulares de algumas pessoas queridas me fizeram perceber como relevantes para fazer críticas robustas a políticas institucionais, por exemplo.

E assim, esse "muito mais", esse excesso sublime que compõe trajetórias acadêmicas e ativistas, talvez seja meu principal convite à leitura e ao diálogo com este *Travestilidades em diálogo na pista acadêmica*: ainda que tomemos a dimensão subjetiva da identidade de gênero como fundamento para defender e promover os direitos de pessoas trans, travestis e não binárias a partir dos paradigmas de Direitos Humanos – os Princípios de Yogyakarta e a Opinião Consultiva 24 da OEA sendo dois exemplos importantes desse uso –, acredito que as pessoas autoras partem desses paradigmas para analisar, justamente, outras dimensões do real que operam em infâncias, escolas, metodologias, noticiários, modos de vida, e que têm efeitos (interseccionalmente) específicos sobre essas populações.

Afinal, ao considerar criticamente os imaginários acerca de pessoas trans, travestis, não binárias, acredito que não se trata de meramente elaborar uma reação às limitações epistêmicas e éticas de um modelo de saúde pautado no viés da patologização (em transtornos, disforias ou incongruências), por exemplo, mas sim de poder apreciar as dimensões de trajetória, territorialidade e temporalidade, em corpas e existências racializadas, localizadas enquanto classe, religião, afinidades, de formas múltiplas. E também de podermos imaginar outras maneiras de conceber a saúde, a educação, as existências em coletividade – para trabalho, sociabilidades, conjugalidades – de uma população inimaginável em tantas dessas dimensões.

E me parece relevante considerar também as maneiras pelas quais essas possibilidades de apreciação, potencializadas pelas experiências complexas de pessoas trans, travestis, não binárias – inclusive enquanto autoras, ativistas e mobilizadoras comunitárias –, implicam todas as pessoas, inclusive as cisgêneras, em processos de avaliar como a identidade e a expressão de gênero são aspectos socioculturais relevantes para nos pensarmos no mundo que habitamos.

E, nesse processo de implicação de todes nós, acredito que haja três valores significativos oferecidos por este livro, relacionado ao tempo envolvido no seu desenvolvimento, e cultivado pelos compromissos e reflexões críticas das pessoas autoras que compartilham saberes por suas páginas:

– A possibilidade de notar as entrelinhas de afetos e alianças que viabilizam, em parcerias e coautorias, a presença crescente de pessoas trans, travestis, não binárias na produção de conhecimentos relevantes desde paradigmas teóricos vários. Considerando minha própria possibilidade de doutoramento a partir das ações afirmativas para pessoas trans no Programa de Pós-Graduação em Estudos Interdisciplinares em Mulheres, Gênero e Feminismo (PPGNEIM), este livro reflete essa presença crescente, assim como a existência de pesquisadoras e docentes comprometidas com a promoção dessa presença.

– A relevância dessas existências e produções para pensarmos questões políticas pertinentes para todas as pessoas – em relação às infâncias, à ocupação das cidades, à integralidade da saúde, aos processos migratórios, entre outros exemplos. A composição plural de temas, contextos e territorialidades nos textos é um convite para uma implicação política de todas, para que nenhuma questão desconsidere a existência específica de pessoas trans – "como esta questão afeta comunidades trans de um dado contexto?" –, e para que as questões específicas de pessoas trans inspirem processos políticos de justiça social – "se os direitos garantidos às infâncias servirem para o bem-estar de pessoas que venham a se identificar como trans, será um aprendizado possível para todas as infâncias".

– A potência dessa complexidade para o enfrentamento de estigmas e exotificações sobre essas populações, situando-nos enquanto pessoas-sujeito de uma necessidade urgente, já defasada, de nos recusarmos a ser essa humanidade que sustenta o Antropoceno climático, este período agravado pelo cistema capitalista e seus complexos, particularmente o militar-prisional. Uma necessidade que nos convoca e participar de pedagogias que nos ajudem a desaprender modos de vida normativos e tóxicos, pautados por violências e injustiças. Espero que sigamos constituindo mais e melhores espaços-tempos para produção e compartilhamento de saberes que nos apoiem nesses enfrentamentos.

Nesse sentido, gosto de imaginar que, a partir das pessoas autoras neste livro e também das que citei respeitosamente no início deste prefácio, as pessoas que leem estas páginas sejam afetadas e instigadas a pensar e se comprometer com as questões em torno de identidades de gênero e das populações trans, travestis, não binárias, e de identidades de gênero não ocidentais, contribuindo para que efetivamente essas questões e esses termos não sejam meros vazios retóricos, mas um compromisso de se dispor ao aprendizado e desaprendizado constantes em comunidade.

Em meio a tantos cortes e precarizações, a toda ameaça e restrição, tenho um sentimento de grande responsabilidade em compartilhar as linhas desta apresentação, entendendo o livro como preciosidade coletiva de resistência. São tempos brutais, é preciso registrar; a potência da solidariedade, do conhecimento e da justiça, entre brechas opacas de intersecções, é o que temos como comunidade, mesmo que dentro das suas limitações.

É essa a potência que eu espero que você encontre aqui.

Com afeto, viviane v.

Pesquisa, corpos e saúde

Capítulo 1

As travestilidades: experiências, políticas e protagonismos acadêmicos

Rafaela Vasconcelos Freitas
Marco Aurélio Máximo Prado

O caminho até aqui foi longo e cheio de desvios. Em 2010, iniciamos no Núcleo de Direitos Humanos e Cidadania LGBT+ (NUH+) da Universidade Federal de Minas Gerais (UFMG) as primeiras conversas com ativistas trans, travestis e estudantes, a fim de construir uma aproximação que integrasse a construção de um campo de pesquisa com as experiências de travestis na cidade de Belo Horizonte. Em 2015, começaríamos a sistematizar dados sociodemográficos que revelariam uma outra imagem pública sobre essas populações e a vislumbrar um cenário acadêmico e social que se modificava (lentamente) com as torções provocadas pelas sujeitas e por esses saberes.

Agora em 2021 temos o prazer de celebrar essa trajetória compartilhando um conjunto de reflexões que nos permitem olhar para essas produções e extrapolar em muito os dados estatísticos. Comemoramos mais de uma década dessa interlocução sistemática e institucional com ativistas locais e nacionais do movimento de travestis que acionou meandros da Universidade, nos convocando a institucionalizar processos de aprendizados entre pesquisadoras, ativistas e estudantes e a assegurar direitos no âmbito acadêmico. Um destes, que deve ser destacado, é a garantia do direito ao uso de nome social na UFMG, o que possibilitou o debate sobre as formas de permanência de pessoas trans e travestis no cotidiano da universidade, além da proposição e organização de projetos de pesquisa e extensão em diálogo permanente com o ativismo que trouxessem ao debate público aspectos como: modos de vida e condições de vulnerabilidade de pessoas trans; a relação entre transexualidades e ordens institucionais variadas; a violência e o campo dos direitos humanos. Enfim, pouco mais de uma década de experimentos e consolidações que comemoramos com este material que agora se torna um livro de debates, dados, convocações e memórias da relação entre conhecimento e experiência.

A pesquisa "Direitos e violência na experiência de travestis e transexuais na cidade de Belo Horizonte: construção de um perfil social em diálogo com a população", ou Projeto Trans, como costumeiramente nos referíamos a ela, tem início com uma proposta de aproximação das vivências travestis e trans.[1] Imaginávamos buscar além do que se sabia e se repetia, dentro e fora das universidades, sobre essas populações, seus ofícios e sua vida na cidade. Escutar e produzir um registro que pudesse visibilizar histórias, perceber vivências e em alguma medida substanciar demandas e denúncias protagonizadas pelos movimentos de luta por direitos.

A chamada, que reuniu estudantes de graduação em Psicologia, se articulava em torno do termo queer, ainda novo para muitos em meados de 2010. O estágio em psicologia social comunitária, e posteriormente a pesquisa, não se daria nos limites do perímetro universitário, não aconteceria no horário comercial e exigiria colocar em suspensão o que se apresentava como diagnóstico sistematizado e legitimado pela ciência sobre os corpos, os gêneros e as sexualidades. Assim, o que começou como queer foi se aproximando do *cuíer*, das *teorias cu* (Pelúcio, 2014), do queer *caboclo* (Fernandes, 2020), reafirmando a necessidade de descolonizar olhares, pensar o local e o marginal, "falar de racismos tanto quanto de homotransfobia, falar de classe tanto quanto de feminismos, falar de pobreza e fome tanto quanto de misoginia, pois, de várias maneiras, esses processos se entrecruzam" (Fernandes, 2020, p. 39).

Começamos com a retomada de etnografias brasileiras como as de Neusa Oliveira (1994), Marcos Benedetti (2005), Hélio Silva (2007), Don Kulick (2008) e Larissa Pelúcio (2009), percorrendo os registros sobre o enfrentamento ao HIV/AIDS, sua correlação com a efervescência dos movimentos LGBT e suas revoluções nos estudos sobre as sexualidade e sociedade brasileira e revelando as articulações

[1] As expressões "pessoas trans", "vivências trans" e "trans" são usadas neste texto em referência à extensa gama de possibilidade de classificações identitárias dentro dos trânsitos de sexo/gênero, e, aqui, serão sinônimos de travestis e transexuais, as identificações mais comuns entre as interlocutoras da pesquisa.

entre violências de gênero e políticas da sexualidade, entre corpo e dominação, entre invisibilidade e hierarquias de gênero.

Teríamos como marca da diferença naquele contexto universitário a interlocução não somente com as produções acadêmicas, mas também com os ativismos, materializados pela consultoria de um trio de Rainhas Travestis – Anyky Lima, Keila Simpson e Liliane Anderson – que nos acompanharia por muitos anos, em diferentes frentes e com participações diversas. Elas nos guiaram pelo caminho das ruas, indicando como chegar e a hora de sair. Foram anfitriãs e parceiras na organização de muitos eventos de militância,[2] que também constituíam nossa inserção. Contamos também com a colaboração de outras travestis como Gizela Lima, Glendha Oliveira, Rayla, Flávia e Cristal Lopes, tanto na elaboração e aplicação dos questionários quanto na maestria na condução dos cerimoniais e dos debates nos eventos.

O que elas queriam nas conversas com o NUH+ era produzir uma pesquisa que mostrasse "a realidade como ela é". "Chega de entrevistas com ativistas para dizer como é a vida das travestis. Queremos dados sobre a vida delas, das que vivem em condições mais duras e vulneráveis, pois com eles poderemos negociar com o poder público, com as políticas e com a cidade direitos e melhores formas de vida" – era o que nos diziam as ativistas ali nos idos de 2011 e 2012.

A demanda que vinha sendo elaborada em nossos encontros não era tão simples, pois implicaria construir um campo de diálogos permanentes com as travestis que estão no trabalho sexual, nas noites, frequentar as casas coletivas, dialogar com donas de casa, mas também com círculos de cafetinagem e do tráfico de drogas que, por certo, marcavam um campo/pista que ia se configurando em nosso cotidiano. Uma demanda que, ao mesmo tempo que fazia brilhar os olhos das envolvidas, também mostrava que precisaríamos constituir uma equipe muito delicadamente pensada. Os anos de ativismo e as

[2] Destacamos aqui a realização do VII Encontro de Travestis e Transexuais da Região Sudeste e do I Encontro Nacional da Rede TRANS-EDUC da Associação Nacional de Travestis e Transexuais (ANTRA), sediados na UFMG. Em parceria com o Grupo Orgulho, Liberdade e Dignidade de Colatina (GOLD-Colatina/ES) e com o Núcleo Trans do Centro de Luta Pela Livre Orientação Sexual (CELLOS-Trans), levamos mais de 150 pessoas trans e travestis para o campus universitário da Pampulha, finalizando com uma visita coletiva a um grande museu a céu aberto da região.

provocações inspiradoras de Liliane Anderson, que integrava a equipe do NUH+, a presença constante, inclusive nas pistas, de Anyky Lima, ativista referência na cidade de Belo Horizonte e a experiência e a sagacidade intelectual de Keila Simpson, que se estabeleceu como consultora da pesquisa, foram centrais na elaboração e execução desta aventura coletiva.

O conjunto de ações que constituiu a pesquisa ao longo dos anos afetaria de muitas maneiras uma geração[3] de estudantes, que se doaram para a construção de outras ferramentas de saber, outras formas de conceber, exercer a profissão e pensar a ética e as políticas. As equipes que se revezaram ao longo dos anos, na típica cadência universitária, foram fundamentais para sua complexidade e longevidade. Os afetos e interesses mobilizados geraram também novas pesquisas na pós-graduação, outros projetos e uma saudade sempre manifesta.

A aplicação dos questionários que deram origem aos dados brutos da pesquisa fez parte de uma etapa dessa interação, possível somente em função da imersão em campo que toda a equipe realizou. Uma imersão na cidade, nas políticas públicas, na noite e, aos poucos, nas histórias e vivências dessas *meninas*, como mineiramente nos referimos a elas. Das jornadas nas madrugadas passamos aos dias, das pistas (esquinas, ruas e avenidas) e bares passamos às casas, pensões, às visitas ao sistema de saúde e também às compras e às festinhas.

As interações on-line também comporiam esse cenário. Muitas meninas foram conectadas às nossas redes sociais (onde muitas permanecem), o que serviu como forma de comunicação e, consequentemente, de interação com aquilo que se tornava público com as postagens: sociabilidades, momentos de lazer, transformações e celebrações do corpo, amores, amizades, indignações. Isso ajudou a configurar um campo múltiplo de interações, trocas e afetos.

Buscar traçar um perfil socioeconômico dessa população nos indicou a necessidade de entender também suas interações sociais, suas formas de apropriação e trânsito no espaço urbano e também suas

[3] Eu, Rafaela, tenho o prazer de fazer parte dessa geração que foi atravessada por essas experiências ao longo de toda minha formação acadêmica e profissional. Fui uma das alunas de graduação do primeiro estágio curricular e atuei nas diferentes frentes da pesquisa e suas derivações ao longo do mestrado, do doutorado e atualmente no pós-doutorado e na docência.

formas de uso do tempo. Se a diversão de muitos para elas é também trabalho, como e quando se divertem? Como o lazer acontece? A que fatores ele está condicionado? De que maneira ele nos ajuda a entender a dinâmica das regulações sociais sobre os corpos? Foi assim que o campo sociodemográfico foi se tornando limitado para nomear o que estávamos construindo; passamos a falar de Projeto Trans como um campo.

Se nos atermos somente aos dados quantitativos sobre "lazer e uso do tempo livre", por exemplo, nos resultados finais da pesquisa, vamos nos deparar com as "categorias do não". O que não ou nunca se faz representa a maioria das respostas, corroborando aquilo que observamos em grande parte das narrativas que se constroem sobre a população trans e travesti ao longo desses anos: o isolamento social imposto, a violência de Estado, a violência de gênero materializada pela transfobia. Foi e é importante construir caminhos que visibilizem como a precariedade (Butler, 2015) manipulada pelos poderes que denunciamos não se refere unicamente às possibilidades de sobrevivência, mas também à qualidade dessa sobrevida. Os dados brutos indicam outras violências além daquelas que estão nas notícias, sinalizam as consequências da privação do convívio familiar, a opressão do percurso escolar, as impossibilidades de trabalho e renda e as violências das normativas sociais.

No entanto, é majoritariamente nas interações compartilhadas em anos de campo para nós e de pista para elas – portanto de um "campista" –, bem como nas entrevistas qualitativas que nos aproximamos melhor de algumas categorias. Como tantas vezes observamos e ouvimos em eventos de militância trans pelo país, travestis e transexuais não vivem somente "histórias de terror". Estão presentes nesses relatos também as relações com os príncipes/as princesas (que tendem a se comportar mais como sapos), os momentos de princesa – *belíííssimas!* –, as baladas, amizades, solidariedades, resistências, militâncias e realizações pessoais e profissionais dentro e fora dos regimes variados da prostituição.

Na singularidade das experiências locais, fomos assistindo e aprendendo a participar de um tipo de ativismo com formas inovadoras de resistência que no campo da política convivem ainda de forma invisibilizada pelos discursos acadêmicos e institucionais. Esse emaranhado que se dá, híbrido, entre resistir e politizar (Carrijo *et al.*, 2019), entre a mescla da violência e da invenção.

Entre 2010 e 2012 fomos, em Belo Horizonte, acionados como NUH+ pelas ativistas em torno de algumas violências que pouco apareciam no cenário mais institucional. As travestis de determinada região, com pistas mais ou menos marcadas por moradia coletiva, vinham sendo apedrejadas por passageiros de ônibus do transporte coletivo. Em direção ao corpo delas que, ao anoitecer, encontravam-se em seus postos de trabalho, entre algumas esquinas de uma grande avenida da cidade, foram arremessados paralelepípedos e pedras pelas janelas e portas dos veículos. Tratava-se de um caso de violência até então anônima e de um tipo de violação que se dava de forma sistemática com atos bem organizados. Envolviam motoristas de empresas de ônibus, passageiros organizados, observadores, cobradores como cúmplices (quando não autores) de um tipo de violência que beirava uma tentativa de homicídio, posto que arremessavam paralelepípedos, de um ônibus em movimento, em direção ao rosto e ao corpo das meninas.

Iniciamos uma série de denúncias junto aos órgãos de justiça, mas os critérios de escuta das lógicas institucionais nem sempre faziam das denúncias algo relevante para ser ouvido por delegados, promotores e investigadores. Resolvemos, então, iniciar um processo de conversas com as envolvidas. Elas já tinham um mapeamento bastante denso da cena dessa violência. Sabiam que eram sempre as mesmas pessoas, em determinadas linhas de ônibus, com motoristas específicos e no mesmo horário em dias da semana. Com isso, resolvemos montar uma ação estratégica de mapeamento ainda mais próximo dos violentadores. Iniciamos então uma série de viagens nesses ônibus, a fim de identificar como, quando e quem estaria envolvido nessas deprimentes cenas. Ao mesmo tempo, elas, as travestis, foram articulando aquela delicada passagem entre a dor do sofrimento, a revolta da injustiça e a ação de resistência. Nessas conversas, processos elaborativos foram se dando, e elas organizaram ações de reação. Isso mesmo, eram ações de reação que se consolidaram como resistências que iam desde entrar nesses veículos desde os pontos iniciais das viagens para mapear o complexo ato criminoso, reagir com as mesmas pedras atirando-as de volta nos ônibus e consolidar as denúncias institucionais com exames de corpo de delito e petições judiciais para sensibilizar gestores públicos.

Essas e outras passagens confirmavam que, compondo os cenários da pesquisa, temos a cidade e suas divisões hierárquicas, formando imagens heterogêneas no que diz respeito às formas de sociabilidade, pois representam tanto a discriminação e a exclusão social quanto formas específicas de integração e inserção no convívio urbano (Siqueira, 2009). Os resultados dessa pesquisa indicam também como o trabalho com a prostituição representa diferentes esferas de sociabilidade, que vão desde figurar como o gerador de renda, como a porta de entrada em uma comunidade, o espaço de troca e construção de saberes, a criação de vínculos afetivos e estratégicos e também o exercício das violências normativas.

As violências vividas pelas travestis são muitas e recorrentes, como todos os dados nacionais indicam (Antra, 2020; NUH, 2020). Mas, sem dúvida alguma, é fundamental destacar com relação à lógica da violência e do não reconhecimento dos direitos a função que as instituições de justiça têm. Há uma lógica de encarceramento em massa de travestis que exerce a materialidade da criminalização do gênero (Prado *et al.*, 2018; Vidal, 2020). Há uma operação sensível de, por um lado, deslegitimar a sociabilidade travesti e, por outro, penalizar o próprio gênero como uma forma de reiterar que o que o Estado tem a oferecer é a prisão.

Neste capítulo inicial, compartilhamos fragmentos dessas histórias que conhecemos e vivenciamos. Entendemos que eles são pertinentes a um recorte histórico, socioeconômico, geográfico e do que é possível ser captado nas relações de pesquisa. A construção de questionários e roteiros de entrevistas são sempre precários frente às possibilidades de vivência e acompanhamento de um percurso. Por isso, o *estar em campo*, os eventos acadêmicos e militantes regionais e nacionais e as demais interações sociais também são partes importantes dos cenários e discursos aqui lembrados e analisados.

O sexo e a cidade

> As quartas-feiras são os dias mais representativos dessa relação entre o sexo (T) e a cidade. Vamos a campo, na região da Avenida Pedro II, um pouco mais cedo, pois elas só podem conversar conosco

> antes das 22hs. São dias agitados em que estamos com um olho na conversa e outro na rua, enquanto os ouvidos (os nossos e os delas) recebem os insultos transfóbicos, racistas, homofóbicos e machistas que vêm dos carros e dos ônibus que se dirigem ao estádio do Mineirão. Pais, filhos, amigos e eventualmente algumas mulheres gritam ofensas e deboches, protegidos pelos vidros dos automóveis. Nesse contexto, sobra tempo para encostar nas paredes, nos carros estacionados e conversar. Após as 22hrs vamos embora, o clima muda. É hora de se arrumarem, focar a atenção nos clientes que passam em abundância. O jogo terminou lá no estádio.[4]

Entre a região da Pampulha e a Avenida Santos Dumont, nas retas da Avenida Pedro II ou nas curvas da Avenida Afonso Pena,[5] nos perguntávamos: Quem pode andar pela cidade? Onde? Como? Os resultados dos questionários indicam que 93,7% das entrevistadas não vão a campos de futebol, no entanto, suas vivências na cidade são muitas vezes influenciadas pelo evento esportivo – ou pelos regimes que eles revelam. Os domingos, por exemplo, dias de grande frequência de transmissão de jogos em bares e outros locais na cidade, tem as ruas ocupadas pelas masculinidades, pelas "famílias tradicionais" e, consequentemente, pelo aumento da violência contra a população trans e outras dissidências (mulheres consideradas "masculinas", homens considerados "femininos"). Esses são dias que revelam a forma como o público e o privado se distinguem e como essas distinções são instrumentalizadas a serviço de políticas sexuais (Butler, 2015). O que deve estar público são as experiências em consonância com a norma: as masculinidades, as famílias heterocentradas, os insultos e violências aos que não reconhecem esse ordenamento. Ao privado, é recolhido aquilo que não deve ser visto como possibilidade – sejam as experiências trans, ou mesmo o sexo, o prazer, as fantasias e afetos com elas, vivenciados muitas vezes nas madrugadas, nos cantos e no escuro ao longo da semana.

Os eventos da Copa do Mundo sediada pelo Brasil em 2014 – período em que estivemos em campo em uma capital que sediou

[4] Trecho do diário de campo.

[5] Essas quatro regiões constituíram os principais espaços de prostituição em que nos inserimos na região metropolitana de Belo Horizonte. Em alguns momentos, a região conhecida como "Praça da CEMIG" também foi visitada semanalmente.

alguns jogos – e seus consequentes rearranjos da cidade também interviram de diversas formas na vivência de populações "ilegítimas" da cidade. Essas intervenções incluíram desde o acionamento de rondas e agrupamentos policiais em lugares populares da cidade, até a mudança de ruas, construção de vias automotivas, mudando o fluxo dos carros, a circulação de pedestres e a iluminação das calçadas – ou seja, influenciando toda a dinâmica de sociabilidade LGBT e de trabalho com a prostituição em alguns dos principais locais da capital.

O debate sobre gentrificação e ocupação urbana tem nos alertado que conceitos como "valorização e revitalização" de espaços urbanos atendem a interesses muito diferentes e conflitantes na cidade. São as populações historicamente destituídas de legitimidade – de fala, de qualidade de vida, de reconhecimento da existência na cidade – as mais afetadas. Ao longo dos anos, ouvimos e presenciamos denúncias forjadas, violentas batidas policiais e perseguições às casas habitadas por travestis. Funcionando como pensões, repúblicas ou em outros arranjos, essas moradias estavam sempre sob a suspeita de atividades ilícitas, alvo de ameaças e vigilâncias.

A pesquisa constatou, ao longo dos anos, como os espaços onde ocorrem as atividades de prostituição e demais atividades comerciais correlatas é alvo da presença do Estado de formas seletivas. Por exemplo, as instituições se fazem presentes em intervenções de saúde quando se entende que o controle de DSTs/AIDS deve ter como público alvo as prostitutas (cis e trans), quando a presença policial atua em intervenções e batidas a potenciais clientes ou mesmo quando demandadas pelos (legítimos) moradores locais para controle/contenção do trabalho sexual. No entanto, se ausentam quando as mesmas prostitutas são alvos de roubos, furtos e violências, ou quando necessitam de atendimento de urgência no local.

A vivência nos centros urbanos exige um saber. Mapas mentais sobre a cidade são atualizados e compartilhados na convivência social entre os grupos: os locais de moradia mais possíveis às pessoas trans, os itinerários e horários mais seguros nos transportes urbanos, os locais onde é viável utilizar banheiros com menos riscos de expulsão ou agressão – toda uma dinâmica que revela a engenharia da vida cotidiana quando a identidade oferece risco de morte.

Nos encontros de militância trans regionais e nacionais que pudemos compartilhar, parte importante e muito aguardada eram os momentos de lazer após as atividades. Aquelas meninas moradoras ou conhecedoras da região compartilhavam os locais que *é bem*, tanto para se divertir como para trabalhar. Durante os anos da pesquisa, após a aplicação de questionários, íamos a bares e forrós na região central indicados pela coordenadora de campo Liliane Anderson. Eram espaços onde os preços e a clientela eram acessíveis, onde se podia tanto ocupar mesas nas calçadas e tomar uma cerveja quanto encontrar potenciais parcerias sexuais/amorosas.

Nos últimos anos em Belo Horizonte, com a presença de muitas pessoas trans em espaços antes excludentes como os cursinhos universitários, as universidades, a cena artística e político-partidária, outras ocupações têm acontecido. Novas gerações trans se misturam com travestis e trans "das antigas" e frequentam outros bares de outras regiões da cidade, o que acaba diversas vezes revelando os cerceamentos sociais vigentes, quando situações de homo e transfobia são denunciadas. Mas, por outro lado, também indicam como integrar outros círculos sociais (além da prostituição) promove e dinamiza o trânsito e a ocupação das cidades.

Um saber sobre a cidade também se constituía entre as equipes de estudantes, que buscavam entender a história dos principais pontos de prostituição e as dinâmicas dos corpos naqueles espaços. Se a distribuição de preservativos e gel funcionava como "porta de entrada", era preciso também construir parâmetros de segurança contingenciais, entender as lideranças locais e o fluxo migratório sazonal da prostituição entre os estados brasileiros. Entre o movimento de carros e clientes, aprendia-se também a lidar com os assédios, a truculência das batidas policiais e outras violências que atravessam o pesquisar nas margens.

Ao longo dos anos, o que compartilhamos com as meninas nas ruas nos indicava que não poderíamos esperar a sistematização dos dados estatísticos da pesquisa para intervir. Foi necessário mediar conversas com a prefeitura e os setores de transporte público, frente aos violentos ataques vindos de passageiros nos ônibus, como contamos anteriormente; negociar com delegados e policiais os registros de ocorrências nas delegacias, em função de ameaças e violências de transeuntes e de alguns operadores da própria segurança pública, assim como criar documentos que provocassem o Ministério Público e o sistema de justiça como um todo à observação das condições de vulnerabilidades relatadas.

Ainda que não contassem em Belo Horizonte, naqueles anos, com um coletivo ou grupo especificamente composto e organizado em torno das experiências trans, uma rede encabeçada muitas vezes por Anyky Lima conectava outros movimentos sociais locais e nacionais, a universidade, setores da administração pública e até igrejas evangélicas na resolução de demandas para a população trans na prostituição, encarcerada ou egressa do sistema prisional. O contato com familiares, a compra de passagens rodoviárias, internações em abrigos e unidades de saúde mental, alimentação emergencial, entre outras demandas, eram negociadas entre esses diferentes atores. Como observa Carrijo *et al.* (2019), ao olharmos para a história de constituição dos ativismos trans,

> [...] na experiência do movimento de luta das travestis no Brasil há várias ações de solidariedade que foram gestando formas de ativismo e participação políticas mesmo que estas não correspondam às clássicas categorias de análise das militâncias, o que vai delineando não só uma forma relativamente autônoma de organização como também bastante nova no repertório das ações políticas que vão, historicamente, sendo desenhadas naquele momento (Carrijo *et al.*, 2019, p. 5).

A pesquisa 10 anos depois

Muitas análises tentam dar conta do nosso panorama político atual. Guilherme Almeida chama de *neoliberalismo confessional* "à agudização da vinculação tática do neoliberalismo a instituições e discursos de origem religiosa e/ou moralizadoras, notadamente de origem cristã. A estas instituições tem cabido a construção da hegemonia conservadora capitaneada pelo *ethos* mercadológico" (Almeida, 2020, p. 722). A dissolução de muitos espaços de diálogo e participação, assim como de programas governamentais e políticas públicas voltadas à população LGBT são característicos desse processo. Ao mesmo tempo, as crescentes candidatura e eleição de pessoas trans em diferentes frentes partidárias indicam tanto a pluralidade que constitui as experiências de trânsito de gênero quanto a busca por formas institucionais de participação e representação políticas.

Foi ao longo desses mais de 10 anos que marcos importantes foram conquistados, transformando as possibilidades e a qualidade de vida de pessoas trans pelo país. Muitos capítulos deste livro refletem os processos que permearam essas demandas e essas conquistas, frutos de um ativismo emaranhado com autonomia, solidariedade, parcerias e estratégias educativas.

> Parece-nos que o movimento das travestis e transexuais constituiu uma forma de autonomia capaz de transitar entre as linhas tênues de um ativismo emaranhado que, entre a ruptura e a captura, fez-se solidário, autônomo e sobrevivente. Tal característica é oriunda de uma habilidade de deslocamento cuja trajetória inicia nas relações que ocorrem nas bordas das políticas, nas fissuras entre o Estado e a sociedade civil – entre os agentes governamentais e programas de intervenção do Estado, seja nas áreas da saúde, educação ou segurança pública – e culmina em participações em comissões e comitês estatais e na relação com ONGs, movimentos sociais e organizações da sociedade civil (Carrijo *et al.*, 2019, p. 10).

Quando começamos essa jornada, as travestis e os homens transexuais ainda não eram beneficiários do Processo Transexualizador no Sistema Único de Saúde (SUS), o que ocorreu apenas em 2013 e em meio a muitas tensões. Em 2012, já celebrávamos a saudosa Fernanda Benvenutty em uma campanha do Governo Federal que informava sobre o direito do uso no nome social na carteirinha do SUS, assim como outras portarias e decretos que posteriormente regulamentariam o mesmo processo no âmbito da educação e da administração pública. Em 2017, após anos de negociações e trabalho conjunto entre atores locais e federais, iniciaram-se as atividades do Serviço Ambulatorial de Atenção Especializada ao Processo Transexualizador, o Ambulatório Trans Anyky Lima, em Belo Horizonte. Em 2018, comemoramos com Keila Simpson, Bruna Benevides, Megg Rayara e Symmy Larrat a queima simbólica dos laudos psicológicos,[6] não mais uma imposição da justiça para a retificação do registro civil.

[6] O Supremo Tribunal Federal, no julgamento da Ação Direta de Inconstitucionalidade (ADI) 4.275, autorizou a retificação de nome e gênero de pessoas trans, de forma administrativa, diretamente no cartório e sem a necessidade de "comprovação da transexualidade" além da autodeclaração.

Essas mudanças acompanharam e substanciaram os avanços no debate sobre a despatologização das identidades trans. Esse processo contínuo combina ações importantes, ainda que insuficientes – como a reorganização das categorias nosológicas nos manuais diagnósticos –, com a saída da inscrição da transexualidade da sessão de transtornos psicológicos do manual de Classificação Estatística Internacional de Doenças e Problemas de Saúde (CID-11). Provoca também, e principalmente, uma torção nas formas de agir e pensar. Os diferentes atores que trabalham para essas mudanças insistem para que despatologizar não signifique desassistir, para que a identidade não seja confundida e resumida a uma representatividade alegórica, e para que as pessoas trans sejam consideradas em sua integralidade, com atenção às suas interseções de raça, classe, idade, corporalidade, religião e o que mais constituir a sua diferença.

Outra questão que nos acompanhou durante essa jornada e merece destaque é o crescimento do número e das possibilidades de pessoas trans integrarem as instâncias formais de produção de conhecimento, assim como de fazer reverberar as informais. Espaços como a página *Travesti Reflexiva*, o site *Transfeminismo* – protagonizado por Hailey Kaas e outras pesquisadoras e ativistas trans –, assim como inúmeros canais de comunicação no YouTube, são alguns exemplos. A produção científica brasileira se enriqueceu e tornou mais evidentes suas contradições e hierarquias com as produções de Luma Andrade, Sara York, Adriana Sales, Viviane Vergueiro, Fran Demétrio, Amara Moira, Sayonara Nogueira, Beatriz Bagagli, Jota Mombaça, entre tantas. Outras formas de registro dessas histórias subjetivas e coletivas que materializam os ativismos LGBT no Brasil, como o documentário *Um atentado violento ao pudor* (2017), dirigido por Gilson Goulart e Keila Simpson, e inúmeras biografias publicadas, vão produzindo abalos e poesia.

O protagonismo travesti nesta pesquisa abriu caminhos para o desenvolvimento de outros trabalhos, também com foco nas transmasculinidades. Em diálogo e colaboração com o ativista Leonardo Tenório, desenvolvemos a pesquisa "Transexualidades e Saúde Pública no Brasil: entre a invisibilidade e a demanda por políticas públicas para homens trans", em uma parceria com o Departamento de Antropologia e Arqueologia (DAA/UFMG) e outros pesquisadores.

Os dizeres que circulam entre as meninas alertam que "bicha burra morre cedo". Na busca da autonomia necessária para sobreviver à negligência e à produção de morte pelo Estado, encontra-se também a materialidade da vida em comunidade – que partilha saberes, caminhos, produz reconhecimento e também cobra empatia. Sobreviver é vencer nesse cenário, mas representa também novos desafios. Como envelhecem as travestis? A demanda por moradia e boas condições de vida na velhice, pauta primeira de Anyky Lima, inclui também, por exemplo, pesquisas a longo prazo sobre o uso de hormônios.

Olhar para os dados hoje é perceber que eles integram a luta pela inteligibilidade travada por pessoas trans e travestis no Brasil, que na contramão de todo exercício nacional de criminalização e violência, tem cada dia superado mais e mais as possibilidades indicadas na regulação normativa e institucional da vida trans. O deslocamento que vem sendo produzido pelas pessoas trans e travestis na realidade social brasileira, na produção do discurso científico, nas lógicas institucionais e nas representações politicas[7] é, sem dúvida alguma, um caminho sem volta e um tracejar no campo dos direitos.

Este livro pretende ser um registro de parte dessa luta pela subversão da inteligibilidade convencional para um alargamento das fronteiras da inteligibilidade no campo dos direitos, das sociabilidades e da política. Nesse sentido, ele apresenta um vasto material reflexivo em diversas áreas interdisciplinares, com dados produzidos por pesquisadoras e pesquisadores cisgêneras/ros e transexuais/travestis que se implicaram em agregar reflexões aos dados da própria pesquisa desenvolvida no âmbito do Núcleo de Direitos Humanos e Cidadania LGBT+ (NUH+) da UFMG.

Mais de dez anos depois, nesse longo processo que, desde o início, enquadra uma história que precisava ser contada para além dos dados da pesquisa, obviamente algumas insuficiências podem ser notadas. A própria pesquisa é datada e contextualizada em um período em que a produção intelectual transfeminista ainda não era expressiva, embora já potencialmente presente em muitas reflexões aqui contidas nos capítulos. A vida social das travestis e pessoas trans pode ter maior visibilidade hoje, sobretudo se pensarmos o papel que a mídia ocupa

[7] Ver os dados eleitorais de 2020.

no campo da aparição pública, mas os dados de violência apresentam inconstantes gráficos, que ora parecem recrudescer ora acirrar ainda mais. Na verdade, podemos dizer que os dados sobre assassinatos de pessoas trans e travestis no Brasil compõem uma enorme caixa de pandora, sempre sujeita a interpretações das mais variadas – tornando-a sujeita, portanto, à própria política, o que indica que esse é ainda um grupo social que está no âmbito da abjeção pela sociedade brasileira, lá onde nem a fidedignidade de dados de homicídios pode existir.

Referências

ALMEIDA, G. S. Notas sobre a complexidade do neoconservadorismo e seus impactos nas políticas sociais. *Revista Katálysis*, Florianópolis, v. 23, n. 3, p. 720-731, set./dez. 2020.

ANTRA – Associação Nacional de Travestis e Transexuais. Boletim n.º 2/2020: Assassinatos contra travestis e transexuais em 2020. Disponível em: https://bit.ly/3Kupu3D. Acesso em: 19 maio 2021.

BENEDETTI, M. R. *Toda feita: o corpo e o gênero das travestis*. Rio de Janeiro: Garamond, 2005.

BUTLER, J. *Quadros de guerra: quando a vida é passível de luto?*. 1. ed. Rio de Janeiro: Civilização Brasileira, 2015.

CARRIJO, G. G. *et al.* Movimentos emaranhados: travestis, movimentos sociais e práticas acadêmicas. *Revista Estudos Feministas*, Florianópolis, v. 27, n. 2, e54503, 2019.

FERNANDES, E. R. Queer caboclo como possibilidade anticolonial: algumas reflexões à guisa de provocação. *Contemporânea – Revista de Sociologia da UFSCar*, v. 10, n. 1, p. 35-56, jan./abr. 2020.

KULICK D. *Travesti: prostituição, sexo, gênero e cultura no Brasil.* Rio de Janeiro: Editora Fiocruz; 2008.

NUH – Núcleo de Direitos Humanos e Cidadania LGBT. Registros de homicídio envolvendo LGBTs no estado de Minas Gerais. 2020. Disponível em: https://bit.ly/3veHfNQ. Acesso em: 19 maio 2021.

OLIVEIRA, N. M. *Damas de paus*: *o jogo aberto dos travestis no espelho da mulher.* Salvador: Centro Editorial e Didático, 1994.

PELÚCIO, L. *Abjeção e desejo: uma etnografia travesti sobre o modelo preventivo de aids*. São Paulo: Annablume; FAPESP, 2009.

PELÚCIO, L. Traduções e torções ou o que se quer dizer quando dizemos queer no Brasil?. *Revista Periódicus*, v. 1, n. 1, p. 68-91, maio/out. 2014.

PRADO, M. A. M. *et al.* A construção institucional do gênero criminoso. *Revista Brasileira de Ciências Criminais*, v. 146, n. 26, p. 515-537, 2018.

SIQUEIRA, M. S. *Arrasando horrores! Uma etnografia das memórias, formas de sociabilidade e itinerários urbanos de travestis das antigas*. Tese (Doutorado em Antropologia) – Programa de Pós-Graduação em Antropologia Social, Universidade Federal de Santa Catarina, Florianópolis, 2009.

SILVA, H. *Travestis: entre o espelho e a rua*. Rio de Janeiro: Rocco, 2007.

UM ATENTADO violento ao pudor. Direção de Gilson Goulart e Keila Simpson; fotografia, câmera e edição de Gilson Goulart; edição de Flavia Teixeira. Brasil: 2017. (91 min.)

VIDAL, J. S. *Criminalização operativa: travestis e normas de gênero*. 165 f. Dissertação (Mestrado em Direito) – Programa de Pós-Graduação em Direito, Faculdade de Direito, Universidade Federal de Minas Gerais, Belo Horizonte, 2020.

Capítulo 2

Entre a pressa e a demora: infância de travestis e pessoas trans sob a lógica do relógio

Paula Sandrine Machado
Sofia Ricardo Favero

Por que tenho que aprender a explicar tantas coisas para poder ser menino ou menina?
Campanha da Fundación TranSítar, 2016.

A revisão da Classificação Internacional de Doenças (CID-11) tem sido discutida e analisada por determinados setores de movimentos LGBTs e ativismos trans, tanto nacional quanto internacionalmente, desde que foi anunciada. Como componente fundamental desse debate, a campanha Stop Trans Pathologization (STP) está, desde 2009, promovendo ações ao redor do mundo, com mais de quatrocentos grupos de trabalho distribuídos entre países dos cinco continentes. No Brasil, a STP tem, entre outras ações, construído parcerias com alguns Conselhos Regionais de Psicologia, como é o caso dos CRPs do Rio de Janeiro e do Rio Grande do Sul. Esse e outros envolvimentos políticos têm promovido debates, disputas e reordenamentos locais específicos.

Suess *et al.* (2018) situam algumas particularidades relacionadas ao processo de revisão do manual, em andamento desde 2007, entre as quais podemos citar: 1) a chegada do diagnóstico de Incongruência de Gênero, emergindo uma dissolução do binário "travestis" e "transexuais", presente na CID-10, que diferenciava essa população através dos diagnósticos de travestismo bivalente (f.64.1) e travestismo fetichista (f.65.1); 2) a preocupação em garantir direitos a essas pessoas, tendo em vista que as mudanças em um tratado internacional de saúde poderiam ocasionar o enfraquecimento de determinadas políticas de assistência; 3) por fim, a entrada de um fator surpresa na disputa, que seria a patologização da infância via diagnóstico específico de "Incongruência de Gênero na Infância" (Suess *et al.*, 2018).

A nova configuração na organização dos transtornos fez com que a transexualidade fosse retirada da seção relacionada aos transtornos de personalidade e realocada para um capítulo destinado a discutir "outras questões relativas à saúde sexual". Sair do capítulo "F" – próprio da saúde mental, que costuma abarcar diagnósticos utilizados pelas ciências *psi* (psicológicas e psiquiátricas) com mais expressividade – não é um mero deslocamento e se estabelece como um pleito importante em termos políticos (Tenório; Prado, 2016). Tal mudança tenta colocar em suspenso o estereótipo clássico de que as identidades trans e travestis se inscreveriam nas problemáticas da "mente". Por outro lado, se a transexualidade deixa de ser diretamente uma "questão de transtorno mental", podemos supor, de imediato, que, da revisão da CID, derivaria outra concepção de atendimento à população trans? Quais os novos termos do debate e onde nele se (re)insere a clínica psico/psiquiátrica? E, nesse reordenamento, como se articula o elemento-surpresa relacionado às infâncias incongruentes de gênero?

O presente capítulo destina-se a perseguir algumas dessas inquietações. Pensando criticamente a proposta de revisão da CID, nos debruçaremos sobre a seguinte questão: como as temporalidades de incongruência nela inscritas, conforme apontam Favero e Machado (2019), põem em funcionamento perfis de "pacientes" que devem ser acompanhados pela equipe de saúde, ao mesmo tempo em que ocupam um lugar central na análise sobre as dinâmicas de investimentos e acesso à saúde relacionadas às pessoas trans e travestis na vida adulta? Em um movimento paralelo ao encenado pelo Núcleo de Direitos Humanos e Cidadania LGBT (NUH), que buscou traçar um perfil social para travestis e transexuais no estado de Minas Gerais, começamos a observar de que maneira a clínica psi? (e seus aparatos institucionais, ligados aos protocolos, portarias e resoluções) concorre na produção de determinado perfil nosológico, ou seja, performa os sujeitos a que esses processos se dirigem (Butler, 2015).

Através desse entendimento inicial, empreenderemos uma análise sobre como a Incongruência de Gênero, enquanto categoria com pressuposto despatologizante, apoia-se, paradoxalmente, na manutenção e expansão de uma classificação psicopatológica. Para tanto, traçaremos um mapeamento investigativo (Latour, 2016) no campo da imprensa brasileira, com a proposta de apresentar alguns achados preliminares que situam a transexualidade como um processo a ser acelerado, observado e melhorado. Torna-se central para a presente análise a categoria de "crianças trans", no modo como opera atualizando a curiosidade tradicional sobre quando travestis e pessoas trans "passaram a ser da forma que são". A diferença, aqui, surge quando essa pergunta deixa de se referir a um resgate do passado, e passa a indicar um aqui-e-agora que propõe práticas de categorização e atendimento a crianças identificadas como "diferentes". Em consonância com a perspectiva de Annemarie Mol (2002), assumimos que tais práticas *enact* ("fazem") a realidade, isto é, produzem ontologias de infância.

Revisar é o mesmo que despatologizar?

De modo geral, a revisão da CID reitera uma preocupação frequente dos movimentos sociais LGBTs, mais especificamente de pessoas trans (travestis, mulheres transexuais e homens trans), relacionada à possibilidade de manutenção do acesso aos procedimentos relacionados ao Processo Transexualizador n.º 2.803 pelo Sistema Único de Saúde (SUS). Argumenta-se que, caso a despatologização não seja uma demanda pensada de maneira tática, a assistência de saúde pública, que oferece cirurgias de transgenitalização (assim como outros procedimentos, tais como tireoplastia, mamoplastia, entre outras) a transexuais no Brasil, seria encerrada. Saber se o SUS continuará proporcionando assistência é um fator que faz com que os desafios da despatologização adquiram outro caráter em território brasileiro, situando distanciamentos políticos em termos nacionais e internacionais (Iotti, 2018).

A esse processo de pensar a despatologização, Arán, Murta e Lionço (2009) deram o nome de "uso estratégico do diagnóstico", o que, segundo as autoras, diz respeito a um exercício crítico que busca considerar possíveis perdas e ganhos para a pessoa trans ser considerada portadora de uma patologia mental. No contexto dessas complexidades, é possível apontar pelo menos uma controvérsia que se instaura: se, por um lado, é paradoxal agir com o vocabulário nosológico (próprio da psiquiatria), por outro lado, sua recusa pode impedir que sejam traçadas articulações estratégicas para questões emergentes do sujeito (como a aquisição de um laudo, retificação de registro civil, processos cirúrgicos, entre outros).

De todo modo, nossa aposta é que a "saída" da transexualidade do rol de transtornos mentais situou um problema ambivalente, pois, ao passo que retirou a transexualidade da seção relativa à psique, não suspendeu uma série de considerações diagnósticas. Ou seja, a despatologização ocorre apenas em certos termos, uma vez que se permaneceu investindo, no texto proposto para o CID-11, em determinados sintomas para diagnosticar o paciente, além de (re)colocar a transexualidade como uma demanda médica. De tais sintomas, podemos destacar alguns, como: uma forte antipatia com o sexo atribuído (anteriormente tido como sexo biológico); um intenso desejo de ser do sexo desejado (que costumava ser apontado como sexo oposto); e a permanência de tal sintomatologia por, no mínimo, dois anos.

Aqui, a nova CID estabelece um diálogo com o *Manual Diagnóstico e Estatístico de Transtornos Mentais* (DSM) que, da quarta para a quinta versão, modificou o termo "Transtorno de Identidade de Gênero" para "Disforia de Gênero". No entanto, embora essas modificações se encontrem no âmbito de mudanças gramaticais, distanciam-se quanto ao tempo de psicoterapia necessária para formulação do diagnóstico de Disforia ou Incongruência. Na CID-11, a temporalidade está sendo definida em dois anos, mas no DSM-5 esse mesmo tempo é de, em média, seis meses. Todavia, a aproximação volta a acontecer quando a nova versão da CID estabelece um diagnóstico para a infância, assim como o DSM estabeleceu em 2013, quando divulgou sua quinta versão.

O que nos chama a atenção, ainda, é que o diagnóstico na infância tem aparecido com a mesma justificativa que o diagnóstico na vida adulta. Qual a justificativa? Ora, se a IG (Incongruência de Gênero) é sustentada pela necessidade dos próprios usuários adultos, de forma estratégica, para fornecer-lhes assistência pública, seria possível deslocar seus protocolos cirúrgicos e hormonais para a infância? E, caso nós assumamos que não é sobre isso que se fala quando se discute IGI (Incongruência de Gênero na Infância), estaríamos reconhecendo que tal diagnóstico serve para levar crianças a consultórios de saúde mental? Em caso de resposta positiva a esta indagação, a patologização do gênero na infância seria um meio de situar crianças trans como um *a priori* clínico?

Quem define quando é cedo o bastante?

Podemos situar duas instituições como as principais envolvidas no atendimento à população trans e travesti no Brasil: o Programa de Identidade de Gênero (PROTIG/RS) e o Ambulatório Transdisciplinar de Identidade de Gênero e Orientação Sexual (AMTIGOS/SP). Apesar de, sim, existirem outros ambulatórios ao redor do país, tais como o Ambulatório de Saúde Integral da Pessoa Trans (UFS), o Ambulatório para Travestis e Transexuais do Hospital Clementino Fraga (PB), o Centro de Referência e Atenção Integral à Saúde Transespecífica (CRAIST), nosso foco no PROTIG e no AMTIGOS se dá pela compreensão de que ambos se tornaram agentes centrais nas disputas diagnósticas a níveis nacional e internacional.

As duas instituições submeteram e tiveram, recentemente, um artigo publicado na revista *Archives of Sexual Behavior*, no qual elaboram uma defesa à manutenção do diagnóstico de Incongruência de Gênero na Infância na próxima revisão da CID. Nesse documento, Lobato *et al.* (2016) afirmam que as crianças "gênero-disfóricas" precisam dos serviços ambulatoriais diante da prevenção de riscos e experiências transfóbicas no cotidiano, e continuam, afirmando que defender a permanência da IGI na CID-11 é fundamental "pela proteção e suporte às crianças transgêneras do nosso contexto, que continuam marcadas por um grave preconceito e discriminação devido à diversidade sexual e de gênero" (Lobato *et al*, 2016, tradução nossa, [s.p.]).

Esse mesmo documento foi encaminhado à World Professional Association for Transgender Health (WPATH), propondo-se a convencer outros membros da associação acerca da importância de termos, no Brasil, a infância de pessoas trans diagnosticada. Caso contrário, as tidas crianças trans estariam dentro de um campo de desassistência e descuidado. Além disso, começa a ser desenvolvida uma ideia de proteção e suporte em mobilizações pró-despatologização do gênero, mas que são, ao mesmo tempo, pró-diagnóstico. Por mais paradoxal que isso soe, torna-se desafiador realizar apontamentos quando estes são interpretados como críticas a práticas bem-intencionadas. Como traz Ribeiro (2018), não são raras as intervenções na infância que se dão sob o argumento do cuidado e da proteção, daquilo que é feito para promover algum bem para as crianças envolvidas. Assim, não nos surpreende que a articulação entre "transexualidade", "clínica" e "infância" opere de acordo com uma lógica similar. Em contrapartida, é possível reconhecer que despatologizar não é o mesmo que descuidar ou desassistir (Prado, 2018).

Em conformidade a isso, buscando compreender melhor como esses arranjos se dão nas práticas, resolvemos traçar um breve mapeamento acerca do AMTIGOS, e nos deparamos com determinadas notícias que ilustram o que se faz dentro do ambulatório. Em reportagem do *Diário Catarinense*, o psiquiatra Alexandre Saadeh, coordenador do AMTIGOS desde 2010, é apresentado como alguém que vem "tornando-se uma das principais autoridades brasileiras na área da transexualidade" (Transexualidade..., 2018, [s.p.]). Percebe-se como a ideia de autoridade vai sendo montada frente às questões de saúde e diversidade. Ademais, o portal ainda traz alguns dados interessantes, afirmando que a equipe configurada pelo AMTIGOS já atendeu milhares de adultos e mais de 250 crianças e adolescentes.

Embora milhares de adultos já tenham sido atendidos, em comparação às 250 crianças e adolescentes, o interesse do ambulatório tem se voltado ao grupo mais jovem. Isso aparece justificado ao longo da reportagem, quando é apontado que "No início, só era atendida a população adulta. Porém, o médico começou a perceber que mais de 99% da população transexual adulta dizia que desde a infância se sentia diferente das outras crianças" (Transexualidade..., 2018, [s.p.]). E prossegue-se, dizendo que "Foi então que decidiu que o ambulatório abriria suas portas para as pessoas de todas as idades. Hoje, o AMTIGOS dedica-se apenas ao acompanhamento de crianças, adolescentes e termina o acompanhamento dos últimos adultos" (Transexualidade..., 2018, [s.p.]).

Em que pese a recente preferência em atender crianças em vez de adultos, ainda que os adultos configurassem um número de "milhares" em demanda, é preciso destacar que, mesmo com essa disparidade de procura entre "crianças" e "adultos", o ambulatório estava atendendo os últimos pacientes que tinham atingido idade adulta e priorizando os atendimentos infantis. Ademais, costura-se aqui a noção de que a transexualidade tem se manifestado cada vez mais cedo, e que por isso os serviços deveriam estar voltados a esse período. Suspeitamos que tal busca reencena as disputas sobre transexualidade que foram iniciadas por Harry Benjamin (1966), o endocrinologista alemão responsável por classificar os pacientes transexuais entre verdadeiros e falsos.

Dizemos que ele reencena a dicotomia "fato" e "ficção" de gênero devido à compreensão de que o que está em jogo com as buscas pela transexualidade na infância é a etiologia; em outras palavras, a sua origem. Curiosamente, uma etiologia da transexualidade também tentou ser tratada por Benjamin (1966), influenciando os manuais diagnósticos no rastreio de sintomas que informassem uma verdade para o gênero – tal sintomatologia sendo própria do campo da ojeriza ao próprio corpo, da repugnância ao genital e da intensa vontade de pertencer ao sexo considerado oposto. Por esse ângulo, nossa aposta é a de que transições lidas como "precoces" têm sido situadas como transições de fato, ao passo que as transições vistas como "tardias" vão sendo constituídas como menos legítimas.

Ainda no decorrer da matéria do *Diário Catarinense*, notamos determinado reconhecimento de que a transexualidade não é uma doença. Todavia, isso é algo que passa a ser feito de maneira bastante complexa. Quando perguntado se a pessoa identificada como transexual está doente, o psiquiatra Saadeh responde:

> Transtorno não é sinônimo de doença, mas as pessoas confundem. Tem que ter um diagnóstico, caso contrário não vai poder tomar hormônio, não vai poder fazer cirurgia. E quem está apto a fazer esse diagnóstico geralmente é o psiquiatra, que se dedica ao assunto (Transexualidade..., 2018, [s.p.]).

Em outras palavras, a transexualidade não é doença, mas tem de ter diagnóstico e acompanhamento psiquiátrico, pois se investe numa despatologização apenas em certos termos, no sentido de vocabulário e linguagem, mantendo-se as práticas avaliativas. Tais práticas são, inclusive, psicopatológicas. Quanto a isso, poderíamos localizar uma contradição importante: a performação da transexualidade como um quadro clínico que não é um adoecimento, embora, ainda assim, trate-se aparentemente de uma "não-doença" que precisa de acompanhamento de especialistas.

É possível notar, além do mais, como a procura pelo psiquiatra surge como uma sugestão de "boas práticas" parentais, pois aquele que vai analisar e entender o que está acontecendo com a criança identificada enquanto trans é, nessa perspectiva, o profissional do âmbito biomédico. De todo modo, discorrendo sobre o percurso que conecta a família ao ambulatório, Saadeh diz:

> Quando os pais marcam a triagem aqui no ambulatório, eles estão muito angustiados. E, geralmente já falaram com alguém, um psicólogo, um pediatra, até mesmo um pastor ou padre. Não resolveu, não se convenceram e vêm buscar um especialista na área para trocar uma ideia. Passam pela triagem e os menores são atendidos numa sala cheia de brinquedos, onde são cercados de muita atenção (Transexualidade..., 2018, [s.p.]).

Pode-se ver como a posição dos pais ou responsáveis situa-se em um lugar central nas práticas médicas, pois são eles que, em um primeiro momento, passam pela triagem. Nesse sentido, não parece caber à criança dizer sobre sua transexualidade, mas àqueles que dela cuidam. Assim, questionamos se uma criança sem apoio familiar ainda poderia se materializar como uma criança trans. Pode-se verificar que existem contextos em que essa autoridade pertence à família, em outros, aos profissionais de saúde, cada um mobilizando controvérsias, conhecimentos e práticas. No que se refere aos profissionais de saúde, é acionada uma rede em que os critérios pretensamente científicos ocupam lugar central na validação da transexualidade na infância, apesar de ser dito também que é competência da criança comunicar quem ela é.

Ora, seria arriscado supor que recorrer precocemente à clínica poderia se tornar um indicativo para um posterior diagnóstico? Caso sim, o que aconteceria com as pessoas trans e travestis que transicionassem em etapas mais avançadas de suas vidas ou que nunca tivessem tido "queixas" por volta de 5 ou 6 anos de idade? "Por que não buscou ajuda antes?" poderia ser uma desconfiança clínica futura? Dados recentes derivados de uma pesquisa do NUH (2019), núcleo ligado à Universidade Federal de Minas Gerais (UFMG), enfraquecem afirmações de que, atualmente, as travestis e as pessoas trans estariam transicionando mais cedo.

Acerca do percentual de idade na qual as entrevistadas deixaram de viver com sua família, o número que mais se sobressalta diz respeito às que tinham entre 18 e 20 anos: 33,3% (40 entrevistadas, de 120 respondentes). Embora, convém destacar, sair de casa não signifique exatamente o mesmo que "transição", compreendemos que é concomitantemente ao processo de abandono familiar (ou saída voluntária do lar) que se iniciam os primeiros passos do trânsito de gênero. De fato, seria arriscado entender que uma transição é capaz de acionar distanciamentos familiares? Assim, na mesma pesquisa, quando perguntadas sobre os motivos que impulsionara a saída de casa, destacaram-se a necessidade de trabalho e violência/preconceito ocasionados pela família – ambos com 23,97% (29 entrevistadas, de 121 respondentes), os maiores percentuais entre as respostas obtidas.

Dessa forma, apesar da insistência na noção de que a transexualidade tem se manifestado cada vez mais cedo, e que por isso os serviços ambulatoriais deveriam estar voltados a esse período da vida, o que revela a pesquisa realizada em parte do território brasileiro é que as transições (ou os processos de reivindicação de outro gênero) têm se dado em diversas idades, mas principalmente ao longo da adolescência. Tal reconhecimento dinamiza as discussões nacionais e internacionais acerca do tema da transexualidade, pois demonstra que, no Brasil e em outros países da América Latina (por exemplo, Argentina e Chile), nem sempre poderão ser contextualizados os debates oriundos do cenário norte-americano – conforme veremos adiante. Por ora, o que tem sido visto é que, quanto mais cedo e mais prematuramente se sabe onde começa a transexualidade, menos "falsa" parece que ela se torna em comparação à cisgeneridade, elucidando as recorrentes intervenções na infância de crianças trans.

Precocidade como um imperativo ético

Falar que a revisão da CID amplia as possibilidades de intervenção na infância é mais ou menos evidente devido ao fato de o manual se apresentar como um tratado internacional de saúde, diferentemente do DSM, que, embora seja usado também em outros países, tem como público específico os operadores de saúde mental. Todavia, o que tais intervenções nos revelam é que se elas se dão por causa do suporte e da proteção às crianças, no sentido de que é para "ajudar" a infância que se produz determinado diagnóstico, logo, fornecem indícios de que estão circunscritas em um imperativo ético: temos que fazer algo! E esse algo tem circulado dentro de práticas ligadas a uma noção de tempo, como se as identidades trans e travestis devessem obedecer a uma lógica do relógio. Pois bem, é comum, em práticas clínicas, que se queira saber acerca do momento em que o sujeito começou a se identificar daquela forma, principalmente no que se refere a pacientes LGBTs. E não há problema em querer saber disso; que se busque um *insight* para compreender a partir de quando o sujeito reviu a si mesmo não existe nada de errado, mas que se situe esse *insight* (ou *insights*, no plural) como central na compreensão de sua identidade, sim. Afinal, o que está em jogo é o raso entendimento de diversidade que se dá por meio de um "marco zero", como se as questões de gênero e sexualidade fossem pensadas através de divisores de água – um caminho pretensamente linear na constituição subjetiva daqueles que se produzem em tensão com a norma.

Todavia, o imperativo ético que mobiliza profissionais de saúde frente ao atendimento de travestis e pessoas trans é o mesmo que subverte o significado de "ética" para diretrizes psicológicas mais tradicionais. Essa ideia de "ciências da mente" como exclusivamente a serviço do outro, conforme aponta Freire (2003), gera efeitos e consequências para os/as atendidos/as. Nesse caso, o que pode ser observado é que o direito à psicoterapia tem se convertido em uma obrigação à psicoterapia, fazendo com que o imperativo ético seja apresentado não apenas como uma benfeitoria dos profissionais, mas também em forma da noção de que a população trans precisa indubitavelmente de atendimento. Assim sendo, devem ser tratadas, dado que o horizonte psicopatológico impõe um cuidado tutelar.

Contudo, essa imposição nem sempre parece funcionar – é o que temos visto no Brasil a partir das relações entre ativismos trans e discursos biomédicos. Trouxemos, portanto, uma nota de repúdio publicada pela ANTRA (Associação Nacional de Travestis e Transexuais) com o título "Nota Pública da ANTRA a respeito da entrevista do Dr. Alexandre Saadeh ao Portal Universa/UOL" (ANTRA, 2019). O documento é referente a uma entrevista recentemente divulgada pelo jornalista Paulo Sampaio, em abril de 2019, com Saadeh.

Antes de explorar a nota, é necessário descrever um pouco a referida entrevista, que tem por título "'Confusos, adolescentes querem ser trans para fugir do padrão', diz médico" (Sampaio, 2019). Novamente, é possível ver que o lugar de médico/especialista insiste em ser divulgado ainda no título, mas, embora a reportagem pareça não falar especificamente sobre crianças trans, ela se direciona a pensar determinada "juventude" que está vivenciando o gênero para além do binário (masculino e feminino). Alguns estudos mais atuais são levantados, como é observado ao ver Saadeh fazer um comparativo do comportamento de meninas tidas como masculinas em contextos brasileiros, norte-americanos e canadenses, quando ele diz que "Logo depois da puberdade, elas passam a querer ser meninos, sem nunca antes terem apresentado qualquer característica do gênero" (Saadeh *apud* Sampaio, 2019, [s.p.]).

Tal trecho é ilustrativo da ideia de "precocidade" e "puberdade" – que, embora possa aparecer como um dos sinais possíveis de trânsito entre os gêneros, parece estar se consolidando não mais como um mero sinalizador da transexualidade, mas sim como uma pré-condição. Apresentar "características" do gênero desejado é algo que se inaugura como uma exigência: ora, caso o sujeito não forneça sintomas infantis, poderá não ser considerado trans até mesmo quando adulto. O jornalista, interessado em entender melhor o que estava sendo dito pelo médico, questiona-o sobre o que seria essa fuga do padrão. A seguir, a resposta do psiquiatra:

> Acredito que o aumento do debate e a divulgação do assunto favoreceu, especialmente entre adolescentes sugestionáveis, uma maior adesão às variações de gênero como fenômeno midiático. Muitos adolescentes e adultos jovens, para fugir de um enquadramento social padrão, buscam novos enquadramentos, considerados mais modernos e plurais, para se encaixar – mas acabam se colocando em novas "caixas" (Saadeh *apud* Sampaio, 2019, [s.p.]).

Evidentemente, a ausência de bases científicas sólidas (e a presença de motivações políticas) para a afirmação de uma "epidemia trans" foi rapidamente apontada por ativismos trans brasileiros. E é sobre essa ideia de "adolescentes sugestionáveis" (como se a transexualidade fosse fruto de recomendações alheias) que a ANTRA se debruçou em sua nota de repúdio. Apesar de não necessariamente com esse termo, mas com essa proposta epidêmica, o entendimento de "sugestão" caminha paralelamente a uma imagem de "pânico trans". Por esse ângulo, a referida nota de repúdio afirma que

> [...] a entrevista reafirma velhos estigmas e contribui para perpetuar tabus contra travestis, mulheres transexuais, homens trans e

> demais pessoas trans. Junto a isso, responsabilizando a visibilidade que a comunidade trans tem conquistado pelo que ele chama de "banalização da transexualidade" e reafirmando o olhar médico de que pessoas trans não teriam autonomia sobre suas escolhas, suas vivências ou que nossas existências seriam, vejam só, uma fraude (ANTRA, 2019, [s.p.]).

Pode ser observado, então, que são delicadas algumas relações entre médicos com as militâncias trans e LGBTs. Em outros termos, como são delicadas as relações que se desdobram entre um operador de saúde, e um núcleo ambulatorial, com sujeitos trans na esfera pública – não sendo recomendado perder de vista que a proposta da nota é a de (des)dizer uma fala ideológica que se apresenta como rigorosamente fundamentada. Nisso, a ANTRA é categórica: "Não existe nenhuma evidência científica capaz de sustentar a ideia de que as identidades trans sejam uma 'moda' capaz de 'confundir' pessoas suscetíveis" (ANTRA, 2019, [s.p]). É preciso ainda destacar que a associação não é formada apenas pela sociedade civil, mas também por pessoas trans acadêmicas, pesquisadoras e envolvidas com as discussões sobre saúde e assistência, que condensam suas impressões acerca do tema:

> Pesquisas que especulam uma nova forma de "disforia de gênero de surgimento rápido" (que atingiria particularmente meninas jovens) estão profundamente comprometidas em função de falhas metodológicas e vieses ideológicos. Tomemos como exemplo o artigo de Lisa Littman, "Rapid Onset of Gender Dysphoria in Adolescents and Young Adults: a Descriptive Study", publicado no *Journal of Adolescent Health* (ANTRA, 2019, [s.p.]).

O supracitado artigo de Littman (2018) pressupõe que a disforia de gênero (DSM-5) tem se dado por contágio rápido, aquilo que irá chamar de ROGD – em português, poderíamos traduzir para "Disforia de Gênero de Início Rápido". Tal formulação foi pensada através de relatos de pais e responsáveis em fóruns virtuais, que discutiam a disforia de gênero como um fenômeno súbito em seus/suas filhos/as. Não foram consultadas as crianças, adolescentes e jovens adultos, o que fez com que a pesquisa de Littman estivesse restrita à percepção e ao entendimento de famílias que, em parte expressiva do estudo, não aceitavam as identidades de gênero das crianças, fazendo-nos reconhecer que não são raros os pais e responsáveis que deixam de apoiar seus filhos supostamente trans. A mídia nos revela uma rede que é composta e divulgada em direção ao encaminhamento de determinadas crianças à clínica.

E isso não nos diz apenas acerca dos níveis de aceitação familiar, mas também sobre a própria possibilidade de a criança ser identificada – e, posteriormente, quem sabe, se identificar – enquanto trans. Dizemos isso, pois, conforme cabe aos pais e responsáveis a atribuição de poder levá-las aos consultórios de saúde mental, a mãe e/ou o pai tornam-se agentes que operam de maneira expressiva na rede (Latour, 2016) de crianças trans, uma vez que também se reparte o processo de transição com eles e os demais profissionais envolvidos. Assim, responsáveis, profissionais psi e as próprias crianças disputam a afirmação de gênero entre si. Uma das formas de ler essa controvérsia é a partir dos Estudos Sociais em Ciência e Tecnologia (ESCT), que não se interessam necessariamente pela busca da "origem das coisas" – conduta frequente no campo da transexualidade –, mas pelo modo que essas coisas são feitas.

Passado (verdade), presente (dúvida) e futuro (mentira)

Se esse palpite está certo, isto é, se é mesmo possível deslocar a forma como debatemos transexualidade não mais através de sua suposta etiologia (corporal, social ou mental), então, estaríamos assumindo um compromisso com outra cosmologia: a da descrição. Trocaríamos, portanto, o "explicar" pelo "descrever". No âmbito dos ESCT, Latour (2016) aparece com um meio possível de operacionalizar a produção dos diferentes atores que se envolvem com alguma categoria, objeto ou foco de estudo. Todavia, não como um processo metodológico que busca identificar a etiologia da categoria, como se o empenho se destinasse a pensar o que há de genético, biológico, social e cultural em tais infâncias – tomando o objeto como a categoria "criança trans" –, mas como um veículo para compreender a partir de quais códigos vão se delimitando as fronteiras que endereçam uma criança como "cis" ou "trans".

Dentro de tal fronteira, o ciclo da vida tem aparecido como um pano de fundo contínuo, fazendo com que a etapa em que ocorreu a transição se consolide como um verificador de legitimidade para o gênero. Quanto antes, mais verdadeiro. Quanto depois, mais falso.

Já o presente, nesse arranjo, surge como o ciclo da desconfiança. Por isso, resta-nos entender não somente como em diferentes práticas (Mol, 2018) se produz a ideia de "trans" na infância, mas como temporalidades distintas contribuem para que seja possível a alguém ser validado enquanto trans. Entre as transições que se deram no campo da imprensa, como o caso da cartunista Laerte ou da psicanalista Letícia Lanz, pode-se notar como transicionar "tardiamente" aciona mecanismos diferentes de transições consideradas precoces. A própria ideia de que alguém transiciona "tarde" já é ilustrativa de como a transição é um processo com aparente data marcada, que deve ser antes ou durante a puberdade, caso tiremos as recentes investidas diagnósticas na infância (DSM-5 e CID-11) como sinalizadores.

Para entender melhor a dicotomia cedo/tarde que tem constituído o debate sobre legitimidade do gênero, é preciso resgatar a noção de objeto híbrido da teoria latouriana (1994), sendo esse objeto aquele que demanda uma busca analítica para além das distinções clássicas entre natureza e cultura. Antropologizar o objeto híbrido, o que em outras palavras diria respeito a descrever sua historicidade, se dá através de um processo que Latour (1994) irá chamar de rede sociotécnica, referente ao caráter articulatório de diversos agentes na produção e difusão de conhecimentos, sem separação entre cultura e sociedade, tecnologia e natureza. Em outras palavras, a Teoria Ator-Rede.

Seria possível uma teoria das técnicas articulada com a proposta de Ontologias Múltiplas – uma teoria das práticas – (Mol, 2018) para exibir como os manuais diagnósticos performam uma realidade de passado, presente e futuro para sujeitos trans e travestis? Embora na prática tais realidades estejam coordenadas na linha de produção para o entendimento de verdade e mentira, convivendo entre si, e tendo essa ausência de linearidade em mente, Amade M'charek (2014) irá propor o conceito de objeto dobrado que, diferentemente do objeto híbrido, que se relaciona com uma noção de espaço, complexifica o hibridismo para além de sua disposição espacial, dedicando-se a pensar uma dobra temporal. Segundo a perspectiva da autora (M'Charek, 2014), não se trata mais de pensar um tempo linear para descrever os fenômenos que nos interessam, mas de entender como séculos, décadas e anos diferentes estão convivendo entre si.

Nessa perspectiva, seria possível encadear eventos de 1973 (ano da retirada da homossexualidade como transtorno mental pela APA) e de 1990 (ano da retirada da homossexualidade como transtorno pela OMS) enquanto temporalidades distintas que continuam podendo ser acessadas a partir da atualidade. Por esse ângulo, objeto dobrado diz respeito, portanto, a uma diferente concepção de tempo, não-sequencial, capaz de interligar determinados eventos do passado com o aqui-e-agora. M'charek (2014) formulou esse conceito quando pensou em investigar as maneiras pelas quais a raça era uma "presença ausente" em análises de cientistas, pois, por mais que tentasse ser apagada, permanecia aparecendo, fazendo com que M'charek se debruçasse com maior interesse sobre a racialização na ciência.

Temos, portanto, duas concepções de objeto, que não são exatamente diferentes, mas que se complexificam (híbrido e dobrado), para tentar descrever os modos pelos quais a história endereça crianças, jovens e adultos trans a diferentes espaços clínicos e sociais. Esse esforço de historicizar a "ciência do gênero" demonstra como existem políticas da temporalidade, e que tal esforço não diz respeito somente a exorcizar as influências "biomédicas" do campo de análise, mas sim a compreender como a própria categoria da "transexualidade" é colocada para funcionar em diferentes contextos (Strathern, 2006) e etapas da vida. Quais são os acoplamentos que permitem que se diagnostique uma criança quando em contextos diferentes (ansiedade, depressão, déficit de atenção)? Nesses casos, se enfrentaria uma maior resistência? O que faz com que um profissional avalie o gênero de um paciente? E, não menos importante: de acordo com qual etiologia se compreende uma transição tardia como falha?

Fala-se recorrentemente em "criança trans" quase como um termo único, mas não observamos, em nossas buscas pelo mecanismo Google Search, o uso das categorias "adulto trans" e "idoso trans" com a mesma intensidade. Nesse sentido, arriscamos dizer, pensando as temporalidades, que o prefixo "trans" parece ser capaz de evocar uma noção em saúde que encara a transexualidade como uma questão médica, ou seja, ele não apenas descreve um tipo de infância, mas performa determinada espécie de cuidado que só é possível de ser gestado nessa etapa da vida. Fazer da transexualidade na infância uma questão médica, embora seja, sim, uma estratégia patologizante, permanece sendo um dos únicos meios de promover cuidado a essa população. "Criança trans", então, é um termo que dá indícios de cumprir explicitamente a função de levá-las à clínica, diante da produção de um precário (mas ainda assim real) tipo de bem-estar.

Diante desse cenário, a disputa pela inteligibilidade geracional da transexualidade reorganiza os atores envolvidos – pais/responsáveis, operadores de saúde e pessoas trans e travestis – frente a uma corrida contra o tempo. Não obstante, as crianças trans ocupam uma centralidade na mencionada disputa, pois, se reconhecemos tal infância como objeto dobrado (M'Charek, 2014), estamos assumindo que a patologização da "transexualidade infantil" é uma reminiscência da própria patologização da homossexualidade, que está interligada, ainda que com décadas de distância, à revisão da CID-11.

Romper com a lógica do relógio seria, em síntese, um meio de admitir que o gênero (seja ele trans ou cis) é onde diversas temporalidades se cruzam, não para dizer que "Quem você era antes?", "Quem é você agora?" e "Quem você pretende se tornar?" devam ser questões que precisem ser encerradas, mas para propor que passado, presente e futuro coexistem no mesmo quadro de análise. De modo contrário, conforme observável na pretensão de terminar o acompanhamento de adultos e priorizar o de crianças no AMTIGOS (Transexualidade..., 2018, [s.p.]), o que é visto não é meramente uma prática voltada para o presente, mas a eliminação de um futuro em saúde – tendo em vista que adultos estavam tendo seus tratamentos finalizados gradativamente. Curiosamente, tem-se agido na infância para garantir um "amanhã" melhor para os sujeitos trans, demonstrando como a ideia de geração é borrada quando pensamos em identidades trans e travestis – dizendo de outra forma, como as intervenções de gênero na infância prestam assistência para a adultez, não somente para a infância, mas também como essa mesma vida adulta só consegue ser validada a partir de uma vivência prévia como criança trans.

Todavia, é necessário ter sido uma criança trans para ser um adulto trans? Ou, então, poderíamos pensar em "adultezes trans" sem esperar que esses sujeitos forneçam sinais (sintomas) ao narrarem suas infâncias? Uma forma de entender essas realidades entrelaçadas seria através das ontologias múltiplas (Mol, 2002), que, no caso, se manifestariam como as políticas da temporalidade. Contrariar o tempo da nosologia psiquiátrica a partir de sua historicidade (logo, de sua politização) é possível, também, com o entendimento de controvérsia para Latour (2016), que diz sobre capacidade de irresolução das coisas, uma recusa à paz na ciência. Propomos não operar conforme um ideal de razão, deslocando nossos esforços para compreender quais associações e agenciamentos se apresentam ambiguamente a cada "tic-tac" de processos classificatórios que delimitam fronteiras entre o que se define como "transexualidade infantil" ou uma fase de "experimentação" e "descoberta". E apostamos, assim, na superação do tempo como critério diagnóstico para delimitar se alguém é trans de verdade ou de mentira, reconhecendo como crianças, jovens e adultos trans estão interligados politicamente pela autoafirmação, mas não por uma essência/substância.

Considerações finais

Ao apontar a revisão dos manuais de saúde mental como processos despatologizantes, podemos acabar perdendo de vista o diagnóstico de gênero, que continua sendo contornado apesar das recentes mudanças em sua configuração. Compreendê-lo, portanto, como peça-chave é um passo inicial para a produção de estratégias pela despatologização que levem em conta, veementemente, que diagnosticar e até mesmo avaliar o gênero de alguém é uma prática que opera em um campo de patologização, não o contrário. Cabe a nós, profissionais de saúde engajados com a produção de mundos menos tutelares, a preocupação de conjugar lutas por direitos sociais para pessoas trans que não recorra mais a uma gramática nosológica.

Nesse percurso, notamos como os dois principais ambulatórios têm submetido a associações internacionais de saúde trans, como a WPATH, narrativas de defesa ao diagnóstico de gênero na CID-11. Na visão dessas instituições, somente através da "Incongruência de Gênero na Infância" é que se poderá elaborar uma terapêutica às crianças trans brasileiras, pois parte-se do pressuposto de que, para ter assistência, é preciso antes acionar um rótulo nosológico. Todavia, a produção de um código de transexualidade para crianças é desnecessário, o que pode ser interessante à criação de um mundo aberto à diversidade corporal, sexual e de gênero (Suess *et al.*, 2018).

Observamos, então, como as noções de infância e vida adulta na transexualidade vão atravessando essa disputa política de maneira intensa, ora situando a precocidade da transição como um panorama atual, ora sugerindo que é necessário apresentar "queixas de gênero" desde cedo. Levamos em consideração, ainda, que reaparecem as noções de "verdade" e "mentira" quando o debate sobre clínica ganha força, fazendo com que se dinamizem as interlocuções entre natureza e cultura para a compreensão do "masculino" e do "feminino". Nesse sentido, onde estaria o real do sujeito? No corpo? Na alma? Na mente? Arriscamo-nos a dizer que esse real (a evidência) tem sido buscado na infância. E se nessa etapa da vida é que está localizada a "verdadeira" transexualidade, torcemos, em oposição, para a emergência de uma ontologia do tempo (Mol, 2002; M'Charek, 2014) capaz de dobrar aspectos geracionais de supostas enfermidades psíquicas e também de reforçar o combate à patologização do gênero de crianças "beneficamente" diagnosticadas.

Referências

ANTRA – Associação Nacional de Travestis e Transexuais. Nota de pública da ANTRA sobre a respeito da entrevista do Dr. Alexandre Saadeh ao Portal Universa/UOL. 8 abr. 2019. Disponível em: https://bit.ly/3m7vjdH. Acesso em: 21 maio 2021.

ARÁN, M.; MURTA, D.; LIONÇO, T. Transexualidade e saúde pública no Brasil. *Ciência e saúde coletiva*, Rio de Janeiro, v. 14, n. 4, p. 1141-1149, ago. 2009.

BENJAMIN, H. *The Transsexual Phenomenon*. New York: Julian Press, 1966.

BRASIL. Ministério da Saúde. Portaria n.° 2.803 de 19 de novembro de 2013 que redefine e amplia o Processo Transexualizador no Sistema Único de Saúde (SUS). *Diário Oficial da União*, Brasília, Distrito Federal, 20 nov. 2013. Disponível em: https://bit.ly/3jLxPor. Acesso em: 15 maio 2019.

BUTLER, J. *Problemas de gênero: feminismo e subversão de identidade*. 8. ed. Tradução de Renato Aguiar. Rio de Janeiro: Civilização Brasileira, 2015.

"É NA INFÂNCIA que tudo acontece", diz especialista em gênero. *Catraca Livre*, on-line, 13 maio 2017. Disponível em: https://bit.ly/3vCt8C3. Acesso em: 15 maio 2019.

FAVERO, S.; MACHADO, P. Diagnósticos benevolentes na infância: crianças trans e a suposta necessidade de um tratamento precoce. *Revista Docência e Cibercultura*, Rio de Janeiro, v. 3, n. 1, p. 102-126, jan. 2019.

FREIRE, J. A psicologia a serviço do outro: ética e cidadania na prática psicológica. *Psicologia: Ciência e Profissão*, Brasília, v. 23, n. 4, p. 12-15, dez. 2003.

IOTTI, P. Cidadania das pessoas trans, avanço na OMS e continuidade de atendimento no SUS. *Justificando*, on-line, 18 jun. 2018. Disponível em: https://bit.ly/3ni1SVF. Acesso em: 15 maio 2019.

LATOUR, B. *Jamais fomos modernos*. São Paulo: Editora 34, 1994.

LATOUR, B. *Cogitamus: seis cartas sobre as humanidades científicas*. São Paulo: Editora 34, 2016.

M'CHAREK, A. Race, Time and Folded Objects: The HeLa Error. *Theory, Culture & Society*, London, v. 31, n. 6, p. 29-56, nov. 2014.

MOL, A. *The Body Multiple: Ontology in Medical Practice*. Durham: Duke University Press, 2002.

MOL, A. Corpos múltiplos, ontologias políticas e a lógica do cuidado: uma entrevista com Annemarie Mol. Entrevista concedida a Denise Martin, Mary Jane Spink e Pedro Paulo Gomes Pereira. *Interface: Comunicação, Saúde, Educação*, n. 22, p. 295-305, 2018.

NUH – Núcleo de Direitos Humanos e Cidadania LGBT. Direitos e Violência na experiência de travestis e transexuais: construção de um perfil social em diálogo com a população. 2016. Disponível em: https://bit.ly/3posPcV. Acesso em: 15 maio 2019.

PRADO, M. *Ambulare*. Belo Horizonte: PPGCOM UFMG, 2018.

RIBEIRO, F. B. O nome da lei: violências, proteções e diferenciação social de crianças. In: FONSECA, C.; MEDAETS, C.; RIBEIRO, F. B. (Orgs.). *Pesquisas sobre família e infância no mundo contemporâneo*. Porto Alegre: Sulina, 2018. p. 41-65.

SAMPAIO, P. "Confusos, adolescentes querem ser trans para fugir do padrão", diz médico. *Universa Uol*, on-line, 5 abr. 2019. Disponível em: https://bit.ly/3nhJLPu. Acesso em: 21 maio 2021.

STP – Stop Trans Pathologization. Disponível em: http://stp2012.info/old/pt. Acesso em: 20 jun. 2019.

STRATHERN, M. Cutting the Network. In: MOORE, H.; SANDERS, T. (Ed.). *Anthropology in Theory: Issues in Epistemology*. Oxford: Blackwell Publishing, 2006. p. 480-491.

SUESS, A. *et al.* Depathologising Gender Diversity in Childhood in The Process of ICD Revision and Reform. *Global Public Health*, v. 13, n. 11, p. 1585-1598, nov. 2018.

TENÓRIO, L.; PRADO, M. A. M. Os impactos e contradições da patologização das transidentidades e argumento para a mudança de paradigma. In: VAL, A. C; GOMES, G.; DIAS, F. (Org.). *Multiplicando os gêneros nas práticas em saúde*. Ouro Preto: Editora UFOP, 2016.

"TRANSEXUALIDADE não é doença", diz médico sobre transição de gênero. *Diário Catarinense*, Florianópolis, 18 jun. 2018. Disponível em: https://bit.ly/30QIozQ. Acesso em: 15 maio 2019.

TRANSÍTAR, Fundación. Niñxs Trans Fundación TranSítar DND Provi Ponte en mis sapatos. *YouTube*, 11 jun. 2016. Disponível em: https://bit.ly/3B7HOdc. Acesso em: 15 maio 2019.

Capítulo 3

Saberes e corpos trans*: materialidades da autodeterminação

João Manuel de Oliveira

Matérias trans*

Este texto é uma espécie de concatenação de reflexões sobre os significados e a materialidade da autodeterminação de gênero sobretudo no que diz respeito às pessoas trans*.[1] O meu trabalho recente esteve focado sobre o modo como os estudos trans e o transfeminismo oferecem alternativas para pensar o gênero. Assim, pensei em uma espécie de roteiro conceitual com que tenho trabalhado nos últimos tempos, que, no meu caso, tem implicado uma atenção particular ao modo como se constitui um sujeito trans* no âmbito do feminismo e dos estudos de gênero – mas como um sujeito-corpo, uma incorporação, um corpo e não tanto a evocação racionalista do sujeito fora do corpo ou da oposição cartesiana corpo-mente. Antes uma recusa de pensar o sujeito fora do corpo e descrente da bondade do exercício disciplinar, o meu trabalho situa-se nos estudos de gênero e na teoria feminista, examinando o modo como os saberes trans permitem repensar estes campos. Proponho, assim, estabelecer aqui algumas notas sobre como construir alianças e saberes com e a partir das pessoas trans* no quadro de um paradigma que já não é de despatologização, mas antes de autodeterminação de gênero.

Estudar travestis e pessoas trans* trata-se de um equívoco: temos muito mais que aprender com elas, na sua diversidade, do que propriamente estudá-las como objeto. Então o meu posicionamento no quadro deste texto não é o de alguém que tem algo a dizer sobre pessoas trans* e travestis; é mais o de alguém que tem aprendido sobre gênero e corpo

---

1 Recorro à definição ampla de trans*, proposta por Lucas Platero (2014), para incluir identificações, identidades e expressões de gênero transexuais, transgênero e trans, travesti, etc., pensadas de forma heterogênea e múltipla.

com essas pessoas. Tomo-as, assim, como guias para pensar algumas das principais questões sobre gênero, corpo e política, e não como objetos de estudo. Esse é o ponto de partida. E em que sentido? No sentido da valorização dos saberes trans (Stryker, 2006; Oliveira, 2018), do circuito integrado de produção de conhecimentos, práticas, tecnologias e materialidades que tornam um corpo trans* e um corpo travesti possíveis. As fontes pelas quais aprendemos sobre gênero são variadas e múltiplas, e essas aprendizagens e apreensões decorrem de um paradoxo descrito por Griselda Pollock (2001) da seguinte forma, falando sobre feminismo:

> Poderemos assim afirmar que o feminismo significa um conjunto de posições, não uma essência; uma prática política, não uma doutrina; uma resposta e intervenção dinâmicas e autocríticas [*sic*], não uma plataforma única. É o produto precário de um paradoxo. Parecendo falar em nome das mulheres, a análise feminista desconstrói perpetuamente o próprio termo à volta do qual se encontra politicamente organizado (Pollock, 2001, p. 196-197).

A mesma estranheza pode ser aplicada ao gênero e seus enredos – o produto precário de um paradoxo que perpetua a desconstrução dos seus termos políticos. Por isso, e a partir de várias leituras e do contato com práticas de gênero – por vezes, contraditórias entre si –, prefiro falar de rizoma-gênero (Oliveira, 2016) dada a latitude e a diversidade do que conta como gênero, mas olhando para essas práticas como *práticas,* saberes que visam produzir efeitos. Essa dimensão produtiva do gênero pode por isso ser estudada enquanto performatividade (Butler, 2017), enquanto parte integrante das tecnologias de gênero – para usar a conceituação de Teresa de Lauretis (1987) – que incorporam mudanças nas representações de gênero. Uma das perguntas centrais dessas teorizações se prendem às modalidades de constituição dos corpos a partir da inteligibilidade das normas de gênero. Trata-se de uma inquirição sobre a viabilidade de um corpo a partir de determinadas condições de possibilidade, e que, a partir delas, se inaugura como um corpo possível e como efeito e exemplo da mediação tecnocientífica. No caso dos corpos trans*, estes estão profundamente associados à própria emergência do conceito de gênero.

O conceito de gênero só se torna possível e viável com a constituição de sujeitos trans* e intersex, que tornam evidente a falha da homologia sexo-gênero. O gênero como conceito é um efeito desse devir trans* ocorrido na década de 1940 do século XX com as primeiras operações de redesignação sexual, que são determinantes para a produção de sujeitos intersex e trans* – essa territorialização de outras experiências antes pensadas como inversão sexual, categoria fulcral na sexologia anglo, sobretudo herdeira de Havelock Ellis (1915) e da sua preocupação com "*sexual inverts*", descrita a seguir na sua fantasia com laivos de pânico moral da proliferação de pessoas invertidas na cultura estadunidense:

> O mundo dos invertidos sexuais é, de fato, grande em qualquer cidade americana, e é uma comunidade distintamente organizada – palavras, costumes, tradições próprias; e cada cidade tem seus numerosos locais de reunião: certas igrejas onde os invertidos se congregam. Certos cafés bem conhecidos pelo caráter invertido de seus patronos, certas ruas onde, à noite, um em cada cinco homens é um invertido. Os invertidos têm seus próprios clubes, com reuniões noturnas. Esses clubes são, na verdade, salões de dança. Anexo aos salões, presidido pelo proprietário do salão, ele próprio quase invariavelmente invertido, assim como todos os garçons e músicos: os frequentadores desses lugares são invertidos sexuais masculinos (geralmente de 17 a 30 anos); os turistas não encontram dificuldade em entrar, na verdade, são bem-vindos para as bebidas que compram para a empresa – e outras razões. Cantar e dançar com certos artistas é característico dessas reuniões, com muita fofoca e bebida nas mesas, ao longo das quatro paredes da sala. Os *habitués* destes lugares são, geralmente, invertidos do tipo mais pronunciado, isto é, o completamente feminino em voz e costumes, com o característico movimento do quadril em seu andar; embora eu nunca tenha visto nenhuma abordagem de vestimenta feminina, sem dúvida, o desejo por ela não é necessário e apenas os regulamentos policiais a relegam a outras ocasiões e lugares. Você vai inferir, com razão, que a polícia sabe desses lugares e aguenta sua existência para consideração; não é incomum que o estranho inquiridor seja direcionado para lá por um policial (Ellis, 1915, p. 350-351).

Nos anos 1940 do século XX, ocorrem algumas mudanças nos estudos sobre hormonas, nas práticas cirúrgicas de redesignação de sexo, na psicoterapia e na sexologia que irão possibilitar a possibilidade de abandonar o enunciado *invertido sexual* – que continua a ocupar um lugar em termos do pensamento social sobre homo e transexualidade – e permitir o uso do enunciado *transexual*. Essa determinação sociotécnica, no entanto, apenas explora uma parte da história – estória, mas é integral para entender essas transições. Esse aprofundamento do modo como os corpos se tornam possíveis através da tecnologia implica considerar o gênero como tecnologia (De Lauretis, 1987). Susan Stryker diz que "O corpo transexual é um corpo não natural. É o produto da ciência médica. É uma construção tecnológica. É carne rasgada e cozida de novo numa forma diferente da qual nasceu" (Stryker, 1994, p. 238).

Igualmente, a produção conceitual de Donna Haraway (1991) nos faz pensar em um corpo eminentemente tensional, natureza-cultura, tudo junto, e em atores materiais-semióticos, em sua figuração do ciborgue, híbrido e potencializado pela tecnologia. Essa ideia de uma impossibilidade de separar o significado e a materialidade é fundamental para entendermos esta discussão, como o trabalho de Susan Stryker (1994) vai mostrar.

> A autoridade apodera-se de qualidades específicas da carne, particularmente os genitais, como uma indicação exteriorizada de futuro potencial reprodutivo, constrói esta carne como signo e vai lê-lo para culturalizar o corpo. A atribuição de gênero é compulsória; codifica e utiliza os nossos corpos de formas que materialmente nos afetam, contudo não escolhemos essas marcas nem os significados que transportam (Stryker, 1994, p. 249).

Há uma determinação simultaneamente material e semiótica, natural-cultural e que escapa em muito à volição do sujeito, isto é, o gênero não é uma simples escolha. Tal como mostram os trabalhos sobre performatividade de Judith Butler (2017), a inteligibilidade dos corpos que as normas de gênero produzem é determinante em seu uso material e semiótico, independentemente da nossa visão pessoal sobre o assunto – ao contrário do que muitos críticos e críticas afirmaram com base em uma leitura pouco densa e precipitada do trabalho de Butler.

Nesse caso, será o trabalho de Sandy Stone (1991) a trazer a problematização do tropo "corpo errado" como tentativa de manter o essencialismo moralista do corpo certo a que hoje, a partir do contributo dos estudos trans*, poderíamos chamar de cisnormativo. Mas já nesta construção do corpo trans como corpo monstruoso, acúmulo de raiva/revolta trans* – marca do triunfo da cultura sobre natureza, e por isso, inapropriável aos discursos do gênero natural/naturalizado das feministas culturais transfóbicas –, está a suspeição de uma ideia simples de construção. Um corpo trans* é constituído a partir de determinadas tecnologias (ver também Leite; Santos, 2018), e tem uma materialização que as teorias construcionistas têm alguma dificuldade em considerar – até porque essa materialização mostra igualmente como o corpo cis é também construído para aparentar naturalidade.

O trabalho de Viviane Vergueiro (2019) mostra essa cisnormatividade que coloniza corpos trans* e coloca a discussão no âmbito da ideia de norma. Em outro texto (Oliveira, 2016), tentei mostrar que o gênero em pessoas cis não pode ser apenas pensado como imutável e fixo, até porque a fluidez de gênero, a dimensão de potência do poder, está também presente. Cabe à cisnorma proceder a essa ilusão de corpo estável, imutável e performando corretamente as cópias sem original que constituem a norma de gênero (Butler, 2017). A cisnormatividade é, assim, um importante complemento dos poderes constitutivos e produtivos que vão regular a esfera do gênero, como a heteronormatividade, garantindo a hegemonia da heterossexualidade na constituição do gênero e o dimorfismo, constituição da diferença sexual binária como central no edifício do gênero. A cisnormatividade garante a ilusão da natureza de alguns corpos vistos como naturais e conformes à norma, separando corpos cis de corpos trans*, patologizando e deslegitimando formas de expressão de gênero que são vistas como excluídas dessa economia política dos corpos.

Então eventualmente faz sentido pensar, em termos de hipótese teórica, em proceder a uma separação dos múltiplos efeitos da norma de gênero, tendo em consideração que esses efeitos se apresentam como facetas da norma de gênero, sem os quais esta se tornaria inoperante. Por exemplo, considerar a norma de gênero sem ter em conta a constância de gênero e a sua aparente imutabilidade equivaleria a colocar em questão a heteronormatividade, dado que sem constância de gênero no sujeito a ideia de orientação sexual perde qualquer sentido, o que diretamente colocaria em risco a presunção universal de heterossexualidade, que requer um gênero estável a partir do qual opera (Butler, 1997). Explorando o trabalho de Judith Butler (1993), nos é possível entender uma parte desse processo, a partir do que a autora chama de materialização:

> O que eu proporia em vez destas concepções de construção é o retorno a uma noção de matéria, não como local ou superfície, mas como *processo de materialização que estabiliza ao longo do tempo para produzir um efeito de fronteira, fixidez e superfície que chamamos matéria.* Que a matéria seja sempre materializada deve ser considerado, penso eu, em relação com os efeitos produtivos, e realmente materializadores, do poder regulatório no sentido foucaultiano (Butler, 1993, p. xviii, grifos nossos).

Considerada em alguns textos, como o de Preciado (2018), como construcionista, Butler (1993) afasta-se dessa posição mostrando como ela é insuficiente para descrever e pensar a dinâmica do poder constitutiva dos processos de materialização e dos processos de significação. Uma construção social é entendida, por vezes, como o divino performativo, constituindo aquilo que nomeia. Por outro lado, a construção implica uma ideia de um humano socialmente construído, o que também remete a um certo voluntarismo ou a um certo peso da estrutura na construção. As perspectivas construcionistas e seus críticos oscilam entre considerá-las como voluntarismo e artifício ou como efeitos de estrutura – como se não conseguissem sair da oposição agência-estrutura. Butler afirma que essa construção do debate ignora as posições exteriores ao humano: quase humano, o inumano, o não humano, o exterior constitutivo (Derrida, 1988) que gera fronteiras, estabilizações, superfícies e exclusões. Assim, a proposta de Butler (1993, p. xii-xiii) consiste em repensar a matéria dos corpos como um efeito da dinâmica do poder, o poder reiterativo capaz de produzir os fenômenos que regula e limita, tornando essa matéria indissociável das normas regulatórias que governam as suas materialização e significação.

O sujeito se forma através da sua admissão em um sexo, que se constitui como uma norma cultural e não como um efeito de imposição artificial de um gênero a um determinado corpo. Esse corpo já é formado no quadro dessa norma, também por meio do assumir um sexo através de uma identificação. O imperativo da heterossexualidade hegemônica torna algumas dessas identificações viáveis, enquanto outras são foracluídas e, por isso, repudiadas. Essa matriz de exclusão que forma os sujeitos produz igualmente os que ainda não são sujeitos por via da abjeção, que forma o exterior constitutivo do domínio do sujeito.

Esses quase-sujeitos, não sujeitos, constituem uma forma de abjeção que é sempre colocada como invivível e inabitável (Butler, 1993), apesar da grande quantidade de pessoas que habitam essas regiões da vida social, desprovidas do estatuto de sujeito que garante autonomia e direito a viver. Esse abjeto exterior constitutivo do sujeito o forma como repudiação fundadora. E é no âmbito desse pensamento sobre a performatividade de gênero que podemos antes descrever o gênero como a materialização de efeitos do poder, em vez de descrevê-lo como construção social. A teoria da performatividade de gênero passa a ser entendida como a constituição de uma matéria a partir de normas regulatórias que concebem o que pode ser matéria e como ela pode ser significada.

Corpos trans* e autorrepresentação

Gostaria agora de refletir a partir de uma ideia de autorrepresentação dos corpos trans*. Note-se que estou propositadamente evitando qualquer conceituação identitária e me centrando exclusivamente numa ideia de corpo trans* como projeto político e como modo de pensar. Parto de uma analítica não identitária e que não tem como objetivo descrever identidades de gênero. Antes, intenciono entender como um projeto emancipatório como o da autodeterminação de gênero se reflete no modo como os corpos trans* são pensados e se propõem pensar. Trabalho, assim, não a partir de uma conceituação identitarista de trans*, mas, antes, a partir de uma ideia de performatividade dos corpos trans* e seus saberes. O que fazem estes corpos e como constroem saberes que deslegitimam o cistema e ressignificam as normas de gênero enquanto cisnormativas?

Construccions identitàries (2017) é o livro de fotografia da catalã Mar C. Llop que retrata uma diversidade de corpos trans* e de experiências de transição e corporeidade, com seções dedicadas às tecnologias como *binder*, próteses, hormonas, testosterona. O livro resulta de um projeto artístico criado por uma mulher trans*, e permite um olhar para a diversidade de transições.

> Nem todas as pessoas trans* desejam fazer grandes modificações no corpo. Muitas optam por um trânsito parcial. Quem sabe não querem passar por cirurgia, por princípios, por recursos. Quem sabe já está bem o corpo que tenho agora e quem sabe mais tarde... Quem sabe agora não é o momento e este se calhar não chegará nunca, quem sabe virá... (Llop, 2017, p. 75).

A obra ilustra uma diversidade de possibilidades de viver o trânsito de gênero (Oliveira, 2016) como um devir, um ir se tornando (Beauvoir, 1949) que pode implicar recusar viver a masculinidade hegemônica, no caso de homens trans*, mostrando um repúdio pelo binarismo das normas de gênero. Recusar o binarismo é pensar-se a partir da fluidez de gênero ou, pelo contrário, querer, desejar e por isso mesmo pertencer a um gênero – toda essa amplitude de posições nos vários e múltiplos corpos trans*, pensados antes como multitude e já não como um modo único de ser. A constituição desses corpos a partir das fotografias de Mar C. Llop (2017), que criam um diálogo cúmplice entre fotografadxs e fotógrafa, ilustra também as potencialidades de projetos artísticos que querem examinar e pensar a produção desses tecnogêneros a partir da sua constituição como matéria, com recursos à tecnologia em vários níveis. Assim, estamos perante a produção e a constituição de diferentes tecnologias de gênero (De Lauretis, 1987), apontando para um gênero que não é construído – é, antes, materializado (Butler, 1993), como já vimos.

Igualmente, Llop (2017) quebra a cis-representação da pessoa trans* como triste, desajustada e disfórica. Reclama-se, aqui, uma posição e um entendimento da população trans*, em sua plena diversidade, de recusa radical de qualquer forma de patologização e das formas de violência epistêmicas, simbólicas e concretas exercidas sobre esses corpos. Essa reiteração de algo que já deveria ser autoevidente, apesar da posição patologizante expressada em laudos e relatórios psicológicos e psicossociais, ainda encontra amplo espaço de reverberação, implica e exige um posicionamento de ruptura com o cistema (Vergueiro, 2019), sem espaço para ambiguidades e recusando a reserva de mercado que muita psicologia e biomedicina ainda gosta de manter em relação às pessoas trans*. Esse vampirismo de pessoas trans* é muito evidente na forma ambígua como alguns estudos LGBT ainda se referem a essas pessoas sob a capa da prestação de cuidados e da atenção à saúde, colocando-as numa situação de dependência de laudos e de validação das psi disciplinas. Essa situação deve ser integralmente recusada em prol de uma prestação de cuidados de saúde e bem-estar que coloque a autodeterminação das pessoas trans* acima do mercado da psicologia. E que estes critérios de reserva de mercado deixem de ser necessários enquanto requerimentos prévios para lhes conferir direitos.

Apesar da legislação portuguesa que garante o direito à autodeterminação de gênero – o que, no caso brasileiro, se deu por decisão do Supremo Tribunal (Coacci, 2018) –, bastando a simples declaração em cartório notarial para se alterar legalmente o nome, as práticas biomédicas e psicoterapêuticas ainda, em muitas situações, apresentam algum desfasamento e pouca preparação para lidar com situações como as relatadas pelas pessoas trans* sobre saúde. E esses problemas são repercutidos em várias áreas de intervenção do Estado e das políticas públicas. Entramos em um domínio que se relaciona com os efeitos das leis. Ao invés de olharmos para a lei e para a mudança legal como lugares de mudança social, tentemos um olhar que considere as múltiplas contradições que essa premissa encerra. Como mostra o trabalho de Dean Spade (2015),

> [...] as leis operam como táticas na distribuição das nossas oportunidades de vida, e assim devemos abordar a reforma legal de maneira tática. Uma transformação significativa não ocorrerá por meio de pronunciamentos de igualdade de várias instituições governamentais. A mudança transformadora só pode surgir por meio da mobilização em massa, liderada pelas populações mais diretamente impactadas pelos sistemas nocivos que distribuem a vulnerabilidade e a segurança (Spade, 2015, p. 8).

Esta distribuição desigual das oportunidades de vida reverbera diretamente na distribuição desigual da precariedade, aludida por Butler (2016), em que condições de existência podem tornar certas vidas particularmente propensas a serem inviíveis e expostas à vulnerabilidade. O trabalho de Spade (2015) mostra como as leis da democracia liberal não fazem exatamente o que dizem – ou seja, algumas das promessas de igualdade não são desenhadas para produzir essa mesma igualdade, porque a dimensão administrativa da lei e a interação complexa com outras leis e práticas administrativas podem curto circuitar todo esse processo. Thiago Coacci (2018) mostra como a articulação entre ciência, Direito e transexualidade implicou que a patologização da transexualidade servisse tanto para negar como para conceder determinados direitos. Então a própria lei também depende dessas articulações para produzir determinados efeitos.

Uma lei da autodeterminação de gênero (Lei n.º 38/2018), como é o caso da legislação portuguesa que, no seu artigo 2, ponto 1 afirma que "Todas as pessoas são livres e iguais em dignidade e direitos, sendo proibida qualquer discriminação, direta ou indireta, em função do exercício do direito à identidade de gênero e expressão de gênero e do direito à proteção das características sexuais", introduzindo uma posição igualitária extensível a pessoas trans* e intersexo, mas que as práticas administrativas (biopolíticas) correntes e assentes em um determinado modelo de gênero, que é anterior ao dessa lei, vão desarticular. Isto é manifesto, por exemplo, na recusa dos sistemas de saúde em cobrirem custos que veem como estéticos, mas que podem ser fundamentais para as vidas de pessoas trans* como é o caso da depilação laser, ou em situações em que a precariedade diferencialmente distribuída coloca pessoas trans* detidas no complexo industrial da prisão em função do sexo atribuído e não do gênero da pessoa. Outra situação que é comum são as longas esperas pelas cirurgias nos sistemas de saúde, pela lacuna de técnicos de saúde especializados em tais procedimentos.

Este problema coloca muito facilmente mulheres trans* em situações de especial vulnerabilidade. Tratam-se de situações de particular violência administrativa, apesar da aparente abrangência das leis de igualdade. Tal situação mostra, também, como afirma Spade (2015), a impossibilidade de as leis produzirem essas mudanças quando enquadradas em um sistema administrativo (biopolítico) que não se encontra orientado por perspetivas trans* críticas que possibilitem colocar a autodeterminação de gênero no quadro de uma democracia de gênero como critério essencial para essas ações do Estado.

Mas não é apenas ao Estado que cabe garantir o direito de respeito integral à democracia de gênero. Cabe, também, aos movimentos sociais e organizações não governamentais o respeito pela autodeterminação, e infelizmente o feminismo abolicionista e transfóbico que é conhecido por feminismo radical – apesar de radical não ter nada e tratando-se de uma corrente minoritária nos feminismos – tem fornecido um triste espetáculo no desrespeito, acinte e não reconhecimento das mulheres trans* como mulheres. Este triste espetáculo é expresso nas suas posições contra o que consideram voluntarismo de gênero e deriva de em um desrespeito histórico do feminismo cultural que acredita numa essencialidade da categoria mulher, e que a partir dela vai positivar o feminino, considerando o masculino como essencialmente tóxico. Essas concepções, ainda herdeiras de uma certa ideia de gênero como uma modalidade cultural do sexo, um sexo social, falham em não considerar a relacionalidade masculino-feminino numa dinâmica assimétrica, que não se exprime em termos de dominante-dominado, mas, antes, numa lógica de modos de subjetivação inteiramente diferentes (Amâncio, 2017), que os apresenta como dimórficos, duas espécies, dois corpos (Laqueur, 1990).

A ruptura que os corpos trans* apresentam e introduzem estão nas antípodas desses feminismos com fetiche de fixação de gênero e com certezas sobre quem o outro pode ser e quais são os seus limites.

Muito em voga, portanto, está a certeza onde posicionar o outro em termos de gênero e a irrelevância da sua identificação. Assim, para esses modelos transfóbicos de feminismo, uma mulher trans* é nada mais, nada menos que um homem disfarçado de mulher. Detentor de uma série de verdades sobre os outros, o sistema sexo-gênero recorre também às feministas para garantir a conformidade face à norma e a obediência a modelos normativos de gênero. Que melhor forma de se perpetuar e se reproduzir que recrutar como perpetuadoras feministas que assim se constituem como verdadeiras guardiãs do gênero? Afinal, para esses modelos de feminismos nada escapa ao binário, irredutível, universal e estrutural. Por isso, teorias do gênero que não apresentam leituras unívocas – como a da performatividade – devem ser devidamente arrumadas no baú dos pós-modernismos, e pessoas trans* não podem ser feministas porque ou são vistas como traidoras (no caso dos homens trans*) ou como invasoras (no caso das mulheres trans*). Solidariedades interseccionais, uma preocupação em abraçar esta multiplicidade de formas de viver o gênero, encarando-o não apenas como uma expressão do sexo biológico, são antídotos para lidar com essa foraclusão das pessoas trans* desses modos de feminismos. Recusar a essencialização e deixar os truísmos identitaristas parece-me fundamental – o cerne na identidade que não deixa muita margem de manobra para outras formas de exploração política, para uma diferença entre identificações e posições sociais e para equacionar uma certa fluidez de gênero, uma certa ideia de trânsito (Oliveira, 2016).

Num estudo do NUH (2016) com base nas respostas das entrevistadas trans* sobre os seus corpos e as tecnologias que as ajudaram a viabilizar esses corpos-projetos encarando aqui os corpos como um projeto em aberto, em vez de os vermos como algo acabado, terminado e que é essencialmente dado –, entendemos que o uso de hormonas começa bem cedo. Em média, é de 16,8 anos a idade em que começam o uso de hormonas. Assim esses corpos, que começam a ser construídos inclusivamente antes da maioridade penal, são um projeto que implica múltiplos investimentos e tempo para se construir materialmente. Nesse sentido, apenas 1,8% das inquiridas afirmam recorrer aos serviços de saúde como forma de se informar sobre hormonização, o que revela a amplitude da desconfiança delas face aos serviços de saúde. Antes, a aplicação de hormonas é feita através dos saberes da própria comunidade, dadas as resistências em usar os serviços de saúde em função da forte discriminação percebida.

Delas, 98,2% recorrem a conselhos de colegas sobre hormonização, o que eventualmente também implica na aquisição de hormonas no mercado informal. Esses corpos, que são construídos recorrendo aos saberes e tecnologias da medicina, têm, contudo, uma relação extremamente ambivalente com a prática médica que perpetua uma lógica de abjeção a tais corpos, juntamente com sua exposição à violência e aos riscos associados à prática de trabalho sexual nas ruas. Assim, recorrer a *bombadeiras* e *mãos de fada* para injeção de silicone industrial, além de sair muito mais barato que as próteses de silicone, evita a exposição a uma medicina hostil e pouco acolhedora.

A lógica da violência administrativa a que já aludi anteriormente encontra espaço na gestão da saúde das mulheres trans*, e muitas delas não parecem querer ser expostas a esse tipo de constrangimento na sua expressão de gênero e na complexidade de saberes/tecnologias/matérias – uma rede complexa de atores e actantes, como os hormonas distribuídos legal ou informalmente, sistemas de saúde, leis ou jurisprudência que acolha, silicones, tecnologias de depilação a laser ou hormonização que faz crescer os pelos do corpo, mais hormonas, investimentos de recursos, materiais, financeiros e emocionais, e uma miríade de aspetos que vão requerer a construção de saberes e conhecimentos que possam apoiar esse esforço de expressão do gênero autodeterminada, que diga respeito a um sujeito que é aquilo que pretende e que pode ser.

O interesse em estudar essa complexidade material-semiótica diz também respeito a uma exigência política e científica de podermos retratar o gênero nas suas nuances e complexidades – sabendo, *a priori*, que a descrição que fazemos do gênero o produz como tecnologia mutante e mutável. Então conhecer de forma aprofundada essas redes a que aludo ao longo deste texto é também apoiar a autodeterminação de gênero de pessoas trans*. Como afirma também Susan Stryker (1994):

> Para encontrar o corpo transexual, para apreender a consciência transgênera em processo de autoarticulação é arriscar a revelação da construção da ordem social. Confrontar as implicações dessa construção pode somar toda a violação, perda e separação infligida pelo processo de genderização que sustenta a ilusão da naturalização. O meu corpo transexual literaliza esta violência abstrata (Stryker, 1994, p. 250).

Tomo, neste texto, também a preocupação em trazer autores trans* para o debate, tomando-os como referências primordiais para entender esses processos, como fiz durante todo o texto com Susan Stryker, Mar C. Llop, Viviane Vergueiro, Dean Spade e Sandy Stone. Note-se como recorro a um certo poder de *gatekeeping* para não citar as feministas transfóbicas de sempre, posto que as suas carreiras muito se deveram à citação indignada de muita gente. Recuso-me. Para tal, existem vários motores de busca. Prefiro, neste texto, deixar mais inteligível o efeito de uma crítica trans* sobre os estudos de gênero. Deixar de privilegiar uma série de textos clássicos transfóbicos e poder abraçar um outro *corpus* textual. Largar a canocidade do feminismo como transfobia para lermos os transfeminismos, os feminismos queer, escritas outras. Falo de um gesto, de uma prática. Interessam-me as práticas no que elas têm de efetivo e de possibilidade. Esse desígnio deveria ser mais constante nos trabalhos sobre pessoas trans*, pois precisamos apoiar e difundir o trabalho de intelectuais trans* que estão pensando os estudos trans e de gênero a partir de reflexões muito importantes e inovadoras para trabalharmos a partir das margens, e não do centro.

Referências

AMÂNCIO, L. Assimetria simbólica: breve história de um conceito. In: OLIVEIRA, J. M.; AMÂNCIO, L. (Eds.). *Géneros e Sexualidades: interseções e tangentes*. Lisboa: CIS-IUL, 2017. p. 17-38.

BEAUVOIR, S. *Le Deuxiéme Sexe*. Paris: Gallimard, 1949.

BUTLER, J. *Bodies that Matter: On the Discursive Limits of "Sex"*. New York: Routledge, 1993.

BUTLER, J. *The Psychic Life of Power*. Palo Alto, CA: Stanford University Press, 1997.

BUTLER, J. *Notes toward a Performative Theory of Assembly*. Cambridge, MA: Harvard University Press, 2016.

BUTLER, J. *Problemas de gênero: feminismo e subversão da identidade*. Lisboa: Orfeu Negro, 2017.

COACCI, T. As engrenagens do poder: sobre alguns encaixes entre direito, ciência e transexualidades no Brasil. *Ex aequo*, n. 38, p. 17-31, 2018.

DE LAURETIS, T. *Technologies of Gender*. Bloomington: Indiana University Press, 1987.

DERRIDA, J. *Limited Inc*. Evanston, IL: Northwestern University Press, 1988.

ELLIS, H. *Sexual Inversion*. Philadelphia, PA: Davis, 1915.

HARAWAY, D. *Simians, Cyborgs and Women: The Reinvention of Nature*. New York: Routledge, 1991.

LAQUEUR, T. *Making Sex: Body and* Gender *from the Greeks to Freud*. Cambridge, MA: Harvard University Press, 1990.

LEITE, A. F. S.; SANTOS, C. Tecnologias de gênero e magia: hormonioterapia e as experiências de vida de mulheres trans*. *Ex aequo*, n. 38, p. 83-94, 2018.

LLOP, M. *Construcions identitàries*. Barcelona: Bellaterra, 2017.

NUH – Núcleo de Direitos Humanos e Cidadania LGBT. *Relatório de pesquisa – Direitos e violência na experiência de travestis e transexuais na cidade de Belo Horizonte: construção de um perfil social em diálogo com a população*. 2016. Disponível em: https://bit.ly/3posPcV. Acesso em: 24 maio 2021.

OLIVEIRA, J. M. Trânsitos de Gênero: leituras queer/trans* da potência do rizoma gênero. In: COLLING, L. (Org.). *Dissidências sexuais e de gênero*. Salvador: Edufba, 2016. p. 109-132.

OLIVEIRA, J. M. Trans-ações de género, operando contra o cistema. *Ex aequo*, n. 38, p. 9-16, 2018.

PLATERO, Raquel (Lucas). *Trans*sexualidades. Acompañamiento, factores de salud y recursos educativos*. Barcelona: Bellaterra, 2014.

POLLOCK, G. A política da teoria: gerações e geografias na teoria feminista e na história das histórias de arte. In: MACEDO, A. G. (Ed.). *Género, identidade e desejo: antologia crítica do feminismo contemporâneo*. Lisboa: Cotovia, 2001. p. 191-220.

PRECIADO, P. B. *Testo Junkie: sexo, drogas e biopolítica na era farmacopornográfica*. São Paulo: N-1, 2018.

SPADE, D. *A normal life: Administrative Violence, Critical Trans Politics, and the Limits of Law*. Durham, PA: Duke University Press, 2015.

STONE, S. The Empire Strikes Back: A Posttranssexual Manifesto. In: EPSTEIN, J.; STRAUB, K. (Eds.). *Body Guards: The Cultural Politics of Gender Ambiguity*. New York: Routledge, 1991. p. 280-304.

STRYKER, S. (De)Subjugated Knowledge: An Introduction to Transgender Studies. In: STRYKER, S.; WHITTLE, S. (Eds). *The Transgender Studies Reader*. New York: Routledge, 2006. p. 1-17.

STRYKER, S. My Words to Victor Frankenstein Above the Village of Chamounix: Performing Transgender Rage. *GLQ*, v. 1, n. 3, p. 237-254, 1994.

VERGUEIRO, V. *Sou travestis: estudando a cisgeneridade como possibilidade decolonial*. Brasília, DF: Padê Editorial, 2019.

Capítulo 4

A utilização de tecnologias de transformação do corpo por travestis e mulheres transexuais em Belo Horizonte, Minas Gerais

Denyr Jeferson Dutra Alecrim[1]

As identidades de gênero e sexuais são compostas e definidas por relações sociais que implicam na instituição de desigualdades, ordenamentos, hierarquias e estão, sem dúvida, estreitamente imbricadas com as redes de poder que circulam numa sociedade (Louro, 2000). A sexualidade e o gênero são materializados nos corpos por normas regulatórias que são constantemente reiteradas, repetidas e ratificadas e que assumem o caráter de substância e de normalidade em um processo que visa disciplinar formas de masculinidades e de feminilidades possíveis e complementares entre si (Butler, 2003). Essa realidade é regida pelas regras da heteronormatividade, que determinam a heterossexualidade como natural e, por consequência, se apoiam em um sistema de identificação de gênero biologicista e binário, baseado na anatomia do corpo, nos órgãos sexuais (Butler, 2003). Seguindo essa lógica, quando um indivíduo nasce com pênis, seu gênero deverá ser masculino, heterossexual, e sua prática sexual, ativa, enquanto caso ele nasça com vagina, seu gênero será feminino, heterossexual, e sua prática sexual, passiva. Conforme Miskolci e Pelúcio (2008),

> [...] hoje, o conceito de heteronormatividade sintetiza o conjunto de normas prescritas, mesmo que não explicitadas, que marcam toda a ordem social e não apenas no que concerne à escolha de parceiro amoroso; alude, também, ao conjunto de instituições, estruturas de compreensão e orientação prática que se apoiam na

[1] Farmacêutico (UFMG) e mestre em Medicamentos e Assistência Farmacêutica (UFMG). Farmacêutico no Hospital de Clínicas da UFU/Filial EBSERH.

> heterossexualidade. É toda esta ordem social que mostra como no par heterossexualidade/homossexualidade não há simetria, pois ele engloba díades como norma/desvio, regra/exceção, centro/margem. A heterossexualidade só pode existir fixando o periférico e, a partir dele, se definindo como central (Miskolci; Pelúcio, 2008, p. 8).

Qualquer expressão fora do padrão binário heteronormativo tende a ser invisibilizada, considerada anormal, e a pessoa, como abjeta. Segundo Judith Butler (2002), os corpos abjetos são desapropriados de qualquer reconhecimento ou direito que um ser humano possa ter, por inexistir para a compreensão lógica das determinações normativas. Sem visibilidade, não é reconhecido como sujeito e, não sendo sujeito, não existe, logo não pode ser tomado como ser de direitos. Fazendo a leitura de forma aplicada, Pelúcio (2009) descreve que

> [...] essa não existência acaba por colocar as travestis no plano do abjeto, corpos cuja existência parece não importar. De fato, importam, pois os abjetos precisam estar lá, ainda que numa higiênica distância, para demarcar as fronteiras da normalidade (Pelúcio, 2009, p. 47).

A diversidade de sexualidades e identidades de gênero se associa às diversas tecnologias de modificações corporais, o que torna evidente que não há uma maneira única de se construir as expressões de gênero. Segundo Louro (2000, p. 8), "os corpos são significados pela cultura e, continuamente, por ela alterados". A construção dessa identidade pode ser resultado do processo histórico, social e cultural que vivem os seres humanos. As expressões de gênero, em sua diversidade, são guiadas pelos processos de construção de gênero individuais e coletivos dos seres humanos. Nesta perspectiva de multiplicidade e fluidez de identidades sexuais e de gênero (Butler, 2002), encontramos as experiências de travestis e mulheres transexuais (neste texto, referenciadas como travestis e mulheres trans) no cenário social brasileiro. As transidentidades (nesse caso, travestilidades e transexualidades femininas) podem ser consideradas como processos de construção ou reinvenção do gênero feminino, ou seja, de reconstrução das posições de gênero e sexualidade implicadas culturalmente na construção do feminino em corpos designados pela medicina como masculinos ao nascer.

Nessa construção, podemos evidenciar os processos de transformação corporal. Segundo Pelúcio (2009, p. 27), "as travestilidades não podem ser sem um corpo transformado, marcado, por um feminino que procura borrar, nesses corpos, o masculino, sem apagá-lo de todo". As experiências que constituem as transidentidades têm na transformação do corpo e do gênero um fator que desestabiliza a ordem binária dos sexos e dos gêneros. O corpo para as travestis e mulheres trans é um aspecto-chave no processo de sua identificação de gênero. Esse corpo se modifica ao longo do tempo, desafiando as condições biológica e física do universo tido como masculino. Entre as travestis e mulheres trans, as possibilidades de (re)construção do feminino trazem diferentes implicações identitárias e torna seus corpos ainda mais plásticos na construção e desconstrução do que se deseja para si (Duque, 2012). Assim, as formas retas que são associadas social e culturalmente ao corpo masculino necessitam ser readequadas para adquirir formas arredondadas atribuídas ao corpo tido como feminino.

Os medicamentos hormonais e o silicone, na forma de próteses ou o industrial, aparecem como ferramentas fundamentais na construção da pessoa travesti ou mulher trans. Com a utilização dos hormônios, as mudanças corporais começam a se mostrar mais visíveis e mais definitivas. É utilizando-os que se adquire novas características nas formas do corpo, bem como novas particularidades de uma ordem moral que dizem respeito ao comportamento feminino na sociedade (Benedetti, 2000). A utilização de medicamentos hormonais orais parece estar associada à própria decisão de incorporar e dar visibilidade à constituição de uma identidade travesti. Para Benedetti (1998, p. 16), "o hormônio é como um alimento para o corpo", e a utilização de medicamentos hormonais parece ser esse veículo que integra e exterioriza as dimensões físicas e morais no universo das travestis (Seffner; Reidel, 2015).

Segundo Wanmacher (2003), os medicamentos hormonais na forma de anticoncepcionais orais (ACO) podem ser combinados (estrógenos e progestógenos) mono, bi e trifásicos ou só conter progestógeno (minipílulas). Ao longo das últimas décadas, as doses hormonais contidas nesses medicamentos têm sido bastante reduzidas, o que acarreta uma melhor aceitação dos ACO pelo organismo, devido à diminuição dos eventos adversos a eles relacionados. Os ACO são classificados em gerações, de acordo com sua dose de estrogênio: os da

Primeira Geração contêm 0,150 mg de etinilestradiol; os da Segunda, 0,050 mg de etinilestradiol; os da Terceira, 0,030 mg de etinilestradiol; e os da Quarta Geração, 0,020 mg de etinilestradiol (Mukai, 2012). Outra categoria de medicamentos hormonais contraceptivos são os anticoncepcionais injetáveis mensais, que recebem uma classificação temporal intermediária entre os anticoncepcionais orais combinados e os que possuem somente progestógenos.

Os estrógenos agem em muitos tecidos e possuem várias ações metabólicas, mas ainda não está totalmente elucidado se seus efeitos resultam diretamente das ações do hormônio no tecido em questão ou se são secundários (Brunton, 2012). Eles possuem uma importante ação sobre o metabolismo de lipídeos, elevam os níveis de triglicerídeos e diminuem os níveis séricos de colesterol total, aumentam os níveis de algumas proteínas e alteram vias metabólicas que afetam o sistema cardiovascular, além do pequeno aumento de alguns fatores de coagulação, bem como a redução dos fatores de anticoagulação, podendo favorecer um desequilíbrio hemodinâmico.

Os progestógenos são compostos com atividades biológicas similares à progesterona, que, embora possuam atividade progestacional em pessoas designadas pela medicina, ao nascer, como mulheres, também exibem atividades androgênicas. Entre as diversas ações no aparelho reprodutor, a progesterona aumenta a resposta ventilatória dos centros respiratórios, no Sistema Nervoso Central (SNC), ao dióxido de carbono, e pode ter ações depressoras do SNC relacionadas a relatos de sonolência após a administração do hormônio. Os progestógenos possuem inúmeras ações metabólicas, aumentando os níveis basais de insulina, o que pode diminuir a tolerância à glicose e parece aumentar os níveis de LDL sem alterações no HDL, podendo também levar ao aumento da pressão arterial devido à diminuição dos efeitos da aldosterona (Brunton, 2010).

Os principais eventos adversos são descritos para os ACO combinados. Destacamos os efeitos cardiovasculares, como o tromboembolismo (Brunton, 2010), em decorrência das altas doses utilizadas pelas travestis e mulheres trans. Eles também estão relacionados à hipertensão nas formulações de Primeira e Segunda gerações. Apesar de raro, há um aumento no risco de câncer hepático. Náuseas, edemas e dores de cabeça também são potenciais efeitos adversos causados pelos

ACO, e supõe-se que a acne seja mediada pela atividade androgênica de alguns progestógenos.

Além da utilização dos medicamentos hormonais, a aplicação de silicone industrial é uma etapa importante no processo de construção da identidade enquanto travesti ou mulher trans. "A etapa mais radical e irreversível" (Kulick, 2008, p. 65), pois o silicone industrial não pode ser removido do corpo após ser aplicado, além de apresentar resultado imediato, diferentemente do uso de medicamentos hormonais, por meio dos quais pode-se demorar meses ou até anos para se alcançar os resultados esperados. O imediatismo na busca por resultados torna a utilização do silicone um rito de passagem, sem volta, na metamorfose da travesti ou mulher trans (Lourenço, 2009). A prótese de silicone reflete, muitas vezes, a materialização do sucesso conquistado com o corpo transformado. O elevado custo torna a prótese em uma espécie de troféu decorrente das conquistas obtidas pelo corpo.

Objetivos

Objetiva-se analisar os fatores relacionados com a utilização de tecnologias para a transformação do corpo por travestis e mulheres transexuais e discutir seus reflexos na saúde desta população.

Métodos

Entre as 141 mulheres trans e travestis que participaram da pesquisa "Direitos e violência na experiência de travestis e transexuais na cidade de Belo Horizonte: construção de um perfil social em diálogo com a população", ou Projeto Trans, foram selecionadas 130 participantes que possuíam idade igual ou superior a 18 anos, realizavam trabalho sexual em Belo Horizonte, no estado de Minas Geais, no período de abril de 2012 a julho de 2014 e que tivessem feito uso de medicamento hormonal (oral ou injetável) para transformação corporal.

Para esta análise, foram utilizados dois instrumentos de coleta de dados. Tais instrumentos foram previamente testados, e condutas foram padronizadas para a sua utilização. Primeiramente, foram realizadas entrevistas às participantes, utilizando um questionário estruturado com questões abertas e fechadas, organizadas em blocos temáticos. Entre outras questões, as entrevistadas foram perguntadas sobre a utilização de medicamentos hormonais para a transformação do corpo, tornando a resposta positiva um critério de seleção para esta análise específica.

Neste estudo, do tipo transversal, foi realizada uma análise descritiva da população por meio de distribuições de frequências para as variáveis categóricas, e medidas de tendência central e de dispersão para as variáveis contínuas estudadas. As informações coletadas foram organizadas em um banco de dados e analisadas utilizando o software *Statistical Package for Social Sciences*®, e os dados foram organizados junto à discussão.

Resultados e discussão

Observou-se que as participantes do estudo possuíam a média da idade de 27,4 anos (± 6,6 anos), com a idade mínima de 18 e máxima de 48 anos. Dessa forma, a faixa etária predominantemente jovem das participantes não difere da relatada em outros estudos. A maior idade relatada foi de 48 anos, o que se relaciona ao fato de o trabalho sexual exigir a juventude (Antunes, 2010). Também não podemos de deixar de considerar que a média da expectativa de vida da população travesti é em torno dos 50 anos (Pelúcio, 2009).

A grande maioria das travestis declara ser não branca (77,7%). A questão racial é um importante determinante nas relações sociais, devido ao fato de as instituições jurídicas, econômicas e políticas, o imaginário social e os indicadores de comportamento (culturais) serem articulados com vieses racistas, machistas e transfóbicos. Dessa forma, segundo Rodrigues (2012), a travesti negra sofre por fatores que agem concomitantemente: racismo, preconceitos de gênero e de sexualidade. Quando falamos de racismo, nos referimos à "uma consciência grupal totalizante que tem como papel reservar o monopólio dos recursos, para a nomeada fração fenotípica-racial dominante" (Rodrigues, 2012, p. 5).

Quanto à identidade de gênero, 89,3% (116) se identificam como trans ou travestis, sendo que 60,8% se identificaram como travestis e 28,5% como transexuais. Aproximadamente 9% se identificam como mulheres, 1,5% como homossexuais e 0,8% como homens. Estes achados estão em consonância com os dados presentes na literatura nacional e internacional. É importante destacar que as travestis que participaram do estudo não identificam seu gênero quanto homem ou mulher, mas sim como travesti ou transexual. Esta informação traz elementos centrais na desconstrução de padrões binários de identidade de gênero e sexualidade, expressando, então, um trânsito pouco estático entre as masculinidades e feminilidades.

Entre todas as travestis participantes, 86,2% (112) relataram não viver com a família. Elas deixam de viver com os pais muitos jovens; neste estudo, 49,1% (55) das participantes tinham idade inferior a 18 anos. Segundo Pelúcio (2009, p. 78), as travestis "saem cedo de casa, em torno nos 14 anos". Entre as que relataram não viver com a família, 33% (37) deixaram de viver com suas famílias com idade superior ou igual a 16 anos e inferior a 18 anos, e 16,1% (18) com menos de 16 anos. A média da idade das que deixaram de viver com a família é 17,98 (±4,63) anos e a menor idade relatada é de 10 anos. Essa saída precoce da casa dos pais pode estar relacionada com o início da utilização de hormônios, consequentemente, com as transformações corporais que não são aceitas pelos familiares e amigos da família.

Trabalho sexual e renda

A média da idade em que as participantes relataram ter feito sexo por dinheiro pela primeira vez é de 17 anos (± 3,6 anos), com a idade mínima de 9 anos e a máxima de 28 anos. Quase 60% (76) das participantes informaram ter feito sexo por dinheiro pela primeira vez com idade inferior a 18 anos. As travestis que se prostituem iniciam a "vida noturna" muito novas, havendo uma relação com a saída da casa dos pais e a necessidade de independência financeira (Pelúcio, 2009).

A média da renda mensal com trabalho sexual é de 5.174,30 reais (± 3.642 reais). A renda mensal com trabalho sexual variou de 800 a 20.000 reais. A quantia que mais se repetiu foi de 4.000 reais mensais. A média do gasto mensal com estética informada pelas participantes foi de 813,40 reais (± 983,20 reais), variando entre nenhum gasto até 8.000 reais mensais. Entre as 130 participantes, 3,8% (5) da amostra relatou não gastar com estética e 9,2% (12) não respondeu à pergunta. Apesar do elevado rendimento mensal com esse tipo de trabalho, elas relatam gastos com a (re)construção e manutenção da feminilidade dos corpos. O gasto mensal médio com estética fica em torno de 1.000 reais, chegando, em alguns casos, a 8.000 reais mensais. Transformar-se, para a maioria das travestis, significa investir parte importante de seus recursos no processo de "feminilização", que inclui procedimentos cirúrgicos, estéticos, vestimentas, acessórios, perfumes e outros, ainda que em detrimento de coisas essenciais como alimentação e moradia (Pelúcio, 2009).

Transformação do corpo

A utilização de roupas femininas desde a infância é muito relatada pelas travestis e mulheres trans. A média da idade em que relatam ter começado a utilizar roupas femininas é de 15,3 anos (± 3,9 anos), com a idade mínima de 2 e a máxima de 27 anos. Aproximadamente metade das participantes (50,8%) relatou ter começado a utilizar roupas femininas com idade inferior ou igual a 15 anos. Em muitos casos, essa utilização se iniciou com brincadeiras, como o uso das roupas da mãe de forma escondida.

Medicamentos hormonais

O início da utilização de hormônios para a transformação do corpo marca a decisão de incorporar e dar visibilidade à identidade travesti (Cassemiro, 2013), tornando-se veículo que integra e exterioriza as dimensões físicas e morais no universo das travestis (Benedetti, 1998). Para Antunes (2010), esse momento é muito importante na vida de uma travesti, pois aí ela estará decididamente "fabricando" um corpo portador de signos considerados femininos.

A média de idade de início de utilização de hormônios é de 16,8 (±3,8) anos, com a idade mínima de 10 anos, a máxima de 30 anos e a idade relatada que mais se repetiu é 15 anos. Cerca de 64% (83) das participantes relataram iniciar a utilização com idade inferior a 18 anos. Para Lourenço (2009), quando a utilização de hormônios é iniciada no começo da adolescência, os resultados são melhores, devido à baixa produção endógena de testosterona e andrógenos. Para Romano (2008), o maior benefício do uso dos hormônios descrito pelas travestis é a feminilização, a exemplo de aumento dos seios, mudanças no timbre de voz, diminuição dos pelos no rosto e corpo. O anseio por resultados rápidos pode levar a um consumo exacerbado desse grupo de medicamentos (Lourenço, 2009).

A utilização de medicamentos estrógenos, progestógenos exógenos e antiandrogênicos, na forma de anticoncepcionais, normalmente se inicia sem a orientação de profissionais de saúde ou serviços de referência. As informações referentes à utilização de hormônios, como a forma de utilização, seus resultados e riscos é obtida com as colegas, "mães" ou madrinhas travestis e *bombadeiras* (Galindo, 2013; Pelúcio, 2009). Aproximadamente 98% (110) das participantes relataram a obtenção de conhecimento sobre o uso de hormônios e anticoncepcionais por meio de colegas, em contraste com apenas 1,8% (2) que obtiveram as informações no serviço público de saúde.

Dados muito similares são encontrados em um estudo realizado na Tailândia com 60 participantes autoidentificadas como *kathoeys* (denominação local utilizada para se referir às mulheres trans) no ano de 2012 por Gooren, Sungkaew e Giltay (2013). Neste estudo é apresentado que 96% das participantes que utilizaram hormônios foram aconselhadas por colegas em contraste com apenas 5% com indicação por um médico ou farmacêutico (Gooren; Sungkaew; Giltay, 2013). Tal fato pode estar associado à facilidade de acesso aos anticoncepcionais, vendidos em qualquer farmácia sem receita médica com diferentes faixas de preço (Galindo, 2013), à dificuldade de acesso aos serviços de saúde, à falta de padronização de medicamentos hormonais para tal fim para essa população no SUS e à falta de preparo dos profissionais de saúde, principalmente médicos e farmacêuticos, para lidar com essas situações que demandam conhecimentos científicos aplicados a uma prática clínica socialmente referenciada que rompa com padrões biomédicos normalizadores.

Nas travestis e mulheres trans, os agravos à saúde são causados, em grande parte, devido ao uso indiscriminado de hormônios estrógenos e progestógenos que são ingeridos ou injetados em grandes quantidades ou em intervalos reduzidos de tempo e sem orientação e acompanhamento de profissionais de saúde (Lourenço, 2009). Muitas travestis utilizam anticoncepcionais em grandes quantidades por meses seguidos ou intervalando períodos de uso contínuo e tempos de pausa do uso do medicamento de forma empírica. O consumo indiscriminado de hormônios orais ou injetáveis pode levar a distúrbios metabólicos, náuseas, dores fortes de cabeça, tonturas, problemas hepáticos, câncer de próstata e óbito (Lourenço, 2009), entre outros efeitos. Entre as participantes, 33,1% (43) relatam ter tido alguns problemas decorrentes da utilização de hormônios. Entre as 43 participantes que relataram algum problema decorrente do uso de hormônios, 41 relataram os principais eventos ocorridos. Entre os 59 eventos relatados, os mais frequentes foram enjoos/náuseas/vômitos em 20,3% (12) dos casos, depressão com 6,8% (4), estresse/nervosismo com 6,8% (4), tontura com 6,8% (4), aumento de peso com 5,1% (3) e dor de estômago/gastrite com 5,1% (3) dos casos.

Silicone industrial

Outro produto fundamental utilizado na construção do corpo de uma travesti é o silicone (Souza, 2014). Neste estudo, dois terços das participantes (63,8%) relataram ter utilizado o silicone industrial como método de transformação corporal. A média da idade de início da utilização do silicone industrial é de 20,7 (± 3,8) anos, com idade mínima de 12 anos e máxima de 31 anos. A idade relatada que mais se repetiu foi 19 anos. Aproximadamente 81% iniciaram o uso de silicone industrial com idade igual ou superior a 18 anos, e isso pode estar ligado ao conhecimento sobre os riscos e a irreversibilidade da técnica. "É preciso que a decisão em aplicá-lo seja bem pensada. Uma vez aplicado o silicone industrial, sua retirada é praticamente impossível, pois ele se mistura aos músculos. É utilizado após o uso do hormônio" (Antunes, 2010, p. 76).

A aplicação do silicone industrial para a transformação do corpo é uma ação quase que condicionada à figura da *bombadeira*. Exemplificando, entre as travestis que relataram ter utilizado silicone industrial para a transformação corporal, 94% (78) informaram que a forma de utilização foi por meio de *bombadeiras* ou *mãos de fada*. As demais relataram a forma de utilização por meio de serviço privado de saúde (2,4%), colegas (1,2%) ou por conta própria (1,2%). A declaração de aplicação do silicone industrial no serviço privado de saúde por 2,4% das participantes que fizeram o uso desse método é um importante aspecto, que chama a atenção. O principal problema deste fato é que "o silicone líquido não está disponível no mercado. [...] A venda do produto é considerada ilegal" (Antunes, 2010, p. 77) e nem é preconizado em protocolos clínicos dos órgãos reguladores em saúde nacionais e internacionais. A procura por *bombadeiras* se dá devido ao fato de que "Nem todos podem comprá-lo. Normalmente é a *bombadeira* que tem contato com alguns fornecedores do comércio informal" (Antunes, 2010, p. 77). A procedência desse material é também outra fonte de preocupação, pois, "pelo fato de ser mais barato, muito do silicone que está no corpo da travesti é de uso industrial e não cirúrgico. Por causa disso, pode provocar problemas a saúde" (Antunes, 2010, p. 77).

Observa-se, na literatura científica, documentários, redes sociais e sites nos quais, na maioria das vezes, a aplicação de silicone industrial está associada a condições precárias de segurança quanto ao controle de infecções, dores e outras complicações à saúde. Contudo, mesmo cientes dos riscos envolvidos, as travestis que se submetem a esse processo alegam vantagens, como o menor preço em relação às próteses e a conquista de forma rápida das modificações corporais desejadas (Antunes, 2010; Souza, 2014).

Próteses de silicone

O silicone para uso cirúrgico é produzido em forma de próteses que são controladas pelos organismos estatais competentes – no caso brasileiro, a Agência Nacional de Vigilância Sanitária (Anvisa). O acesso a essa tecnologia é reduzido, mesmo que ainda seja grande, devido a seus elevados custos (Lourenço, 2009). Neste estudo, 37,2% (48) das participantes relatam ter feito uso de próteses de silicone. Observou-se também um aumento da idade média – 22,7 anos (± 4,73 anos) – em que as participantes realizaram tal procedimento, com a idade mínima de 16 anos e a máxima de 38 anos. Essa elevação da idade pode estar associada à maior estabilidade financeira que as travestis e mulheres trans adquirem com o tempo de trabalho, principalmente expressado no sucesso do trabalho sexual. Cerca de 89,4% iniciaram o uso de prótese de silicone com idade igual ou superior a 18 anos, tendo sido esta a idade relatada que mais se repetiu. Devido a rigorosos critérios clínicos, sociais e burocráticos, a dificuldade de acesso a esse procedimento no serviço público leva à sua procura nos serviços privados. Confirmando tal fato, observa-se que 94% (78) das participantes recorreram ao serviço privado de saúde para a realização do procedimento. O acesso por meio de cirurgiões clandestinos foi relatado por 6,4% das participantes (3), e por meio de colegas, por 2,1% (1 participante).

Percebe-se, então, que existe uma certa trajetória no que diz respeito às transformações corporais por travestis e mulheres trans. Evidencia-se, no Quadro 1 a seguir, as principais diferenças entre as tecnologias de transformação do corpo mais utilizados pelas travestis e mulheres trans, o uso de medicamentos hormonais, silicone industrial e próteses de silicone. Existe uma relação temporal que caracteriza uma hierarquia entre os métodos. A facilidade de acesso aos hormônios, a discrição na utilização e os baixos custos os colocam como primeiro método de escolha para aquelas travestis e mulheres trans que desejam realizar transformações corporais na adolescência. Já o silicone industrial está associado à irreversibilidade da transformação, o conhecimento sobre os riscos envolvidos e a convivência com as demais travestis que transmitem conhecimento sobre a otimização do método hormonal e indicam as *bombadeiras* como as fabricantes do corpo e da subjetividade (Pelúcio, 2009; Antunes, 2010). O uso de próteses de silicone está associado à elevação do poder aquisitivo dessa população, que se evidencia com a elevação da idade em que recorrem a esse método. Essa trajetória parece seguir certa linearidade, porém, segue em diálogo com as experiências subjetivas de cada indivíduo, marcadas pela raça, classe social, escolaridade, entre outros marcadores.

	Hormônios	**Silicone Industrial**	**Prótese de Silicone**
***Idade de início – Média (DP)* (Mínimo – máximo)**	16,8 (±3,81) anos 10-30 anos	20,71 (±3,76) anos 12-31 anos	22,40 (±4,73) anos 16-38 anos
Formas de acesso e informação	98,2% relatam as colegas como fonte de informações sobre o uso de hormônios para a transformação corporal.	94% relatam ter feito aplicação do silicone industrial para transformação corporal por meio de *bombadeiras* ou *mãos de fada*.	94% relatam ter feito a inserção de próteses de silicone para transformação corporal no serviço privado de saúde.

	Hormônios	Silicone Industrial	Prótese de Silicone
Formas de acesso e informação	1,8% relatam o sistema de saúde público como fonte de informação para o uso de hormônios para a transformação corporal.	2,4% relatam ter feito aplicação do silicone industrial para transformação corporal no serviço privado de saúde.[2]	6,4% relatam ter feito a inserção de próteses de silicone para transformação corporal por meio de cirurgião clandestino.
		1,2% relatam ter feito aplicação do silicone industrial para transformação corporal por conta própria.	2,1% relatam ter feito a inserção de próteses de silicone para transformação corporal por meio de colegas.

Quadro 1 – Percursos da transformação do corpo e acesso às tecnologias por travestis e mulheres transexuais em Belo Horizonte, Minas Gerais (2013)
Fonte: Elaborado pelo autor.

Saúde

Morbidades e uso de drogas

Apesar de a 83,8% considerarem a sua condição de saúde boa ou muito boa, observa-se um elevado índice de diagnósticos de problemas de saúde nessa população, sendo que muitos deles podem estar relacionados à utilização de medicamentos hormonais sem acompanhamento de profissionais de saúde e hábitos de vida como dietas hipercalóricas e pouco balanceadas, sedentarismo e consumo de drogas (Lourenço, 2009). Considerando que a população em questão é relativamente jovem, com idades inferiores a 48 anos, a elevada prevalência de doenças relacionadas ao envelhecimento pode

[2] A utilização de silicone industrial para fins médicos não é autorizada no Brasil. Portanto, este dado pode representar esse exercício em clínicas clandestinas ou ser inverídico.

reforçar esta hipótese. Os diagnósticos de problemas renais (15,7%), doenças hepáticas (8,5%), diabetes (4,6%), hipercolesterolemia (4,6%) e cardíacos (3,1%) merecem ser investigados de forma detalhada, em busca de possíveis relações causais.

O elevado número de diagnósticos de depressão e outras doenças psiquiátricas, abrangendo cerca de um terço da população – sendo os diagnósticos de depressão equivalente a 26,9% e os de outras doenças psiquiátricas de 5,4% –, também é relatado em outros estudos (Hoffman, 2014; Gooren; Sungkaew; Giltay, 2013). Essa prevalência pode estar relacionada aos efeitos da segregação social e das violências física, sexual e psicológica sofridas por essa população.

Em relação ao uso de drogas lícitas e ilícitas, 91,5% (119) relataram já ter feito o uso de bebida alcóolica, 76,2% (99) de alguma droga ilícita e 66,2% (86) de cigarro ou tabaco. Consideramos como drogas ilícitas maconha, cocaína, crack, ecstasy, LSD (Dietilamida do Ácido Lisérgico) e heroína. O elevado contato com drogas lícitas e ilícitas pode estar associado à vulnerabilidade característica desse segmento (Rocha, 2013). Pelúcio (2009) aborda que as estratégias que direcionam e facilitam o acesso desse público a serviços de saúde de maneira fragmentada parecem não fazer sentido nas suas realidades, mergulhadas em outros determinantes de saúde e vulnerabilidade, como o uso de drogas, a violência, a repressão, a discriminação, a perda de documentações, entre outros.

Prevenção às infecções sexualmente transmissíveis (ISTs)

Quanto às ISTs e às DSTs/AIDS, 4,6% (6) das participantes relataram ter recebido diagnóstico de HIV por algum profissional de saúde, 3,1% (4) de gonorreia e 0,8% (1) respondeu não saber. Em relação a diagnósticos de sífilis, 16,2% (21) relataram tê-lo recebido de algum profissional de saúde. Quanto aos exames diagnósticos para HIV e outras DSTs, 65,7% (85) relatam ter realizado os exames nos 12 meses anteriores à entrevista, e, quanto a esses exames, a maioria (64,7%) os realizou no serviço público de saúde.

Com a disponibilização da Profilaxia Pré-Exposição ao HIV no Sistema Único de Saúde (SUS), as possíveis interações medicamentosas dos medicamentos antirretrovirais (ARV) e os medicamentos hormonais e suas importâncias clínicas devem ser mais bem elucidados.

Sevelius *et al.* (2016), Yang *et al.* (2013), relatam que a preocupação com possíveis interações entre os ARV e os medicamentos hormonais foi frequente, e que muitas participantes interromperiam o uso da PrEP caso implicasse em diminuição da efetividade da terapia hormonal.

Acesso à saúde

O acesso aos serviços de saúde por essa população ainda é reduzido (Brito *et al.*, 2009). O Sistema de Único de Saúde, apesar dos avanços como o uso do nome social e outros, ainda é excludente quando falamos de atenção à saúde das travestis e mulheres trans. Observa-se que um quarto das participantes relata não ter realizado consulta médica no ano anterior à entrevista. E mesmo que 75,4% (98) das participantes relatem não possuir plano privado de saúde, a principal forma de acesso a serviços de saúde se dá por meio de serviços privados.

Considerando os potenciais eventos adversos decorrente da utilização de hormônios, principalmente em altas doses e sem acompanhamento, "a travesti vai ter sempre que estar em tratamento para controlar essas consequências" (Lourenço, 2009, p. 47). Um dos principais problemas das travestis e mulheres trans é o acesso aos serviços de saúde, devido à vergonha e ao próprio receio de serem discriminadas nos centros de saúde e hospitais. E razão disso, elas evitam buscar ajuda, e, quando o fazem, o problema já está em estágios avançados.

O problema da falta de acesso a serviços de saúde pela população travesti e de mulheres trans tem sido alvo de estudos e desenvolvimento de estratégias nos últimos anos, levando em consideração que esta população está sujeita à determinantes de saúde específicos, que possuem características singulares e exigem alguns serviços específicos. As dificuldades de acesso a serviços de saúde ainda têm como fundamento o preconceito e a intolerância às diversidades, principalmente a uma diversidade tão desafiadora como é a das travestis e mulheres trans, que divergem totalmente do padrão binário pré-estabelecido do que seria homem ou mulher (Cassemiro, 2013). Segundo Lourenço (2009),

> [...] as resistências enfrentadas por este indivíduo na sociedade vão desde a dificuldade de construção de um espaço de acolhimento e de cuidado especializado, devido a preconceitos, passando por

conflitos a propósito da equidade do acesso ao tratamento público, uma vez que a maioria dos hospitais estabelece outras prioridades de assistência, até problemas éticos e jurídicos das mais diversas ordens (Lourenço, 2009, p. 16).

Temos visto, na última década, uma movimentação no sentido de construção de estratégias que objetivam ampliar a atenção à saúde a esse segmento da sociedade. Em 2004, foi criado o Comitê Técnico de Saúde da População LGBT no Ministério da Saúde por meio da Portaria n.º 2.227/2004 (Brasil, 2004), coordenado pela Secretaria de Gestão Estratégica e Participativa (SGEP). Esse comitê se constitui um espaço de articulação, debate de demandas de representantes do movimento, envolvendo todas as áreas do Ministério da Saúde com o intuito de promover a inserção de especificidades na política de saúde desse segmento das populações, além de ações do SUS. Em 2010, o Ministério da Saúde apresentou o Plano Nacional de Saúde para Lésbicas, Gays, Bissexuais, Travestis e Transexuais, a Portaria GM/MS n.º 1.707, de 18 de agosto de 2008 e a Portaria da Secretária de Atenção à Saúde SAS/MS n.º 457, de 19 de agosto de 2008, que institui e regulamenta o processo transexualizador no âmbito do SUS. Mesmo com contradições, são um marco importante na busca da integralidade do serviço público às demandas dessa população (Brasil, 2011).

Ainda que haja avanços, o acesso de qualidade ao uso de medicamentos hormonais pelas travestis e mulheres trans e suas consequências continuam não correspondendo à real demanda brasileira. Hoje, é evidenciado que a utilização de medicamentos hormonais, na forma de anticoncepcionais orais e injetáveis, ocorre de forma indiscriminada, sem orientação e acompanhamento por profissionais capacitados em serviços de saúde. O acesso aos hormônios ainda acontece, principalmente, nos balcões das drogarias que vendem, sem nenhum acompanhamento ou orientação, os medicamentos que foram indicados por colegas ou *bombadeiras* de forma empírica (Galindo, 2013).

Um dos principais fatores dificultadores desse processo é o fato de o acesso aos medicamentos hormonais no SUS ainda estar vinculado ao processo transexualizador, que exprime a necessidade de normalização, medicalização e patologização da identidade transgênero. Como se evidencia na literatura por Pelúcio (2009) e este estudo reforça, menos de 10% das travestis relataram ter iniciado o processo transexualizador, e cerca de 80% não pretendem realizá-lo. Baseando-se no discurso biomédico e biopolítico, transexuais seriam aqueles indivíduos que foram considerados afetados por um transtorno envolvendo a sua identidade de gênero, o que significa, nessa linguagem diagnóstica, que eles não se reconhecem no corpo com o qual vivem, podendo apresentar, inclusive, aversão intensa ao seu sexo biológico. No âmbito do referido discurso, indivíduos transgêneros que, apesar de manifestarem o que, ali, se reconhece como incongruência entre sexo e gênero, constroem seus corpos de acordo com o gênero desejado e vivem como homens e/ou mulheres – ou atravessam constantemente essas fronteiras, sem almejar a cirurgia de transgenitalização – poderiam ser considerados como "falsos transexuais" ou diagnosticados com "travestismo" (Petry; Meyer, 2011, p. 194).

Além disso, a padronização dos medicamentos disponibilizados pelo SUS – a Relação Nacional de Medicamentos (Rename) – não contempla os medicamentos hormonais mais indicados a uma terapia hormonal para pessoas trans em protocolos internacionais. Em 2017, foi realizada a enquete n.º 14, pela Comissão Nacional de Incorporação de Tecnologias no SUS (CONITEC), para o estabelecimento de um Protocolo Clínico e Diretrizes Terapêuticas para a hormonioterapia no processo transexualizador, que pretende elaborar recomendações do Ministério da Saúde para a atenção integral a travestis e transexuais. A submissão da enquete visou identificar as principais lacunas, barreiras e expectativas da sociedade brasileira por meio de contribuições sobre aspectos não abordados no escopo apresentado. As políticas que objetivam a ampliação da atenção à saúde e o reconhecimento público de que a orientação sexual e a identidade de gênero constituem situações específicas e complexas na vulnerabilidade à saúde devem garantir a equidade e integralidade nos serviços de saúde destinados às pessoas trans. Dessa forma, demanda-se estratégias concretas para que se amplie o acesso dessa população à hormonioterapia baseada em evidências científicas e centrada no sujeito de acordo com os princípios do SUS.

Além disso, a abordagem de uma equipe multiprofissional de saúde tem se mostrado efetiva na utilização de medicamentos hormonais por pessoas trans (Esteva de Antonio; Gomez-Gil, 2013; Chen *et al.*, 2016), uma vez que, compondo a equipe multiprofissional de atenção integral à população trans, o profissional farmacêutico pode exercer papel facilitador por meio do acompanhamento e do cuidado no que tange à farmacoterapia do indivíduo em suas amplas dimensões. Em um estudo conduzido no Novo México (Estados Unidos), avaliou-se a contribuição do farmacêutico junto à equipe multiprofissional em saúde no acompanhamento do processo transexualizador, mostrando que a participação desse profissional melhorou os resultados da utilização de medicamentos hormonais por pessoas trans (Newsome *et al.*, 2017).

No sentido da regulação à população a que se destina contemplar, o "processo transexualizador" tem sofrido inúmeras críticas. Tais críticas se devem ao fato de a possibilidade de atendimento estar alicerçada no diagnóstico psiquiátrico de Transtorno de Identidade de Gênero (TIG), conforme critérios estipulados pelo DSM-5 (Manual Diagnóstico e Estatístico de Transtornos Mentais, ou, em inglês, *Diagnostic and Statistical Manual of Mental Disorders*), publicado oficialmente em 2013. Se, por um lado, a despatologização da identidade trans é importante na garantia de direitos, por outro, existe receio de parte dos movimentos trans de que, com a retirada do TIG do rol de patologias mentais, o SUS passe a não se responsabilizar pelos procedimentos que atualmente são oferecidos gratuitamente no processo transexualizador (Cassemiro, 2013). Para Cassemiro (2013, p. 55), "qualquer teoria que isole a categoria transexualidade ou mesmo *transexualismo* sem levar em conta que esta definição surgiu principalmente para regulamentar o acesso às modificações corporais [...] corre o risco de produzir um conceito deveras artificial, um molde vazio de conteúdo e experiência". Portanto, o que se reivindica é a despatologização da identidade trans sem a perda de direitos, como os procedimentos de terapia hormonal, a transgenitalização e a atenção à saúde de forma integral.

Conclusões e apontamentos

O uso de medicamentos hormonais por travestis e mulheres trans para a transformação corporal é uma realidade que precisa ser amplamente explorada. O hormônio está estreitamente relacionado, quase que de forma condicional, com a construção das identidades travesti e mulher trans. Devido aos riscos intrínsecos dos medicamentos e seu uso incorreto, a utilização indiscriminada destes por travestis e mulheres trans se torna um problema de saúde coletiva no Brasil.

Evidencia-se que essa população está sujeita a diversas violências; entre elas, a falta de acesso à atenção à saúde de qualidade ganha destaque. Os achados deste estudo corroboram com a argumentação de que é preciso que se avance nas pesquisas e políticas públicas sobre a saúde das pessoas trans no Brasil. Entre as principais demandas dos movimentos de travestis e transexuais, o acesso aos serviços de saúde tem destaque. Tal acesso se dá por meio da facilitação da alteração do nome no registro civil, do uso do nome social nos serviços públicos, da despatologização da transexualidade, de profissionais de saúde capacitados e aptos a lidarem com suas especificidades e da ampliação do acesso às tecnologias de transformação corporal.

Os estudos sobre as travestis brasileiras abrem um campo de problematizações para a saúde coletiva (Peres, 2005). A busca pela ampliação da atenção à saúde da população de travestis e transexuais no SUS, garantindo a universalidade, integralidade e equidade é um desafio que deve ser enfrentado pela sociedade brasileira. Novas pesquisas devem ser conduzidas, a fim de contribuir efetivamente para a criação e consolidação de políticas públicas que contemplem as travestis como cidadãs, isto é, que garantam e ampliem seus direitos. Galindo (2013, p. 34), em uma leitura de Foucault (1984), diz que "o combate às formas de opressão deve ser diário, contínuo, por isso menos utópico e mais heterotópico, como fazem as (pessoas) trans". Desta forma, acreditamos que a academia, neste momento, ainda tenha pouco a oferecer às travestis brasileiras, e que elas, com suas subjetividades e experiências, tenham muito a oferecer à academia (Peres, 2005).

Referências

ANTUNES, P. P. S. *Travestis envelhecem?*. 268 f. Dissertação (Mestrado em Gerontologia) – Programa de Estudos Pós-Graduados em Gerontologia, Pontifícia Universidade Católica de São Paulo, São Paulo, 2010.

BENEDETTI, M. Hormonizada!: reflexões sobre o uso de hormônios e tecnologia do gênero entre travestis de Porto Alegre. In: XXVIII REUNIÃO

DA ASSOCIAÇÃO BRASILEIRA DE PESQUISA E PÓS-GRADUAÇÃO EM CIÊNCIAS SOCIAIS, Caxambu, 1998.

BRASIL. Portaria n.º 2.836 de 1 de dezembro de 2011. Institui, no âmbito do Sistema Único de Saúde (SUS), a Política Nacional de Saúde Integral de Lésbicas, Gays, Bissexuais, Travestis e Transexuais (Política Nacional de Saúde Integral LGBT). Brasília: Ministério da Saúde, 2011.

BRASIL. Portaria n.º 2.227 de 4 de outubro de 2014. Brasília: Ministério da Saúde, 2004.

BRUNTON, L.L. *Goodman & Gilman: as bases farmacológicas da terapêutica.* 12. ed. Rio de Janeiro: McGraw-Hill, 2012.

BUTLER, J. *Cuerpos que importan: sobre los límites materiales y discursivos del "sexo"*. Buenos Aires: Paidós, 2002.

BUTLER, J. *Problemas de gênero: feminismo e subversão da identidade*. Tradução Renato Aguiar. Rio de Janeiro: Civilização Brasileira, 2003.

CASSEMIRO, L. C. *Travestilidade, transexualidade: revisão de literatura recente de Ciências Sociais*. Rio de Janeiro: PUC Rio, 2013.

CHEN, D. *et al.* Multidisciplinary Care for Gender-Diverse Youth: A Narrative Review and Unique Model of Gender-Affirming Care. *Transgender Health*, v. 1, n. 1, p. 117-123, 2016.

DUQUE, T. *Da finada à europeia: experiências de ser, não permanecer e estar travesti na adolescência*. Tese (Doutorando em Ciências Sociais) – Instituto de Filosofia e Ciências Humanas, Universidade de Campinas, Campinas, 2012.

ESTEVA DE ANTONIO, I.; GOMEZ-GIL, E. Coordination of Healthcare for Transsexual Persons: A Multidisciplinary Approach. *Current Opinion in Endocrinology, Diabetes, and Obesity*, v. 20, n. 6, p. 585–591, 2013.

FOUCAULT, M. *The History of Sexuality: An Introduction/Transl. from the French by Robert Hurley*. Penguin Books, 1984.

GALINDO, D., MELLO, R. P.; VILELA, R. Modos de viver pulsáteis: navegando nas comunidades trans sobre hormônios. *Revista Polis e Psique*, v. 3, n. 2, p.19-42, 2013.

GOOREN, L. J.; SUNGKAEW, T.; GILTAY, E. J. Exploration of functional health, mental well-being and cross-sex hormone use in a sample of Thai male-to-female transgendered persons (kathoeys). *Asian Journal of Andrology*, [s.l.], v. 15, n. 2, p. 280-285, 28 jan. 2013. Disponível em: https://bit.ly/2Z8N2Z4. Acesso em: 22 out. 2021.

HOFFMAN, B. An Overview of Depression among Transgender Women. *Depression Research and Treatment*, 2014. Disponível em: https://bit.ly/3vBCHAT. Acesso em: 1 nov. 2014.

KULICK, D. *Travesti: prostituição, sexo, gênero e cultura no Brasil*. Rio de Janeiro: Fiocruz, 2008.

LOURENÇO, A. N. *Travesti: a construção do corpo feminino perfeito e suas implicações para a saúde*. Dissertação (Mestrado em Saúde Coletiva) – Universidade de Fortaleza, Fortaleza, 2009.

LOURO, G. L. Pedagogias da sexualidade. In: LOURO, G. L (Org.). *O corpo educado*. 2. ed. Belo Horizonte: Autêntica, 2000. p. 7-34.

MISKOLCI, R.; PELÚCIO, L. Aquele não mais obscuro negócio do desejo. In: PERLONGHER, N. *O negócio do michê: prostituição viril em São Paulo*. São Paulo: Fundação Editora Perseu Abramo, 2008.

MUKAI, J. M. *Pílulas anticoncepcionais*. Projeto PIBID – UNICAMP, 2012. Disponível em: https://bit.ly/3m5hxbu. Acesso em: 1 dez. 2017.

NEWSOME, C. *et al*. Incorporating a Pharmacist into an Interprofessional Team Providing Transgender Care Under a Medical Home Model. *American Journal of Health-System Pharmacy*, v. 74, n. 3, p. 135-139, 2017.

PELÚCIO, L. *Abjeção e desejo: uma etnografia travesti sobre o modelo preventivo de aids*. São Paulo: Annablume; FAPESP, 2009.

PERES, W. *Subjetividade das travestis brasileiras: da vulnerabilidade da esquematização à construção da cidadania*. Dissertação (Mestrado em Medicina Social) – Universidade Estadual do Rio de Janeiro, Rio de Janeiro, 2005.

PETRY, A. R.; MEYER, D. E. E. Transexualidade e heteronormatividade: algumas questões para pesquisa. *Textos & Contextos*, Porto Alegre, v. 10, n. 1, p. 193-198, jan./jul. 2011.

ROCHA, R. M. G.; PEREIRA, D. L.; DIAS, T. M. O contexto do uso de drogas entre travestis profissionais do sexo. *Saúde e Sociedade*, v. 22, p. 554-565, 2013.

RODRIGUES, P. G. O. Negra e travesti: realidade e acesso ao mercado de trabalho. In: CONGRESSO INTERNACIONAL INTERDISCIPLINAR EM SOCIAIS E HUMANIDADES. Niterói: ANINTER-SH/ PPGSD-UFF, 2012.

ROMANO, V. F. As travestis no programa saúde da família da Lapa. *Saúde e Sociedade*, São Paulo, v. 17, n. 2, abr./jun. 2008.

SEVELIUS, J. M. *et al*. "I am not a Man": Trans-specific Barriers and Facilitators to PrEP Acceptability Among Transgender Women. *Global Public Health*, v. 11, n. 7-8, p. 1060-1075, 2016.

SEFFNER, F.; REIDEL, M. Professoras travestis e transexuais: saberes docentes e pedagogia do salto alto. *Currículo sem fronteiras*, v. 15, p. 445-464, 2015.

SOUZA, M. H. T.; SIGNORELLI, M. C.; COVIELLO, D. M.; PEREIRA, P. P. G. Itinerários terapêuticos de travestis da região central do Rio Grande do Sul, Brasil. *Ciência & Saúde Coletiva*, Rio de Janeiro, v. 19, n. 7, p. 2277-2286, 2014.

WANMACHER, L. Anticoncepcionais orais: o que há de novo. *Uso racional de medicamentos: temas selecionados*, v. 1, n. 1, [s.p.], 2003.

YANG, D. *et al.* Acceptability of Pre-exposure Prophylaxis Among Men who have Sex with Men and Transgender Women in Northern Thailand. *PLOS ONE*, v. 8, n. 10, p. e76650, 2013.

Capítulo 5

Desafios das práticas psi para a autonomia dos sujeitos em trabalhos com pessoas travestis e transexuais

Juliana Perucchi
Fernanda Deotti Rodrigues
Brune Coelho Brandão

Práticas e intervenções dos chamados saberes psi que reiteram normativas interseccionais, que imperaram no século XX e, ainda hoje, se reinventam nas políticas públicas de saúde e de assistência social, por exemplo, têm sido criticadas e questionadas, não apenas em seus aspectos éticos, mas, sobretudo, em seu caráter metodológico e teórico. No que se relaciona às críticas concernentes aos (des)serviços desses saberes no âmbito de populações já bastante vulnerabilizadas, como é o caso das pessoas travestis e transexuais no Brasil, elas referem-se a elementos importantes de um processo histórico de patologização e de violação de direitos e cidadania dessas pessoas (Amaral; Toneli, 2013; Amaral *et al.*, 2014; Arán; Zaidhaft; Murta, 2008; Arán; Murta; Lionço, 2009; Bento, 2010; Bento, 2012; Bento; Pelúcio, 2012; Leite Jr., 2011; Leite Jr., 2012; Lionço, 2009; Teixeira, 2012; Tenório; Prado, 2016; Oliveira, 2015; Vergueiro, 2014). Muito se tem refletido acerca desse tema e de suas relações com os saberes científicos e seus desdobramentos práticos na atuação de profissionais da Psicologia junto a essa população.

É nesse panorama que um desafio se impõe a esses profissionais: como reinventar as relações de poder-saber que a Psicologia manteve durante anos para com as populações marginalizadas? Como promover práticas que permitam e fomentem a autonomia dos sujeitos dissidentes da cis-heteronorma, já que o processo científico de produção de conhecimento e de poder de atuação designam a esses e essas profissionais uma posição de autoridade sobre a (des)legitimação das identidades de gênero? É possível produzir práticas não normativas? Tais perguntas norteadoras têm atravessado os trabalhos do grupo de pesquisas e intervenções em Psicologia Social da Universidade Federal de Juiz de Fora (UFJF) que tem trabalhado, nos últimos sete anos, junto à população travesti e transexual por meio de projetos de extensão vinculados ao Centro de Psicologia Aplicada. Assim, este texto pretende mobilizar quem sobre ele se debruçar, no sentido de promover uma reflexão acerca de possíveis direcionamentos às importantes questões aqui levantadas.

Localizando algum lugar de fala na Psicologia Social

Os trabalhos realizados ao longo dos últimos cinco anos junto a pessoas travestis e transexuais integram um conjunto de pesquisas e de intervenções em Psicologia desenvolvidas pela equipe do Núcleo de Pesquisa e Práticas Sociais em Psicologia Social, Políticas Públicas e Saúde (Núcleo PPS), vinculado à UFJF, que, enquanto instituição social, como universidade, ocupa posição de poder e prestígio, agregando valor e situando a Psicologia em uma posição de autoridade acadêmico-científica no contexto local. Isto não parece diferente no que concerne ao lugar de poder comumente atribuído à Psicologia, de modo geral, para dizer sobre os corpos e as subjetividades (Bento, 2010; Bento; Pelúcio, 2012; Tenório; Prado, 2016). O desafio do trabalho aqui relatado estava, então, em ocupar tais posições de poder sem, contudo, aceitar como verdadeira tal atribuição; ou seja, o desafio consistiu em promover um trabalho que, ao mesmo tempo que levasse em conta tal poderosa posição da Psicologia no contexto local em decorrência de seu status científico, também pudesse desestabilizar as relações com a própria ciência, abdicando da tarefa que lhe é comumente atribuída de "dizer a verdade" acerca dos fenômenos estudados.

Considerando que a relação com a linguagem foi um aspecto fundamental para o trabalho desenvolvido, este pautou-se em pressupostos construcionistas, nos quais ela é entendida como produtora da realidade (Nogueira, 2001; Spink; Medrado; Mello, 2014). Assim, pensar a pesquisa e a intervenção como trabalhos de sujeitos ativos nos cenários de produção científica exige refletir acerca dos marcadores sociais que atravessam e constituem também as pesquisadoras, os pesquisadores e as extensionistas das equipes enquanto sujeitos de fala, posicionando-os nesse jogo de fabricação da realidade (Haraway, 1995). Nesse sentido, o investimento para que pessoas travestis e transexuais possam compor os quadros das equipes de pesquisa e intervenção tem sido um imperativo nos trabalhos que, efetivamente, contam com a participação dos sujeitos interlocutores da pesquisa em todas as suas etapas de desenvolvimento, da elaboração do projeto à publicação dos resultados.

Perspectivas feministas têm se apresentado, ao longo desses anos de trabalho, como ferramentas importantes na tarefa de desestabilizar os modos de fazer científico hegemônicos e de aproximar os trabalhos científicos da produção de sentidos das populações à margem (Nogueira, 2001; Spink; Medrado; Mello, 2014). É pertinente pensar nos atravessamentos políticos, sociais e históricos do jogo científico e reconhecer o caráter contingencial da ciência (Haraway, 1995). Afinal, como afirma Audre Lorde (2009), as ferramentas de opressão não desmantelam o sistema opressor. Então, considerando que a ciência fora historicamente construída por pessoas cisgêneras (Vergueiro, 2014), e, mais hegemonicamente, por homens cisgênero, majoritariamente brancos e heterossexuais, com um explícito recorte de classe social privilegiada, torna-se urgente repensar as relações de dominação que o processo científico nos impõe através da concepção de uma suposta e ingênua neutralidade (Nogueira, 2001).

Entender essas nuances na construção do saber possibilita, sobretudo, ir a campo considerando uma multiplicidade de vozes silenciadas cotidianamente (Fine *et al.*, 2004) e suas questões. Muitas vezes, o trabalho depara-se com pessoas que foram violadas de diversas formas – em seus corpos, em suas histórias, em suas vidas –, e elas solicitam, de quem ocupa uma posição tida como "científica", alguma verdade acerca de suas próprias existências. Neste sentido, nos trabalhos de intervenção desenvolvidos, que foram executados com a mediação de uma psicóloga voluntária da equipe – uma mulher transexual, pesquisadora, que atualmente é doutoranda e compõe a equipe do Núcleo – não era incomum que lhe fosse solicitado, pelas pessoas participantes dos trabalhos, alguma definição acerca das suas identidades. Demandas explícitas para que ela, não apenas do lugar de mulher transexual, mas, sobretudo, do lugar de psicóloga, as definisse de alguma maneira. Aí reside uma das armadilhas: a posição de autoridade tenta, de algum modo, capturar quem a ocupa e, desse modo, reiterar o lugar de quem pode falar, sobre si e sobre o outro (Fine, 1994; Spivak, 2010; Spink; Medrado; Mello, 2014).

Almejando escapar desses lugares de autoridade e não apenas pesquisar, mas também intervir, construindo ações coletivas junto a essas pessoas silenciadas e marginalizadas, foi que a extensão universitária aconteceu como uma estratégia possível para se trabalhar com essas pessoas, seus processos de autonomia e de sujeição (Butler, 2017), problematizando criticamente as próprias práticas dos trabalhos desenvolvidos pela Psicologia Social.

A potência dos encontros: a experiência de um grupo de apoio e militância trans

Refletindo acerca dos locais de fala e de quem tem autorização para interpretar a realidade de forma legítima (Spink; Medrado; Mello, 2014; Vergueiro, 2014), a primeira preocupação da equipe foi se aproximar, de forma ética e comprometida, dessas pessoas cujos corpos "não importam" (Butler, 2000; Butler, 2008), escutar, com atenção livre de juízos de valores, as vozes silenciadas pela cisnorma (Vergueiro, 2014; Vergueiro, 2015; Jesus, 2015). Para isso, o trabalho foi inspirado em experiências acadêmicas potentes e bem-sucedidas, desenvolvidas no Margens, núcleo de orientação feminista da Universidade Federal de Santa Catarina (UFSC), e no NUH, Núcleo de Direitos Humanos e Cidadania LGBT da Universidade Federal de Minas Gerais (UFMG). Tais experiências, junto à população travesti e transexual, foram parceiras dos trabalhos realizados na região da Zona da Mata mineira, implementando outras formas de se compreender as regulações do gênero a partir da produção sexuada e binária dos corpos (Butler, 2000; Butler; 2008; Nogueira, 2001), de modo a questionar as violações de direitos vividas por pessoas travestis e transexuais nas cidades de abrangência do trabalho.

Assim, em 2014, acionando uma modesta rede de contatos atingida a partir de imersões de campo em pesquisa anteriores, foi criado um grupo de apoio e militância para pessoas travestis e transexuais, chamado VisiTrans (Perucchi *et al.*, 2014; Perucchi; Brandão; Silva, 2015). A criação do nome do grupo deu-se em diálogo entre as próprias pessoas que o frequentavam, que sentiam haver a necessidade de "dar um nome" para esse processo grupal. O nome, VisiTrans, que remete à visibilidade de pessoas transexuais, refere-se a um dos enunciados que, de alguma forma, emergiu fortemente nos relatos como um elemento comum. Algo que acabou por unir fortemente as diferentes pessoas travestis e transexuais que procuraram o grupo foi a emergente necessidade de respeito à sua identidade de gênero, respeito à sua visibilidade e o reconhecimento, por parte da sociedade, de suas existências legítimas, que devem ser respeitadas incondicionalmente.

O trabalho realizou diferentes atividades grupais em forma de "rodas de conversa" (Batista; Bernardes; Menegon, 2014) pautadas pela pesquisa ação-participativa (Fine *et al.*, 2004; Adrião, 2015), de modo que as pessoas travestis e transexuais protagonizassem as discussões nas quais os marcadores de privilégio –sobretudo de classe social e de raça – das pessoas da equipe eram constantemente considerados. Tal reflexividade permitiu uma forte integração com a população. A postura metodológica consistiu em abdicar das estratégias de intervenção delimitadas e pré-determinadas, tendo por objetivo escutar, identificar e acolher as demandas, tentando, de algum modo, construir estratégias de ação coletivas que pudessem não apenas atender a expectativas individuais – características, por exemplo, de demandas específicas de cada pessoa ao longo do processo transexualizador pelo SUS –, mas, efetivamente, transformar a realidade social local.

O grupo iniciou com quatro pessoas e, através da rede de contatos pessoais destas, outras chegaram. Pessoas de variadas identidades de gênero, idades, localidades, classes sociais e raças. A realidade que se apresentava nos encontros do grupo, analisada a partir da interseccionalidade feminista (Hirata, 2014), permitiu ao trabalho deslocar-se de uma concepção reducionista do sujeito, aprisionado em seu processo de transição de gênero, para, então, entender a complexidade dos processos de subjetivação e de construção dos corpos, atravessados por outras marcas que não se restringem ao gênero (Nogueira, 2001). Durante os quatro anos de execução do projeto, aproximadamente cem pessoas passaram pelo grupo – mulheres e homens trans, mulheres e homens transexuais, mulheres travestis, pessoas de identidade não-binária, pessoas intersexuais. Corpos que, de alguma maneira, escapam à normativa de gênero enquanto construção imposta a corpos sexuados (Butler, 2008), formando uma multidão queer dos anormais (Preciado, 2011), vivenciando, muitas vezes solitariamente, seus processos de resistência.

Através das narrativas de si (Fine, 1994; Fine *et al.*, 2004; Spink; Medrado; Mello, 2014; Adrião, 2015) e da história oral (Paulilo, 1999), as pessoas compartilharam suas experiências, trocando, com os/as demais integrantes do grupo e com a equipe, não apenas histórias de sofrimento, mas também de resistência e de coragem. Na dinâmica dos trabalhos grupais, cada relato compartilhado nas rodas de conversa permitia a reinvenção de si, por meio da atribuição de sentido aos acontecimentos discursivos vivenciados em suas histórias de vida (Marre, 1991). Assim, foi possível construir, metodologicamente, um mosaico de histórias, em que alguns elementos comuns se intercruzavam, enquanto especificidades também compuseram a complexa gama de experiências compartilhadas em grupo. Não se tratou, contudo, de aceitar as experiências ali relatas como "evidências incontestáveis" ou como pontos de partida ingenuamente adotados para explicação, como um fundamento *a priori* sobre o qual a análise se basearia, posto que isso, como ensina a historiadora Joan Scott (1999, p. 24), "enfraquece a investida crítica das histórias da diferença". O desafio esteve, então, em considerar as experiências e as identidades de gênero em suas contingências históricas.

Nesse sentido, historicizar as experiências e as identidades implica tomar a história da identidade travesti, transexual, transgênera como objeto de investigação e de análise acerca do posicionamento dos sujeitos – em parte, pelo menos, como o efeito de discursos que colocaram a pessoa travesti, transexual, transgênera em uma sociedade transfóbica que a patologiza. Implica, além disso, historicizar a "experiência" da travestilidade e da transexualidade. Compartilha-se, então, da perspectiva de que experiência é, ainda nas palavras de Scott (1999, p. 48), "não a origem de nossa explicação, mas aquilo que queremos explicar. Esse tipo de abordagem não desvaloriza a política ao negar a existência de sujeitos; ao invés [disso], interroga os processos pelos quais sujeitos são criados". Trata-se de um espaço de diálogo entre vozes que ecoavam, até então, sozinhas e que encontravam, nessa experiência coletiva, um espaço para falar sobre suas angústias, seus medos e anseios, expectativas e frustrações. Gradativamente, o grupo fortaleceu os vínculos entre as pessoas, que constataram que não eram as únicas a tentar resistir. O foco na linguagem (Batista; Bernardes; Menegon, 2014) e na atribuição de sentidos (Spink; Medrado; Mello, 2014) auxiliou na composição dos diversos cenários urbanos em que esses corpos transitam, possibilitando-lhes se reinventar através das narrativas construídas sobre si em contato com as de outras pessoas do grupo.

Nesses encontros aconteceram, de variadas formas, manifestações de como as pessoas buscavam coerência para suas identidades, procurando alguma fixidez que lhes trouxesse legitimidade e reconhecimento (Butler, 2017) em um contexto social adverso (Arán; Murta, 2009; Arán; Zaidhaft; Murta, 2008; Arán; Murta; Lionço, 2009; Bento, 2010; Bento, 2012; Bento; Pelúcio, 2012; Leite Jr., 2011; Leite Jr., 2012; Lionço, 2009; Teixeira, 2012; Oliveira, 2015). Conforme afirma Bento (2010), as pessoas cisgêneras já nascem operadas socialmente, e suas práticas, de pronto, estão naturalizadas e prescritas. Contudo, no que concerne às pessoas não cis, que doravante neste texto serão nomeadas pelo termo trans, a necessidade de se operar dentro de uma norma de gênero binária se mostrava como uma das poucas possiblidades legítimas de existência (Butler, 2008; Tenório; Prado, 2016). A fabricação de seus corpos e de si mesmas se dava através das experiências do uso de hormônios, de roupas e de acessórios – como, afinal, fazem todas as pessoas, posto que corpos são inexoravelmente produzidos, independentemente da consonância ou não com a identidade de gênero designada ao nascimento. Os relatos enunciaram histórias de pessoas caminhando entre a autonomia e a tutela de seus corpos e de suas vidas, em relações de poder com saberes médicos e psi.

O trabalho no grupo possibilitou também mapear demandas em assistência social e em saúde. As barreiras no acesso ao processo transexualizador, por exemplo, sempre estiveram entre as preocupações discutidas nos encontros do grupo, nos quais a troca de informações úteis referentes a políticas de assistência social e de saúde pública, bem como a troca de experiências vividas serviram para orientar e fortalecer as pessoas que desejam ter acesso a tais políticas (Perucchi; Brandão; Silva, 2015). Alguns temas ganharam destaque ao se repetirem nos relatos: o despreparo de profissionais de saúde, técnicos e especialistas, bem como o de funcionários de cargos administrativos, da gestão pública, que atuam desde a atenção básica à de alta complexidade. Tais pontos foram mencionados não apenas em relação ao modo precário de atendimento a pessoas trans e às lacunas da integralidade da assistência, mas, sobretudo, a aspectos que já deveriam estar consolidados, como o efetivo respeito ao direito de uso do nome social nos serviços ofertados pelo SUS (Perucchi *et al.*, 2014).

Um aspecto inerente ao debate do acesso da população travesti e transexual à saúde pública – e também a tantos outros debates em diferentes arenas da vida social – diz respeito à regulamentação jurídica da mudança de documentação de registro civil, algo bastante importante para todas as pessoas que passaram pelo grupo. No âmbito desta demanda, o grupo efetivou no ano de 2015 uma importante parceria com o Núcleo de Prática Jurídica da Faculdade de Direito da UFJF. Tal parceria intensificou o acompanhamento dos processos de retificação civil das pessoas que participavam dos encontros. Em conversas, era explicado como funcionava o sistema de retificação civil de modo geral e como ele operava na cidade. O intuito era o de auxiliar as pessoas participantes do grupo na busca dos documentos necessários para iniciar o processo jurídico, realizando seu encaminhamento. Com a recente normativa acerca da retificação civil no Brasil, na qual o Supremo Tribunal Federal (STF) desjudicializou o processo, novas configurações se apresentaram, tais como o auxílio com o tecnicismo do campo jurídico e orientações, através de trocas coletivas, acerca das melhores estratégias de efetivar a retificação.

Além disso, foram identificadas problemáticas ético-políticas em torno do protocolo operatório estabelecido para o processo transexualizador do SUS, com a previsão de dois anos de acompanhamento clínico, com desdobramentos no que concerne ao condicionante do laudo psicopatológico e, consequentemente, da terapia compulsória, que envolve, diretamente, a Psicologia e a Psiquiatria (Tenório; Prado, 2016). Destaca-se que cada caso é único, do ponto de vista da construção subjetiva, e que cada participante tem sua história de vida atravessada por diferentes condicionantes, assim emergiram nos encontros grupais múltiplas posições identitárias que fugiam da cisnorma (Vergueiro, 2015; Jesus, 2015), todas legítimas e que não cabiam, nem se encerravam nos critérios diagnósticos que balizam o processo transexualizador no país (Vergueiro, 2014; Tenório; Prado, 2016). Por isso, o tempo de acompanhamento psicológico e psiquiátrico de dois anos não se justifica, sobretudo considerando a compulsoriedade que, além de limitar possiblidades de autonomia, pode remeter a intervenções antiterapêuticas e antiéticas.

Outro ponto que merece destaque diz respeito ao acesso a políticas e serviços de saúde que deveriam ser públicos e gratuitos, mas, em razão de uma série de lacunas do Estado, as clínicas particulares têm, cada vez mais, ocupado esse mercado. Como as políticas em saúde são interpretadas apenas pelo prisma do processo transexualizador e a Zona da Mata mineira não conta com nenhuma instituição devidamente credenciada, o contexto local ficou desprovido de outras formas de cuidado em saúde que pudessem minimizar a lacuna na cidade e na região. Todos estes pontos, discutidos nos encontros do grupo VisiTrans, avançaram lentamente no panorama nacional. Felizmente, no contexto regional, tem-se a experiência bem-sucedida do ambulatório instalado em Uberlândia e credenciado pelo Ministério da Saúde para atendimento à população trans, em janeiro de 2017. O ambulatório de Uberlândia fica no Hospital das Clínicas da Universidade Federal de Uberlândia (UFU) e é, até o momento, o único credenciado do estado de Minas Gerais.

No contexto local do trabalho relatado neste texto, entretanto, a falta de equipamentos da Rede de Assistência à Saúde (RAS) que pudessem ofertar medidas para a resolubilidade dessas e de outras demandas da população trans fez com que o espaço do grupo de apoio e militância VisiTrans, desenvolvido no Centro de Psicologia Aplicada da UFJF, se tornasse um parceiro informal da RAS, exercendo a função de realizar ações para essa população. Nesse sentido, o trabalho acabou por ocupar um lugar importante no cenário da assistência municipal e regional da Zona da Mata mineira, mas, por outro lado, absorvia precariamente a demanda, por se tratar de uma extensão universitária e essa população precisar, efetivamente, de políticas públicas. Contudo, de certo modo, esse trabalho da universidade acabou por cobrir uma lacuna que é de responsabilidade do Estado, substituindo os poderes municipal, estadual e federal em suas responsabilidades na absorção dessa população pela rede formal de saúde.

Entre as ações, foram realizados acolhimentos, triagens e encaminhamentos para atendimento psicológico, orientações sobre o processo transexualizador no SUS e na rede privada, encaminhamentos para especialidades médicas diversas, reuniões grupais quinzenais no Centro de Psicologia Aplicada da UFJF, além do gerenciamento de um grupo no WhatsApp, do qual faziam parte integrantes e ex-integrantes do grupo, entre outras pessoas interessadas, parceiros e a equipe do projeto de extensão. Desse modo, destaca-se a relevância e a potência que o grupo teve, na medida em que, para além de um projeto de extensão universitária, o VisiTrans representou, no cenário municipal e regional, um poderoso instrumento de prestação de serviço público para pessoas trans, no contexto da saúde pública (Perucchi *et al.*, 2014). Por buscar entender essas multiplicidades e diferenças de modo acolhedor, o espaço construído gerenciou grande parcela das ações disponíveis, além de fazer parte da rede informal de assistência pública (Rodrigues, 2018). Os trabalhos estabeleceram também importantes parcerias institucionais e encaminhamentos para suporte social, assessoria jurídica e atendimentos em saúde especializada, em Juiz de Fora e região, fortalecendo os vínculos entre as pessoas trans que passaram pelo projeto.

Trabalhando com as famílias das pessoas trans

Outro importante desdobramento prático dos trabalhos grupais foi a constatação da necessidade de haver um espaço específico para que familiares das pessoas trans pudessem esclarecer suas dúvidas e entender melhor o que se passava com seu/sua ente. Na atuação junto a pessoas travestis e transexuais, os relatos recebidos pela equipe a fizeram perceber que a família passa por uma série de conflitos acerca da identidade de seus membros. Na maioria das vezes, esses familiares não sabiam como lidar e desconheciam as possibilidades de trânsito de gênero. Foi recorrente a chegada de mães até o grupo, buscando entender melhor as circunstâncias que envolviam seus filhos e suas filhas. Mesmo lendo sobre a temática ou ouvindo falar a respeito, muitas mães chegaram ao grupo querendo conhecer outras histórias que fossem mais próximas de suas realidades e buscavam junto à equipe de Psicologia e, principalmente, junto à psicóloga voluntária do projeto, que também é transexual, possíveis respostas às suas dúvidas. Assim, as atividades contemplaram também, alternando com a agenda de encontros quinzenais do grupo, conversas individuais com familiares e encontros grupais específicos para acolher essas famílias.

A análise do material produzido e arquivado ao longo dos trabalhos realizados permitiu constatar que as mães passavam, *comumente*, por um processo de luto. Dito de outro modo, a transição de gênero de seus filhos e de suas filhas materializava para elas o fim de suas expectativas heteronormativas acerca de seus corpos juvenis. Novas possiblidades estavam enunciadas em performatividades mediadas pelos processos grupais, desconstruindo binariedades e estereótipos de gênero que, *comumente*, atravessavam suas percepções. A posição de cobrança em relação à figura materna, na qual a mãe é a responsável, emergia com frequência, não raramente associada à culpa. Muitas vezes foram relatadas situações que reiteravam essa posição, marcada no ideário da sociedade, de que sempre "a culpa é da mãe". Angustiadas, elas buscavam amparo e forças para apoiar os/as filhos/as, sem demonstrar, contudo, maiores dificuldades cotidianas em lidar com a transição. Os encontros grupais permitiram às participantes conversar sobre o exercício de mediar a relação do/a ente trans com o restante da família, de atuar como colaboradoras na busca por cuidados em saúde e, sobretudo, de superar o medo de que parentes transexuais não "entrem para as estatísticas", nas quais são altíssimos os índices de violência para com a população travesti e transexual no país. Assim, conforme muitos relatos nos encontros com familiares, passar pelo processo junto a outras mães foi importante para o fortalecimento individual de cada uma delas.

As possiblidades de aproximação com a família que a Psicologia ajudou a construir se mostraram como potentes espaços para construção de ambientes mais saudáveis para pessoas trans. O espaço intrafamiliar, muitas vezes, legitima variadas formas de violência contra pessoas travestis e transexuais, contudo, pode ser subvertido em ferramenta de promoção de dignidade e de autonomia, em espaço de resistência pelo afeto.

O encontro com a rede: impasses localizados nas políticas de saúde pública

Mesmo considerando que a cidade de Juiz de Fora constitui um polo de referência na assistência à saúde da Zona da Mata mineira em suas mais diversas linhas de cuidado, aspectos formais e dinâmicos que compõem a linha de atenção em saúde para a população trans na RAS desse município, até o ano de 2018, eram inexistentes. Não havia dados oficiais sobre este público, e algum estudo nesse sentido seria de suma importância para o mapeamento das vulnerabilidades dessa população (Rodrigues, 2018). Os trabalhos de campo, no intuito de entender os itinerários terapêuticos das pessoas atendidas pelo projeto de extensão em seu trânsito pelos serviços de saúde e pela arena da justiça, fizeram a equipe deparar-se com uma rede de assistência à saúde informal e difusa, materializada em poucos contatos e referências interpessoais de profissionais e equipamentos de saúde.

Nesse sentido, foram as próprias pessoas trans, através do relato de seus itinerários terapêuticos, que, especialmente, contribuíram para o dimensionamento de suas demandas em saúde e de suas trajetórias em busca de assistência na cidade. Os resultados de um recente estudo (Rodrigues, 2018) colaboraram para evidenciar a urgente necessidade de formalização e de ampliação da rede de assistência à saúde para pessoas transexuais e travestis em Juiz de Fora. Tal lacuna na agenda política municipal demonstrou a falta de propostas que pudessem tangenciar estratégias de cuidados em saúde, conforme proposto pelo processo transexualizador (Brasil, 2013). A isto soma-se a ausência de articulação de movimentos sociais locais que pudessem promover ações sistemáticas e abrangentes de controle social em saúde, cobrando políticas públicas destinadas à população trans. O vazio neste cenário é um claro indicador da escassez e da fragilidade dos poucos pontos de atenção em saúde existentes no contexto atendido e pesquisado pelo projeto de extensão.

Assim, dentro desse contexto, foram acompanhados 29 itinerários terapêuticos de pessoas trans em busca de cuidados em saúde. Vale destacar a diversidade e a riqueza dos relatos e a diferença de tempo e equipamentos nos percursos realizados. Os relatos, em suas versões próprias sobre o cuidado em saúde, fizeram emergir diferentes condições de acesso à informação e à saúde, além de enunciarem distintas trajetórias de vida. Neste sentido, vale destacar as particularidades das demandas em saúde relacionadas a gênero e a outros marcadores sociais e, principalmente, os momentos e os contextos de vida em que essas pessoas iniciaram e puderam manter suas buscas (Rodrigues, 2018).

Como resultado, a complexa trama formada a partir da análise dos itinerários terapêuticos de pessoas transexuais e travestis pela rede no município mostrou o quão desgastantes, demoradas e incertas podem ser as trajetórias em busca de cuidados à saúde. Constatou-se que o modo de funcionamento dessa rede é, especialmente, efeito da maneira informal a partir da qual ela foi estruturada, tendo sido constituída sem a participação da gestão pública do município, ou seja, apesar de um total descompromisso por parte do Estado. Ainda assim, mantém-se neste texto a denominação de rede – sem entrar em maiores reflexões conceituais acerca deste termo, pois seu uso *aqui* refere-se pontualmente a uma categoria êmica, da qual *aqui* se lança mão para denominar o contexto estudado, mesmo que este possa apresentar-se em um formato restrito à atenção à saúde ofertada informalmente no município e, por isso, não oficial, delineada a partir das trajetórias terapêuticas de algumas pessoas. É possível que existam outros dispositivos de cuidado ou mesmo ações em saúde destinados à população trans que não foram considerados por não terem aparecido nos itinerários terapêuticos, nem mesmo nas entrevistas realizadas com os/as profissionais de saúde de instituições parceiras, por onde também circulam pessoas trans. Entretanto, pesquisas recentes (Rodrigues, 2018) têm corroborado a tese da atual inexistência de linhas de cuidado e atenção à saúde voltadas para a população trans.

Ao considerar a complexidade dos impasses que já partem da própria construção política do processo transexualizador no SUS (Brasil, 2013) e que se desdobram no seu modo de funcionamento, é pertinente ressaltar que o panorama aqui relatado, salvo exceções, como já destacado, não diverge da realidade da (des)assistência já assinalada em outros estudos referenciados no início deste texto. Por isso, tal arcabouço de pesquisas pode servir de suporte interpretativo para a compreensão de diversas lacunas do funcionamento da RAS em diferentes contextos de saúde, não apenas em Minas Gerais, mas em todo o Brasil.

É urgente a necessidade de mudança paradigmática no âmbito do próprio processo transexualizador enquanto política pública, de modo a promover um deslocamento da lógica de patologização para a lógica do cuidado, essencial para que se possa alcançar a prática efetiva da integralidade (Arán; Murta, 2009; Arán; Zaidhaft; Murta, 2008; Arán; Murta; Lionço, 2009; Bento, 2010; Bento, 2012; Bento; Pelúcio, 2012; Lionço, 2008a; Lionço, 2008b; Lionço, 2009; Teixeira, 2012). A partir desta perspectiva, cabe refletir também sobre como estratégias informais locais, como as aqui relatadas, podem contribuir para a construção e para a promoção da autonomia de pessoas trans que participam dessas estratégias, coletivamente articuladas. É imperiosa também a exigência de fortalecimento da atenção primária enquanto "porta de entrada" de acesso à política, assim como a articulação efetiva entre esta e os níveis de atenção secundária e terciária. Para isso, torna-se fundamental impulsionar o enfrentamento crítico das questões técnicas e políticas relativas aos atuais cuidados previstos e destinados às pessoas trans no Processo Transexualizador no SUS, fazendo com ele que funcione de maneira integral e humanizada, considerando a totalidade das experiências de vida dessas pessoas em sua complexidade (Lionço, 2009; Borges; Souza, 2012). Daí a importância de pesquisas e de práticas que trabalhem interseccionalmente, com compreensões ampliadas do sujeito trans, que acessa com dificuldades ou não consegue acessar a assistência à saúde, não por limitações inerentes a si, mas por contingências de violência e de violação de direitos que historicamente têm marcado a forma como o Estado se importa com essa população.

Eram constantes nos encontros do VisiTrans as queixas acerca do desconhecimento por parte de agentes do Estado acerca da a Portaria n.º 1.820/2009 (Brasil, 2009) do Ministério da Saúde, que "dispõe sobre os direitos e deveres dos usuários da saúde", assegura o uso do nome social no âmbito do SUS ao garantir a "identificação pelo nome e sobrenome civil – devendo existir em todo documento do usuário e da usuária um campo para se registrar o nome social, independente do registro civil, sendo assegurado o uso do nome de preferência, não podendo ser identificado por número, nome ou código da doença ou outras formas desrespeitosas ou preconceituosas" (Brasil, 2009, p. 2). Da mesma forma, o desrespeito deste direito por parte dos profissionais em serviço, não apenas em unidades de saúde. Tais elementos corroboram estudos anteriores (Cerqueira-Santos *et al.*, 2010; Mello *et al.*, 2011; Borges; Souza, 2012; Perucchi *et al.*, 2014), nos quais o preconceito é destacado como um dos principais motivos que afastam as pessoas trans dos serviços de saúde.

Também não foram poucas as pessoas, ao longo dos quatro anos de desenvolvimento dos trabalhos, que relataram desconhecer o benefício garantido pela Portaria n.º 55/1999 (Brasil, 1999) do Ministério da Saúde, que trata sobre o Tratamento Fora de Domicílio (TFD), em casos em que serviços médicos não estejam disponíveis no município de origem, quando esgotados todos os meios de atendimento. Tal auxílio viabiliza o fluxo de pacientes que necessitam acessar procedimentos eletivos, principalmente de média e de alta complexidade, como é o caso das ações previstas para o processo transexualizador. O artigo 4° da Portaria n.º 55/1999 estabelece que as despesas previstas pelo TFD "são aquelas relativas a transporte aéreo, terrestre e fluvial; diárias para alimentação e pernoite para paciente e acompanhante, devendo ser autorizadas de acordo com a disponibilidade orçamentária do município/estado" (Brasil, 1999, p. 2).

Além disso, o artigo 6° prevê que "a solicitação de TFD deverá ser feita pelo médico assistente do paciente nas unidades assistenciais vinculadas ao SUS e autorizada por comissão nomeada pelo respectivo gestor municipal/estadual, que solicitará, se necessário, exames ou documentos que complementem a análise de cada caso" (Brasil, 1999, p. 2). Apesar dessa legitimidade institucional, os relatos apontavam deficiências relacionadas ao cumprimento desse benefício, tais como: a disponibilização de transporte a apenas um determinado equipamento no município de destino, sendo as demais despesas com deslocamento por conta do/a usuário/a; o valor da diária aquém e, portanto, não equivalente aos reais gastos necessários para alimentação da pessoa usuária do benefício; o tardio reembolso do valor da diária, mediante gasto efetuado previamente pelo/a usuário/a. Todas estas dificuldades assinaladas costumam ser frequentes entre as pessoas trans que já ingressaram em tratamentos externos ao município de origem, fazendo com que outras pessoas da rede informal nem tentem ingressar no processo transexualizador ofertado pelo SUS por constatarem ser inviável arcar com qualquer custo para serem assistidas pelo que deveria ser efetivamente um instrumento da política pública acessível a todas as pessoas (Rodrigues, 2018).

Contribuições da universidade pública para a rede local de cuidados

O cenário construído a partir das diversas relações e práticas sociais com pessoas trans da região da Zona da Mata mineira reflete o amplo intervalo que separa a expectativa de como deveria ser o funcionamento de uma rede de saúde pública e a real possibilidade de sua execução na prática, no cotidiano da cidade e das vidas que ali circulam. Algumas medidas são essenciais para a sua oficialização e ampliação e, potencialmente, poderiam tornar a rede de saúde pública já existente formalmente mais acessível e acolhedora a essas pessoas. Por exemplo, uma demanda de cuidado específico para pessoas trans é pela hormonioterapia, que, no âmbito do território contemplado pelo projeto, poderia ser absorvida localmente. Isso seria possível se o município fortalecesse unidades de atenção primária à saúde para operar como porta de entrada prioritária no sistema público de saúde, atuando como nível de atenção organizador do fluxo para encaminhamento aos serviços especializados.

Parece fundamental investir em capacitação de gestores, profissionais clínicos e administrativos que atuam na atenção básica da RAS nos municípios, cobrando do poder local sua responsabilidade por coordenar o cuidado e realizar atenção contínua a toda população, inclusive a travesti e transexual. Ainda neste nível de atenção, é fundamental mapear a população e identificar vulnerabilidades, propondo formas de enfrentamento que possam ser desdobradas em práticas interventivas específicas e eficazes (Rodrigues, 2018). Assim como práticas da Psicologia e das demais áreas de saber em saúde que levem em consideração os marcadores sociais que intensificam e agravam processos de vulnerabilização de pessoas trans, potencialmente impactando suas condições de saúde e seus processos de busca pelo acesso ao cuidado, sobretudo quando se trata das travestis (Borges; Souza, 2012).

Na prática, tudo isso significa que é necessário criar e fortalecer estratégias já existentes de humanização em saúde e de crítica à patologização das pessoas trans. Alguns setores menos conservadores e reacionários da Psicologia brasileira vêm se engajando cada vez mais na luta por mudanças de paradigmas e em defesa de uma reflexão crítica sobre diversidade de gênero. Espera-se que estratégias de resistência se repliquem nos mais variados contextos universitários de ensino, pesquisa e extensão, fazendo diferença na formação e nas práticas em saúde de profissionais que resistem a ocupar lugares de reprodução de algum discurso mofado, que tão facilmente patologiza as identidades trans.

Referências

ADRIÃO, K. G. Feminismo, psicologia, e justiça social: um encontro possível? Uma entrevista com Michelle Fine. *Psicologia & Sociedade*, v. 27, n. 3, p. 479-486, 2015.

AMARAL, M. S. *et al.* Do travestismo às travestilidades?: uma revisão do discurso acadêmico no Brasil entre 2001-2010. *Psicologia & Sociedade*, v. 26, p. 301-311, 2014.

AMARAL, M. S.; TONELI, M. J. F. Entre novatas, cdzinhas e transformers: políticas de (re)existência na experiência de travestis iniciantes. *História Agora*, v. 15, p. 162-184, 2013.

ARÁN, M.; MURTA, D. Do diagnóstico de transtorno de identidade de gênero às redescrições da experiência da transexualidade: uma reflexão sobre gênero, tecnologia e saúde. *Physis: Revista de Saúde Coletiva*, v. 19, n. 1, p. 15-41, 2009.

ARÁN, M.; MURTA, D.; LIONÇO, T. Transexualidade e saúde pública no Brasil. *Ciência e saúde coletiva*, Rio de Janeiro, v. 14, n. 4, p. 1141-1149, ago. 2009.

ARÁN. M.; ZAIDHAFT, S.; MURTA, D. Transexualidade: corpo, subjetividade e saúde coletiva. *Psicologia & Sociedade*, v. 20, n. 1, p. 70-79, 2008.

BATISTA, N. C. S; BERNARDES, J.; MENEGON, V. S. M. Conversas no cotidiano: um dedo de prosa na pesquisa. In: SPINK, M. J. P; BRIGADÃO, J. I. M.; NASCIMENTO, V. L. V.; CORDEIRO, M. P. (Orgs.). *A produção de informação na pesquisa social: compartilhando ferramentas*. Rio de Janeiro: Centro Edelstein, 2014. p. 97-122.

BENTO, B. Pouco saber para muito poder: a patologização do gênero. In: POCAHY, F. (Org.). *Políticas de enfrentamento ao heterossexismo: corpo e prazer*. Porto Alegre: NUANCES, 2010. p. 61-74.

BENTO, B. Sexualidade e experiências trans: do hospital à alcova. *Ciência e Saúde Coletiva*, v. 17, n. 10, p. 2655-2664, 2012.

BENTO, B.; PELÚCIO, L. Despatologização do gênero: a politização das identidades abjetas. *Revista Estudos Feministas*, v. 2, n. 2, p. 569-581, 2012.

BORGES, C. A.; SOUZA, M. Saúde das travestis: um desafio para a enfermagem. In: XVI SIMPÓSIO DE ENSINO, PESQUISA E EXTENSÃO: APRENDER E EMPREENDER NA EDUCAÇÃO E NA CIÊNCIA DO CENTRO UNIVERSITÁRIO FRANCISCANO – UNIFRA, out. 2012. Disponível em: https://bit.ly/3m1Mld4. Acesso em: 24 maio 2021.

BRASIL. Portaria n.° 55, de 24 de fevereiro de 1999. Dispõe sobre a rotina do Tratamento Fora de Domicilio no Sistema Único de Saúde. Brasília: Ministério da Saúde, 1999.

BRASIL. Portaria Federal n.° 1.820, 2009. Brasília: Ministério da Saúde, 2009. Disponível em: https://bit.ly/2ZmFFOb. Acesso em: 24 maio 2021.

BRASIL. Portaria Federal n.° 2.803, de 19 de novembro de 2013. Brasília: Ministério da Saúde, 2013. Disponível em: https://bit.ly/3jLxPor. Acesso em: 24 maio 2021.

BUTLER, J. Corpos que pesam: sobre os limites discursivos do "sexo". In: LOURO, G. L. *O corpo educado: pedagogias da sexualidade*. Belo Horizonte: Autêntica, 2000. p. 151-169.

BUTLER, J. *Problemas de gênero, feminismo e subversão da identidade*. Tradução de Renato Aguiar. 2. ed. Rio de Janeiro: Civilização Brasileira, 2008.

BUTLER, J. *A vida psíquica do poder: teorias da sujeição*. Tradução de Rogério Bettoni. Belo Horizonte: Autêntica, 2017.

CERQUEIRA-SANTOS, E. *et al.* Percepção de usuários gays, lésbicas, bissexuais e transgêneros, transexuais e travestis do Sistema Único de Saúde. *Revista Interamericana de Psicologia*, v. 44, n. 2, p. 235-242, 2010.

FINE, M. Working the Hyphens: Reinventing Self and the Other in Qualitative Research. In: DENZIN, N. K.; LINCOLN, Y. S. (Eds.). *Handbook of Qualitative Research*. [S.l.]: Sage Publications Inc., 1994. p. 70-82.

FINE, M. *et al.* Participatory Action Research: From Within and Beyond Prison Bars. In: WEIS, L.; FINE, M. *Working Method: Research and Social Justice*. New York: Routledge, 2004. p. 95-119.

HARAWAY, D. Saberes localizados: a questão da ciência para o feminismo e o privilégio da perspectiva parcial. *Cadernos Pagu*, v. 5, p. 7-41, 1995.

HIRATA, H. Gênero, classe e raça: interseccionalidade e consubstancialidade das relações sociais. *Tempo Social*, v. 26, n. 1, p. 61-73, 2014.

JESUS, J. G. Interlocuções teóricas do pensamento transfeminista. In: JESUS, J. G. *et al. Transfeminismo: teorias e práticas*. Rio de Janeiro: Metanoia, 2015. p. 3-18.

LEITE JR., J. *Nossos corpos também mudam: a invenção das categorias "travesti" e "transexual" no discurso científico*. São Paulo: Annablume, 2011.

LEITE JR., J. Transitar para onde? Monstruosidade, (des)patologização, (in) segurança social e identidades transgêneras. *Revista Estudos Feministas*, v. 20, n. 2, p. 559-568, 2012.

LIONÇO, T. Que direito à saúde para a população GLBT? Considerando direitos humanos, sexuais e reprodutivos em busca da integralidade e da equidade. *Saúde e Sociedade*, v. 17, n. 2, p. 1121, 2008a.

LIONÇO, T. Bioética e sexualidade: o desafio para a superação de práticas correcionais na atenção à saúde de travestis e transexuais. *Série Anis*, Brasília, v. 54, p. 1-7, 2008b.

LIONÇO, T. Atenção integral à saúde e diversidade sexual do processo transexualizador do SUS: avanços, impasses, desafios. *Physis: Revista de Saúde Coletiva*, v. 19, p. 43-63, 2009.

LORDE, A. There Is No Hierarchy of Oppressions. In: LORDE, A. *I'm Your Sister: Collected and Unpublished Writings of Audre Lorde*. UK: Oxford University Press, 2009.

MARRE, J. História de vida e método biográfico. *Cadernos de Sociologia*, v. 3, n. 3, p. 89-141, 1991.

MELLO, L. *et al.* Políticas de salud para lesbianas, gays, bisexuales, travestis y transexuales en el Brasil: en busca de la universalidad, integralidad y equidad. *Sexualidad, Salud y Sociedad: Revista Latinoamericana*, v. 9, p. 7-28, 2011.

NOGUEIRA, C. Contribuições do construcionismo social a uma nova psicologia do gênero. *Cadernos de Pesquisa*, v. 112, p. 137-153, 2011.

OLIVEIRA, A. L. G. Homens transexuais brasileiros e o discurso pela (des) patologização da transexualidade. In: JESUS, J. G. *et al. Transfeminismo: teorias e práticas*. Rio de Janeiro: Metanoia, 2015. p. 87-105.

PAULILO, M. A. S. A pesquisa qualitativa e a história de vida. *Serviço Social em Revista*, v. 2, n. 1, p. 135-148, 1999.

PERUCCHI, J.; BRANDÃO, B. C.; SILVA; J. A. Gênero, sexo e corpos trans: um relato de experiência de extensão universitária a partir da construção de um grupo de apoio e militância com travestis e transexuais. *Feminismos*, v. 3, n. 1, p. 71-81, 2015.

PERUCHI, J. *et al.* Brazil's Unified Health System (SUS) and Its Treatment for Transgender People. *Psychology (Irvine)*, v. 5, p. 1090-1094, 2014.

PRECIADO, B. Multidões queer: notas para uma política dos "anormais". *Revista Estudos Feministas*, v. 19, n. 1, p. 11-20, 2011.

RODRIGUES, F. D. (Des)caminhos em busca de cuidado: uma análise da rede de assistência à saúde para pessoas transexuais e travestis em Juiz de Fora/ MG. 269 f. Tese (Doutorado em Psicologia) – Programa de Pós-Graduação em Psicologia, Instituto de Ciências Humanas, Universidade Federal de Juiz de Fora, Juiz de Fora, 2018.

SCOTT, Joan W. Experiência. In: LEITE, Alcione da Silva; LAGO, Mara Coelho de Souza; RAMOS, Tânia Regina Oliveira (Orgs.). *Falas de gênero: teorias, análises, leituras*. Florianópolis: Editora Mulheres, 1999. p. 11-25.

SPINK, M. J.; MEDRADO, B.; MELLO, R. P. Vinte e cinco anos nos rastros, trilhas e riscos de produções acadêmicas situadas. In: SPINK, M. J. P; BRIGADÃO, J. I. M.; NASCIMENTO, V. L. V.; CORDEIRO, M. P. (Orgs.). *A produção de informação na pesquisa social: compartilhando ferramentas*. Rio de Janeiro: Centro Edelstein, 2014. p. 13-30.

SPIVAK, G. C. *Pode o subalterno falar?*. Tradução de Sandra Regina Goulart Almeida, Marcos Pereira Feitosa e André Pereira Feitosa. Belo Horizonte: Editora UFMG, 2010.

TEIXEIRA, F. B. Histórias que não têm era uma vez: as (in)certezas da transexualidade. *Revista Estudos Feministas*, 20(2), 2012. p. 501-512.

TENÓRIO, L.; PRADO, M. A. M. As contradições da patologização das identidades trans e argumentos para mudança de paradigma. *Revista Periódicus*, v. 1, p. 41-55, 2016.

VERGUEIRO, V. Pela descolonização das identidades trans. In: VII Congresso Internacional de Estudos sobre a Diversidade Sexual e de Gênero – ABEH, p. 1-15, 2014. Disponível em: https://bit.ly/3juWzRt. Acesso em: 24 maio 2021.

VERGUEIRO, V. É a natureza quem decide? Reflexões trans* sobre gênero, corpo e (ab?)uso de substâncias. In: JESUS, J. G. *et al. Transfeminismo: teorias e práticas*. Rio de Janeiro: Metanoia, 2015. p. 19-41.

Direitos

Capítulo 6

Escola e trajetórias trans: fluxos hierárquicos e percursos acidentais

Igor Ramon Lopes Monteiro
Paulo Henrique Queiroz Nogueira

As coisas mais importantes da vida são exatamente aquilo que parecem ser e, por essa razão, embora talvez isso lhe pareça estranho, são muito difíceis de interpretar.
Oscar Wilde

Introdução

Neste capítulo, pretendemos considerar os itinerários escolares presentes na trajetória das entrevistadas[1] na pesquisa "Direitos e violência na experiência de travestis e transexuais na cidade de Belo Horizonte: construção de um perfil social em diálogo com a população" (NUH, 2016). A intenção é perceber como algumas inserções e práticas em instituições escolares podem nos ajudar a configurar uma certa dinâmica dos processos de escolarização.

[1] Durante o campo da pesquisa e em resposta ao questionário aplicado, as 141 depoentes autodeclaravam que identidade de gênero mais lhes eram confortáveis a partir de opções oferecidas. A distribuição das escolhas foi "61,0% (86) declararam-se travesti; 27,7% (39) transexual; 7,8% (11) mulher; 2,8% (4) homossexual; 0,7% (1) homem" (NUH, 2016, p. 26). Assim, nesse texto, usamos ora o termo travesti, ora o termo mulher transexual, ou ainda trans, como sinônimos por serem os itens mais comuns entre elas. E, mesmo considerando as diferenças conceituais existentes no interior das várias possiblidades no espectro de transgeneficação, que inclusive apontam para o uso de distintas intervenções e processos de alterações corporais com o intuito de performar o gênero no intercruzamento com orientação sexual, ainda assim, manteremos esses três temos e seus usos nesse texto como sinônimos, sem entrarmos nas considerações sobre suas diferenças e as singularidades que cada uma dessas expressões possa vir a adquirir na fala das depoentes. Acerca desse debate, a bibliografia que discute a travestilidade aqui apontada dedica-se, em maior ou menor medida, a abordar essa discussão. Para um diálogo mais amplo sobre trânsito de gênero, indicamos os textos de Judith Butler (Butler; 2002; 2006 e 2010) e Berenice Bento (Bento; 2006).

É importante lembrar, contudo, que a experiência aqui em tela é bastante singular e circunscrita a travestis e mulheres transexuais que se prostituem e fazem do trabalho sexual um âmbito no qual podem vir a acessar alguma renda[2] – havendo, portanto, outras experiências e expressões de sujeitos trans que aqui não serão abordadas.

Assim, por um lado, se não é possível extrapolar as considerações para além do seu contexto analítico a outras vivências de transgenerificação, por outro, é possível ver, nos dados apresentados, um analisador das instituições sociais, principalmente da instituição escolar. Pelo fato das travestis entrevistadas serem um alvo explícito de certa banalização da violência, nos é permitido conjecturar que os fenômenos mapeados parecem não estar apenas incidindo na experiência aqui privilegiada, mas dizem respeito à própria organização da escola, um campo em que gênero e sexualidade têm sido usados para reiterar uma gramática heteronormativa sobre os corpos, produzindo, em consequência, um dramático regime de exclusão.

Nesse contexto, em que as travestis figuram como vítimas proeminentes de intolerância, inicialmente voltaremos nossos olhos aos dados quantitativos. A partir das tendências estatísticas, procuraremos observar (de modo mais periférico) como relações de gênero e sexualidade experimentadas a partir das posições trans indicam um complexo quadro de desvinculação localizada no percurso escola-família-trabalho. Posteriormente, tendo em vista esse mesmo quadro, mas buscando visualizar como tais processos têm ocorrido de modo mais concreto nas experiências narradas, privilegiaremos a escuta e a leitura das entrevistas.

---

[2] Na amostra pesquisada, das 139 respostas válidas, 48 disseram possuir outra atividade remunerada além do trabalho sexual, o que nos indica que a prostituição, por um lado, não é a única fonte de renda. Nesse sentido Silva e Florentino (1996, p. 112) afirmam que: "A maioria das travestis com quem tivemos contato são de classes populares e se prostituem. Isto, porém, não é uma regra e nem mesmo a essência das travestis". Por outro lado, como afirma Kulick (2008, p. 202), não se deve ignorar que na prostituição, na pista, no espaço onde realizam seu trabalho, "elas podem transcender o insulto e a violência que experimentam diariamente em qualquer outro lugar" (Confira também Peres, 2005b; 2009). Assim, é possível afirmar que o trabalho sexual, em diferentes vieses, pode dar a expressar sentimentos dos mais diversos, configurando-se como um campo de dor, mas também como uma forma possível de experimentação legítima e prazerosa do corpo e do desejo.

Dados quantitativos: possíveis interseções entre escola, família e trabalho

O questionário possuía 243 questões, entre perguntas abertas e fechadas, e foi aplicado a 141 travestis e mulheres transexuais,[3] em diferentes lugares por elas frequentados em Belo Horizonte e Contagem, como bares, pista[4] e locais de moradia entre os anos de 2012 e 2014.

Um dos eixos do levantamento de dados do questionário foi a questão da escolarização dessa população. Como se trata de uma população bastante marginalizada, para a qual a prostituição é a principal atividade remunerada, senão a única, há um conjunto de percepções sobre a vida das travestis e mulheres transexuais que se prostituem que tendem a associar a pouca empregabilidade à baixa escolaridade – percepções estas que compõem o estigma que se deposita sobre esses corpos trans.

---

[3] O relatório elaborado nos diz: "Cento e quarenta e uma (141) travestis e mulheres transexuais participaram da pesquisa, amostra considerada representativa para este projeto, tendo em vista o caráter transitório e flutuante destes segmentos nos espaços urbanos que, dentre múltiplos fatores, deve-se às próprias necessidades que o mercado sexual impõe a este universo" (NUH, 2016, p. 22). Assim, o número de 141 respondentes pode ser considerado significativo frente às características dessa população, entre elas a marginalidade social marcada por um conjunto de exclusões sociais, em que fatores como o exercício profissional muitas vezes se encontram pontuados ou associados a delitos penais, como exploração sexual, tráfico de pessoas, uso e tráfico de drogas; além das próprias mudanças corporais, como a aplicação de silicone industrial injetável, que estão associadas ao exercício ilegal da medicina e podem vir a ser entendidas como crime de mutilação corporal. Essas condições dificultam a coleta de dados censitários sobre quem são as travestis e sobre o trabalho sexual que exercem. Essa ausência de um censo acerca dessa população impede que se possa fazer uma amostragem populacional mais rigorosa ao universo da população por ausência de um cadastro e faz com que a saída seja de uma amostra aleatória, não controlada, advinda do acesso possível em que o número de 121 foi alcançado arbitrariamente. Outra informação importante é que a amplitude do questionário e o tempo exigido para respondê-lo obrigaram a equipe a fazer a entrevista em suas residências, fora do horário de trabalho, o que também gera um filtro quanto à disponibilidade de dar entrevistas frente ao desejo de manter em sigilo sua vida privada.

[4] A pista é como as travestis denominam os logradouros públicos em que se realiza a abordagem para o trabalho sexual de prostituição, o que a literatura denomina de *trottoir,* podendo ser ruas, rodovias, parques, avenidas ou praças. Durante a pesquisa, foram levantadas outras estratégias de acesso a clientes, como o uso de internet, telefone, anúncio de jornal ou lugares *indoor*, como saunas, boates, bordéis, casa de massagem ou cinema (NUH, 2016, p. 61).

Aqui, em uma primeira aproximação, a experiência de transgenerificação e o exercício da prostituição se inserem em um quadro de frequente fragilização dos laços familiares e escolares, acompanhado de uma significativa migração que, muitas vezes, acompanha o fluxo de pessoas no interior do mercado sexual na oferta dos serviços de prostituição. Neste tópico, nossa intenção será colocar essa perspectiva em diálogo com alguns dos dados coletados e, ao dar relevo ao eixo escola-família-trabalho, pretendemos olhar tanto para as tendências "estatísticas" como para possíveis interpretações mais "marginais" em sua análise.

Em relação à escolaridade, ao compararmos os dois gráficos a seguir, percebemos como a frequência a uma instituição de ensino se distribui entre a população trans investigada.

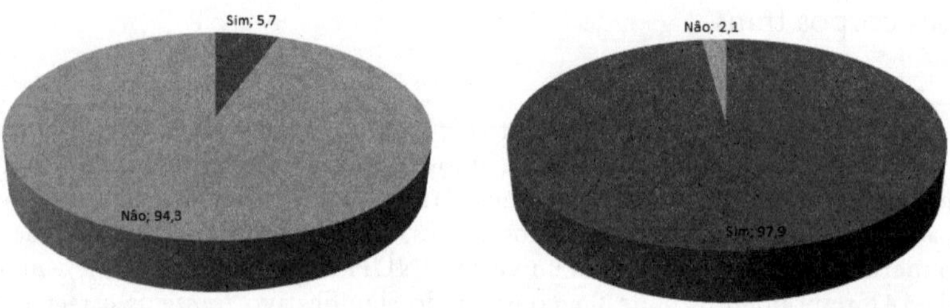

Figuras 1 e 2 – Percentual de entrevistadas que estudavam no momento da entrevista.
Fonte: NUH, 2016, p. 36.
Fonte: NUH, 2016, p. 32.

Na Figura 1, apenas 5,7% (8) das entrevistadas estudavam no momento da entrevista, enquanto 97,9% (138) do total das 141 respondentes foram à escola, ou seja, apenas 2,1% (3) nunca frequentaram os bancos escolares. Sob este aspecto, é possível observar que uma parte significativa da amostra frequentou os bancos escolares, mesmo que no momento da entrevista não estivessem mais. Além disso, analisando a taxa de escolaridade das entrevistadas, também é possível perceber como se distribui o acesso das depoentes quanto a sua inserção no sistema de ensino. O gráfico a seguir apresenta essa distribuição.

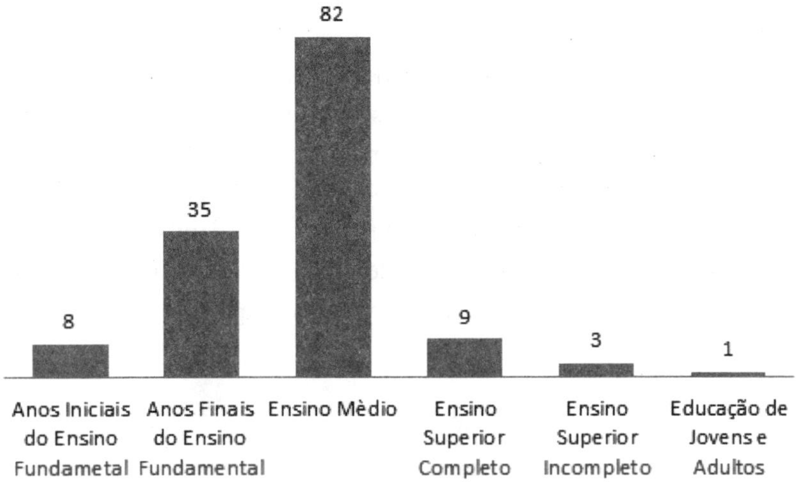

Figura 3 – Taxa de escolarização das entrevistadas.
Fonte: NUH, 2016, p. 32.

De um universo de 138 respondentes, 5,8% (8) frequentaram os bancos escolares nos anos iniciais do ensino fundamental; 25,4% (35) estudaram até os anos finais do fundamental; e 59,4% (82) chegaram a cursar algum período do ensino médio. Quanto ao acesso ao ensino superior, 6,5% (9) frequentaram algum curso, mas não concluíram, e apenas 2,2% (3) possuíam curso superior completo. Além disso, 0,7% das depoentes (1) encontravam-se cursando Educação de Jovens e Adultos (EJA) quando da aplicação dos questionários. [5]

Olhando para esse quadro, apesar de retratar percursos escolares frágeis, o gráfico também aponta para níveis significativos de certificações escolares em cursos superiores. Assim, mesmo que minoritariamente, essa parcela de entrevistadas – de apenas 8,69% (12 pessoas) – parece contrariar algumas percepções sociais que existem sobre travestis que se prostituem, e, de certo modo, nos instam a

[5] Na pesquisa realizada com travestis que se prostituem, organizada por FERRAZ (2006, p.18), das 100 entrevistadas, a escolaridade estava assim distribuída: Analfabeta, 4; Fundamental incompleto, 49; Fundamental Completa, 15; Médio incompleto, 18; Médio completo, 14. Comparando essas duas amostragens, apesar de as medidas de escolarização entre essas populações serem distintas, é possível perceber que a amostra da pesquisa na região de Belo Horizonte possui uma maior escolaridade, sendo que o número de travestis que chegaram ao Ensino Médio é superior em 93%.

romper com alguns dos símbolos estigmatizadores que recaem sobre essa população.

De toda forma, quando contrastados, tais dados também nos indicam a incidência do abandono escolar em contextos de trajetórias escolares acidentadas e marcadas por interrupções. Indica-nos como o itinerário das travestis na escola é bastante intercorrente, havendo uma grande heterogeneidade nos percursos estudantis nessa população. Caso consideremos os dados de abandono escolar, esse quadro diferencial poderá ser mais complexificado. Vejamos:

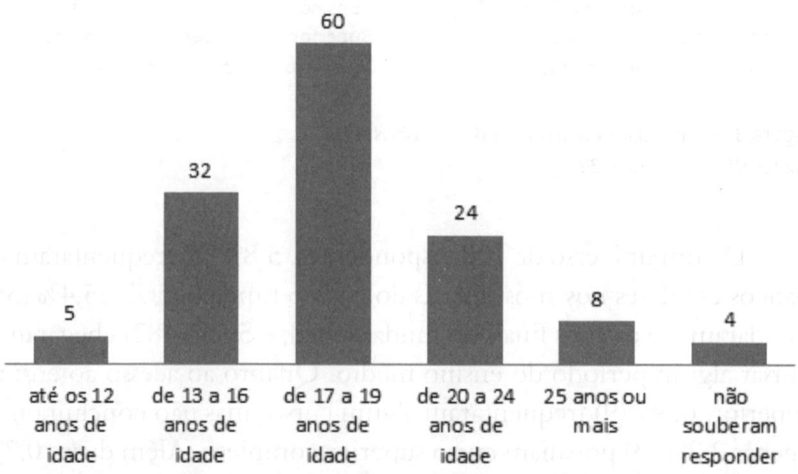

Figura 4 – Distribuição das idades nas quais as entrevistadas abandonaram os estudos. Fonte: NUH, 2016, p. 33.

Se somarmos as três primeiras faixas de idade, obteremos 97 respondentes, em um total de 133, que deixaram a escola com menos de 19 anos de idade. Ou seja, temos 72,9% da amostra pesquisada. Um número significativo de sujeitos pesquisados abandona a escola justamente durante o período em que a escolarização é prioritária: a educação básica – alguns ainda durante a infância, correspondendo aos anos iniciais do ensino fundamental, ou na adolescência, anos correspondentes aos anos finais do ensino fundamental e do ensino médio.

Mesmo sem termos dados mais refinados para que possamos saber ao certo, por exemplo, as taxas de matrícula bruta e líquida, a comparação entre essas duas tabelas indica que a amostra apresenta uma defasagem significativa em sua trajetória escolar em relação às expectativas desejáveis para o conjunto da população em idade escolar. Essa hipótese se sustenta na diferença significativa entre as idades de abandono escolar e os índices de escolarização bem aquém às perspectivas para essas faixas de idade.

Ou seja, os anos de formação escolar são subtraídos prematuramente, o que levaria a uma escolarização precária e permeada por acidentes em seus ritmos e fluxos, em uma dinâmica em que a saída da escola se vê acompanhada ou precedida de uma saída da casa dos pais ou responsáveis, o que pode vir a significar uma atenuação, inclusive, dos laços familiares. No contexto familiar, interconectado à questão etária, entre outros aspectos, temos as seguintes informações:

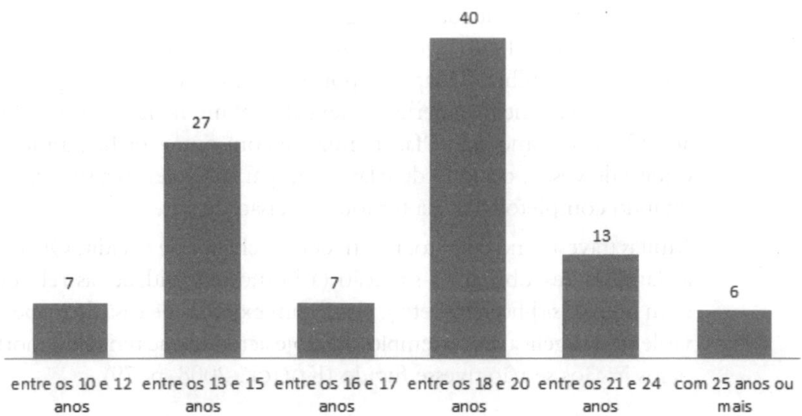

Figura 5 – Distribuição das idades nas quais as entrevistadas deixaram de viver com sua família.
Fonte: NUH, 2016, p. 39.

A saída do ambiente familiar, entre as menores de idade, comporá a maioria da amostra, com 61 das entrevistadas (50,8%) nessa faixa de idade. E, ao compararmos os dois gráficos anteriores (figuras 3 e 4), é possível perceber que a saída da escola e da família, duas importantes agências de socialização, gera um quadro onde o recurso a limitadas redes de socialização se converterá em um dos únicos campos possíveis para essas mulheres.

Vários autores apontam que é nesse momento, na saída da infância e entrada na adolescência, que muitas travestis e mulheres transexuais vão perceber que sua identidade entra em confronto direto com os valores heterocentrados que atravessam as instituições familiares e escolares[6]. Em sua etnografia com travestis em Salvador, Kulick (2008) traz os seguintes depoimentos, em que as travestis sincronizam a saída de casa com as mudanças corporais advindas do processo de transgenerificação:

> Nessa fase, a maioria das travestis abandoa ou é expulsa de casa. Keila, por exemplo, decidiu sair de casa aos 13 anos. Sentiu que, se ficasse, sua tendência homossexual causaria vergonha nos pais. ("Eu estava tendo uma tendência homossexual que eu tinha certeza que, na época, ia envergonhar meu pai e minha mãe.") Mabel abandonou o lar aos 14 anos porque o irmão mais velho, tendo descoberto seu relacionamento com Paulo, passou a atormentá-la. "De repente ele me xingava, me maltratava, me agredia, me batia [...] ele chegou a me levar a um bordel, me levou pra zona, na tentativa de que eu tivesse relação com mulher." Magdala, por sua vez, saiu de casa porque, depois de ter a primeira experiência sexual com um menino mais velho, aos 12 anos, começou a "fazer amizade com outras bichas, a mudar o jeito de vestir, o modo de falar". Seu pai não tolerou a situação, e quando completou 16, ela tomou a decisão de sair.
>
> Muitas travestis, no entanto, não tiveram a chance de decidir. Quando as famílias descobriram a situação (a homossexualidade, as relações com outros [*sic*] homens, etc.), elas foram expulsas de casa de maneira violenta. Angélica, por exemplo, até hoje acredita que teria sido morta pelos irmãos se não tivesse fugido (Kulick, 2008, p. 79).

Já Benedetti (2005), concordando com Kulick, afirma em sua pesquisa realizada na região metropolitana de Porto Alegre, no Rio Grande do Sul, que

---

[6] Apesar da relevância do marcador individual e social da chegada da puberdade, não é apenas nesse momento que a percepção de si como travesti se configura. Várias dizem ter essa percepção já na infância através dos gostos e desejos. Como diz Kamilly, uma de nossas entrevistadas: "(...) cinco anos de idade eu sabia o que eu queria! Minha priminha chegava na minha casa e trazia as Barbies, eu já ia brincar, arrumava a roupa, o cabelo, o salto delas. Eu sempre soube o que quis. Sou hétero e gosto de homem!". O que, de fato, parece ser marcante na chegada da adolescência é a expressão dessa autoimagem de uma forma mais dramaticamente pronunciada.

> Kulick observou entre as travestis de Salvador, Bahia, que um dos primeiros passos na construção da identidade travesti passa pelo abandono da família. Esse padrão parece se repetir no Sul, pois, entre as minhas informantes, 89% (76 informantes de um total de 85) abandonaram o lar para encontrar espaço e "seguir meu destino", como me disse Claudine. Algumas foram expulsas pelos pais, que não aceitavam suas ideias e comportamento, algumas fugiram temporariamente, outras saíram deliberadamente. Seja como for, deixar o lar parece ser um momento crucial em seu processo de construção. Quase todas fazem isso entre os 11 e os 14 anos, época em que têm início as alterações corporais em função da puberdade. Há, é claro, travestis que saíram da casa familiar com mais idade e que iniciaram seu processo de transformação corporal mais tardiamente, mas essas constituem a minoria entre as informantes deste trabalho (Benedetti, 2005, p. 102).

Essa similitude entre os depoimentos de Keyla, Mabel, Angélica, Claudine e Magdala também pode ser estabelecida nos dados da pesquisa realizada na região metropolitana de Belo Horizonte. Uma das entrevistadas, Amélie,[7] diz em seu depoimento:

> NUH: [...] como foi a relação com sua família durante a infância e a adolescência?
>
> Amélie: Fui criada com minha avó e com meu pai. Minha avó já aceitou de boa, mas o meu pai não aceitou.
>
> NUH: Você foi criada pelos dois?
>
> Amélie: Isso... mais por ela... Aí ele não aceitou.
>
> NUH: E como que foi?
>
> Amélie: Foi difícil por ele não ter me aceitado e ter me expulso de casa.
>
> NUH: Você tinha quantos anos?
>
> Amélie: 15...
>
> NUH: Nesse período você já tinha começado as transformações corporais, já se vestia com roupas femininas?
>
> Amélie: Sim, sim.
>
> NUH: Foi nesse momento que ele te expulsou de casa?
>
> Amélie: Sim, isso... Mas, antes de eu me vestir, me montar, já não dava certo, já me batia direto.
>
> NUH: Ele te agredia?
>
> Amélie: Demais, muito.
>
> NUH: O que ele te falava?

[7] Todos os nomes das entrevistadas foram ocultados através do uso de pseudônimos.

Amélie: Ele falava que não aceitava e começava a me bater do nada.

NUH: O que ele não aceitava?

Amélie: A minha opção sexual.

NUH: A primeira discussão em casa foi em relação à sua orientação sexual? Por você gostar de homens no caso?

Amélie: Sim... E ele também muito alterado por causa da droga que ele usa que é o crack.

NUH: Com quantos anos você começa a usar roupas femininas e fazer transformações?

Amélie: Com 14...

NUH: E com 15 ele te expulsa de casa?

Amélie: Isso.

Há uma bibliografia já consolidada que aponta esse eixo analítico e reforça a percepção de vulnerabilidade que vivem as travestis que se prostituem como uma consequência do esgarçamento das relações familiares conforme o processo de transgenerificação vai acontecendo.[8] Por ser uma instituição "central" em nosso contexto, a ruptura com a família é suficiente desagregadora e, em seus desdobramentos, parece induzir a ruptura com a escola.

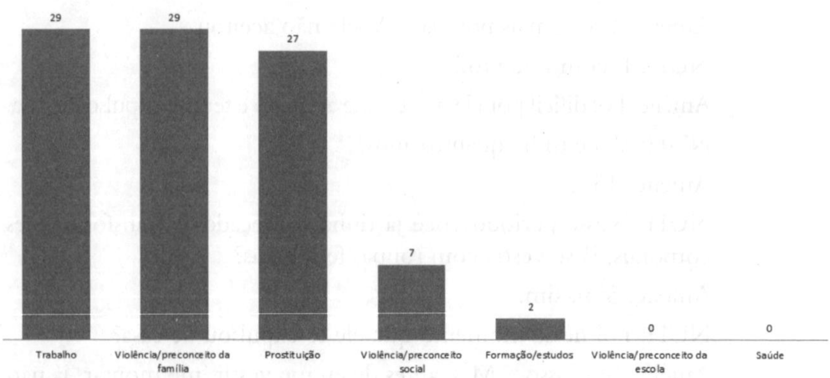

Figura 6 – Distribuição dos motivos que impulsionaram as entrevistadas a saírem de casa.
Fonte: NUH, 2016, p. 40.

---

[8] Conf., por exemplo: Silva (1993 e 1996); Silva e Florentino (1996). Kulick (2008); Pelúcio (2009); Benedetti (2005); Peres (2004a, 2004b, 2005a); Santos (2008); Böer (2003); Garcia (2007); Florentino (1998).

Ao observamos o gráfico anterior, que indaga sobre os motivos da saída de casa, perceberemos que a manifestação de violência/preconceito na família teve 23,97% de respostas (29). No mesmo sentido, se analisarmos os motivos que levaram as travestis a deixarem a escola, as violências e discriminações ocasionadas pelas estereotipias de gênero emergem com muita força. Vejamos o gráfico a seguir, que aponta os motivos que as entrevistadas apresentaram para deixar a escola.

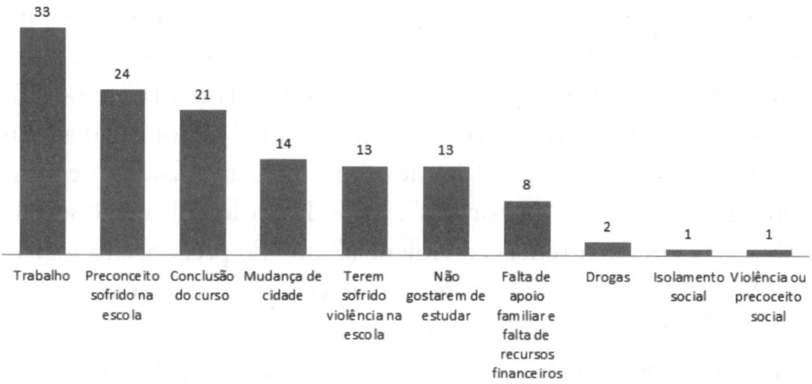

Figura 7 – Distribuição dos motivos que impulsionaram o abandono escolar das entrevistadas.
Fonte: NUH, 2016, p. 34.

Aqui, nos parece que as práticas de preconceito e discriminação, tanto no campo familiar como na escola, são relevantes para a saída (o abandono ou a expulsão), das entrevistadas, desses espaços. Ou seja, as relações normativas de gênero e sexualidade podem ser um dos motivos diretamente ligados tanto à interrupção da trajetória escolar como à ruptura de vínculos familiares. Além disso, complexificando a compreensão desse processo, é importante notar que, no gráfico relativo ao abandono escolar, 6,1% (8) das entrevistadas alegaram ter deixado a escola em função da falta de apoio familiar e de recursos financeiros, o que vem a confirmar nossa hipótese de que, ao menos indiretamente, rupturas no campo familiar podem ter impactos na trajetória educacional.[9]

[9] É digno de nota que o "trabalho" obteve 23,97% (29) do total de respostas. Considerando que o público de nossa amostra é oriundo dos estratos mais baixos da população, é compreensível que o acesso ao trabalho seja decisivo para compor a própria renda ou

Se investirmos um pouco mais nessa lógica interseccional, além de visualizarmos o atravessamento de alguns campos, também seria possível analiticamente separar as razões encontradas na trajetória de interrupção escolar. Neste caso, poderíamos dividir as respostas em dois grupos distintos, em que o primeiro reúne o "trabalho", com 25% (33) de declarantes; a "conclusão de curso", com 15,9% (21) de respostas; e uma "mudança de cidade", perfazendo 10,6% (14) das respostas. Isso tudo computaria o total de 51,51% (68) de escores das 132 respostas válidas.

Todas as outras respostas, separadas em um segundo grupo, nos dariam, portanto, 48,48% (64) de respostas – sendo estas assim distribuídas: 18,2% (24) alegaram "preconceito sofrido na escola"; 9,9% (13), "terem sofrido violência na escola"; outras 9,9% (13), "por não gostarem de estudar"; 6,1% (8), "por falta de apoio familiar e falta de recursos financeiros"; 1,5% (2), "por drogas"; 0,8% (1), "pelo isolamento social"; e 0,8% (1) "em decorrência da violência" ou "do preconceito social".

Se analisarmos o primeiro grupo, percebermos que há um motivo bastante positivo do ponto de vista da escolaridade que é o término do curso. Já os outros dois motivos são, em uma primeira visada, neutros se os considerarmos isoladamente: "trabalho" e "mudança de cidade". Mas esse olhar é questionável, posto que se trata de um grupo vulnerável tanto no quesito do acesso à renda quanto à identidade de gênero e escolarização, o que faz com que dimensões como o trabalho, como já aqui indicado, possam estar associadas às mudanças corporais advindas do processo de transgenerificação e a inserção no trabalho sexual, assim como a mudança de cidade.

O outro grupo de escolhas está marcado por processos de desestabilização das relações do indivíduo com a escola, indicando fatores que atuaram decisivamente na não permanência na instituição escolar: preconceitos, violências e isolamento social. Outras 32 respostas foram espontaneamente apresentadas pelas entrevistadas quando perguntadas pela razão de terem abandonado a escola. Essas respostas foram agrupadas em 14 fatores, assim discriminados: 7 respostas (21,9%) para "o trabalho sexual"; 7 (21,9%), "desmotivação em continuar estudando"; 3 (9,4%),

a da família. Não é possível, entretanto, saber se a dimensão do trabalho aqui presente já se articula mais intimamente com a prostituição e o processo de transgenerificação, mesmo que a literatura sobre travestis nos leve a crer que é possível encontrar interdeterminações entre essas três dimensões.

"o fato de terem virado travestis"; 2 (6,3%), "o cansaço"; 2 (6,3%), "a incompatibilidade de horário com o trabalho/falta de tempo"; 2 (6,3%), "busca por diversão"; 2 (6,3%), "dificuldade de acompanhar a escola". Neste ínterim, os outros fatores receberem uma única resposta (3,1%): "preconceito da família"; "necessidade de ter que ajudar a família"; "busca de independência com a prostituição"; "fim de relacionamento"; "curso profissionalizante"; "expulsão da escola"; e "desvio de percurso".

Como no gráfico anterior, as questões de preconceito, discriminação e violência, assim como as associadas diretamente à vivência da transgenerificação, são as mais relevantes. Por outro lado, aqueles fatores que poderíamos considerar "neutros" – como falta de tempo ou incompatibilidade de horário – podem estar mascarando uma realidade em que as escolhas a serem feitas são bastante restritas. Até aqui, entretanto, há ao menos duas observações que mereceriam atenção: uma ligada às relações familiares e outra vinculada aos percursos formativos. Em relação ao primeiro ponto, nos parece importante ressaltar que a grande maioria das depoentes, apesar de não morarem com familiares, mantinham contato com a sua família de origem, conforme indica o gráfico a seguir.

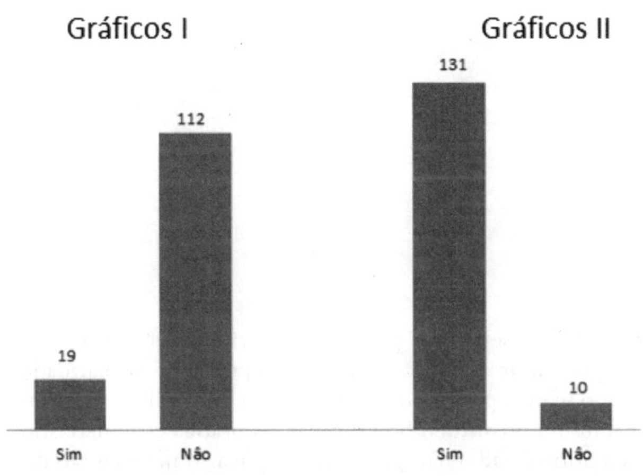

Figura 8 – Distribuição do número de depoentes que viviam com os pais no gráfico I e as que mantinham contato com os pais no gráficos II, quando da aplicação do questionário.
Fonte: NUH, 2016, p. 38 e 41.

No gráfico I, encontra-se a distribuição, entre as 141 respondentes, do número daquelas que viviam com a família no momento da aplicação do questionário: apenas 19 (13,5%) delas. Mas o número das que mantinham contato com os pais é muito maior, conforme o gráfico II, perfazendo 131 (9,2%) do total da amostra; ou seja, apesar de elas não morarem com os pais e, inclusive, terem saído de suas casas já há algum tempo, permanecia o contato e a relação com os familiares. Isto, de alguma maneira, desfaz a ideia de uma ruptura com os laços familiares que, constantemente, compõe o olhar estigmatizante (e abjeto) sobre as travestis que se prostituem.[10]

Em segundo lugar, em que pese o desenho de um quadro onde a escola é lugar de passagem – precária, para determinadas pessoas –, isso não quer dizer que elas não almejem uma formação escolar ou não vejam a escola como direito, vide a presença de algumas que chegam ao ensino superior. Quando perguntadas sobre se tinham seguido algum curso técnico, profissionalizante ou de capacitação, a reposta obtida é que das 141 respondentes, 68,8% (97) haviam feito algum curso, enquanto 31,2% (44), não.

---

[10] Nesse sentido, talvez seja o próprio estigma, enquanto um olhar normalizador, que nos faça pressupor que essas pessoas não possuem escolaridade e tampouco família. É como se uma pessoa com escolaridade ou família, "evidentemente", não pudesse ser trans ou prostituta. Sob o olhar e a prática estigmatizante, uma escola e uma família normalizadas não poderiam implicar trajetórias tão dissidentes. Por outro lado, curiosamente, também é possível pensar que, se as escolas e as famílias não podem ser "responsabilizadas" pela dissidência de gênero e sexualidade, é perfeitamente concebível que esta mesma relação normalizada esteja diretamente associada à produção da vulnerabilidade dentro e fora desses campos institucionais. Nesse sentido, tanto uma forma de ruptura familiar quanto a experiência de escolarização acidentada e, ainda, o exercício de determinados trabalhos em condições deploráveis poderiam estar estreitamente articulados, ou seja, poderiam ser pensados como o campo de sociabilidade que resulta dessas relações.

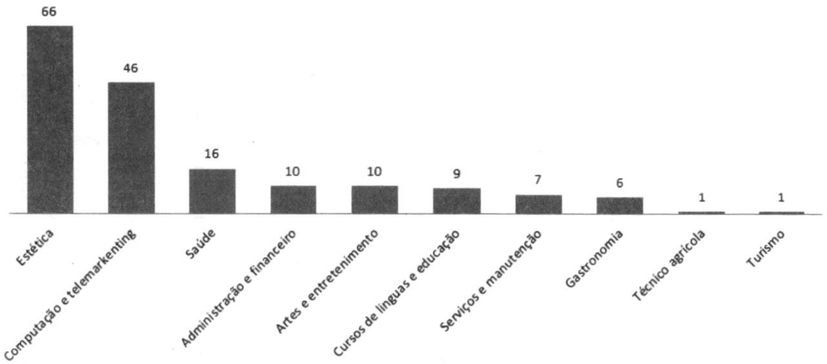

Figura 9 – Distribuição dos cursos técnicos, profissionalizantes ou capacitação feitos pelas entrevistadas.
Fonte: NUH, 2016, p. 37.

O gráfico anterior retrata as 172 respostas, que abarcaram 41 cursos diferentes, agrupados em 10 setores, feitos por 97 entrevistadas. A razão entrevistada-curso chega a 1,77, o que indica que há uma busca por uma formação profissional, o que demonstra ser possível pensar projetos de escolarização associados à profissionalização, além de uma formação acadêmica. É necessário, portanto, escutar mais esses sujeitos e suas escolhas. Nós tentaremos fazer isso a partir das entrevistas realizadas com algumas delas.

Dados qualitativos: cenas da evasão e permanência nas instituições de ensino

Perfil das entrevistadas

As entrevistas foram realizadas com 16 travestis e mulheres trans que se dispuseram a dar seu depoimento para a pesquisa.11 As condições de aplicação do questionário e alguns de seus dados censitários estão no quadro a seguir.

[11] A variação no número de 16 entrevistadas frente às 141 respondentes do questionário é explicável tanto pela característica da população alvo dessa pesquisa quanto pela característica do instrumento utilizado. Se a aplicação do questionário sofreu essas mesmas influências, exigindo da equipe um tempo de três anos e uma variação de estratégias na coleta dos dados, assim também se passou com as entrevistas.

Nome	Idade	Identidade de gênero	Escolaridade/último ano cursado[12] ou curso superior	Raça/cor[13]	Naturalidade
Alanis	32	Travesti	Ensino superior incompleto/ Enfermagem	Negra	Belo Horizonte/Minas Gerais
Amélie	22	Travesti	Ensino médio incompleto/primeiro ano	Negra	Belo Horizonte/Minas Gerais
Bianca	28	Transexual	Ensino médio completo	Parda	Belo Horizonte/Minas Gerais
Bonnie	31	Mulher	Ensino médio	Branca	Santo Antônio do Monte/Minas Gerais
Bruna	44	Travesti	Ensino médio completo	Branca	Três Rios/Rio de Janeiro
Camila	32	Mulher travesti	Ensino superior completo/Moda	Negra	Belo Horizonte/Minas Gerais
Clara	39	Transexual	Anos iniciais do ensino fundamental incompleto /segundo ano	Parda	Maceió/Minas Gerais
Fabíola	34	Mulher transexual	Ensino médio incompleto/segundo ano	Parda	Teófilo Otoni/Minas Gerais

[12] Nessa coluna estão arroladas a escolaridade e o último ano cursado, quando não completou o Ensino Fundamental ou o Ensino Médio, ou que curso superior cursou.

[13] No quesito raça/cor, foi perguntando qual a raça/cor elas se designavam de forma espontânea. Nós, entretanto, reagrupamos as informações obtidas a partir das categorias do IGBE distribuídas em negra, parda, indígena e amarela.

Nome	Idade	Identidade de gênero	Escolaridade/último ano cursado[12] ou curso superior	Raça/cor[13]	Naturalidade
Gisele	24	Travesti	Ensino médio incompleto/primeiro ano	Parda	Natal/Rio Grande do Norte
Grace	29	Gay	Ensino médio completo	Branca	Montes Claros/Minas Gerais
Kamilly	20	Travesti	Anos finais do fundamental incompleto /sexto ano	Sem informação	São Paulo/São Paulo
Luísa	33	Mulher	Sem informação	Parda	Coração de Jesus/Norte de Minas Gerais
Paola	42	Trans	Ensino médio completo	Parda	Belo Horizonte/Minas Gerais
Paulina	34	Travesti	Ensino médio incompleto/terceiro ano	Negra	Sem informação
Roberta	27	Travesti	Ensino superior incompleto/Direito	Sem informação	Rubiataba/Goiás
Vicky	33	Mulher	Ensino superior incompleto/ Engenharia Ambiental	Parda	São Paulo/São Paulo

Quadro 1 – Quadro comparativo das informações prestadas pelas depoentes.

Fonte: Elaboração própria.

A partir do Quadro 1, é possível notar que as entrevistadas compõem um grupo muito específico de travestis e mulheres transexuais se as compararmos com a amostra que respondeu ao questionário. Acerca da escolarização, temos o seguinte resumo:

Escolaridade	20-24	25-29	30-34	35 ou +	Número
Anos iniciais do ensino fundamenta incompleto	0	0	0	1	1
Anos finais do ensino fundamental incompleto	1	0	0	0	2
Ensino médio incompleto	2	0	2	0	4
Ensino médio completo	0	2	0	2	4
Ensino superior incompleto	0	1	2	0	3
Ensino superior completo	0	0	1	0	1
Sem informação	0	0	0	0	1
Total	3	3	5	2	16

Quadro 2 – Quadro comparativo das informações prestadas pelas depoentes sobre escolaridade e idade no momento da entrevista
Fonte: Elaboração própria.

Metade das entrevistadas chegou a completar pelo menos o ensino médio, sendo que outras quatro o cursaram sem ter concluído tal nível de ensino, o que demonstra ser esse um grupo com relativa escolarização frente ao que a bibliografia sobre travestis que trabalham com a prostituição apresenta, em que se anuncia o abandono da escola no início da adolescência, quando ainda estão no ensino fundamental.

Das que concluíram o ensino médio, metade chegou ao ensino superior, enquanto nenhuma das 100 travestis do estudo conduzido por Ferraz (2006, p. 18) ingressou nesse nível de ensino. Ou seja, tratam-se de travestis e mulheres transexuais com uma singularidade muito específica quanto a sua formação escolar: mesmo com os preconceitos, interrupções e abandonos, essa amostra é bastante escolarizada frente a outras travestis que exercem a prostituição.

Evidentemente, devido a aspectos aqui já apontados, não nos é possível ver essa diferença para além da amostra. Contudo, mesmo com essa especificidade, ela nos traz, graças a essa permanência no interior dos sistemas de ensino, alguns elementos importantes para compreender a experiência de travestis que se prostituem.

E o que elas dizem sobre sua experiência de escolarização?

Transfobia no ambiente escolar

Um dos elementos mais recorrentes na fala das travestis e mulheres transexuais durante a entrevista foi a presença constante da transfobia sobre seus corpos nos ambientes escolares, na forma de: isolamento, xingamento, humilhação, exposição, maus-tratos, acossamento, surra. Diz-nos Bonnie, uma das travestis entrevistadas:

> Olha, na minha escola eu apanhei muito, fui espancada a vida inteira pelos meus colegas, me humilhavam, me batiam, me debochavam, me criticavam... [...] Debochando... veadinho, gay, boiola, baitola, mulherzinha... Eram críticas mesmo, pesadas! Coisas pesadas mesmo, a ponto de te chamar pra fazer sexo porque você era veado! Falavam "chupa aqui, veado!" dentro da sala de aula. Cantavam a música "homem é homem, menino é menino, macaco é macaco, veado é veado". Apontavam nos livros de biologia falando que o veado era eu. A vida inteira! Desde bem pequena... Eu lembro que no pré, com a professora Márcia, quando era dia do índio, quem ia lá na frente dançar a música da Xuxa era eu. Então, eu sofri muito preconceito no meu bairro, na minha família, eu fui uma pessoa que sempre foi muito criticada. [...] Os pais não gostavam que as crianças brincassem comigo pra não pegar veadice.

Bonnie, ao apresentar as dificuldades por ela enfrentadas na escola, faz-nos perceber que é uma violência constante, acintosa, em que a sua presença na sala de aula e na escola está irremediavelmente associada a um conjunto de constrangimentos em que as violências simbólicas se materializam sobre o seu corpo. Há um clima persecutório em que o acosso é intermitente, não havendo distinções muito marcadas entre os espaços familiares e os comunitários para ela que nasceu em uma pequena cidade no interior de Minas Gerais – em um contínuo de experiências que ultrapassa muros e faz com que se interpenetrem e perdurem violências em contextos bem distintos.

Luciana, uma travesti, em seu depoimento dado a Peres (2009), nos diz:

> Da escola, eu lembro das torturas. Torturas que estavam presentes nos olhares e nos risos que iam desde a servente e a merendeira, passando pelos professores e a diretora, até os colegas de sala e de recreio. Mas o pior mesmo era um guri da minha idade que me perseguia o tempo todo, que me falava grosserias: "Seu veado, vê se cria jeito de homem, seu safado, quando a gente te pegar você vai ver só, você vai aprender a virar homem, vai aprender a parar de ficar com essa mãozinha se requebrando". Quando eu via aquele guri, eu entrava em pânico e pensava: "Meu Deus, lá vem aquele Hitler de novo?". Enquanto ficava nas ameaças eu aguentava, mas o pior foi quando, ao sair da escola, eu levei uma chuva de pedradas que me machucaram muito e tive que fazer vários curativos. Mesmo assim, eu ainda aguentei muito até terminar a oitava série. Depois disso, nunca mais quis saber de escola (LUCIANA *apud* PERES, 2009, p. 252).

O uso do termo "tortura' e "Hitler" faz ressoar impressões sobre a escola já trazidas na fala de Bonnie, segundo as quais o ambiente escolar se vê impregnado por uma hostilidade ímpar que produz, em sua ambiência, relações de animosidade que, invariavelmente, vêm a se materializar em violências de toda ordem. Essas características, que marcam o ato transfóbico, para além de serem atributos individuais, revelam como as unidades escolares se encontram atravessadas por uma cultura de permissividade frente a esses fenômenos que atingem diretamente as pessoas trans.

Tal composição organizacional dos estabelecimentos escolares produz um clima extremamente hostil a todos que se distanciem das normas prescritas por uma gramática heteronormativa. O clima escolar, segundo Debarbieux (2001) é, justamente, como se compõe essa atmosfera nos estabelecimentos escolares em que um conjunto de valores, atitudes e comportamentos podem ser decisivos na reverberação de atos violentos e discriminatórios. E nesse clima escolar se expressa uma totalidade de percepções de como a escola e os diferentes sujeitos em seu cotidiano compreendem os atos isolados de transfobia.

Em alguma medida, o clima escolar é uma conformação intersubjetiva das relações entre alunos, funcionários, professores e demais atores envolvidos no ambiente escolar, assim como uma presentificação das situações de violência transfóbica que se materializam não apenas nos diversos casos relatados pelas travestis e mulheres transexuais, mas na flagrante vigilância de gênero que incide sobre todos no chão da escola, em que as experiências trans são casos bastante evidenciados de rejeição.

Na pesquisa que realizou pela FIPE e o Inep, em seu relatório analítico final, Mazzon (2009) traz elementos consistentes para identificar como o clima escolar se vê diretamente atingido na presença de sujeitos que expressam posições subjetivas distintas das normas heterocentradas em que gênero, orientação sexual e sexualidade estão alinhadas especularmente segundo expectativas heterossexuais. Assim, eu seu relatório, ao medir o preconceito social através de uma escala de distância social aplicada a pais, alunos, funcionários, difringentes e professores em 500 escolas no Brasil, a pesquisa indica que:

> A distância em relação a pessoas homossexuais foi a que apresentou o maior valor para o índice percentual de distância social, com 72%, seguido da distância em relação a pessoas portadoras de deficiência mental (70,9%), ciganos (70,4%), portadores de deficiência física (61,8%), índios (61,6%), moradores da periferia e/ou de favelas (61,4%), pessoas pobres (60,8%), moradores e/ou trabalhadores de áreas rurais (56,4%) e negros (55%) (Mazzon, 2009, p. 7).

Mesmo considerando que termos como "orientação sexual" e "pessoas homossexuais", que compõem o escopo que orientou a formulação das questões nessa pesquisa, são imprecisos e, em alguma medida, podem produzir equívocos para pensar a presença de pessoas trans nos ambientes escolares, podemos inferir que essa percepção da homofobia, conforme definição de Welzer-Lang (2001), ao ser entendida como vigilância de gênero, pode permitir que entendamos essas relações na escola como expressões que sustentam e reiteram as relações transfóbicas ao punir todos e todas que escapem das simetrias impostas pela norma heterossexual.

Nesse sentido, são justamente elas, as travestis e mulheres transexuais, que sofrerão as injúrias destinadas aos divergentes do binarismo de gênero, que pune mais acentuadamente os corpos interpelados como inadequados na sua expressão de gênero. Os "meninos efeminados" serão violentamente punidos por uma interdição de que seus corpos são inadequados, e sua performance de gênero, ilegítima.[14] Isso sinaliza, já de antemão, que se deve ter algum grau de coerência para permanecer na escola. Quando perguntada sobre a interrupção dos estudos, Bonnie nos diz:

> O que atrapalhava a estudar era um colega jogando bolinha, te humilhando pelo que você é... Tudo bem que era numa época, há muitos anos atrás tinha essa cabeça. Mas quando vão ter? Porque eu vejo transexuais sofrendo isso até hoje. Eu abandonei mesmo. A gente tem que se tornar prostituta mesmo. Porque não tem emprego. Eu tive oportunidade de voltar a estudar, mas se como gay eu não era respeitada, imagina como travesti, ah, para! [*Pensou em desistir da escola?*] Todos! Todos os momentos! Por que a pressão é muito grande, a humilhação é terrível. A tortura psicológica era terrível. Eu apanhava na porta da escola todos os dias. Eu não queria ir mais pra escola. Eu lembro da cara de cada um que me bateu.

A humilhação de viver essa experiência, essa tortura é tão intensa para Bonnie que o abandono da escola foi a saída por ela encontrada para não sofrer a tortura implacável de, cotidianamente, ser humilhada por ser quem é. Essa memória é tão viva e presente que impede, inclusive, sua continuidade de estudos. E o cálculo é simples: se no começo da transição, quando ainda poderia ser reconhecida como homem gay, não havia respeito, agora, já adulta, tornar a estudar, como travesti, é estar submetida a violências ainda maiores.

Outras entrevistadas também se somam nessa percepção da escola como um lugar de violência – como Camila, que nos diz: "A trajetória toda eu sofri preconceito. Do jardim de infância até que não, mas, assim, desde o ginásio até a faculdade. Todo dia eu sofria bullying, todo santo dia". Ou ainda Luísa:

[14] O instigante artigo de Eve Sedgwick (2007), "How to bring your kids up gay", revela a maquinaria de como os corpos dos meninos efeminados são vistos como abjetos, e é essa abjeção que, por um lado, vitimiza os meninos que não possuem os dísticos da virilidade, levando à ocorrência das violências transfóbicas, entre elas o assassinato, e à incidência de suicídios. Por outro lado, sustenta-se a masculinização hiperbólica dos meninos, inclusive dos próprios meninos de orientação homossexual, que, ao rejeitarem a efeminização, veem na construção de uma sexualidade em torno das identidades "gays" um escape da abjeção e, consequente, da homonormalização.

> E aí eu já não suportei a pressão... a pressão dos colegas, aí, de fato, eu não tive força pra dar continuidade. E logo depois também eu assumi até então a homossexualidade – porque [...] a pessoa trans se entende primeiro que é gay – então foi uma coisa meio conturbada. Porque, ao mesmo tempo em que eu tive um alívio muito grande, quando eu me identifiquei, meus problemas também aumentaram. Eu não tive força suficiente. Porque naquela época eu não tive forças, nem nenhum direito ao meu favor de peitar meus colegas e professores.

A entrevistada Kamilly, ao perceber que a transição a levaria a sofrer ainda mais violência, interrompeu os estudos.

> Parei de estudar porque eu virei trans. Há seis, cinco anos atrás o preconceito era pior, a cada ano que passa vai mudando. Quando eu virei trans eu falei com minha mãe: "Mãe, eu não vou estudar mais, porque se com gay é assim, imagina como trans?". [...] Nunca gostei de escola! Eu ia mais pra zoar, me divertir. Mas o sonho de toda a mãe, toda a família é ver o filho crescer, formar, ir pra faculdade e arrumar um serviço. [...] Família nenhuma gosta de ver virar gari ou virar empregada doméstica, quiçá virar uma garota de programa!

Alanis, que queria ser atriz e iniciou a faculdade de Jornalismo, desistiu quando constatou as poucas oportunidades que teria após a certificação frente ao preconceito que, em seu julgamento, ainda permanece impedindo o ingresso de travestis nas escolas.

> Eu tinha vontade de ser atriz. [...] Eu parei jornalismo porque sabia que não ia ter futuro. Eu ia ter que ficar na frente das câmeras e eu sabia que eu, travesti, nunca teria oportunidade, que eu ia ser uma coadjuvante e olhe lá. [...] [*Além da prostituição, quais outros fatores dificultam essa inserção e a continuidade dos estudos?*] O preconceito. Pra você ir para uma escola hoje em dia transvestida, vamos dizer assim, é motivo de chacota. "Ah, lá o travecão, ah lá o não sei o quê, a desgraça, o caralho". Desse jeito "ô veado desgraçado, vou te matar". Como que uma pessoa vai estudar sendo ameaçado todo o tempo? Ninguém aguenta isso não, por isso, larga a escola.

Neste caso, a saída da escola, com a interrupção dos estudos, se deu em razão de um cálculo sobre as possibilidades reais de ela vir a exercer a profissão frente às intempéries e vicissitudes nas quais as carreiras escolares se constituem para esses sujeitos. Tal cálculo, inclusive, leva em consideração, além das questões relativas à escolarização prévia e à origem social, as viabilidades de entrada no mercado de trabalho a partir das certificações escolares frente aos estigmas associados à travestilidade.

"A gente tem que se tornar prostituta, mesmo porque não tem emprego", como nos diz Bonnie.[15] E ser prostituta, para muitas delas, é uma profissão em tempo integral – um trabalho que, por vezes, implica limites a outras possibilidades: "Foi a rua que me influenciou a sair da escola, fazer programa e me dedicar o dia inteiro para descansar e produzir... Essas coisas fizeram eu parar de ir pra escola", conta Gisele.

O trabalho, inclusive, é um dos aspectos em jogo quanto às possibilidades de experimentação – e, eventualmente, afirmação – das identidades. A entrevistada Fabíola, por exemplo, ao vivenciar um contexto onde o trânsito de gênero e a diversidade sexual eram permitidos, deixa a escola para se apresentar em boates:

> [...] saí porque comecei a ter uma vida noturna muito agitada, eu comecei a trabalhar numa boate gay. Aí pedi pra supervisora que eu saísse na terceira aula, quarta aula, depois do recreio eu sempre queria ir embora arrumar pra sair. Comecei a frequentar muito a boate, aí comecei a trabalhar, sem minha mãe saber, fazendo show, participando de concurso. Minha mãe sabia, mas não sabia que a escola estava me liberando mais cedo. Que falava com minha mãe que eu saía da aula pra ir pra casa da colega trocar roupa e me maquiar pra ir.

Esses aspectos da experiência de ser travesti se relacionam com outras dimensões condicionantes, entrelaçando-se, por exemplo, com a vida amorosa, em que a escola é um elo débil para que nela se possa permanecer frente aos desafios cotidianos. Alanis, por exemplo, diz: "Da última vez que parei, foi por causa do acidente do Fabrício (seu namorado). Eu tive que parar porque eram muitos gastos e tive que ficar cuidando dele a maior parte do tempo. Foi quase um ano perdido com ele".

Nesse aspecto, a vida amorosa das depoentes indica que a saída da escola se associa com essa vivência, com essa experiência da paixão e do reconhecimento de sua identidade feminina por seus namorados que, algumas vezes movidos também por variáveis sexistas e patriarcais,

---

[15] Conferir o artigo de Claudio Nogueira (2018) sobre distintas abordagens conceituais sobre o problema da escolha de estudos superiores numa perspectiva sociológica.

condicionam a manutenção do relacionamento com o abandono da escola. Algumas relatam essa situação, como Paulina:

> [*Saiu da escola por causa do namorado?*] É que eu fiquei com ele 13 anos. Eu comecei a ficar porque eu namorava com um... Aí esse um pegou e arrumou uma namorada. Engravidou ela. Só que não tinha nada com ela e aí ele falou comigo assim: "Oh, eu vou ter que ficar com ela durante um ano sem ficar com você, até ela ganhar menino. Depois que ela ganhar menino eu volto pra você". Aí eu falei com ele "Ah, não, pode ficar com ela, então, já que ela tá grávida". Aí eu comecei a ficar com outro. Esse outro pegava minha carteirinha de aula pra eu não ir pra escola. Sem carteirinha não entrava até fazer outra. Então, eu perdi as provas, aí eu parei de estudar. As principais [provas] que eu tinha que fazer eu perdi. Aí depois que eu perdi falei "Ah, não vou voltar mais não".

Lidando com a transfobia escolar

Para além das interrupções e abandonos da escolarização, há, nas narrativas de travestis e transexuais, argumentos importantes destinados a explicar quais as suas estratégias para lidar com a transfobia escolar. Como agir frente a um cotidiano que maltrata, subalterniza e violenta é um dos elementos importantes na visão delas sobre a escola e suas ações discriminatórias. Fabíola, em sua fala, aponta uma série de argumentos que buscam afirmar sua presença na escola, enfrentar a transfobia e permitir que ela seja reconhecida como uma mulher trans:

> Da primeira à quarta série eu era aquela criança que não se misturava com os meninos. Na quinta série em diante, como eu já estava assumida em casa, já comecei a impor coisas na escola, impunha meus professores, minhas professoras, eu já não queria ter na chamada Ronaldo, queria que me chamassem de Ronny. E eu sempre fui muito conversada, sou uma pessoa que converso pelos cotovelos, então tinha uma amizade muito grande com os professores, a diretora. Eu ia conversar muito na sala dos professores, da diretora, não me enturmava com os meninos, mas me enturmava com os adultos. Tanto que na minha escola, onde estudei de primeira à oitava, tinha um projeto que o aluno que passasse de ano em outubro/novembro – que eu nunca tomei bomba, desisti da escola, mas nunca tomei bomba – [...] dava aula pro aluno que estava de recuperação. E era eu! Eu me sentia o máximo, porque quando estava no primeiro grau eu queria ser professora, eu queria fazer magistério. Eu acho de uma imensa bondade ser professor,

> passar seu conhecimento para outra pessoa é muito bonito. Tem duas coisas que eu acho lindo: pedagogia e magistério, mas hoje não tem mais magistério.

Ser "conversada", buscar amizade com os professores e a direção, se enturmar com os adultos, ser uma boa aluna a ponto de ser monitora da turma eram estratégias que Fabíola utilizava para tornar sua presença na escola possível, mesmo durante o seu processo de transição. A própria imagem que faz da docência permite a ela ver seus professores, como a si mesma, como pessoas boas, como se essa dimensão, de alguma maneira, neutralizasse ou positivasse o espectro negativo que pesa sobre a travestilidade e a transexualidade.

Fabíola, sob este aspecto, é a nossa guia nesse difícil jogo de se afirmar como travesti e adquirir respeito dentro da escola, enfrentando a transfobia, desfazendo-se de seus algozes para vir a protagonizar sua própria história. Ela busca aliados no mundo adulto, e ser boa aluna se constitui em uma via de acesso a determinados desidentificadores que permitem quebrar os estigmas da travestilidade ao incorporar em sua performance símbolos de prestígio trazido pelo bom desempenho acadêmico. Porém, não era apenas isso.

> Eu sempre procurei respeitar os outros para eu ser respeitada, que na escola não é só o homossexual, transexual que vive preconceito, o negro, o mais pobre, aquele que não tem material novo, que não tem roupa nova. Então, bater nessa tecla de que um homossexual, transexual, não fica na escola por preconceito não é tão válido assim, porque se o transexual se der respeito... Na escola você tem que ir de uniforme, mas a escola que não exige uniforme, vai com uma roupa melhor, mais comportada, vai com uma blusa e uma calça comprida, se você tem seio, vai com menos decote, você não precisa gritar pra escola "Sou travesti, estou aqui e quero ficar". Não, você está ali para estudar. A minha estratégia para burlar o preconceito foi me dar o respeito e procurar pessoas que tinham mais poder que eu, os professores, a diretora supervisora pedagógica, pra me dar um apoio.

Aliar-se aos adultos, neste caso, é acompanhado de ser mais discreta, performar um feminino que se distancie dos estereótipos estigmatizadores associados à travestilidade.[16] Por isso, para Fabíola,

[16] Em uma etnografia realizada em Florianópolis, Marcelo Oliveira (1997) comenta como a escola restringia o acesso e a permanência de travestis impondo condições

o dar-se respeito é uma chave de leitura que busca, simultaneamente, dizer de sua feminilidade viável no ambiente escolar, não ousando nos decotes ou roupas chamativas, mas também afirmando um esforço subjetivo de encarar as tarefas escolares como o aspecto central de sua presença na escola. Tudo isso, no entanto, sem deixar de exigir ser reconhecida como trans. A questão de como seria chamada na escola é significativa das habilidades de Fabíola de, estrategicamente, posicionar-se na escola.

> Naquela época eu acho que não conseguiria colocar o nome social. Pra colocar Ronny no nome na lista de escola foi difícil, teve professores no primeiro grau e no segundo que falaram comigo "Mais você não se chama Ronny, você se chama Ronaldo!" "Mas eu não gosto!" Foi muito debate, todo dia, batendo na mesma tecla, ficou como apelido, não ficou como nome próprio! Eles achavam que não condizia, isso era um apelido, e eu falava "É porque eu não gosto quando me chamam de Ronaldo". Até porque não era tão feminina e eu não sabia que eu tinha tantos direitos assim. Naquela época era muito tabu. Então foi complicado colocar o Ronny na escola, colocar Fabíola seria quase impossível naquela época.

Recusar-se a ser chamada de Ronaldo, seu nome (ficcional) de registro, e desejar ser chamada de Ronny lhe permitiria ascender a um campo mais neutro do ponto de vista de gênero, intuindo que desejar ser chamada de Fabíola seria uma tarefa muito mais árdua. Como sua aliança com os professores demonstrou ser insuficiente, Fabíola lançou mão de outro estratagema.

> Na escola comecei a me impor, da quinta série em diante, aí as pessoas começaram a me chamar de Ronny. Também a pedido da minha mãe, que precisou intervir, porque criança não mandava nada. Então minha mãe e meu pai sempre fizeram muita parte da minha vida toda e meu pai faltava de serviço pra ir em reunião de escola, junto com a minha mãe. Não tinha necessidade, mas ele ia, queria saber o que estava acontecendo. Então quando eu vi

---

quanto a vestir-se e portar-se: "Nesse mesmo ano apareceram uns mais deslumbrados. No início vinham com uns shorts curtos e saias, mas, a pedido, vieram com outras roupas, uns trajes no meio termo" (p. 139). Nessa fala da diretora, percebe-se o filtro da escola na rejeição de um feminino que causasse alguma espécie de desmedida por indicar ausência de recato. Nesse estudo, as próprias travestis diferenciavam-se das "deslumbradas", a quem chamavam de "bicha-boy", ou seja, não suficientemente femininas, marcadas pelo uso do "boy".

> que não estava dando certo, eu colocava minha mãe no meio! "Ai mãe; na escola é um saco! Só me chamam de Ronaldo" "Vamos lá então!", e intervinha. Minha mãe era muito briguenta, brigava com os outros por minha causa. Nossa, se alguém mexia comigo na rua! Ela é dessas, se a gente ia no supermercado e alguém ficava me olhando "Oi! Tudo bem?!".

A mãe de Fabíola, como ela diz, era "briguenta" e, em outros episódios, interviu em defesa do bem-estar da filha.

> Tinha aqueles pormenores que incomodavam. Na escola, no segundo grau, eu já cheguei como Ronny mesmo. Quando eu fui fazer matrícula, minha mãe explicou toda a situação, que eu era diferente, que eu tinha essa necessidade. Ela contou que eu tomava hormônios femininos, inclusive minha supervisora pedagógica chegou a questionar minha mãe, queria chamar o conselho tutelar, porque ela achou absurdo eu fazer uso indiscriminado de hormônios. Porque, até então, não ia ao médico, eu tomava o que meus colegas tinham falado comigo. [...] E eu conheci uma travesti que mora perto aqui de casa e ela também me deu minha primeira injeção de hormônio. Eu tinha 17 pros 18 anos na minha primeira injeção. Coisas que fluíram bem em casa, mas na escola a supervisora ficou indignada! Isso já foi na matrícula do segundo grau essa discussão e eu na sala de aula já, fui conhecer a escola toda. A supervisora pedagógica teve uma desavença com minha mãe que disse "Quem cria meu filho sou eu, se ele vai virá mulher ou não, o problema é meu! Tá matriculado?! Vou embora!".

A questão do nome novamente mobiliza a mãe de Fabíola pela garantia, já no ato de matrícula dela no ensino médio, de que o nome Ronny seria respeitado na escola. Mas há ainda dois outros episódios em que a mãe de Fabíola atuou nesse sentido.

> Quando eu dancei de mulher na sétima série, a diretora tomou toda uma precaução, chamou minha mãe, queria que meu pai fosse e falou "Olha, a gente não pode fazer a vontade criança igual a senhora está fazendo". "Mas que criança? Ela já tem pensamento próprio, ele já sabe o que ele quer." [...] É interessante o banheiro, eu não usava nem o dos meninos, nem o das meninas; eu usava o dos professores. A minha mãe pediu que isso acontecesse, no primeiro grau eu só fazia xixi em casa. Mesmo criança, eu tinha muito medo da maldade, porque o banheiro de uma escola é o que?! É cenário sinistro! É cheio de porta e se você entra sozinho só tem você! Se alguém entrou depois de você e só tem uma mesma entrada que é

> a saída... como é que você vai passar? E ouvia histórias de menino que bateu no outro, via certas cenas e não fazia xixi. Nunca fui ameaçada, nunca sofri nada, porque eu nem cheguei a ir. Na sexta, sétima, oitava como eu já tinha intimidade com os professores, eu ia no banheiro dos professores, que era unissex. Das crianças eram masculino e feminino, eu tinha noção que eu não podia entrar no banheiro de menina porque eu não era uma menina, eu estava me tornando uma menina. No segundo grau, a minha mãe já falou isso para diretora. Você não tem noção de como minha mãe é fantástica! Na escola nunca negociei para usar o bainheiro feminino, só o dos professores. Minha mãe também pediu à diretora se eu poderia fazer isso, e ela disse que sim.

Nas questões centrais e emergentes trazidas pelas travestis, que são o uso do nome social e do banheiro, Fabíola e sua mãe, juntas, interviram na garantia desses direitos. E nas mediações feitas, diante da ausência de políticas públicas que orientassem a escola, o uso do "Ronny" e o do banheiro unissex na sala dos professores, como nos diz Fabíola, foram as saídas possíveis para que ela continuasse estudando.

A questão do banheiro também aparece na fala de Alanis, bem como a e de como foi necessário a intervenção da família frente à violência transfóbica da escola.

> No primeiro grau, tive que estudar à noite e eu nunca gostei de estudar à noite. E era a preocupação de toda a família, pois era a fase da adolescência, estava me transformando em trans, então, minhas vestimentas já eram diferentes. Já usava sutiã pra tampar meu peito. A blusa era branca e mostrava o sutiã. Na outra escola meu uniforme era cinza, pra família já ficava mais discreto. Aí um dia à noite eu pedi para ir ao banheiro e eu nunca ia ao banheiro. Só ia ao banheiro na minha casa. Entrava na escola 18h30min e chegava em casa às 22h50min. Nesse dia eu precisei muito ir ao banheiro, estava muito apertada para fazer xixi. Eu não comia, não bebia nada no horário de aula, justamente pra eu não ter vontade de ir ao banheiro. Só que dessa vez eu fiquei com vontade. E eu nem fui ao banheiro de dentro da escola, fui no banheiro da quadra, que era mais discreto, mais longe. Aí a diretora viu e me parou, falou assim: "Por que você não foi ao banheiro de dentro?". "Por que eu não uso o banheiro masculino, uso o banheiro feminino." "Por que você usa o banheiro feminino?" "Porque eu sou mulher." "Não, você é homem. Você tem que usar o banheiro masculino." "Mas eu não vou usar." Aí ela: "Por acaso você usa calcinha?". Aí ela enfiou a mão dentro da minha calça e fez assim ó... e puxou. Aí ela

viu e me levou para a sala dela, mandou eu abaixar a calça. "Abaixa a calça!" Aí eu falei "Não!". "Abaixa a calça!" Aí eu abaixei e ela viu que eu estava de calcinha. Ela falou: "Eu quero a sua mãe aqui porque eu não quero essas coisas estranhas na minha escola não. Você usa sutiã também?". Ela foi e enfiou a mão que até rasgou a minha blusa. Aí eu peguei as minhas coisas e fui embora.

Frente a violência de tal grandeza, Alanis recorreu à família.

> Aí eu fui embora correndo. Meu tio estava lá, meu tio Carlos. Ele me perguntou por que eu estava chorando e com a blusa rasgada. Aí contei tudo pra ele e meu tio contou pra minha mãe [Alanis foi criada pela avó a quem chamava de mãe]. Aí minha mãe foi comigo no outro dia pra entrar na escola. Aí meu cartão de liberação estava como não aceito. Eles tinham cancelado a minha matrícula e disseram que eu estava expulsa da escola. Ela me pegou pelos braços assim ó, aí meu tio foi e falou "Por que você está pegando nele assim?". Aí veio o vice-diretor, a diretora e um professor pra conversar com o meu tio, falaram que eu desacatei elas. Aí ele falou: "Uai pelo que eu sei ela chegou em casa chorando, falou que vocês enfiaram a mão dentro da calça dela pra ver se ela estava de calcinha e ainda mandou ela tirar a calça dentro dessa sala". Aí ela falou na frente dele: "Abaixa a calça aí e mostra pra ele que você usa calcinha!". Ele falou: "Não precisa abaixar não. Ela usa porque ela é mulher". Porque antigamente não se usava o termo travesti. Aí minha família processou a escola e me tirou de lá. Só que ela tinha me dado expulsão e naquela época com expulsão era muito difícil de conseguir escola. Então, ela queria de qualquer forma que eu me prejudicasse.

O desfecho dessa narrativa se dá com a mãe de Alanis indo aos tribunais, que reconhecem o pleito da família e condenam a diretora por danos morais. E, em uma situação social em que Alanis e a mãe se encontram com a ex-diretora, há um desfecho narrado por Alanis.

> Um dia estava com minha mãe no [supermercado] EPA do Shopping Norte e encontrei com aquela diretora que me expulsou da escola. "Oi Daniel [nome ficcional de registro] como é que você está? Já formou?" Aí minha mãe [avó] falou com ela: "Tira a mão do meu filho. Você não acha que deu constrangimento demais pra ele não? E pro seu governo ela já formou sim". Teve audiência do processo, ela recorreu na época, mas a gente ganhou e ela teve que pagar danos morais. Minha mãe que não quis nenhum real dela, que era dinheiro sujo. No dia da audiência minha mãe "lavou a égua

> na cara dela". Falou que não queria dinheiro dela, que fez isso pra mostrar pra ela que eu tenho família.

Alanis, assim como Fabíola, também viria a mobilizar, como estratégia de desidentificação, o bom desempenho acadêmico durante a faculdade.

> Na faculdade já é diferente, no começo as pessoas não falavam na minha cara. As pessoas cochichavam. Eu não conversava com muita gente na minha sala. A gente escuta uns cochichos, umas zombarias. [...] Às vezes um homem se aproxima de você, parece que está interessado, a gente acredita que está, mas na verdade era só pra fazer trabalho porque o cara é burro pra caralho. [...] Já... os meninos ficaram me xoxando de chacotinha... até o dia do trabalho que eu briguei com a professora e queria fazer sozinha, porque eu não conversava com ninguém dali... [...] As meninas vieram me procurar e eu falei "Eu já vi todo mundo rindo de mim aqui. Rindo quando eu viro de costas...". Mas lá meu nome ninguém sabia, era Alanis mesmo. Respeitavam o nome, mas não respeitavam a pessoa.

Fazer os trabalhos acadêmicos serve como uma proteção, uma resposta para o assédio, um posicionamento frente à impostura da transfobia vivenciada junto aos colegas da faculdade. Mas essa busca de reconhecimento de símbolos de prestígio esbarra, como relatado por Alanis, nas próprias estruturas de gestão das unidades escolares. Se com Alanis foi a direção da escola, com a entrevistada Camila foi o dirigente da instituição em que ela concluiu a faculdade de Moda. E, frente a esses casos, a saída foi buscar ações judiciais de proteção e reconhecimento de direitos.

> Cinco [colegas] – duas da minha sala e mais três de outra turma – fizeram uma roda me impedindo de entrar no banheiro. Eu fiquei tão atônita que eu fiquei sem reação na hora e eu não fiz nada. Eu fiquei tão boba e chocada que eu não fiz nada na hora. Aí depois eu fui falar com o reitor, aí ele falou assim: "A gente não pode fazer nada, não. Porque não houve violência física". "Então eu tenho que levar tapa na cara delas pra vocês fazerem alguma coisa?" Aí ele falou "Elas não encostaram em você". Eu falei "não, mas me impediram de usar o banheiro. Então isso é uma violência". Mas pra o reitor não foi uma violência. Aí eu tive que processar, eu processei a faculdade. Graças a deus eu ganhei.

Novamente, são presentes o banheiro e a insensibilidade de colegas e gestores educacionais em tratar de um direito básico que é o bem-estar de travestis no ambiente escolar. É vedado a esses sujeitos o uso do banheiro, o que requer estratégias, como o uso do banheiro dos professores, como fazia Fabíola, o não uso dos banheiros ou o uso de um banheiro mais afastado, como Alanis – mas o banheiro é um caso que voltaremos a tratar. Contudo, há gestores que buscam tratar dignamente as travestis, reconhecê-las como sujeitos de sua experiência e apoiar essas expressões divergentes frente ao binarismo das normas de gênero.

Alanis, após ter sido expulsa da escola por não permitirem que ela usasse o banheiro feminino e ter suas roupas rasgadas pela diretora da instituição, busca outra escola, e lá é acolhida.

> No outro dia, eu peguei minha transferência e fui conversar com a diretora de outra escola. Contei a história toda pra ela, chorando. Aí ela falou pra levar os documentos e trazer a minha mãe que ela iria fazer a minha matrícula. Sou muito grata a ela. Quando ela me vê em supermercado, nos lugares, ela fala comigo. Há pouco tempo encontrei com ela no supermercado e ela falou que eu estava linda. Então, assim, o carinho que ela teve comigo... Estudei o final do primeiro, o segundo e o terceiro ano lá, me formei lá.

Esse apoio também foi encontrado por Fabíola na pessoa da supervisora pedagógica que a acolheu.

> A supervisora pedagógica falou que eu poderia usar o banheiro de mulher, pois eu já tinha cara de mulher. No decorrer dos dias, meses, durante os três meses, eu sempre tinha que passar na sala dela antes de ir pra minha aula. Então ela queria conhecer realmente essa minha identidade de gênero, ela fez bem, ela agiu como uma supervisora pedagógica, que a função é saber o que está acontecendo.

Outras vezes, o apoio vinha do serviço de apoio psicológico da escola que, como nos conta Paola:

> Olha o trabalho dela, ela; geralmente, acho que a maioria dos psicólogos são assim, né? A gente chega fala... fala... fala... fala... e eles vão analisando. De tudo... Então eu acho que ela me ajudou em termos dessa coisa que esses meninos faziam, esse tipo de abordagem... essas piadinhas. Então ela conversava muito comigo assim "Você tá sofrendo? Você tá se sentindo mal com isso? O que tá

> acontecendo com você?". Então eu respondia tudo pra ela, essas coisas. Conversava normalmente sobre essas coisas. Ai ela esclarecia. Me sentia confortada com ela.[17]

Fabíola, como já dito aqui, usou dessas aproximações com a gestão, professores e funcionários para vencer o preconceito manifesto na escola. Ela diz, em outro momento, como a relação como a professora de Ciências foi decisiva para que ela participasse de uma atividade cultural da escola.

> No primeiro ano na escola também, na festa junina, eu dancei de mulher; teve uma feira de cultura na escola que eu levei as travestis pra fazer um show. Eu fiz um show do Ney Matogrosso, porque minha professora de Ciências, que organizou, [...] falou "Vamos trazer o seu mundo para escola, vamos ver como funciona e vamos fazer as pessoas te entenderem. Você tem amigas travestis?". "Tenho" "Elas topariam vir na escola?" "Sim", sem saber se elas iam topar. A professora falou "Você não vai fazer de mulher, você vai de um homem pra você mostrar às pessoas que você não é só diferente, que você é uma pessoa performática". Ela foi falando, isso entrou na minha mente. Eu fiz um "Pavão misterioso" na escola e eu fiquei feliz porque amo Ney Matogrosso, é um gay famoso. Essa música do "Pavão misterioso", na minha interpretação, mostra as diferenças das pessoas, meu seio já estava um pouco grande e ela disse "Vamos pintar o seu corpo, você vai comprar uma calça verde, que eu vou trazer penacho para você colocar na calça" eu realmente entrei como um pavão, foi estrondo! E teve também um show das duas travestis minhas amigas que moravam aqui. Todo mundo gostou, não teve vaia, foi só aplauso. Não teve zoação, não teve experiência ruim, foi uma experiência muito legal, a escola tava muito cheia e todo mundo queria ver o que era. Mudou as relações na escola pelo fato de eu ficar mais conhecida. [...] Na escola, eu fiquei como aquela que consegue manipular a diretora, consegue manipular a coordenadora... apesar de que eu não manipulei ninguém, foi

[17] Apesar do inegável conforto que a atenção psicológica produziu neste caso, ainda poderíamos nos perguntar se o atendimento profissional que foi dispensado à Paola também abrangia aquelas pessoas que perpetravam o acosso. É possível questionar quais eram as medidas postas em práticas, a fim de colocar em questão as coisas que os meninos faziam, e se a atenção envolvia apenas uma das possíveis vítimas ou se havia algum trabalho direcionado aos possíveis algozes. Enfim, cabe indagar até que ponto a ação, apesar de se direcionar à vítima, não estaria desconsiderando o próprio contexto de produção ativa das vulnerabilidades em que esta se via inserida.

a professora de ciências que deu ideia de levar meu mundo pras pessoas conhecer. Foi muito legal. [18]

Noutras situações, as alianças são mais informais e mais horizontais, como as que relata Paulina:

> Quando eles viam que estavam mexendo com a gente, tinha um, o menino da portaria, um senhor lá. Quando ele via que estavam mexendo comigo ele ia lá e xingava, ele falava "Pode parar, pode parar de mexer com a bicha". Ele falava assim, sabe? Mas ele era divertido. "Pode parar de mexer com a bicha, deixa a bicha em paz!", e assim ia, não deixava mexer com a gente, não. E muitas vezes na hora que tinha fila pra alguma coisa, ele ficava só dando voltinha assim, oh, pra ver se tinha alguém mexendo comigo, e com a outra também, que tinha uma outra, com nós duas. Ele ficava dando voltinha pra ver se tinha alguém mexendo com a gente, e ele sempre vigiava, quando ele tava lá, ele vigiava, ele era ótimo, eu era doida pra ficar com ele. Ele era um velhinho, mas eu era doida pra ficar com ele.

Entre os pares, havia percepções, como as de Fabíola, de que, "geralmente, as meninas respeitavam mais a minha identidade feminina, os meninos provocavam". Ou ainda, os casos em que a presença de outros alunos LGBT provocava a mudança de ambiente, como foi para Camila.

> [*E com relação às escolas que estudou anteriormente, sentiu diferença?*] Senti. Porque quando eu cheguei no ensino médio, na minha escola que eu estudei, na pública, tinha gay, tinha lésbica, tinha bissexual. Não tinha trans, a não ser eu. Mas gay, bissexual e lésbica, nossa senhora,

---

[18] Em Peres (2009, p. 249s), William traz um fragmento de uma narrativa de Brunete, uma travesti que, na escola, foi convidada a fazer um número em que se apresentaria de Ney Matogrosso: "Aí, ela falou que eu deveria interpretar uma música do Ney Matogrosso e que deveria dançar igual a ele, que ali na escola só eu tinha condições de fazer um número tão difícil. Ensaiei a música e a coreografia, e a professora falava que eu deveria rebolar mais, senão as pessoas não iam me aplaudir. No dia da apresentação, passei o maior ridículo, pois na hora do meu número as pessoas começaram a dar risadas e a me apontar como uma coisa ridícula. Fiquei meio confusa e, ao olhar para os bastidores, vi a professora dando muita risada de mim. Foi um choque muito forte, porque eu percebi que a professora tinha feito de propósito para me expor e me ridicularizar; mas eu fiz aquilo como artista, me dediquei muito nos ensaios, mas as pessoas tiveram esse intuito de me expor com uma conotação pejorativa, de deboche da homossexualidade. No meio de tantos alunos, por que eu fui a escolhida? Porque já tinha um buchicho a meu respeito e se aproveitaram disso".

o que mais tinha na escola. Então eu me identifiquei mais, porque no ginásio não tinha.

O banheiro: um caso à parte

O banheiro, por sinal, é um bom analisador das instituições escolares.

> [...] o analisador refere-se a todo dispositivo revelador das contradições de uma época, de um acontecimento, de um momento de grupo e que permita, a partir de uma análise de decomposição do que aparecia até então como uma totalidade homogênea (uma verdade instituída), desvelar o caráter fragmentário, parcial e polifônico de toda realidade (Paulon, 2005, p. 24).

O banheiro, nas narrativas das travestis entrevistadas, aparece como o lugar revelador das contradições escolares frente a sua presença, simultaneamente temida e desejada por todos. É possível perceber que o lugar da travestilidade na escola ecoa as estereotipias associadas a sua performance de gênero em um lugar de intensa regulação dos corpos, em que o banheiro é o espaço de intensificação do controle e possibilidade de arrefecê-lo. Acerca de suas impressões sobre o banheiro, nos diz Fabíola:

> Mesmo criança, eu tinha muito medo da maldade, porque o banheiro de uma escola é o que?! É cenário sinistro! É cheio de porta e se você entra sozinho só tem você! Se alguém entrou depois de você e só tem uma mesma entrada que é a saída... como é que você vai passar? E ouvia histórias de menino que bateu no outro, via certas cenas que não fazia xixi. Nunca fui ameaçada, nunca sofri nada, porque eu nem cheguei a ir.

Ela nunca sofreu ameaças porque nunca chegou a ir, sempre frequentou o banheiro unissex usado pelos professores. Entretanto, quando perguntada sobre a maior dificuldade em sua vida escolar, ela nos diz:

> A maior dificuldade foi o uso do banheiro, que por mais que eu usasse o banheiro dos professores, no fundo eu me sentia uma pessoa excluída, de não poder usar o banheiro com medo de ser hostilizada, ser agredida lá dentro. Então, o uso do banheiro foi uma coisa difícil, a convivência com os alunos não, porque sempre

> tirei de letra, eu que comecei a dominar a situação, não deixei a situação me dominar.

Essa ameaça, que nunca se materializou como dano físico, permanece como uma frustração, como uma violência simbólica que, apesar dos pesares, assinala para Fabíola que ela era diferente.

Outra travesti, Amélie, podia usar o banheiro feminino, mas sob certas condicionalidades: "Pra ir no banheiro era no feminino; só que na hora que eu fosse entrar não podia tá nenhuma mulher lá dentro. Aí vinha um funcionário da escola via se o banheiro estava [vazio]". Isso, de fato, apesar de franquear o uso e, talvez, impedir o assédio dos meninos, tornava esse uso bastante discriminatório, posto que, sendo a vigilância tão marcada, o uso do banheiro não se constituía como um espaço de liberdade e autorrealização, mas um lugar de controle e subalternidade.

É no banheiro que circulam as histórias dos perigos que rondam, amedrontam e excitam. Por isso, tanto fascínio e interdição podem ser percebidos na fala das travestis sobre os banheiros e a ansiedade que cerca o seu uso. Se, em um primeiro momento, há o interdito feito pela escola, de impedir ou ver com suspeita o uso do banheiro feminino pelas travestis – para o qual as saídas são as mais diversas, conforme aqui já indicado –, em um segundo momento, o banheiro é lugar da transgressão, consentida ou violada, em que se explicita o assédio, o flerte e atividades sexuais.

Paola fala de sua relação com a escola, uma instituição em que estudavam filhos de policiais militares, sobre os quais é conhecido o caráter de rigidez disciplinar habitualmente presente nas escolas.

> E teve época, quando eu entrei na sétima série, que me deu vontade realmente de desistir porque ficou bastante pesado. E pra ir até mesmo ao banheiro, pra usar o toalete masculino, era muito complicado, né? Porque os meninos sempre queriam fazer alguma coisa. Na educação física também, na troca do vestiário, trocar de roupa.

As ameaças no uso do banheiro masculino são perceptíveis no assédio vivido pelas travestis em sua escolarização. Afinal, seus corpos são vistos como sexualizados e sempre disponíveis, como se, com elas, houvesse uma prontidão para a sacanagem compulsória. Paola, quando perguntada sobre o que os alunos propunham na ida aos banheiros, e em que consistiam as ameaças que eram feitas, responde:

> Sexo mesmo! Um sexo oral, uma pegação. E me incomodava porque na minha cabeça sempre ficava assim, é uma escola... Não pode... Até chegar a ponto de eu ir falar com a diretoria que eu tinha que usar o banheiro dos professores. Um outro banheiro, porque eu não queria usar mais o banheiro comunitário da escola lá.

Paulina também tem um relato muito parecido, em que diz:

> Ser chamado de gayzinho, de viadinho e você não importar. Aí vai e puxa seu cabelo, tenta te jogar não chão. Ou quer ficar com você e você fala que não quer ficar... Aí eles pegam e te batem. Que essas coisas acontecem na escola... "Ah... vamos no banheiro..." "Ah não, não vou não..." "Ah, vamos no banheiro..." "Ah não, não vou não."

A sacanagem se torna, nesse contexto, um assédio insidioso sobre as travestis, que se veem constrangidas a lidar com a oferta de sexo, às vezes, ainda durante a infância. Lara, uma travesti, diz, em depoimento colhido por Peres (2009), de sua vivência aos 8 anos, quando foi vítima de violência sexual na escola.

> [...] isso, eu devia ter uns oito anos de idade. Eu estava na segunda série [...] Tinha um menino que sempre se aproximava de mim, era maior do que eu e mais velho também, porque ele já estava na quarta série. No recreio, ele vinha me chamar para ver figurinhas, mas sempre me puxava para o fundo da escola, onde quase ninguém ia. Havia um servente que cuidava, mas sempre dava uma risadinha e fazia de conta que nada estava acontecendo. Aí, uma vez, ele me levou lá no fundo e não tinha ninguém. Aí, ele foi pegando na minha mão e falando que eu tinha que pegar no pênis dele, e que se eu não pegasse ele ia contar para todo mundo que eu era mulherzinha. Eu não entendia o que ele falava porque eu era uma criança muito pura e fiquei meio paralisada. Aí ele tirou o pênis para fora e disse: "Eu vou comer o seu cu!" (Lara *apud* Peres, 2009, p. 247).

Numa outra perspectiva, as travestis exercem sua sexualidade também no ambiente escolar, mesmo que sob certos cuidados para não reforçarem os elementos estigmatizadores associados à travestilidade. Paulina, quando perguntada o que mais marcou a sua vida ao se inserir na escola, fala da sacanagem.

> Ah, mulher... O que mais me marcou? As idas pro banheiro [risos]... Porque é uma hora que a gente ri assim... A hora que a gente ia pro

> banheiro, ia uns dois, três atrás de você pro banheiro. Porque eles já sabiam que você gostava do trem... Aí eles iam, mijavam com a porta aberta pra você poder entrar, aí você acabava entrando. Aí, em vez de você estudar, você ia viçar... Ficar com os bofes nos banheiro, ou então atrás do colégio, ou então na hora da fila da merenda.

Essas experiências de sedução estabelecem um jogo erótico em que se permite viver e expressar desejos sexuais. Paulina continua seu depoimento de como a oferta de entrar na fila da merenda era um flerte:

> Os meninos falavam assim "Eu deixo você entrar na minha frente". Aí você entrava, aí, quando você tava na frente, eles falavam que depois da merenda era lá atrás o babado, entendeu? Aí, essas coisas, assim, que marcam a gente. A gente fica lembrando. Ou, então, na hora do recreio, você tá dentro da sala aí eles falam: "Sobe lá pra cima", aí, você sobe lá pra cima. Então era muito, muito vício, sabe? Vício é de graça. Era muito vício com os bofes. "Eu te dou a cola da prova, mas você sabe o que você vai fazer pra mim..." Aí, a gente dava a cola da prova. Ou, então, na prova: "Você sabe a prova?". "Sei." Aí, você dava a cola da prova [e eles falavam] "Depois você vai lá pra gente conversar". Essas coisas, assim, que marcam a gente. Num é o estudo, são os babados, porque isso aí, todo mundo faz igual. Essas aí são as coisas que marcam a gente. Os bofinhos bonitinhos, os professores bonitos que, às vezes, falavam "Te dou 10", assim, do nada. [Com relação aos professores] Ah, já rolou... Já rolou. Eles sentavam na cadeira, abriam a perna. Aí, quando a gente olhava, eles mexiam assim. Já rolou muito babado. Com mulher também... De querer te beijar, querer te abraçar. Às vezes, você tava com homem, aí elas viam e falavam "Ó, você tem que me beijar, você tem que ficar comigo". Aí, você ia lá, beijava e não sentia nada. Essas coisinhas, assim, que marcam a gente.

Paulina exerceu seus desejos e experimentou, como outros adolescentes em contextos escolares. Mas, é importante perceber, há um segredo sobre esses exercícios. Há um jogo sub-reptício em que o desejo se expressa – como diz Grace, "Tinham os namoradinhos com que se saía da escola, depois, no truque". Paola, quando ia fazer o trabalho na casa dos colegas, aproveitava para ter "um namorico, um relacionamento com um dos meninos que sempre queria fazer comigo. Acabava de fazer o trabalho, sempre rolava alguma coisa. Entendeu?".

Fabíola usava o mesmo artifício que Paola em sua relação com Silvio, um colega da escola com quem, em segredo, trocava carícias apenas fora da escola: "Todo mundo que me perguntava, eu negava, porque, até então, eu já tinha ficando com beijos e abraços só na casa dele, falava que ia fazer trabalho na casa dele". Essa narrativa se complica quando Silvio e Fabíola veem a fofoca em torno da relação deles se intensificar no interior da escola.

Em um crescente, o ápice é atingido quando Silvio propõe a Fabíola: "Deixa eu te falar, eu vou fingir que vou te bater, você finge que apanha e começa chorar e vai embora correndo. Porque eu não posso ficar com fama de viado na escola". Fabíola não aceita a proposta, sente-se magoada, conta para todos da escola o que se passara e Silvio deixa a escola. E esse não é o único caso com que Fabíola se envolve em segredo; ela nos diz:

> No segundo grau, teve um menino que quis me bater, porque era questão de preservar a identidade dele, porque, até então, eu e ele tínhamos um caso. Namorei com ele no primeiro e no segundo ano, mas todo mundo começou a perceber que nossa relação não era de amizade. Raciocina comigo, o ser humano mora lá em baixo e eu lá em cima, tinha escolar da prefeitura que levava a gente, ele pegava escolar aqui na porta da minha casa, isso a gente nem era da mesma sala, a gente começou a conversar na hora do recreio. Acho que, até então, eles queriam entender o que eu era, porque eu chegava na escola com calça apertada, sandalinha de salto, batom, cabelo escovado... É uma menina e o peito crescendo, o primeiro sutiã, aquelas palhaçadas todas. Ele começou a ter esse afeto por mim e eu ficava retribuindo, era o meu primeiro namorado.

Os rapazes, os seus primeiros investimentos amorosos, se relacionam sob o véu do segredo: não desejavam que viesse à tona o afeto existente. Tal véu não era fisicamente o banheiro, mas a lógica do banheiro pode aqui ser assumida como uma metáfora da reserva que garante o anonimato. Mas há também os casais que saem do banheiro ao tornar pública sua relação no próprio ambiente escolar; estes, ao fazerem seu *outing*, permitem que o banheiro, assim como o armário, se torne menos persuasivo na vida das travestis.

Alanis conta alguns desses momentos muito especiais em sua vivência escolar.

> A gente estava no primeiro ano e os meninos bonitos da oitava série ficavam mexendo comigo, falando que amavam, e eu morrendo de vergonha. Aí um dia chega um correio elegante. Eu era a que mais recebia correio elegante. Eu jogando vôlei e escutava falando no microfone: "Alanis, quer namorar comigo? Fulano". Aí, nisso, um menino lá no vôlei, vem ajoelhado assim com um buquê de flor e pede pra namorar comigo. Eu falei: "Não, menino, para". Cheguei a ganhar um pinto de chocolate branco lá na escola. Aí, na festa de formatura do terceiro ano, eu estava no segundo ano, eles me convidaram. Até pensei que pudesse ser alguma coisa de ruim. Acabou que eu não fui. Depois, na nossa festa de formatura no outro ano, que foi num sítio, eu fiquei com um menino lindo que tinha formado no ano anterior. Fiquei com ele hiper de boa.

Considerações finais

A escola, em uma primeira aproximação, mais geral, é um espaço inóspito à presença de travestis, configurando um quadro de escolarização precária associada a um concomitante abandono dos laços familiares, que redunda, portanto, numa fragilidade na relação das travestis com essas duas instituições.

Os dados apontam para a permanência desse enquadramento de maneira geral e institucional, mas traz indícios de possíveis alterações que podem vir a indicar uma maior escolaridade entre essa população. Não estamos falando de uma tendência, posto que nossa amostragem é aleatória, e, portanto, por ausência de controle amostral, oferece apenas vislumbres de que a entrada em cena do movimento trans, a exigência de maior aceitação de travestis e pessoas transexuais na escola, além do fato de que a ampliação da escola e o investimento de políticas públicas nos últimos anos trouxeram melhorias na escolarização da população em geral, assim como para a população trans.

É digno de nota, portanto, que o ingresso de 12 travestis no ensino superior é algo bastante significativo, mas, simultaneamente, demonstra que essa chegada não traz tanto impacto na criação de outras oportunidades de trabalho para além do possibilitado pelo trabalho sexual, posto que das 48 entrevistadas que possuem alguma renda fora da prostituição nenhuma das ocupações citadas exige um curso superior.

Outro aspecto relevante é que as travestis participantes possuem uma relação próxima com a família. E esse fator se fez presente no depoimento dado por algumas delas quanto à garantia de permanência na escola. Em alguns casos, os pais e outros familiares aparecem nas entrevistas como figuras decisivas: frente a uma cena política precária, foram eles quem intervieram na garantia da escolarização. Foi a partir dessas entrevistas que, de algum modo, se visualizou uma certa ruptura com o processo de evasão escolar associada às travestilidades. Em nosso contexto, intercaladas a distintas estratégias, ali estavam aquelas entrevistadas que chegaram ao ensino superior.

Outra dimensão importante para a permanência na escola está nas relações dessas jovens com os homens, possíveis parceiros e namorados. E essa importância é dupla, por trazer tanto a dimensão da violência de gênero – quando se dá o acosso e o assédio sexual – quanto, ainda, a dimensão das experimentações amorosas, quando esse tipo de relação é desejado por elas, e como seus pretensos ou confessos parceiros lidam com a situação de serem por elas desejados e as desejarem. Essa dinâmica é central na experimentação do corpo travesti em sua dinâmica de inserção na escola, momento em que performar o feminino é decisivo na expressão de uma linguagem de reconhecimento de si em que os cálculos acerca da permanência ou não na escola pode ganhar maiores ou menores contornos.

Diferentes espaços e percursos vão anunciando compatibilidades e incompatibilidades nesse processo transgenerificador que tensionam a socialização disponibilizada pela escola e pela família. A rua, a pista, os lugares LGBT como boates, enfim, uma miríade de possibilidades se descortina nessa descoberta potencializada pela travestilidade. Esse panorama, portanto, de muita descoberta e invenção criativa também se vê atravessado por um conjunto de violências aqui já anunciadas. Violências, implícitas ou explícitas, que incidem na experiência corpórea das travestis que se sentem violentadas na objetificação de seus corpos e seus desejos ao se verem agredidas e vilipendiadas por acossos sexuais indesejados, mas que podem perpassar as relações entre elas e os sujeitos a quem desejam, incluindo os seus namorados.

A tônica dessa violência foi, por nós, nomeada como uma política do banheiro, uma metáfora do armário, em que se recobrem os afetos endereçados a elas pela ignomínia do duplo enxovalho, trazido ora pelo acobertamento dos desejos endereçados aos corpos das travestis, ora pela hiperexposição desses mesmos corpos como abjetos e inadequados por traírem o binarismo das normas de gênero. Trata-se de uma dupla humilhação, em que os dois termos não se excluem, mas se potencializam. Um é condição necessária para que o outro se evidencie, uma conjunção de duas determinações interdependentes que atuam reiterando uma a outra. E a única maneira de se ver livre dessa dupla determinação estruturante da violência é romper com o círculo que a permite existir. Ou seja, é se desfazer do binarismo da norma, é retirar o interdito que pesa sobre os corpos trans, que são vistos como abomináveis, execráveis e antinaturais.

Referências

ALVES, C. *Nome* Sui Generis*: o nome (social) como dispositivo de identificação de gênero*. Belo Horizonte: Editora PUC Minas, 2017.

ANDRADE, L. *Travestis na escola: assujeitamento e resistência à ordem normativa.* 278 f. Tese (Doutorado em Educação) – Programa de Pós-Graduação em Educação, Faculdade de Educação, Universidade Federal do Ceará, Fortaleza, 2012.

BARBOSA, B. *Nomes e diferenças uma etnografia dos usos das categorias travesti e transexual.* 130 f. Dissertação (Mestrado em Antropologia Social) – Programa de Pós-Graduação em Antropologia Social, Universidade de São Paulo, São Paulo, 2010.

BENEDETTI, M. A calçada das máscaras. In: GOLIN, Célio; WEILER, Luís Gustavo (Orgs.). *Homossexualidades: cultura e política.* Porto Alegre: Nuances, 2002. p. 140-151.

BENEDETTI, M. *Toda feita: o corpo e o gênero das travestis.* Rio de Janeiro: Garamond, 2005.

BENTO, B. *A reinvenção do corpo: sexualidade e gênero na experiência transexual.* Rio de Janeiro: Garamond, 2006.

BÖER, A. *et al.* (Orgs). *Construindo a igualdade: a história da prostituição de travestis em Porto Alegre.* Porto Alegre: Igualdade, 2003.

BOHM, A. *Os "monstros" e a escola: identidade e escolaridade de sujeitos travestis.* Dissertação (Mestrado em Educação) – Programa de Pós-Graduação em Educação, Faculdade de Educação, Universidade Federal do Rio Grande do Sul, Porto Alegre, 2009.

BUTLER, J. *Cuerpos que importan: sobre los limites materiales y discursivos del "sexo".* Buenos Aires: Paidós, 2002.

BUTLER, J. *Deshacer el género.* Madrid: Paidós, 2006.

BUTLER, J. Caso agressão: excerto do documentário lançado pelo canal Arte France. 2009 [2006]. Disponível em: https://bit.ly/3vS3h9m. Acesso em: 31 maio 2021.

BUTLER, J. *Problemas de gênero: feminismo e subversão da identidade*. 3. ed. Rio de Janeiro: Civilização Brasileira, 2010.

DAVI, E. *Belíssima: um estudo merleau-pontyano da corporalidade travesti*. 183 f. Tese (Doutorado em Educação) – Programa de Pós-Graduação em Educação, Faculdade de Filosofia, Ciências e Letras, Universidade de São Paulo, Ribeirão Preto, 2013.

DEBARBIEUX, E. A violência na escola francesa: 30 anos de construção social do objeto. *Educação e Pesquisa*, São Paulo, v. 27, n. 1, p. 163-193, jan./jun. 2001.

DUQUE, T. *Montagens e desmontagens: desejo, estigma e vergonha entre travestis adolescentes*. São Paulo: Annablume, 2011.

FERRAZ, E. (Coord.). *Travestis profissionais do sexo – Parcerias do asfalto: conhecimento, atitudes e práticas sobre a o HIV/AIDS em Uberlândia*. Rio de Janeiro: BENFAN, 2006.

FLORENTINO, C. *Bicha tu tens na barriga, eu sou mulher: etnografia sobre travestis em Porto Alegre*. 172 f. Dissertação (Mestrado em Antropologia Social) – Programa de Pós-Graduação em Antropologia Social, Universidade Federal de Santa Catarina, Florianópolis, 1998.

GARCIA, M. R. V. *"Dragões": gênero, corpo, trabalho e violência na formação da identidade entre travestis de baixa renda*. 176 f. tese (Doutorado em Psicologia Social) – Programa de Pós-Graduação em Psicologia, Universidade de São Paulo, São Paulo, 2007.

GOFFMAN, E. *Estigma: notas sobre a manipulação da identidade deteriorada*. Rio de Janeiro: Zahar, 1975.

KULICK, D. *Travesti: prostituição, sexo, gênero e cultura no Brasil*. Rio de Janeiro: Editora Fiocruz, 2008.

MAZZON, J. (Coord.). *Relatório final: projeto de estudo sobre ações discriminatórias no âmbito escolar, organizadas de acordo com áreas temáticas, a saber, étnico-racial, gênero, geracional, territorial, necessidades especiais, socioeconômica e orientação sexual*. São Paulo: FIPE; Brasília: Inep, 2009.

NOGUEIRA, C. Escolha racional ou disposições incorporadas: diferentes referenciais teóricos na análise sociológica do processo de escolha dos estudos superiores. *Estudo de Sociologia*, Recife, v. 2, n. 18, 2012. Disponível em: https://bit.ly/3pQgDBE. Acesso em: 29 jan. 2018.

NUH – Núcleo de Direitos Humanos e Cidadania LGBT. *Relatório de pesquisa – Direitos e violência na experiência de travestis e transexuais na cidade de Belo Horizonte: construção de um perfil social em diálogo com a população*. 2016. Disponível em: https://bit.ly/3posPcV. Acesso em: 24 maio 2021.

OLIVEIRA, M. *O lugar do travesti em desterro*. 205 f. Dissertação (Mestrado em Antropologia Social) – Programa de Pós-Graduação em Antropologia Social, Universidade Federal de Santa Catarina, Florianópolis, 1997.

PAULON, S. A análise de implicação com ferramenta na pesquisa-intervenção. *Psicologia & Sociedade*, Belo Horizonte, v. 17, n. 3, p. 18-25, dez. 2005.

PELÚCIO, L. *Abjeção e desejo: uma etnografia travesti sobre o modelo preventivo de aids*. São Paulo: AnnaBlume; FAPESP, 2009.

PERES, W. Processos de estigmatização e estratégias de resistência: violência, exclusão e sofrimento psíquico. In: PARKER, Richard G. *et al.* (Orgs.). *Homossexualidade: produção cultural, cidadania e saúde*. Rio de Janeiro: Abia, 2004a, p. 116-122.

PERES, W. Travestis: subjetividades em construção permanente. In: UZIEL, A.; RIOS, L.; PARKER, R. (Orgs.). *Construções da sexualidade: gênero, identidade e comportamento em tempos de Aids*. Rio de Janeiro: Pallas, 2004b. p. 115-128.

PERES, W. *Subjetividade das travestis brasileiras: da vulnerabilidade dos estigmas à construção da cidadania*. 194 f. Tese (Doutorado em Medicina Social) – Instituto de Medicina Social, Universidade do Estado do Rio de Janeiro, Rio de Janeiro, 2005a.

PERES, W. Travestis brasileiras: construindo identidades cidadãs. In: GROSSI, Mirian *et al.* (Orgs.). *Movimentos sociais, educação e sexualidades*. Rio de Janeiro: Garamond, 2005b. p. 53-68.

PERES, W. Cenas de exclusões anunciadas: travestis, transexuais, transgêneros e a escola brasileira. In: JUNQUEIRA, R. (Org.). *Diversidade sexual na educação: problematizações sobre a homofobia nas escolas*. Brasília: Ministério da Educação; Secretaria de Educação Continuada, Alfabetização e Diversidade; UNESCO, 2009. p. 235-263.

SANTOS, P. *Entre necas, peitos e picumãs: subjetividade e construção indenitária das travestis do Jardim Itatinga*. 120 f. Dissertação (Mestrado em Educação) – Programa de Pós-Graduação em Educação, Faculdade de Educação, Universidade Estadual de Campinas, Campinas, 2008.

SEDGWICK, E. K. How to Bring Your Kids up Gay: The War on Effeminate Boys. In: WARNER, Michael (Org.). *Fear of a Queer Planet: Queer Politics and Social Theory*. Minneapolis: University of Minneapolis Press, 2007. p. 60-81.

SILVA, H.; FLORENTINO, C. Uma sociedade dos travestis: espelhos, papéis e interpretações. In: PARKER, R.; BARBOSA, R. (Orgs.). *Sexualidades brasileiras*. Rio de Janeiro: Abia; IMSUERJ; Relume Dumará,1996. p. 105-118.

SILVA, H. *Certas cariocas: travestis e vida de rua no Rio de Janeiro*. Rio de Janeiro: Relume Dumará; Prefeitura do Rio de Janeiro, 1996.

SILVA, H. *Travesti: a invenção do feminino*. Rio de Janeiro: Relume Dumará; ISER, 1993.

TEIXEIRA, F. *Vidas que desafiam corpos e sonhos: uma etnografia do construir-se outro no gênero e na sexualidade*. 226 f. Tese (Doutorado em Ciências Sociais) – Programa de Pós-Graduação em Ciências Sociais, Universidade de Campinas, Campinas, 2009.

WELZER-LANG, D. A construção do masculino: dominação das mulheres e homofobia. *Revista Estudos Feministas*, Florianópolis, v. 9, n. 2, p. 460-482, 2001.

Capítulo 7

Cartografias travestis: percursos metodológicos na garantia de direitos, diversidades educacionais e formativas em perspectivas queer

Adriana Sales
Herbert de Proença Lopes

Problematizamos, na soma destas duas vozes, as potências da cartografia como mote que agrega posicionamentos de contestação nas produções científicas e suas nuances de resistência. Primeiramente, por assumirmos o método da cartografia como fiel companheiro nas opções que elegemos como vieses teórico-metodológicos no trabalho, e por ser "democrático" nas premissas que enredam os percursos que escolhemos, ao dialogar com coletivos tidos como minorias. Esta opção, que não significa abrir mão do rigor, favorece que se visualize possibilidades amplas (aqui, a marca democrática) nas defesas e apresentações dos dados e dos resultados deles.

A referida marca democrática que estará presente neste texto e nas intenções que gostaríamos de marcar, traz sentidos próprios ao recusar defesas autoritárias sobre os corpos, as expressões de gêneros, as sexualidades e, automaticamente, todas as figurações que vão compondo as pesquisas que compõem esse texto (tese e dissertação). Ela se faz presente, inclusive, nas próprias problematizações das perspectivas teórico-metodológicas utilizadas e nas análises que são disparadas noutro momento do processo cartográfico.

A pesquisa cartográfica assume tal caráter democrático, como apontamos, por colocar-se em diálogo com as pessoas participantes, com interesse na criação de discursos resultados de uma composição conjunta. Democrático, assim, por contrapor a sistemas de classificação que consideram certos conhecimentos como válidos, em detrimento de outros, subjugados, como já apresentou Michel Foucault. Este autor já nos alertava para dar voz aos conjuntos de conhecimentos que são marginalizados, desclassificados e significados como "na parte mais baixa da hierarquia, abaixo do nível requerido de cognição ou cientificidade" (Foucault, 1980, p. 82 *apud* Spivak, 2010, p. 48).

Em segunda linha, está o papel de contestação que impregna esta escolha metodológica, porque suas bases epistemológicas estão calcadas em nuances de resistência aos poderes instituídos. Possibilita que mergulhemos em relações intensas, porém, com os dispositivos éticos/estéticos/políticos bem definidos, quando nos embriagamos pelas forças potentes dessas resistências do movimento travesti no Brasil.

Essa tríade primeira (ética/estética/política), já defendida por vários teóricos que se dedicam a dialogar sobre a referida metodologia – como Passos, Kastrup e Tedesco (2014), será adotada nos procedimentos que enredarão estas ideias iniciais. Da mesma maneira, aparecerão três estratégias que disparam este caminhar e ainda uma terceira tríade que agrega os dispositivos sexos/gêneros/corpos em perspectivas rizomáticas deleuzianas que, em suas conexões e reconexões intensivas, agenciam movimentos e transformações que podem dinamizar a vida nas suas múltiplas expressões.

Corroboramos as premissas de que tais dispositivos constituem-se em grandes e múltiplas redes, no que tange aos marcadores sociais das sexualidades, gêneros e corporalidades, tessituras dos variados elementos que constituem as pessoas, os afetos e as relações dessas pessoas. Funcionam, desta forma, como "um conjunto multilinear" com várias propostas de estilísticas das existências, onde se tecem linhas que partem das singularidades para as macrorrelações e nos caminhos inversos (Deleuze, 1989, p. 7).

São várias linhas que dimensionam as pessoas, nos diferentes lugares sociais que ocupam, marcadas nos corpos, nos discursos, nos desejos e nos afetos. No caso das travestis, elas se deparam com produções de conhecimentos sobre sues gêneros e sexualidades, que são estranhadas ao se depararem com os padrões universais nas relações sexos/gêneros/corporalidades, resultando em posicionamentos resistentes aos dispositivos de dominação que impõem certos modelos para essas linhas de subjetivação travestis. Pois, para Deleuze (1989, p. 7) "cada linha é quebrada, submetida a variações de direção, bifurcante e engalhada, submetida a derivações".

São produções dos conhecimentos que foram construídas nas histórias sobre as expressões de gêneros, das sexualidades e das corporalidades travestis, reforçando várias práticas higienistas e recusando alguns dispositivos tidos como não "normais", "naturais" e "essencialistas". São, ademais, tentativas de eliminar processos e modos de subjetivação não totalizantes, como modo de trazer os conceitos identitários, onde determinadas variações não são possíveis.

Dispositivos, então, são assumidos, aqui, como primordiais na busca de novas e outras problematizações das vidas. São linhas móveis que flutuam nas mais intensas ou rasas potências que marcam as estratégias dessas vidas e as intencionalidades das mesmas. Busca-se criar problematizações sobre o que significa cada linha e dispositivo, ou mesmo qual importância tem cada elemento dos atravessamentos dos marcadores sociais e seus agenciamentos percebendo que "cada dispositivo é uma multiplicidade na qual operam determinados processos em devir, distintos daqueles que operam em outro" (Deleuze, 1989, p. 7).

Desta maneira, as intenções cartográficas, nas duas pesquisas citadas, e já apresentadas em artigos publicados anteriormente (Sales; Lopes; Peres, 2016a; Sales; Lopes; Peres, 2016b), buscam utilizar dos conceitos de dispositivos no sentido de recusar as linhas duras e estáticas, elegendo as interações cotidianas presentes e os elementos que vão se fazendo potentes nas afetações que surgem nas relações com as travestis. São recusas de corporalidades reduzidas aos fascismos que se tenta fazer com as mesmas. São posicionamentos de resistência que clamam por dispositivos embaralhados, andróginos, laicos, democráticos e que subscrevem formas corporais que se contrapõem aos discursos e códigos que aprendemos, através das instituições, como sistemas de verdades, conforme discutido por Foucault (1996). E, ainda, para Gilles Deleuze,

> Um dispositivo abrange verdades de enunciação, verdades de luz e de visibilidade, verdades de força, verdades de subjetivação. A verdade é a efetuação das linhas que constituem o dispositivo. Extrair do conjunto dos dispositivos uma vontade de verdade que passasse de uma à outra como uma constante é uma proposição sem sentido segundo Foucault (Deleuze, 1989, p. 7).

Algumas teorias que priorizam determinadas expressões de gênero e sexualidade (biológicas), corporalidades moduladas e desejos-padrão em detrimentos de outros – os excluindo, inclusive – se tornam dispositivos de poder, de discursos e enunciados de dominação. São dispositivos nada agradáveis para pessoas que escapam dessas tentativas de dominação (linhas duras) e se servem de outros dispositivos, de outras linhas de subjetivação (linhas de fuga) que buscam, concomitantemente, outras estéticas de vida – não melhores, nem piores, mas viáveis para expressões de existência mais abundantes e menos escassas.

As negociações políticas e psicossociais que se desenham nesses embates das linhas molares dos dispositivos e das linhas que flutuam em outras possibilidades, desestabilizam as linearidades duras que as discussões de evolução humana tentaram marcar, os enunciados dominantes heterossexuais, via produção dos discursos, de modo a ampliar esses debates para validar também os eventos não lineares, não essencialistas. É todo um conjunto de intencionalidades que flutuam nos parâmetros binários e enunciam novas curvas nas linearidades dos processos culturais humanos. Essas curvas, pois, para Gilles Deleuze, não mais remetem a dispositivos com posicionamentos únicos, mas definem-se em regimes de borramentos das inteligibilidades das expressões de gênero através de desterritorializações possíveis dos seus territórios, existências de percepções, sensações e corporalidades, em processos constantes de devires.

Evidenciar os dispositivos que se quer marcar nas duas pesquisas – no diálogo com experiências que estão resistindo aos padrões hegemônicos das figurações corporais na contemporaneidade e ampliando os universos de referências embasados pelas estruturas únicas de corporalidades – é trazer as travestilidades para o foco do debate. É pensá-las ocupando os processos cartográficos, dialógicos e pautando a luta pela garantia de direitos humanos e sexuais como dispositivos que emergem mais uma expressão e estilística de existência nos emaranhados das identidades coletivas políticas e de contestação.

Essa ocupação, das travestilidades no debate gerado pelas pesquisas, permite-nos observar os efeitos que tais processos de singularização produzem principalmente nas corporalidades fluidas, vibráteis, que não se separam de outros eventos da vida, como crenças, valores, éticas, políticas e modos psicossociais. Cada linha, cada dispositivo eleito como aceitável ou não, marca qual tipo de sociedade se quer e qual tipo de corpo não se quer, resultando em outras "invenções de subjetivações" já apresentadas por Foucault, mas que, hoje, neste momento da proposta cartográfica, abrem precedentes para novas governabilidades das estilísticas das existências.

Nesse sentido, almejamos problematizar subjetivações produzidas em espaços nômades, percorrendo caminhos metodológicos cartográficos sobre as variadas experiências travestis: nas instituições escolares, no caso da pesquisa de doutorado, e nos processos culturais a partir da experiência teatral de um coletivo de travestis e transexuais, no caso da pesquisa de mestrado. Buscamos investigar como essas experiências utilizam de dispositivos de resistências, assim como os efeitos que atravessam as corporalidades e subvertem algumas linhas de saber/poder na produção de conhecimentos. Ainda, novamente em Deleuze (1989), isso significa desenhar errantemente um mapa, dialogar com esse mapa desconhecido e, principalmente, permitir-se transitar (pisar) nesses terrenos tão movediços.

Ao alterar os discursos e estéticas dos corpos, outros dispositivos são criados e recriados, resultando em táticas de sobrevivência que, *a priori*, são marginalizadas, excluídas e privadas de direitos básicos que deveriam ser garantidos, de acordo com a Constituição Federal brasileira, mas que encontram estratégias resilientes que, para Deleuze (1989), são as "linhas de fraturas" que estão confluindo com muitas experimentações de vidas que podem dar outros tons para algumas políticas públicas já instituídas, podendo ser um dispositivo de resistência.

As coerências heterossexuais das corporalidades são quebradas (fraturadas) de modo muito potente ao se deparar com essas experimentações exitosas de travestis no contexto brasileiro, pois cria nas pessoas, em seus entornos e, muitas vezes, nelas mesmas, os estranhamentos – seja via respeito ou negação de si mesmas – que são novos dispositivos de fuga nas sociedades modernas e apresentam modalidades muito menos lineares e biologizantes para as expressões de gêneros e sexualidades.

Ao utilizar dos conceitos de dispositivo em Deleuze, Foucault e em alguns teóricos contemporâneos que se debruçam sobre problematizações das corporalidades e expressões de gêneros emergentes, busca-se somar posicionamentos políticos, estéticos e éticos para com a sociedade que desejamos criar. Vale afirmar que todas as corporalidades, os gêneros e as sexualidades, pensados em termos de variabilidade, têm validade na atualidade – repudiando, novamente segundo Deleuze, as universalidades.

As muitas linhas de subjetivação dos vários dispositivos se entrecruzam, agenciam as composições humanas expandindo as significações dos desejos, seja por uma estética, seja por certa expressão de vida. Esses entrecruzamentos são duelos nos processos desejantes que, para as travestilidades, encontram situações de negação por não encontrarem campos de referência nos códigos das aproximações ou distanciamentos do que se pode ou não desejar. Logo, os dispositivos sexualidade, gênero e corpo se tornam fortemente marcados na problematização sobre as pessoas travestis que serão mapeadas nestas pesquisas.

Dessa maneira, tais produções se tornaram fundantes por contemplar as intencionalidades e os compromissos que temos com a cartografia proposta, no sentido de dialogar com discursos – avançando e, inclusive, acrescentando a eles outros elementos, na garantia das experiências exitosas e reais do que é ser travesti no Brasil. São muitos os mapeamentos que vão se desenhando nas variadas histórias que buscaremos apresentar, na premissa de defender uma sociedade em que tudo e todas caibam desde que haja respeito nas relações que atravessam as existências.

Para os autores com quem dialogamos, trabalhar com a cartografia é não definir apenas esses procedimentos, "mas uma atividade orientada por uma diretriz de natureza não propriamente epistemológica, mas ético-estético-política" que nos dá aportes para traçar variados caminhos que deem sustentação às intencionalidades que se quer marcar, sendo que para a cartografia "vários procedimentos podem ser adotados no que concerne a técnicas de entrevistas, de análises de dados, estratégias qualitativas ou quantitativas" (Passos; Kastrup; Tedesco, 2014, p. 8).

Isso significa escolher caminhos epistemológicos que revisem alguns posicionamentos e práticas psicossociais estanques enquanto discursos violentos e autoritários que ditam o que é verdadeiro ou falso. Para Foucault, assumir essa perspectiva epistêmica é contrapor "o que pode e o que não pode ser qualificado como científico" (Foucault, 1994, p. 301) e, ainda, para Spivak (2010, p. 47), é recusar projetos de vidas que se resumem "à obliteração assimétrica do rastro desse Outro em sua precária Subjetividade".

A ética sustentada aqui parte de pressupostos cartográficos que reafirmam as perspectivas dialógicas da/na pesquisa, porque todas as relações e momentos vividos nos percursos do trabalho levam em conta as processualidades de cada momento que se somam numa ética "transdutiva" e "transversal". Para Escóssia e Tedesco (2009, p. 106), "sujeito(a) e objeto de pesquisa se apresentam como duas dimensões distintas, porém inseparáveis, de uma mesma realidade reticular".

A utilização das entrevistas disparadoras de narrativas de vida dessas travestis indica um comprometimento político com essas produções discursivas, e as relações de observação participante e total engajamento dialógico em todo o processo da pesquisa e seus resultados podem ser estéticos ao intencionar uma cartografia que garanta as vozes que se apresentam nessas relações e que positivam as estilísticas das existências dessas pessoas.

Tais estratégias de pesquisa se caracterizam como nossos posicionamentos estéticos, enquanto cartógrafes, ao reforçar os variados deslocamentos que, de acordo com Laura Pozzana (2014, p. 51), "viabilizam o acesso ao plano de transformação da vida, em vez de funcionar de modo mecânico, automático, no já dado sistema fechado sujeito(a)-objeto".

Toda essa tessitura poderá ser atravessada por vários marcadores interseccionais como raça/cor e classe, pois essas pessoas utilizam das contestações, das resistências para a manutenção de suas vidas. De acordo com Peter Pelbart, ao problematizar "A comunidade dos sem comunidade" (2003), essas resistências são estratégias pelas quais composições e recomposições de singularidades têm lugar.

Uma terceira etapa, não menos importante, é a em que se assume perspectivas queer neste texto, seja para buscar problematizações teóricas acerca dos vários objetos que possam atravessar as relações que estamos estabelecendo, seja para afirmar as premissas que significamos para as discussões das sexualidades, das expressões de gêneros e das corporalidades. Estas perspectivas também permitem agregar aspectos que confrontam os posicionamentos e poderes existentes nas instituições importantes da sociedade, como a escola ou outros espaços públicos que capturam alguns corpos e marcam quais são e quais não são possíveis de transitar nesses espaços – e, quando transitam, quais os preços que esses corpos andam pagando para estarem neles.

Neste sentido, apresentamos a cartografia como caminho democrático nas escritas acadêmicas, sem pretensão alguma de maquiar todos os processos que constituem dissertações e teses, mas sim, ao contrário, de garantir que todas as vozes envolvidas no decorrer desses caminhos traçados ecoem nos resultados que se quer alcançar. Os resultados nunca são vistos em culminâncias finais, mas sempre em possíveis engendramentos que formulam outras questões que possam servir de pistas (nesses caminhares) para que avancemos na garantia dos direitos básicos das estilísticas das existências.

Dessa maneira, cartografar alguns dispositivos que constituem as travestis e a escola, bem como suas relações com práticas teatrais, tem a intenção de fazer emergir alguns elementos que produzem dificuldades no acesso, na permanência e nas relações que se estabelecem nos espaços sociais. Além disso, tenciona os processos de subjetivação da constituição das expressões de sexualidades e de gêneros dessas sujeitas e de suas corporalidades e refuta a perpetuação de uma cultura que, no contexto escolar que, de acordo com Bourdieu (1990), é reprodutora da cultura dominante, na qual se vale de crenças e valores que capturam as pessoas nas relações escolares de uma escola que é, para as questões de gênero, sexualidades e travestilidades, segundo Louro (1999, p. 30), um "lugar de desconhecimento e da ignorância".

Do mesmo modo, cartografar processos de subjetivação que envolvem as travestis em oficinas de experimentações teatrais tem o interesse de dar visibilidade aos modos singulares e potentes de existência que são produzidos em experiências locais, ao mesmo tempo que refuta os modelos de produção cultural pautados na legitimação de hierarquias artísticas e propõe pensar o fazer artístico em seu devir-político, que busca agenciar os desejos coletivos e criar novas formas de experimentar a vida.

A arte do teatro, segundo Denis Guénoun (2004), ao abrir-se aos fluxos de vida que foram dela banidos – a saber, a vida comum –, procura redimensionar sua posição ética frente às composições estéticas que pode produzir. Tal dimensão do fazer teatral adquire outras potencialidades ao se encontrar com atrizes travestis e transexuais que rompem com modelos de representação tradicionais, que modelam os corpos nos padrões normativos de gênero, para dar lugar a expressões de vida singulares.

Para Suely Rolnik (1992, p. 13), "o homem vive uma intensificação da experiência de ruptura, ao mesmo tempo em que se encontra em plena transformação o modo como esta experiência o afeta". Então, os relatos de vida, as entrevistas individuais e coletivas, as narrativas produzidas nos encontros com cada participante eleita para as pesquisas (os discursos), as observações cotidianas registradas em forma de cadernos de anotações, os relatos sobre as experiências coletivas, os documentos formais e informais da história do movimento travesti no Brasil, entre outros, vão dando forma às significações dessas expressões e vão nomeando, como necessitam os grupos sociais e culturais, as pessoas, os processos de formação humana, corroborando com as intenções metodológicas cartográficas enquanto resistências de vida.

Assim, a escolha por este caminhar é um posicionamento estratégico e de contestação ao somar as vitórias das pessoas que compõem essas pesquisas, as demandas que tal coletivo dispara para sua entrada e permanência nos espaços escolares e os elementos que atravessam os discursos que podem constar nos momentos das entrevistas, nas oficinas teatrais e outros eventos vivenciados. Isto porque a cartografia nos dá todo o suporte para ousarmos e mergulharmos nas mais variadas facetas dialógicas para as quais um trabalho pode rumar.

Mapeamentos cartográficos em perspectivas queer

Ao propor possibilidades de mapeamento das histórias do movimento organizado das travestis no Brasil ou das experiências situadas de travestis envolvidas em processos de criação teatral, a ideia é pinçar diálogos sobre as variadas corporalidades, expressões de gêneros e sexualidades dessas pessoas nos processos escolares e nos processos de produção cultural. Com isso, intencionamos dar visibilidade às experiências de vida que podem apresentar pistas para a garantia de acesso, permanência e qualidade da educação e da cultura no país para todas as pessoas.

Dessa forma, dar voz a essas participantes sobre seus variados processos de vida, dos ativismos coletivos organizados, das demandas sobre as dinâmicas de escolarização e de processos coletivos que buscam, através do viés artístico, formas de atuação política, é um princípio de nossa investigação. Todos estes fatores são vivenciados pelas participantes que, diante de suas diversas expressões de gênero, fogem da norma, imbricados pelas significações dessas corporalidades.

Aliados a esse posicionamento político, buscamos elementos de pesquisa que corroborem com a construção de um contexto de espaço democrático, laico, ético e plural diante das diversidades nos cotidianos escolares e que problematizem uma dimensão emancipatória sobre as práticas em psicologia, que reconhecemos como perspectivas queer. Tais perspectivas serão pautadas nas conceituações e estudos que surgem no rompimento com correntes epistemológicas fixas, cartesianas, nas quais os estudos culturais, as práticas teatrais críticas, a filosofia da diferença e o pós-estruturalismo francês são fontes que disparam tais problematizações na garantia das diversidades, das processualidades das vidas e corpos e das provisoriedades – assumidas, aqui, como performáticas e precárias.

Ao dar voz e estabelecer relações com essas pessoas, pretende-se, dialogicamente, trazer à tona os discursos que atravessam as variadas experiências de vidas travestis. Estes discursos são negociados entre os espaços de interlocução sobre travestilidades e os autores deste texto. Faz-se importante o posicionamento nesta perspectiva cartográfica, e aqui nos colocamos: a pesquisadora, Adriana Sales, que também é travesti e militante, e o pesquisador, inserido no coletivo a ser pesquisado também como ator e militante. Esse posicionamento demarca o tipo de negociação que se dá nos espaços geopolíticos de vidas que se entrecruzam no caminhar estratégico e reafirmam a posição cartográfica de mergulho nas intensidades e composições que se fazem necessárias para essa opção metodológica (Rolnik, 1989).

Acredita-se também que, ao reconhecer que os gêneros são criações e mecanismos de controle e regulação (Butler, 2004), nos posicionamos contra essas estratégias de manutenção dos essencialismos binários de sexo/gênero, pois a produção de conhecimento sobre tais dispositivos travestis, somados a suas corporalidades, busca romper com essa supremacia e, portanto, demanda perspectivas queer – mesmo porque "posicionar-se implica em responsabilidade por nossas práticas capacitadoras" (Haraway, 1995, p. 27).

São geografias de vidas significadas como múltiplas possibilidades de estilísticas das existências e na prerrogativa de se posicionar na defesa de uma expressão de gênero nem de mulher, nem de homem, mas oriunda de entre-lugares em que flutuam tais espaços/territórios dos dispositivos femininos e masculinos definidos culturalmente. São geografias mapeadas que, partindo de estudos feministas sobre gênero reconhecidos por serem avanços na história da humanidade, garantem que "as pluralidades de abordagens nesse campo de saber são expressões de sua riqueza teórico-metodológica, e se convertem também em energias que renovam os debates e o avanço científico" (Silva, 2009, p. 50).

As dialogicidades que podem ser garantidas nesses mapeamentos e geografias são premissas das duas pesquisas que dão origem a este texto. Ao escolher dialogar com travestis, muitos elementos e situações agregarão à defesa desta expressão de gênero não binária, pois rechaçam os gêneros que partem das marcas biológicas como dispositivos únicos, não dando espaços para outras vertentes ético/estético/políticas, portanto, queer.

Os mapeamentos seguirão diferentes geografias, uma vez que as duas pesquisas apresentam dimensões diferenciadas do campo da investigação. Uma das propostas, a pesquisa de doutorado, busca dialogar com travestis das cinco regiões do país, o que sugere um campo de pesquisa maior em abrangência. Já a outra, a pesquisa de mestrado, busca dialogar com travestis que formam um coletivo em uma cidade do interior do Paraná, se inserindo em um contexto local. Em ambos os casos, os mapeamentos propostos buscaram ser fiéis aos diálogos estabelecidos e seus resultados negociados com cada participante envolvida, porque,

> O contexto da globalização associado às críticas das teorias pós-colonialistas e às perspectivas desconstrucionistas das identidades, em sua dimensão espacial, se expressa nos debates sobre as formas de produção do conhecimento geográfico, de seus resultados éticos e políticos, como forma de avançar nas discussões teórico-metodológicas de um campo de saber comprometido politicamente com as transformações sociais (Silva, 2009, p. 48-49).

Nesse sentido, cartografar como os contextos em que as expressões dissidentes de gênero das travestis são forjadas, sob perspectivas queer, mapeia como elas disparam suas demandas enquanto sujeitas e quais são/como são estabelecidos os agenciamentos dos processos de subjetivação que atravessam essas expressões, as relações das corporalidades, das sexualidades e dos modos de vida dessas pessoas.

As perspectivas queer são marcadas por transgredir e desestabilizar os limites das "normalidades" ao dar visibilidade às pessoas que escapam e resistem aos poderes heteronormativos impostos na contemporaneidade. São transgressões que se organizam para confrontar as imposições sobre os desejos (Penedo, 2008), articulando erotismos e práticas sexuais, mas também na articulação dos dispositivos gênero/sexo/corpo em parâmetros subversivos.

Neste sentido, a relação da opção metodológica com tais premissas tem, nas duas propostas, imensa conexão ao apresentar ferramentas de contestação discursiva e sobre as subjetivações dos gêneros, pois "o queer" tem sua força de resistência sobre as patologizações e aos insultos daquilo que se difere do inteligível (Butler, 1993), como as travestilidades. De modo geral, "a teoria queer propõe a hibridização como a única forma de romper com os processos homogeneizantes" (Peres, 2013, p. 59).

Os posicionamentos que se quer marcar têm em vista a importância das linhas molares (duras) e das linhas moleculares (de fuga) de subjetivação que atravessam as pessoas que são colocadas às margens dos direitos à vida. Ao dialogar com as produções teóricas queer, traz-se elementos que, inicialmente, são problematizados para as questões de erotismos e práticas sexuais para ampliar tais discussões que desaguem nas potências das corporalidades e expressões travestis, pois,

> O Queer é um produto de pressões específicas culturais e teóricas que estruturaram debates (tanto fora quanto dentro da academia) em torno da identidade, com o objetivo de avançar nas abordagens sobre identidade, a partir de uma análise mais aprofundada da subjetividade e dos processos de subjetivação, na linha criada por Michel Foucault, Herbert Marcuse, Norbert Elias ou Robert Castel, que coincidem com a vontade comum de explicar, e tratar de superar, dimensões irracionais de nossa vida social que têm a ver com determinados códigos teóricos, institucionais e poderes legitimados muitas vezes em nome da cientificidade (Penedo, 2008, p. 115, tradução nossa).

Desta maneira, torna-se muito importante assumir tal papel de subversão nas defesas das duas produções e nos aspectos de suas escolhas metodológicas, porque tal perspectiva queer, para além das questões que aborda sobre as sexualidades, marca, no espaço das produções de conhecimentos, as exclusões e marginalizações que certas teorias acadêmicas têm reproduzido (Silva, 2009) e reafirma que "os códigos no mundo não jazem inertes, apenas à espera de serem lidos" (Haraway, 1995, p. 37).

Os resultados dos dois trabalhos – tanto a dissertação quanto a tese – e todos os processos de relações que vão desenrolando buscam a garantia de produções comprometidas com os alargamentos dos usos teórico-metodológicos na promoção de uma ciência que, via psicologia, denomina-se queer porque "deverá romper com postulados binários que se propõem universais e totalizados, dando passagem para a emergência de sujeitos nômades, e suas subjetividades também nômades em consonância com políticas queer" (Peres, 2013, p. 61).

Tais resultados são reforçados, aqui, pela dialogicidade que se busca estabelecer neste contexto, dado o fato de uma das pesquisadoras autoras deste texto ser também travesti e fazer parte do referido movimento social. Este destaque merecer ser feito, pois este posicionamento acaba potencializando elementos que podem elucidar os processos de exclusão ou de inclusão das diversidades das expressões humanas nos processos de escolarização e da contextualização da história do movimento social organizado dessas pessoas frente às demandas políticas e sociais.

Deste modo, caberá à pesquisadora e ao pesquisador ter a convicção de que esta escolha metodológica, nas premissas dos estudos queer, será sempre em nome da vida, sendo um posicionamento estratégico político, por mais absurdo que pareça, pois, nesses processos cartográficos, dará os tons e os limites até os quais será possível ir e como os afetos irão compor os territórios e as desconstruções dos mesmos (Rolnik, 1989).

As experiências das travestis participantes das pesquisas podem fornecer múltiplos olhares sobre as demandas dos processos de escolarização e sobre modos de subjetivação em processos de criação artística – olhares estes que contemplem suas expressões de gênero e sexualidade, suas corporalidades, assim como as possibilidades de construção política e social parametrizados nas políticas públicas e constitucionais preconizadas na Constituição Federal de 1988, enviesadas pelas histórias desse movimento organizado.

Este mapeamento queer pode indicar contribuições que possibilitem produzir um quadro de informações sobre os processos que enredam a constituição das travestis e as relações das instituições com as diversidades que permitam estratégias que garantam a dignidade humana, a redução do sofrimento psicossocial e da exclusão nos ambientes escolar, cultural e artístico. Além disso, pode favorecer a ampliação dos estudos científicos que contemplem as pessoas travestis como protagonistas dos relatos acerca dos processos de escolarização e de criação artística.

No primeiro caso, com a premissa de trazer as questões que podem resultar em problemas de inclusão escolar em suas interfaces com as diversidades humanas, busca-se discutir situações específicas que envolvam as travestis nos vários contextos em que se articulam os processos de escolarização. Sobremaneira, com esses mapeamentos, problematizamos novas e reais possibilidades de inclusão escolar daquelas que sempre tiveram muitas dificuldades de permanência nas escolas e que agora estão exigindo seus espaços de direito enquanto cidadãs. Em relação a segunda pesquisa, ao buscar a criação teatral como forma de expressão ético-política, busca-se questionar novas possibilidades de produção e expressão cultural que extrapolem os regimes de arte tradicionais, que hierarquiza seus produtores e colocam determinados sujeitos em um lugar inferior na hierarquia do fazer artístico.

Esta ciência que procuramos produzir com tais reflexões, em perspectivas "queerizadas", apenas reafirma que "o mundo não é matéria-prima para humanização; todos os ataques ao humanismo, outro ramo do discurso sobre 'a morte do sujeito', deixaram isto muito claro" (Haraway, 1995, p. 37). Desta maneira, apropriar-se de definições e ponderações que se contraponham aos padrões binários, essencialistas e biologicistas é fundante para a dinâmica que se quer assumir, e as diferenças nas perspectivas dos processos de subjetivação que se quer marcar na contemporaneidade demandam prerrogativas da filosofia da diferença, dos estudos queer e das análises dos discursos. Isto porque as etapas que vão desvelando as expressões dos gêneros que fogem aos padrões binários (masculino/feminino) partilham de características diferentes que vão sendo reforçados pelos discursos que norteiam as constituições das subjetivações através das potências das relações e práticas sociais e nos corpos estigmatizados.

Trazer, então, as travestilidades para a discussão de sexualidades, gêneros e corporalidades em espaços tão canônicos como a academia, é partir de textos-referência produzidos por Gilles Deleuze, Michel Foucault, Judith Butler, Joan Scott, Rosi Braidotti e outras e outros que se dedicam, na contemporaneidade, a romper com as produções fixas e identitárias. Tais produções demandam observações profundas sobre a formação humana e insere nessas problematizações os discursos das pessoas que estão em cena (as travestis), pois, "para tanto, precisamos dar conta dos processos históricos que, através dos discursos, posicionam sujeitos e produzem suas experiências" (Scott, 1999, p. 27) e garantem certo posicionamento científico que tenha um projeto político de vida, no mínimo, democrático, pois essa ciência que defendemos, de maneira crítica, "é uma entidade ativa" (Haraway, 1995, p. 37).

Nos posicionamos, metodologicamente, nas prerrogativas mais ampliadas dessas marcas identitárias e sinalizamos as limitações que poderiam endurecer algumas escolhas nos caminhos inteligíveis, mas que não é o caso destes estudos, pois definimos esse teor político ao corroborar com identidades políticas, pois, de acordo com Tomaz Tadeu da Silva,

> A identidade tampouco é homogênea, definitiva, acabada, idêntica, transcendental. Por outro lado, podemos dizer que a identidade é uma construção, um efeito, um processo de produção, uma relação, um ato performativo. A identidade é instável, contraditória, fragmentada, inconsistente, inacabada. A identidade está ligada a estruturas discursivas e narrativas (Silva, 2000, p. 96-97).

Tais estruturas discursivas podem ser estratégias de sobrevivência e manutenção das vidas travestis. E essas estratégias de resistência são traduzidas aqui para refutar as "técnicas e as formas de que o poder se serve para o assujeitamento, para os mecanismos de dominação", aqueles parâmetros que negam a existência e renovação das sujeitas trans (Ferrari, 2010, p. 560).

Gêneros flutuam nas mais variadas possibilidades de esses corpos se estabelecerem de acordo com as demandas sociais que lhes são impostas, porque os outros significados que vão incorporando nos processos formativos – para além dos binários, que rotulam como feminino e masculino – agregam novas possibilidades do existir, corroborando com Scott (1994, p. 13), que afirma que isso "não significa que gênero reflita ou implemente diferenças físicas fixas e naturais entre homens e mulheres, mas sim que gênero é o saber que estabelece significados para as diferenças corporais".

Dessa maneira, pretende-se acrescentar as travestilidades a esse reinventar nômade dos gêneros, inserindo as problematizações acerca das travestis nos processos culturais emergentes como corpos marcados e, nessas pesquisas, parte integrante nas discussões e conceituações dos homens e das mulheres, dos gêneros, para uma contextualização de suas relações. Além disso, são determinantes para as noções delineares que vão desvelando os sentidos que as sociedades culturais atribuem aos significados dos comportamentos inteligíveis, das produções de conhecimentos, das psicologias e das noções de sexualidade nas escolas e das formas de expressão artísticas aliadas, neste caso, às formas de expressão de sexualidades.

Sobremaneira, é preciso demarcar a intenção de perspectivas metodológicas queer na tentativa de garantir que todas as pessoas possam estar inseridas em diferentes formas de ativismo, inclusive na recusa dos padrões heteronormativos binários, biologizantes e fixos. Ou, como defende Peres (2012, p. 30), demarcar possibilidades de sujeitas com performances sociais que não necessitam seguir um ideal verdadeiro, pois parte-se do pressuposto de que este ideal será desfeito no decorrer deste estudo.

São caminhos metodológicos queer que marcam pessoas com vidas precárias, porque buscamos garantir que as vozes (discursos), que sempre foram lesadas nos direitos à vida, ecoem em sua mais intensa potência de resistência, pois tal precariedade dá sugestões para que as pessoas consigam suas sobrevivências. Se algumas vidas não são consideradas como possíveis, "se, desde o começo, não são concebíveis como vidas de acordo com certos enquadramentos epistemológicos, então essas vidas nunca serão vividas nem perdidas no sentido pleno dessas palavras" (Butler, 2015, p. 13).

Contudo, serão queer por assumir também posições de sujeitas que apresentam expressões de gênero que problematizam os padrões dos corpos, dos prazeres, dos desejos, dos controles, das relações, dos poderes, dos discursos e das potências de vida. Preconizam uma dinâmica de problematização que, marcada por pensamentos foucaultianos, deleuzianos e de suas interlocuções contemporâneas, pode ser nômade, fluida, híbrida e, ao utilizar do método da cartografia, desestabiliza o que se significava sobre esses corpos, esses possíveis prazeres, as potentes desconstruções que se pode barganhar/negociar para que as pessoas travestis estejam inseridas nos contextos culturais cotidianos de maneira menos estigmatizada. São queer por se manter fiéis às convicções elaboradas em coletivo organizado dessas pessoas, solidarizados pelos autores aqui envolvidos – enquanto ativistas, visto que tal perspectiva queer

> [...] se apresenta marcada por um viés emancipatório psicossocial supondo questionamentos das tendências integracionistas e totalizantes de todas as agremiações de reivindicação de direitos, assinalando os limites desta integração e propondo estratégias de enfrentamento aos regimes normativos, heteronormativos e falocêntricos (Peres, 2013, p. 62).

E é nesta prerrogativa que acreditamos estabelecer critérios que possam visibilizar tais discussões - nada binárias - no que tange às corporalidades, às expressões de gênero e às sexualidades dessas sujeitas. Porque nossa intenção é dar manutenção às críticas que questionam a existência de gêneros enquanto fixos (Penedo, 2008). Ao invés de manter a ilusão de fixidez, optamos por discussões que potencializem as variadas e cambiantes formas de existir no mundo, um mundo queer, "onde são as práticas sexuais e não com quem elas são praticadas que importa, ser homo ou hétero não é tão importante quanto ter e praticar uma atitude queer em relação à vida" (Penedo, 2008, p. 134, tradução nossa).

Referências

BOURDIEU, P. *Coisas ditas*. São Paulo: Brasiliense, 1990.

BUTLER, J. *Bodies that Matter: On the Discursive Limits of "Sex"*. Nova York: Routledge, 1993.

BUTLER, J. *Deshacer el género*. Barcelona: Paidós, 2004.

BUTLER, J. *Quadros de guerra: quando a vida é passível de luto?*. 1. ed. Rio de Janeiro: Civilização Brasileira, 2015.

DELEUZE, G. Qu'est-cequ'undisposif?. *Michel Foucault philosophe: rencontreinternationale*, Paris, v. 9, n. 10, 11 jan. 1988-1989.

ESCÓSSIA, L.; TEDESCO, S. O coletivo de forças como plano de experiência cartográfica. In: PASSOS, E.; KASTRUP, V.; TEDESCO, S. *Pistas do método da cartografia: pesquisa intervenção e produção de subjetividade*. Porto Alegre: Sulina, 2009.

FERRARI, A. Eu sou gay. Legal! Né? Tensionando as relações entre homossexualidades e escolas. In: SOARES, L. *et al* (Orgs.). *Convergências e tensões no campo da formação e do trabalho docente*. Belo Horizonte: Autêntica, 2010.

FOUCAULT, M. Le Jeu de Michel Foucault. In: FOUCAULT, M. *Dits et écrits*. Paris: Gallimard, 1994.

FOUCAULT, M. *A ordem do discurso*. São Paulo: Edições Loyola, 1996.

GUÉNOUN, Denis. *O teatro é necessário?*. São Paulo: Perspectiva, 2004.

HARAWAY, D. Saberes localizados: a questão da ciência para o feminismo e o privilégio da perspectiva parcial. *Cadernos Pagu*, v. 5, p. 7-41, 1995.

LOURO, G. L. Pedagogias da sexualidade. In: LOURO, G. L. (Org.). *O corpo educado: pedagogias da sexualidade*. Belo Horizonte: Autêntica, 1999.

PASSOS, E; KASTRUP, V; TEDESCO, S. A experiência cartográfica e a abertura de novas pistas. In: PASSOS, E; KASTRUP, V; TEDESCO, S. (Orgs.). *Pistas do método da cartografia 2: a experiência da pesquisa e o plano comum*. Porto Alegre: Sulina, 2014.

PELBART, P. P. A comunidade dos sem comunidade. In: PELBART, P. P. *Vida capital: ensaios de biopolítica*. São Paulo: Iluminuras, 2003.

PENEDO, S. L. *El labirinto queer: la identidad en tiempos de neoliberalismo*. Barcelona: Egales, 2008.

PERES, W. S. Travestilidades nômades: a explosão dos binarismos e a emergência *queering*. *Revista Estudos Feministas*, v. 20, n. 2, p. 539-547, 2012.

PERES, W. S. Psicologia e políticas queer. In: FILHO, F. S. T.; PERES, W. S.; RONDINI, C. A.; SOUZA, L. L (Orgs.). *Queering: problematizações e insurgências na psicologia contemporânea*. Cuiabá: Editora FMT, 2013.

POZZANA, Laura. A formação do cartógrafo é o mundo: corporificação e afetabilidade. In: PASSOS, E; KASTRUP, V; TEDESCO, S. (Orgs.). *Pistas do método da cartografia 2: a experiência da pesquisa e o plano comum*. Porto Alegre: Sulina, 2014.

ROLNIK, S. *Cartografia sentimental: transformações contemporâneas do desejo*. São Paulo: Estação Liberdade, 1989.

ROLNIK, S. Apresentação. In: FIGUEIREDO, L. C. *A invenção do psicológico: quatro séculos de subjetivação*. São Paulo: Educ; Escuta, 1992.

SALES, A.; LOPES, H. P.; PERES, W. S. Despatologizando as travestilidades e transexualidades: saúde mental e direitos. *Periódicus*, Salvador, v. 1, n. 5, p. 56-72, maio/out. 2016a.

SALES, A.; LOPES, H. P.; PERES, W. S. In: RODRIGUES, A.; MONZELI, G.; FERREIRA, S. R. (Orgs.). *A política no corpo: gêneros e sexualidade em disputa*. Vitória: EDUFES, 2016b.

SILVA, J. M. *Geografias subversivas: discursos sobre espaço, gênero e sexualidade*. Ponta Grossa: TodaPalavra, 2009.

SILVA, T. T. A produção social da identidade e da diferença. In: SILVA, T. T. (Org.). *Identidade e diferença: a perspectiva dos estudos culturais*. Petrópolis: Vozes, 2000.

SCOTT, J. W. Preface a Gender and Politics of History. *Cadernos Pagu*, Campinas, n. 3, 1994.

SCOTT, J. W. Experiência. In: SILVA, A. L.; LAGO, M. C. S.; RAMOS, T. R. O. (Orgs.). *Falas de gênero*. Santa Catarina: Editora Mulheres, 1999.

SPIVAK, G. *Pode o subalterno falar?*. Belo Horizonte: Editora UFMG, 2010.

Capítulo 8

O nome social no ENEM, um direito fundamental

Rogério Diniz Junqueira
Adriano Souza Senkevics

Introdução

Em uma sociedade como a brasileira – fortemente marcada pela desigualdade, dotada de complexos sistemas e mecanismos de marginalização e exclusão –, o acesso ao ensino superior e a conquista de um diploma universitário se revelam, entre outros, fatores que proporcionam ou colaboram de maneira relevante na obtenção de maiores oportunidades e vantagens não apenas no mercado de trabalho, como também em outras dimensões da vida. Não por acaso, ao longo da última década e meia, foram intensas as mobilizações sociais e vários os esforços institucionais voltados a assegurar políticas e medidas que produzissem um maior e mais consistente ingresso e garantissem a permanência de grupos socialmente discriminados que se encontravam pouco representados nas universidades. Nos processos seletivos para o preenchimento das vagas, adotou-se cotas para estudantes autodeclarados pretos, pardos e indígenas, com deficiência e/ ou de baixa renda oriundos de escolas públicas e, mais recentemente e menos amplamente, medidas de acessibilidade em favor de pessoas com deficiência (para além das cotas).

No âmbito das lutas históricas em favor de justiça social e pela construção de um modelo democrático de cidadania, ganharam visibilidade discussões e disputas que, a partir de diferentes conformações e possibilidades de articulação, tematizaram a necessidade de se adotar políticas públicas com perspectivas de classe, raça, etnia, gênero, habilidades, entre outros marcadores, e de considerar suas interseccionalidades. Com efeito, isso pode ser observado, por exemplo, em centenas de conferências municipais, estaduais e nacionais (sobre educação, saúde, cultura, segurança, meio ambiente, entre outras) nas quais representantes do Estado e da sociedade civil atuaram na proposição de ações que deveriam resultar na elaboração de planos para a implementação de políticas em diferentes áreas. Tendo em vista o que se enfoca neste artigo, vale mencionar o Plano Nacional de Promoção da Cidadania e Direitos Humanos de Lésbicas Gays, Bissexuais, Travestis e Transexuais, publicado pela Secretaria Especial dos Direitos Humanos, e o Plano Nacional de Educação (PNE), aprovado pela Lei n.º 13.005/2014.[1]

Ao mesmo tempo, reivindicadas pelo ativismo LGBT+,[2] tiveram lugar medidas de enfrentamento a preconceitos e discriminações com base em orientação sexual e em identidade de gênero, especialmente após o lançamento do programa federal Brasil Sem Homofobia, em 2004. Embora não seja o propósito deste artigo avaliar a formulação ou a implementação desse programa, cabe ressaltar que, mesmo se tratando de importante marco e avanço político, pautado em princípios e valores antidiscriminatórios, é incontroverso afirmar que o programa teve dificuldades para lograr sustentação política e dotar-se de marcos legais, diretrizes políticas, apoio técnico e base orçamentária. De fato, desde o seu início, em cenários marcados pela resistência e pelo reduzido apoio à implementação de políticas de reconhecimento da diversidade (especialmente em relação a questões de gênero e sexualidade), com gestores de diferentes esferas administrativas apresentando níveis díspares de envolvimento e compromisso com a temática, produziram-se medidas com distintos graus de convergência ou consistência, geralmente, circunscritas, fragmentadas, precariamente articuladas com as demais áreas administrativas, com escasso potencial de enraizamento institucional e, não raro, facilmente abandonadas a partir de negociações com setores ultraconservadores

---

[1] A Emenda Constitucional n.º 59/2009 mudou a condição do PNE, que passou de uma disposição transitória da Lei de Diretrizes e Bases da Educação Nacional (Lei n.º 9.394/1996) para uma exigência constitucional com periodicidade decenal que deve se tornar referência para os planos plurianuais.

[2] Sigla empregada, entre tantas em circulação, para se referir a lésbicas, gays, bissexuais, travestis, transexuais e outras identidades ou subjetividades dissidentes em relação à cis-heteronormatividade.

(Junqueira, 2009; Mello; Brito; Maroja, 2012; Roso; Romanini; Cadermatori, 2017).

Em que pese as fragilidades implicadas em tal processo, diversas ações foram empreendidas por parte de atores e estruturas de administração pública federal, estadual ou municipal, inclusive com o envolvimento de universidades públicas, movimentos sociais, sindicatos e acompanhadas de medidas jurídicas importantes a esse tema (Junqueira; Chamusca; Henriques, 2007). Nos casos da educação, vale mencionar o apoio federal à formação de profissionais da educação para a diversidade, à constituição de núcleos de pesquisa, a projetos de divulgação científica e extensão universitária, a mobilizações culturais para a afirmação e à visibilidade política das pessoas LGBT+. Ao longo desse processo, com base na experiência dos serviços públicos de saúde, universidades públicas e secretarias estaduais e municipais começaram a discutir e implementar medidas de promoção da igualdade de gênero e de reconhecimento da diversidade sexual. No caso da identidade de gênero, envidaram-se esforços para garantir o direito ao uso do nome social nas repartições públicas, nos documentos internos das instituições, no cotidiano das escolas e universidades, bem como o acesso aos serviços e às instalações (especialmente, os banheiros) em consonância com tal princípio. Na esteira desse processo, recentemente travestis e transexuais passaram a demandar do Instituto Nacional de Estudos e Pesquisas Educacionais Anísio Teixeira (Inep) a garantia do uso do nome social no Exame Nacional do Ensino Médio (Enem).

Com diversas finalidades, o Enem, a partir de 2009, passou a ser o principal meio de seleção para o ensino superior, e, por isso, demandas por medidas antidiscriminatórias em seu âmbito podem ser acompanhadas ora de preocupações com questões de sigilo e segurança, ora de resistência por parte de setores que se opõem a políticas de inclusão, medidas antissexistas e de reconhecimento da diversidade sexual e de gênero. Diante disso, o presente artigo busca refletir sobre a necessidade, a pertinência e a legitimidade de se assegurar, no âmbito do Enem, o respeito à dignidade de participantes travestis, transexuais e transgêneros,[3] por meio da garantia do uso

[3] Em torno do termo "transgênero" há diferentes entendimentos, usos e graus de aceitação. O termo pode, por exemplo, ser empregado como categoria analítica ou

do nome social em conformidade com suas identidades de gênero e da adoção de medidas decorrentes desse reconhecimento. Tal reflexão implica considerar a equidade e a inequidade nos processos de avaliação e, para isso, é preciso também ressaltar a insuficiência de dados que poderiam sustentar uma política mais sintonizada com o direito à educação de qualidade. Afinal, discutir direito à educação e qualidade da educação exige observar fatores extra e intraescolares, contextos socioeconômicos, clivagens e hierarquias sociais, processos de inclusão e exclusão escolar e outros aspectos referentes ao mundo da vida.

"Nome social"

O ato de atribuir ou reatribuir nome a pessoas encontra diferentes formas de manifestação, sentidos e possibilidades em diferentes sociedades e ao longo do tempo. Em maior ou menor medida, e segundo os diferentes contextos em que se dão, atos de nomeação ou renomeação envolvem disposições e processos de ordem sociocultural, jurídico-institucional, histórico-política e/ou econômico-territorial. Embora se tratem de gestos geralmente naturalizados, nomear ou renomear, longe de derivar da natureza, envolvem arbitrariedades sociais relativas a decisões e definições sobre como, quando e quem nomear e sobre quem podem impetrar esse gesto de investidura, de nascimento ou renascimento social, segundo quais repertórios, a partir de quais critérios, com quais finalidades e em que níveis de rigidez, flexibilidade e reversibilidade. Nomear e renomear indivíduos ou grupos se relaciona, ainda, a valores, normas, práticas, expectativas, instituições, ritos, tradições, hierarquias, jogos de poder e estruturas de privilégios, bem como a necessidades e desejos de identificação, distinção e reconhecimento social. Evidentemente, são práticas imbricadas a inúmeros e varia-

como designação identitária – e, nesse caso, em referência a travestis, a transexuais e (ao mesmo tempo ou não) a outras categorias identitárias que também expressam dissidências em relação à cisnormatividade. Extrapolaria os objetivos deste capítulo entrar mais a fundo nesse debate, porém, cabe ressaltar que o termo é aqui usado seja em busca de uma abordagem mais inclusiva em relação a diversas expressões e vivências trans, seja porque seu emprego (geralmente como categoria "guarda-chuva") pode ser observado em vários documentos aqui mencionados.

dos processos e mecanismos de (auto)identificação, diferenciação, negação, classificação, valorização e estigmatização, na esteira dos quais podem ser acionados inúmeros dispositivos e marcadores, tais como os relativos a sexo, gênero, raça/etnia, classe, origem, idade, credo, profissão, habilidade, entre outros. Intrinsecamente sociais, tais processos podem estar relacionados a distintas e, não raro, também contraditórias possibilidades de acolhida, reconhecimento, pertença, permanência, abjeção, evasão, sobrevivência ou morte em uma comunidade específica ou na sociedade em geral.

Não por acaso, disso também resulta a necessidade e o dever ético de se garantir às pessoas cujas identidades de gênero destoam ou dissidem das disposições do sistema cis-heteronormativo o reconhecimento de seus direitos à autodeterminação de gênero e, por conseguinte, o direito de redefinirem seus nomes e escolherem como ser tratadas. Em diversos países, como Portugal, Espanha, Argentina, Uruguai e, recentemente, o Chile, foram adotadas legislações ("Leis de Identidade de Gênero") que permitem a mudança de nome, sem condicioná-la a processos clínicos e médicos de mudança de sexo. No Brasil, no entanto, projetos de lei nessa matéria costumam se arrastar, sem êxito, ao longo de anos no Congresso Nacional,[4] enquanto medidas relativas à adoção do assim dito "nome social" eram (e, não raro, continuam sendo) objeto de decisões mais circunscritas, de cunho administrativo, geralmente limitadas a determinados ritos e situações. É o caso, por exemplo, da inclusão do nome social no registro das chamadas de universidades, que não implica a autorização automática de seu uso em outras instâncias acadêmicas, tampouco a sua necessária inserção em outros documentos, entre eles, o diploma. Trata-se, portanto, de um reconhecimento limitado e precário, pois a pessoa que conseguiu o direito ao uso do seu "nome social" em um determinado espaço institucional ainda se vê obrigada a dedicar-se a intermináveis lidas cotidianas, apresentando novos requerimentos, declarações, formulários, justificativas, fotos, comprovações etc. para procurar obter esse direito (que, ressalte-se, deveria ser garantido como fundamental) em cada novo espaço social em que busque se

---

4 O projeto de lei n.º 5.002/2013 de autoria de Jean Wyllys e Erika Kokay, também chamado de "Lei João W. Nery de Identidade de Gênero", foi arquivado.

inserir segundo parâmetros básicos de sociabilidade e de respeito à dignidade (Bento, 2014; Ribeiro; Teixeira, 2015).[5]

De toda sorte, em que pesem suas limitações jurídicas, o "nome social" de pessoas travestis, transexuais e transgêneros não perde sua importância. Ademais, ele não se confunde com apelido, codinome ou epíteto e nem pode ser tomado como capricho, idiossincrasia, veleidade, ação aleatória ou fantasiosa. Na vida dessas pessoas, a adoção do nome social se torna uma necessidade e uma exigência inerente a dinâmicas e tensões de configuração ou reconfiguração identitária, nomeação ou renomeação e, não raro, de desterritorialização e reterritorialização no bojo de processos que as colocam diante de distintas (im)possibilidades de reinserção no mundo. Tais dinâmicas, por sua vez, também se desdobram ao sabor de sutis, complexos e profundos processos sociais e psicológicos de subjetivação (Fernandez, 2004; Peres, 2004; Peres, 2009). Por conseguinte, a adoção do nome social é parte importante de processos de construção e organização das subjetividades dessas pessoas e, desse modo, deve ser social e juridicamente entendida como algo relacionado ao *direito à identidade e ao desenvolvimento pessoal*, ambos direitos fundamentais.

No Brasil, as definições de nome social encontram diferentes formulações em diversos dispositivos legais – como portarias, decretos, resoluções, manuais etc. –, embora geralmente se refiram ou remetam, direta ou indiretamente, a uma tensão ou incongruência entre o nome oficial, institucionalizado no registro civil, e a identidade de gênero da pessoa em questão. No entanto, sem desconsiderar a importância da busca de uma refinada definição jurídica, é igualmente oportuno

[5] No julgamento da Ação Direta de Inconstitucionalidade (ADI) n.º 4275, em março de 2018, o Supremo Tribunal Federal (STF) admitiu a possibilidade de alteração de prenome e sexo no assento de registro civil, por meio de procedimento administrativo, mesmo sem a realização de cirurgia de redesignação sexual ou de tratamentos hormonais (BRASIL, 2018). Embora se trate de um inquestionável avanço, o profundo quadro de vulnerabilidade a que a população de travestis, transexuais e transgêneros está sujeita (precariedade das condições sociais de existência, insuficiência de recursos financeiros para arcar com as despesas cartoriais, documentação incompleta, migrações contínuas, relações familiares violentas, rotinas de humilhações e discriminações por parte das instâncias burocráticas, questões relacionadas à estigmatização e à criminalização das vivências trans etc.) representa um conjunto de barreiras que dificilmente pode ser superado sem políticas públicas efetivamente voltadas a assegurar esse e outros direitos de cidadania.

ressaltar que nome social expressa mais do que uma diferença em relação àquele instituído civilmente ou conferido em um ritual religioso revestido de valor legal. Do mesmo modo, ele não se limita a uma forma que alguém encontra para se fazer chamar, na esperança de se sentir mais confortável, mais seguro ou menos sujeito a humilhações.

Enquanto resistência frente a processos e mecanismos cisnormativos de hierarquização, marginalização, estigmatização e desumanização, o nome social, antes de tudo, representa uma forma de autonomear-se por meio da qual a pessoa busca se afirmar, se reconhecer e se fazer reconhecer como pessoa *humana*, merecedora de respeito, detentora de direitos e dignidade inviolável. Nesse sentido, especialmente em função de não se garantir no país processos mais simplificados e ágeis para a mudança do nome de registro civil, o direito ao nome social deve ser entendido como um *direito fundamental* e, enquanto tal, deve compor o conjunto dos direitos cuja garantia é indispensável para se assegurar o *direito à educação*, o qual se distingue do mero *direito à aprendizagem*, pois requer, para a sua realização, a garantia de demais direitos para a formação educacional e cidadã.

Participar do Enem, ou de qualquer outro certame, não deveria representar para travestis, transexuais e transgêneros nenhuma carga extraordinária de tensão além daquela que normalmente envolve a participação de qualquer pessoa em exames dessa natureza. Nem tampouco deveria representar uma ulterior experiência de agressão, constrangimento ou insegurança que, além da óbvia gravidade, também pode implicar a instalação de um estado de insegurança, perturbação ou de pânico que pode afetar o desempenho da e do participante.

A adoção do nome social no Enem: antecedentes, marcos legais e institucionais

Parece ser importante fornecer aqui um breve quadro acerca dos marcos teóricos e institucionais que levaram o Inep a garantir a travestis, transexuais e transgêneros a opção de solicitarem o atendimento pelo nome social no Enem.

Em 2004, o Governo Federal lançou o Programa Brasil Sem Homofobia, do qual o Ministério da Educação (MEC) foi um dos principais formuladores e executores. O programa tinha, entre seus pontos centrais, a promoção da igualdade de gênero, o reconhecimento da diversidade sexual e o enfrentamento a preconceitos, discriminações e violências em função de orientação sexual e de identidade de gênero. No interior dessas ações, assumia uma importância estratégica a promoção do reconhecimento do direito à autodeterminação de gênero, o que implicava a garantia do uso do nome social de acordo com a identidade de gênero adotada pela pessoa.

No desdobramento lógico dos compromissos então assumidos, o Governo Federal, pressionado pelos movimentos sociais, convocou a I Conferência Nacional de Gays, Lésbicas, Bissexuais, Travestis e Transexuais, por meio do Decreto da Presidência da República de 28 de novembro de 2007. Marco histórico na luta pela cidadania e pelos direitos humanos da população LGBT+, a conferência, realizada em Brasília entre 5 e 8 de junho de 2008, teve como tema "Direitos Humanos e Políticas Públicas: o caminho para garantir a cidadania de Gays, Lésbicas, Bissexuais, Travestis e Transexuais", sendo precedida de conferências estaduais em todas as unidades da federação e incontáveis reuniões preparatórias de âmbito municipal ou regional.

No texto-base da conferência, entre as diversas ações propostas pelo Governo Federal que diziam respeito a ações diretas e mais focalizadas de promoção dos direitos de travestis, transexuais e transgêneros, vale mencionar pelo menos duas, presentes no capítulo "Educação", elaborado pelo MEC:

> 4 – Propor e adotar medidas legislativas, administrativas e organizacionais necessárias para garantir a estudantes o acesso e a permanência em todos os níveis e modalidades de ensino, sem discriminação por motivo de orientação sexual e *identidade de gênero*. [...]
>
> 12 – Propor e estimular medidas que assegurem a estudantes e profissionais da educação de transgêneros, travestis e transexuais o direito de terem seus *nomes sociais* nos documentos oficiais das instituições de ensino e de usufruírem as estruturas dos espaços escolares em igualdade de condições e em conformidade com suas identidades de gênero (Brasil, 2007, p. 24-25, grifos nossos).[6]

[6] A proposta número 12 sofreu pequenos ajustes inclusivos ao ser aprovada na I Conferência Nacional de Gays, Lésbicas, Bissexuais, Travestis e Transexuais. No entanto, ela não consta do Plano Nacional de Promoção da Cidadania e Direitos Humanos de Lésbicas, Gays, Bissexuais, Travestis e Transexuais, sem que qualquer explicação tenha sido apresentada.

Entre as ações encaminhadas pelo Governo Federal no âmbito do Programa Brasil Sem Homofobia e a implementação do I Plano Nacional de Promoção da Cidadania e Direitos Humanos de Lésbicas, Gays, Bissexuais, Travestis e Transexuais (Brasil, 2009), é importante mencionar que o Ministério da Saúde, na Carta do Usuário do SUS (Portaria n.º 1.820, de 13 de agosto de 2009), dispõe sobre a obrigatoriedade de os profissionais de saúde assegurarem o direito de cada pessoa ser chamada pelo nome que desejar:

> Art. 4º – Toda pessoa tem direito ao atendimento humanizado e acolhedor, realizado por profissionais qualificados, em ambiente limpo, confortável e acessível a todos.
>
> Parágrafo único – É direito da pessoa, na rede de serviços de saúde, ter atendimento humanizado, acolhedor, livre de qualquer discriminação, restrição ou negação em virtude de idade, raça, cor, etnia, religião, orientação sexual, *identidade de gênero*, condições econômicas ou sociais, estado de saúde, de anomalia, patologia ou deficiência, garantindo-lhe:
>
> I – identificação pelo nome e sobrenome civil, devendo existir em todo documento do usuário e usuária um campo para se registrar o *nome social, independente do registro civil, sendo assegurado o uso do nome de preferência, não podendo ser identificado por número, nome ou código da doença ou outras formas desrespeitosas ou preconceituosas* [...] (Brasil, 2009, [s.p.], grifos nossos).

Ao lado disso, o Ministério do Planejamento, Orçamento e Gestão, por meio da Portaria n. 233, de 18 de maio de 2010, veio assegurar aos servidores públicos, no âmbito da Administração Pública Federal direta, autárquica e fundacional, o uso do nome social adotado por travestis e transexuais.[7] Tal portaria foi, em seguida, acompanhada

[7] Posteriormente, novas medidas foram elaboradas. O Conselho Nacional de Combate à Discriminação e Promoção dos Direitos de Lésbicas, Gays, Bissexuais, Travestis e Transexuais (CNCD/LGBT) aprovou a Resolução n.º 12, de 16 de janeiro de 2015, que estabelecia parâmetros para a garantia das condições de acesso e permanência de pessoas travestis e transexuais – e todas aquelas que tenham sua identidade de gênero não reconhecida em diferentes espaços sociais – nos sistemas e instituições de ensino, formulando orientações quanto ao reconhecimento institucional da identidade de gênero e sua operacionalização. Foi publicado o Decreto da Presidência da República n.º 8.727, de 28 de abril de 2016, dispondo sobre o uso do nome social e o reconhecimento da identidade de gênero de pessoas travestis e transexuais no âmbito da administração federal direta, autárquica e fundacional. O Conselho Nacional de Educação, em 12 de setembro de 2017, aprovou uma resolução que autoriza estudantes

pelos demais ministérios, inclusive o MEC, que por meio da Portaria n.º 1.612, de 18 de novembro de 2011, dispõe o seguinte:

> Art. 1º – Fica assegurado às pessoas transexuais e travestis, nos termos desta portaria, o direito à escolha de tratamento nominal nos atos e procedimentos promovidos no âmbito do Ministério da Educação.
>
> § 1º Entende-se por *nome social* aquele pelo qual essas pessoas se identificam e são identificadas pela sociedade.
>
> § 2º Os direitos aqui assegurados abrangem os agentes públicos do Ministério da Educação, cabendo às autarquias vinculadas a esta Pasta a regulamentação da matéria dentro da sua esfera de competência.
>
> Art. 2º Fica assegurada a utilização do nome social, mediante requerimento da pessoa interessada, nas seguintes situações:
>
> I – cadastro de dados e informações de uso social;
>
> II – comunicações internas de uso social;
>
> III – endereço de correio eletrônico;
>
> IV – identificação funcional de uso interno do órgão (crachá);
>
> V – lista de ramais do órgão; e
>
> VI – nome de usuário em sistemas de informática.
>
> § 1º No caso do inciso IV, o nome social deverá ser anotado no anverso, e o nome civil no verso da identificação funcional.
>
> § 2º A pessoa interessada indicará, no momento do preenchimento do cadastro ou ao se apresentar para o atendimento, o prenome que corresponda à forma pela qual se reconheça, é identificada, reconhecida e denominada por sua comunidade e em sua inserção social.
>
> § 3º Os agentes públicos deverão tratar a pessoa pelo prenome indicado, que constará dos atos escritos.
>
> § 4º O prenome anotado no registro civil deve ser utilizado para os atos que ensejarão a emissão de documentos oficiais, acompanhado do prenome escolhido [...] (Brasil, 2011, [s.p.], grifos nossos).

Antes disso, algumas universidades federais já haviam iniciado processos de reconhecimento e de garantias ao direito do uso do nome social. A pioneira foi a Universidade Federal do Amapá

travestis e transexuais a utilizar nome social nas escolas de educação básica, estipulando que, no caso de menores de 18 anos, a solicitação deve ser feita por meio de seus representantes legais. Mais recentemente, o Decreto n.º 9.278, de 5 de fevereiro de 2018, entre outras coisas, previu a possibilidade de inserção do nome social nas carteiras de identidade por solicitação da pessoa interessada, sem que lhe seja cobrada ulterior documentação comprobatória.

(UNIFAP) que aprovou, em 1º de outubro de 2009, uma resolução que dispôs sobre a utilização do nome social nas documentações de seus/suas estudantes a partir de 2010. De todo modo, no arco de dois anos a partir de tal determinação, a garantia do uso do nome social foi formalizada por mais de 35 outras universidades federais e institutos federais de educação, ciência e tecnologia. Algumas dessas instituições, como a Universidade Federal de Santa Catarina (UFSC), a Universidade Federal de São Paulo (Unifesp), a Universidade Federal do Rio de Janeiro (UFRJ), a Universidade Federal do Paraná (UFPR), a Universidade Federal de Sergipe (UFSE), o Instituto Federal de Santa Catarina (IFSC), entre outras, aprovaram normativas garantindo o direito ao nome social e o livre acesso aos banheiros a todos os integrantes da comunidade acadêmica, incluindo estudantes, servidores/as e terceirizados/as. Diversas universidades estaduais adotaram medidas semelhantes, entre elas a Universidade Estadual do Rio de Janeiro (UERJ), que lançou um amplo programa de promoção da diversidade, de reconhecimento e garantia de direitos e de enfrentamento a preconceitos e discriminações em razão de orientação sexual e identidade de gênero. O direito do uso do nome social ficou garantido desde a inscrição nos vestibulares dessas instituições.

Paralelamente, dezenas de estados brasileiros aprovaram normativas garantindo o direito do uso do nome social a travestis, transexuais e transgêneros no âmbito de suas administrações e assistência social. São exemplos disso os estados: Pará (Decreto n.º 1.675/2009); Piauí (Lei n.º 5.916/2009 e Portaria n.º 26/2009); São Paulo (Decreto n.º 55.588/2010); Pernambuco (Decreto n.º 35.051/2010); Rio de Janeiro (Decreto n.º 43.065/2011); Mato Grosso do Sul (Decreto Normativo n.º 13.684/2013); Bahia (Portaria n.º 220/2009); Amazonas (Portaria n.º 438/2009); e Paraíba (Portaria n.º 41/2009). O estado do Rio Grande do Sul chegou inclusive a emitir uma carteira de identidade com os nomes sociais para travestis e transexuais.

Entre as administrações municipais que, no período, adotaram essa mesma medida, vale mencionar alguns exemplos: São João Del-Rei (MG) (Decreto n.º 3.902/2009); João Pessoa (PB) (Portaria n.º 384/2010); Picos (PI) (Decreto n.º 6/2009); São Paulo (SP) (Decreto n.º 51.180/2010); Natal (RN) (Lei n.º 5.992/2009); Botucatu (SP)

(Decreto n.º 8.328/2010); Florianópolis (SC) (Portaria n.º 26/2010); entre outros.

Idêntico movimento foi registrado no âmbito da educação, verificando-se, em dezenas de estados e municípios, a aprovação de normativas garantindo o emprego do nome social nas escolas e o livre acesso aos banheiros em conformidade com a identidade de gênero para gestores, professores, servidores em geral e estudantes. Exemplos disso são: Goiás (Resolução CEE/CP n.º 5/2009); Goiás (Parecer n.º 4/2009 CEE); Maranhão (Ofício 731/2009, CG-SEDUC); Pará (Portaria n.º 16/2008, GS); Santa Catarina (Parecer n.º 277/2009 e Resolução 132/2009); Mato Grosso (Parecer n.º 10/09); Alagoas (Parecer n.º 155/2010, CEE); Paraná (Parecer CP/CEE n.º 1/2009); Tocantins (Resolução n.º 32/2010); e Rio Grande do Sul (Parecer n.º 739/2009). Diversos municípios e seus respectivos conselhos municipais de educação foram na mesma direção, como: Belo Horizonte (Parecer CME n.º 52/20080 e Resolução CME/BE n.º 2/2008); Fortaleza (Portaria n.º 3/2010); etc.

Conselhos profissionais também produziram normativas sobre a necessidade de garantir políticas e medidas voltadas a assegurar a diversidade sexual e a promover o enfrentamento à discriminação em razão de orientação sexual e identidade de gênero. Entre eles, a Resolução do Conselho Federal de Serviço Social n.º 615, de 8 de setembro de 2011, que "dispõe sobre a inclusão e uso do nome social da assistente social travesti e do/a assistente social transexual nos documentos de identidade profissional" (CFESS, 2011, p. 1). Inclusive instituições bancárias, tais como o Banco do Brasil e o banco Santander, asseguram o direito ao uso do nome social na titularidade da conta e nos cartões disponibilizados aos clientes, sendo necessário apenas solicitar diretamente ao gerente da agência.

No plano internacional, sobre o direito ao uso do nome social e o necessário respeito às identidades de gênero, o mais importante marco na área dos direitos humanos são os Princípios de Yogyakarta (2006), que trazem um capítulo específico sobre o enfrentamento ao preconceito, à discriminação e à violência em virtude da orientação sexual e da identidade de gênero na educação (Princípio 16). Os Princípios de Yogyakarta foram apresentados em 26 de março de 2007 no Conselho de Direitos Humanos da ONU, em Genebra, e foram posteriormente ratificados pela Comissão Internacional de Juristas. A fonte mais imediata do documento é o apelo feito por 54 Estados-membros desse conselho – entre eles, o Brasil, líder nesse processo – em 2006.

No contexto de implementação do nome social em políticas e programas no âmbito do MEC e, mais particularmente, no Enem, surgiram resistências quanto à medida. Cogitou-se exigir a apresentação de laudos médicos ou o fornecimento do número da Classificação Estatística Internacional de Doenças e Problemas Relacionados com a Saúde (CID) a travestis e transexuais que solicitassem o atendimento pelo nome social. Diante disso, e com o intuito de descortinar possibilidades de se avançar sobre essa pauta, pesquisadores do Inep apresentaram uma nota técnica, em 25 de abril de 2014, na qual procuraram demonstrar a legitimidade do uso do nome social no Enem e apontar outros caminhos que poderiam ser adotados para viabilizá-lo.

Nela, eles apontaram, por exemplo, que, àquela altura, Argentina, Uruguai e Espanha já haviam aprovado legislações específicas reconhecendo e garantindo a livre identidade de gênero em todos os níveis da sociedade e do Estado, além do uso pleno do nome social, sem interpor excessivas exigências burocráticas e garantindo devida celeridade aos processos sem condicionar o uso do nome social à apresentação de laudos médicos ou de uso da CID. Os pesquisadores também lembraram que, no cenário internacional, ganhava força a Campanha Mundial pela Despatologização da Transexualidade ("Stop Trans Pathologization") e pela retirada da transexualidade do DSM (Manual Diagnóstico e Estatístico de Transtornos Mentais) e da CID.

A França é um exemplo de como esses movimentos podem reverberar em cenários nacionais: foi o primeiro país a retirar a transexualidade do rol de patologias, em novembro de 2010. Não por acaso, foi definido o Dia Mundial de Luta contra a Patologização da Transexualidade: 23 de outubro. Nesse dia, a cada ano, são comumente realizadas simultâneas manifestações e debates públicos por mais de cem organizações e quatro redes internacionais na África, na Ásia, na Europa e nas Américas do Norte e do Sul, engajadas na campanha.

De fato, a campanha "Stop Trans Pathologization 2012" incluía, entre suas demandas, retirar o TIG (Transtorno de Identidade de Gênero) do DSM-5, abolir os tratamentos de normalização binária para pessoas intersexo, garantir o livre acesso aos tratamentos hormonais e às cirurgias (sem a tutela psiquiátrica – que, no Brasil, implica um intercurso de, em média, dois anos para a produção de um laudo), oferecer cobertura pública sanitária universal ao processo de redesignação de sexo/gênero e retirar a menção de sexo dos documentos oficiais. A campanha apregoou também o enfrentamento à transfobia e sublinhou a imprescindibilidade de se garantir a educação e a inserção social e laboral das pessoas transexuais.

No Brasil, ainda (ou sobretudo) hoje, há necessidade de se ampliar e aprofundar a discussão sobre um modelo de atendimento para transexuais que prescinda do uso da CID ou de outros dispositivos vulnerabilizadores. Não por acaso, especialistas no campo da saúde insistem, há anos, quanto à necessidade de se construir um modelo de atendimento a transexuais no SUS na ausência da CID, a partir do "princípio da integralidade". Antecipando essa discussão, Márcia Arán considerava a exigência do diagnóstico de "transtorno de identidade de gênero" como condição de acesso à saúde uma restrição aos processos de cuidado. Segundo ela, "É preciso pensar e discutir alternativas de regulamentação do acesso à saúde que possam, mesmo reconhecendo o sofrimento psíquico em algumas pessoas, não as enquadrar em uma patologia psiquiátrica" (Arán, 2009, [s.p.]).

Com efeito, não são poucos os que insistem na necessidade de se construir uma noção mais ampliada de saúde, baseada na individualização do cuidado e na integralidade da assistência, para que se possa acolher de fato as necessidades dessa população (Castilho; Teixeira; Leite, 2018). Ruben Matos (2010) vai ao encontro da tese defendida por Arán: o princípio da integralidade implica o reconhecimento de que há situações de sofrimento, que, embora não resultantes de uma doença, podem ser superadas com o uso de certas práticas de cuidado de saúde, sem resvalar para patologizações.

> Tal reconhecimento por si só já é suficiente para que se defenda a inclusão de tais procedimentos no rol daqueles a serem assegurados no âmbito do SUS. Por sua vez, a noção e a classificação de uma doença não é um requisito para a oferta de modalidades e procedimentos terapêuticos no SUS. Há que se recordar que a noção de doença é central na biomedicina, a racionalidade médica hegemônica. Mas há outras racionalidades médicas que não utilizam esta noção de doença, e oferecem recursos terapêuticos para

> situações de sofrimento que já estão incorporados no âmbito do SUS (Matos, 2010, [s.p.]).

Ora, se a patologização das identidades transexuais é problemática e, não sem razão, alvo de numerosas, consistentes e crescentes críticas e contestações no campo da saúde, ela é ainda mais problemática no campo da educação, onde obviamente o Enem se insere e exerce efeitos multiplicadores.

Tendo em vista os propósitos educacionais e pedagógicos das ações do Inep, os pesquisadores do instituto, na mesma nota técnica já mencionada, sublinharam a legitimidade, a pertinência e a necessidade de se garantir o uso do nome social no Enem e em outros exames e avaliações ali desenvolvidos. Além disso, ponderaram que o uso do nome social deveria ser garantido sem a criação de entraves burocráticos nem tampouco de exigências que representassem ou comportassem situações de constrangimento ou de cerceamento de direitos. A autodeclaração por parte do/a inscrito/a seria a maneira mais simples, clara e eficiente de se apresentar o pedido. E mais: as exigências de laudos ou da informação de CID deveriam ser evitadas a qualquer custo. Por conseguinte, sugeriram que o uso do nome social no Enem e, portanto, no seu sistema de inscrição não deveria ser acompanhado de medidas sintonizadas com pressupostos patologizantes, por si mesmos excludentes, marginalizadores e alimentadores de processos de desumanização e estigmatização atentatórios da dignidade humana.

A garantia do uso do nome social, apontaram os pesquisadores, também requereria providências voltadas a deixar explícita a oferta desse atendimento no portal, nos editais, no sistema de inscrição e no *hotsite* do Exame. Além disso, o nome social deveria constar nos cartões de confirmação de inscrição e, com base nele, ser realizado o agrupamento em salas do/a inscrito/a. Isso sem mencionar a necessidade de se prover de devida formação as equipes que atuam na aplicação das provas para saber como adequadamente assegurar o devido tratamento a esse público. Tais medidas seriam importantes, inclusive, para se garantir a inclusão de informações acerca do perfil socioeconômico de tais participantes e dos seus desempenhos nos microdados elaborados pelo Inep, permitindo ulteriores estudos sobre a escolarização de travestis, transexuais e transgêneros no país.

A partir da edição do Enem de 2015, o Inep decidiu que as pessoas travestis e transexuais poderiam fazer a solicitação de atendimento pelo nome social no ato da inscrição. Nesse exato momento, devem informar, além do nome social, se desejam ser alocadas em salas de aplicação das provas com base nesse nome e indicar qual banheiro precisarão eventualmente utilizar nos dias de aplicação das provas. Depois disso, ainda junto ao sistema de inscrição, devem anexar uma foto atual, uma cópia digitalizada de documento de identificação com foto e o formulário de solicitação de tratamento por nome social assinado. A solicitação é sujeita a análise administrativa, cabendo recurso.

Os números dos solicitantes do atendimento pelo nome social no Enem 2015

Em 2014, quando o Inep garantiu, pela primeira vez, o atendimento pelo nome social no certame do Enem, 102 pessoas foram contempladas. No entanto, naquele ano, as solicitações de tal atendimento somente puderam ser realizadas por meio de contato direto com o instituto, após as pessoas interessadas terem feito suas inscrições regularmente, de modo que tais solicitações não ficaram registradas junto ao sistema de inscrição eletrônica. Esse fato fez com que não houvesse o cômputo dessas solicitações para fins de composição dos microdados, acarretando uma perda de informação que impossibilita o desenvolvimento de qualquer tipo de análise, segmentada para esse público, por meio de variáveis do sistema de inscrição, do questionário socioeconômico e dos resultados da prova. Nas edições seguintes do exame, por outro lado, a solicitação do atendimento pelo nome social foi devidamente formalizada no sistema de inscrição e, dessa forma, passou a ensejar a criação de uma variável identificadora dessas pessoas. Em 2015, foram totalizadas 278 inscrições contempladas com o atendimento pelo nome social; em 2016, 431; em 2017, 305; em 2018, 251; em 2019, 394.[8]

Nesta seção, apresentamos uma análise descritiva das pessoas que, ao se inscreverem, solicitaram atendimento pelo nome social no Enem 2015, com o intuito de compor um primeiro retrato do perfil desse público. Limitamo-nos a analisar os números do Enem 2015, tanto do

[8] Até o momento de finalização deste texto, não haviam sido disponibilizados dados consolidados de 2019 e 2020.

formulário de inscrição quanto do questionário socioeconômico, segundo os microdados disponíveis no portal do Inep.[9] Quando pertinente, comparamos as frequências relativas dos solicitantes do atendimento pelo nome social com os demais inscritos no exame, comparação esta que não pode perder de vista a necessária cautela na análise dos percentuais relativos aos primeiros, dado o reduzido contingente desses inscritos. Ademais, há de se ter em mente que as informações aqui apresentadas foram obtidas de todos os 7.746.427 inscritos do Enem 2015, não havendo distinção, em termos de apresentação dos quesitos do formulário de inscrição ou do questionário socioeconômico, em função de se ter ou não solicitado o atendimento pelo nome social.

Dos 278 indivíduos que realizaram tal solicitação no Enem 2015, 116 (41,7%) são mulheres e 162 (58,3%) são homens, havendo, em ambos os sexos, uma maioria de inscritos autodeclarados brancos – juntos, somam 121 (43,5%) (Tabela 1). Sabendo que, na inscrição do Enem, ambas as informações são declaratórias, não se pode afirmar se os dados informados de sexo correspondem ao sexo de registro ou ao sexo de destino (em conformidade com sua identidade de gênero); é possível que se expresse um misto entre os dois critérios, a depender de eventuais intencionalidades de demarcação política do sexo de destino na inscrição no exame. Na ausência de informações complementares, as quais poderiam ser deslindadas por ulteriores estudos, análises do perfil dos inscritos com base na variável sexo restam comprometidas.

Cor/raça	Sexo		
	Feminino	Masculino	**Total**
Branca	56	65	**121**
Preta	10	29	**39**
Parda	37	59	**96**
Amarela	2	2	**4**
Indígena	2	2	**4**
Não declarada	9	5	**14**
Total	**116**	**162**	**278**

Tabela 1 – Número de solicitantes do nome social no Enem 2015, segundo o sexo e a cor/raça

Fonte: Microdados Enem 2015 (INEP, 2017).

[9] Microdados disponíveis em: https://bit.ly/3nRr31F. Acesso em: 13 out. 2017 (INEP, 2017).

Com relação à idade, é possível notar que há uma concentração de inscritos com idades entre 17 e 25 anos (Gráfico 1), os quais somam 174 (ou 62,5%) dos solicitantes do atendimento pelo nome social. Embora haja similaridade entre as curvas etárias plotadas no gráfico, nota-se que os demais inscritos apresentam maior concentração relativa em faixas etárias inferiores, fenômeno este que pode ser constatado pelo pico entre 16 e 22 anos, os quais aglutinam 62,1% do total. Esses números apontam que, em termos relativos, os solicitantes do atendimento pelo nome social são tendencialmente mais velhos que os demais inscritos, o que pode estar relacionado ao fato de os primeiros apresentarem contingentes mais expressivos de egressos do ensino médio, como veremos adiante.

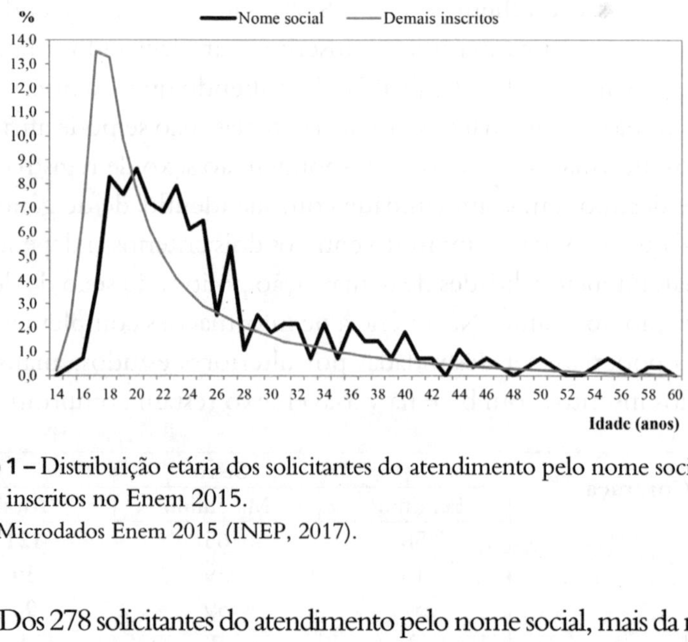

Gráfico 1 – Distribuição etária dos solicitantes do atendimento pelo nome social e dos demais inscritos no Enem 2015.
Fonte: Microdados Enem 2015 (INEP, 2017).

Dos 278 solicitantes do atendimento pelo nome social, mais da metade (153 ou 55%) habitava a região Sudeste quando de sua inscrição no exame, dos quais 90 deles (ou 32,4%) residiam no estado de São Paulo (Figura 1). Essa concentração de inscritos no território paulista não encontra paralelos entre os demais inscritos – em relação a estes, São Paulo congregava 16,2% dos inscritos, valor correspondente à metade do que em termos relativos se encontrou para os solicitantes do atendimento pelo nome social. Na razão entre os inscritos dos dois maiores estados da região Sudeste, nota-se que, entre o conjunto das inscrições no Enem 2015, São Paulo apresentou o dobro quando comparado ao Rio de Janeiro, ao passo que, entre os solicitantes do atendimento pelo nome social, essa razão se eleva para o triplo. Esse dado pode sugerir, como hipótese a ser investigada em novas pesquisas, que o estímulo e a motivação para travestis e transexuais se inscreverem no Enem podem estar também relacionados à atuação, em nível local, de redes colaborativas, movimentos sociais, agentes públicos ou de outros atores envolvidos em ações de promoção da inclusão social dessa população na educação e no mundo do trabalho formal.[10]

Figura 1 — Cartograma do número de solicitantes do nome social no Enem 2015 por Unidade da Federação. Foram sombreadas as unidades da Federação que apresentaram mais de 10 inscritos.
Fonte: Microdados Enem 2015 (INEP, 2017).

[10] Travestis são constantemente apontadas como a parcela com maiores dificuldades de permanência na escola e inserção no mercado de trabalho (PERES, 2009). Os preconceitos e as discriminações a que estão cotidianamente submetidas incidem diretamente na constituição de seus perfis sociais, educacionais e econômicos, os quais são costumeiramente usados como elementos legitimadores de novas discriminações e violências contra elas. As experiências de chacota e humilhação, as diversas formas de opressão e os processos de exclusão, segregação e guetização a que estão expostas travestis e transexuais constitui um quadro de "sinergia de vulnerabilidades" (PARKER, 2000) que as arrasta como uma "rede de exclusão" que "vai se fortalecendo, na ausência de ações de enfrentamento ao estigma e ao preconceito, assim como de políticas públicas que contemplem suas necessidades básicas, como o direito de acesso aos estudos, à profissionalização e a bens e serviços de qualidade em saúde, habitação e segurança" (PERES, 2004).

De acordo com relatórios publicados pelo próprio Inep (INEP, 2014; 2015), pelo menos desde a reformulação do Enem em 2009, a maioria dos inscritos no exame é composta por egressos do ensino médio. Essa maioria, contudo, é ainda mais expressiva entre as pessoas que solicitam atendimento pelo nome social. Na Tabela 2, é possível visualizar que os egressos da escolarização básica somaram 180 pessoas (64,7%), seguidos pelos inscritos que não haviam concluído ou que tampouco estavam cursando o ensino médio no ano em questão. Chama a atenção que o grupo componente dessa situação de conclusão do ensino médio costuma ser o menos expressivo entre o conjunto dos inscritos no Enem – fenômeno que denuncia uma condição de vulnerabilidade quanto à conclusão da escolarização básica por parte dos solicitantes do atendimento pelo nome social.

Situação de conclusão do ensino médio	**Nome Social**		**% demais inscritos**
	n	**%**	
Já concluí o ensino médio	180	64,7%	58,0%
Estou cursando e concluirei o ensino médio em 2015	28	10,1%	21,3%
Estou cursando e concluirei o ensino médio após 2015	15	5,4%	14,9%
Não concluí e não estou cursando o ensino médio	55	19,8%	5,8%
Total	**278**	**100,0%**	**100,0%**

Tabela 2 – Quantitativo (n) e percentual (%) de inscritos solicitantes do atendimento pelo nome social no Enem 2015 segundo a situação de conclusão do ensino médio
Fonte: Microdados Enem 2015 (INEP, 2017).

Com relação aos 43 indivíduos que declararam apresentar vínculo escolar quando da inscrição no Enem, dispomos de dados relativos a apenas 27 deles (dados não apresentados em tabela). Destes, 24 estudavam em escolas pertencentes a redes estaduais e apenas 3 em escolas privadas; 9 em São Paulo, 3 no Rio Grande do Sul e 2 em cada uma das seguintes unidades da Federação: Espírito Santo, Minas Gerais, Pernambuco, Paraná e Rio de Janeiro. Todos estudavam em áreas urbanas. Nenhuma das escolas indicadas pelos inscritos apresentou mais do que um solicitante do atendimento pelo nome social na edição de 2015 do Enem.

Dos 180 inscritos que já haviam concluído o ensino médio, plotamos no Gráfico 2 o percentual de indivíduos segundo o ano em que concluíram essa etapa de ensino.

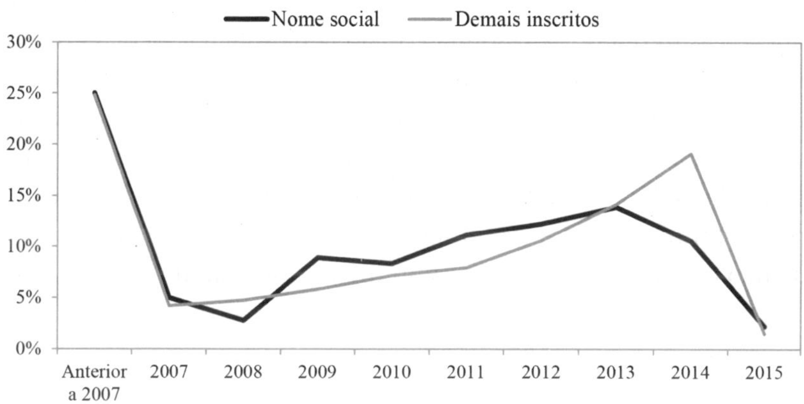

Gráfico 2 — Distribuição relativa dos solicitantes do atendimento pelo nome social e dos demais inscritos no Enem 2015 segundo o ano de conclusão do ensino médio.
Fonte: Microdados Enem 2015 (INEP, 2017).

Vê-se que, entre os solicitantes do atendimento pelo nome social, cerca de dois terços deles se distribuem entre os anos de 2009 e 2014, havendo uma relativa concentração nos últimos três anos. Quanto aos demais inscritos, é visível uma tendência crescente na frequência relativa a partir de 2007 como ano de conclusão do ensino médio, alcançando o pico em 2014, quando 19% dos inscritos concluíram a escolarização básica. Esses números sugerem que, de modo geral, os/as inscritos/as travestis e transexuais concluem o ensino médio alguns anos antes dos demais inscritos (vide as diferenças relativas entre quem concluiu o ensino médio em 2014). Curiosamente, as curvas convergem no valor de 25% de inscritos que haviam concluído o ensino médio anteriormente a 2007, isto é, mais de sete anos antes da realização da edição do Enem 2015, o que corrobora a importância que o exame tem tido sobre indivíduos que, *grosso modo*, já se afastaram temporalmente do sistema escolar e que, talvez, busquem no exame alguma de suas finalidades não existentes à época de sua escolarização formal.

Como vimos anteriormente, é expressiva a presença de inscritos/as travestis e transexuais que não estudavam e que tampouco haviam concluído o ensino médio até 2015. Sabendo que boa parte da participação de inscritos ainda não diplomados decorre do interesse pela obtenção de uma certificação em nível médio,[11] apresentamos na Tabela 3 as frequências absoluta e relativa da solicitação de certificação por parte de travestis e transexuais. Enquanto 11,2% dos demais inscritos indicou o interesse de obter um certificado de conclusão do ensino médio, esse percentual se eleva para aproximadamente um quarto dos solicitantes do atendimento pelo nome social. Os dados nos mostram que todos os 55 inscritos que não haviam concluído e que não estavam cursando o ensino médio solicitaram a certificação, aos quais se somam outros 19 concluintes e treineiros.[12]

Solicitou certificação?	**Nome Social**		**% demais inscritos**
	n	**%**	
Não	204	73,4%	88,8%
Sim	74	26,6%	11,2%
Total	**278**	**100,0%**	**100,0%**

Tabela 3 — Quantitativo (n) e percentual (%) de inscritos solicitantes do atendimento pelo nome social no Enem 2015 segundo a solicitação de certificação do ensino médio
Fonte: Microdados Enem 2015 (INEO, 2017).

Esses números apontam para um claro interesse na obtenção do diploma de nível médio via Enem, fator que pode estar balizando a busca desses indivíduos pela realização do exame. É sabido que, de modo geral, os inscritos que buscam a certificação do ensino médio

[11] A possibilidade de certificar o ensino médio via Enem ocorreu entre 2009 e 2016. Desde então, o certame perdeu essa função, a qual retornou, em âmbito nacional, ao Exame Nacional para Certificação de Competências de Jovens e Adultos (Encceja).

[12] O Inep considera "treineiro" do Enem 2015 o indivíduo inscrito que tivesse menos de 18 anos no primeiro dia de realização do exame (24 de outubro de 2015) e que não havia concluído o ensino médio e não o concluiria naquele ano.

via certames nacionais compõem um grupo de maior vulnerabilidade social, sobre os quais se incide maiores taxas de evasão e, consequentemente, menor longevidade educacional. Comumente, são jovens e adultos que buscam na certificação formas de continuar os estudos após uma trajetória marcada por reprovações e abandonos, visando incrementar suas chances de um ingresso de maior qualificação no mercado de trabalho (INEP, 2015; Catelli Jr., 2016).

No que tange ao exercício de atividade remunerada, segundo informado pelos solicitantes do atendimento pelo nome social no questionário socioeconômico, cerca de 30% dos inscritos estavam trabalhando no momento de inscrição no exame, ao passo que aproximadamente 40% deles já haviam trabalhado, embora não se encontrassem em atividade naquele período. Agregando-se essas categorias, conclui-se que cerca de 70% deles apresentavam alguma experiência profissional, em comparação a um percentual de quase 60% entre os demais inscritos. Futuros recortes de pesquisas podem iluminar o que esses números poderiam nos dizer sobre a inserção profissional de travestis e transexuais, procurando responder a questões como: Será possível correlacionar essa presença mais expressiva no mundo do trabalho às maiores médias de idade e/ou a menor titulação dos solicitantes do atendimento pelo nome social? O fato de haver maior proporção de inscritos que já haviam trabalhado, mas que não se encontravam em exercício de atividade remunerada no ato da inscrição, sugere uma possível intermitência no mercado de trabalho?

Exercício de atividade remunerada	**Nome Social**		**% demais inscritos**
	n	**%**	
Não, nunca trabalhei	85	30,6%	40,2%
Sim, já trabalhei, mas não estou trabalhando	110	39,6%	26,4%
Sim, estou trabalhando	83	29,9%	33,4%
Total	**278**	**100,0%**	**100,0%**

Tabela 4 — Quantitativo (n) e percentual (%) de inscritos solicitantes do atendimento pelo nome social no Enem 2015 segundo o exercício de atividade remunerada
Fonte: Microdados Enem 2015 (INEP, 2017).

Dos 193 indivíduos que afirmaram possuir alguma experiência profissional, aproximadamente 65% deles declararam ter começado a exercer atividade remunerada antes dos 18 anos de idade; 32% iniciou sua vida profissional antes dos 16 anos. Ademais, um terço desses declarou trabalhar ou ter trabalhado mais de 40 horas semanais; outro terço, entre 31 e 40 horas por semana. Esses números mostram que o exercício de atividade remunerada é presente no cotidiano dos solicitantes do atendimento pelo nome social, tendo sido iniciado precocemente em suas vidas e envolvendo intensas jornadas de trabalho.

Para compreender os motivos pelos quais os solicitantes do atendimento pelo nome social exerciam ou haviam exercido atividade remunerada, computamos as respostas destes a cinco itens do questionário socioeconômico cujo cabeçalho era: "Indique a importância de cada um dos motivos abaixo na sua decisão de trabalhar", para os quais foi dada a possibilidade de o respondente indicar um valor em uma escala de 0 (menos relevante) a 5 (mais relevante). Para fins de análise, agregamos arbitrariamente as respostas 0, 1 e 2 na categoria "Pouca relevância" e 3, 4 e 5 em "Muita relevância", de acordo com os percentuais exibidos no Gráfico 3.

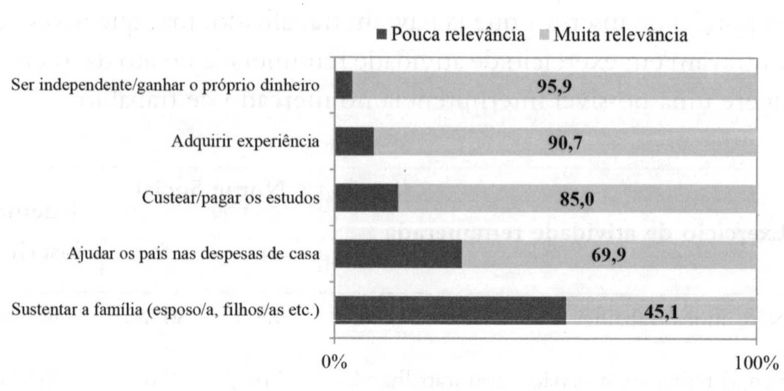

Gráfico 3 — Frequência relativa do grau de relevância atribuído pelos solicitantes do atendimento pelo nome social no Enem 2015 a motivos para exercício de atividade remunerada.
Fonte: Microdados Enem 2015 (INEP, 2017).
Nota: Este item foi apresentado aos 193 inscritos que declararam exercer ou ter exercido atividade remunerada.

Torna-se evidente que os dois principais motivos que orientaram o ingresso desses indivíduos ao mercado de trabalho são: conquistar maior grau de independência via percepção de seus próprios rendimentos (95,9%) e adquirir experiência profissional (90,7%), duas dimensões cujos fins são essencialmente voltados aos ganhos individuais da inserção profissional. Nota-se que apenas 45,1% desses inscritos atribuíram maior grau de relevância ao trabalho como meio de sustento da família, o que sugere que a maioria deles não se constitui como provedores em suas respectivas unidades domésticas. Por outro lado, mais de dois terços desses inscritos apontaram o exercício de atividade remunerada como meio de contribuir com seus pais/responsáveis no custeio das despesas da família e do domicílio.

Com relação à renda familiar *per capita*, a condição socioeconômica dos solicitantes do atendimento pelo nome social segue o padrão observado para os demais inscritos (Tabela 5). Mais de 90% dos inscritos do Enem são provenientes de famílias cuja renda mensal é de um salário mínimo e meio *per capita*.[13]

Renda familiar *per capita*	**Nome Social**		**% demais inscritos**
	n	**%**	
Até 1,5 salário mínimo	252	90,6%	90,9%
Mais de 1,5 salário mínimo	26	9,4%	9,1%
Total	**278**	**100,0%**	**100,0%**

Tabela 5 – Quantitativo (n) e percentual (%) de solicitantes do atendimento pelo nome social no Enem 2015 segundo a renda familiar *per capita*.
Fonte: Microdados Enem 2015 (INEP, 2017).

Outra informação relevante advinda do questionário socioeconômico diz respeito às respostas dos solicitantes do atendimento pelo nome social a oito itens cujo cabeçalho era: "Indique os motivos que levaram você a participar do Enem", para os quais foi dada a possibi-

[13] Neste texto, tomamos esse valor como referência por ser, entre outras finalidades, um dos critérios adotados pela Lei n.º 12.711, de 29 de agosto de 2012, para fins de reserva de vagas em instituições federais de educação superior.

lidade de o respondente indicar um valor em uma escala similar aos itens apresentados no Gráfico 3. Igualmente, agregamos as respostas 0, 1 e 2 na categoria "Pouca relevância" e 3, 4 e 5 em "Muita relevância", de acordo com os números exibidos no Gráfico 4.

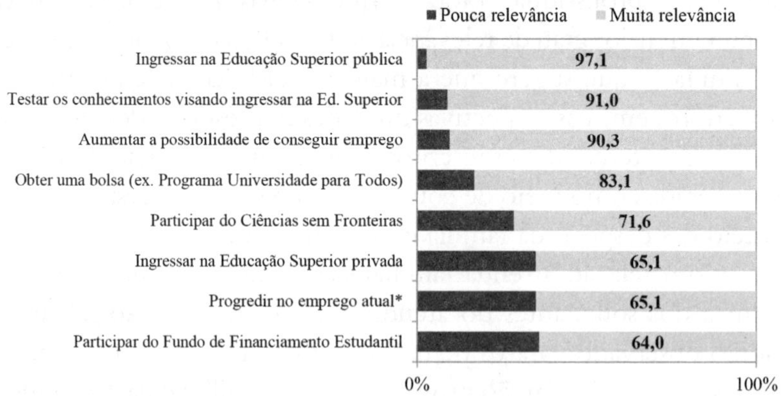

Gráfico 4 – Frequência relativa do grau de relevância atribuído pelos solicitantes do atendimento pelo nome social em participar do Enem 2015.
Fonte: Microdados Enem 2015 (INEP, 2017).
Nota: Indicamos com asterisco (*) o item apresentado apenas aos 83 inscritos que indicaram exercer atividade remunerada.

Os números anteriores são inequívocos em mostrar que os três principais motivos que orientaram a inscrição de travestis e transexuais solicitantes do atendimento pelo nome social no Enem 2015 foram, nesta ordem: ingressar na Educação Superior pública; testar os conhecimentos para incrementar as chances de ingressar na Educação Superior; e aumentar a possibilidade de conseguir um emprego.

Declarar tais interesses na realização do exame não significa, no entanto, garantir a participação efetiva nas quatro provas, realizadas em dois dias (até 2016, em um sábado e no domingo subsequente). Como vemos na Tabela 6, cerca de 35% dos solicitantes do atendimento pelo nome social não estiveram presentes no conjunto de provas do Enem 2015, apesar de terem confirmado sua inscrição no exame. Esses valores superam a média de 28% de taxa de abstenção para os demais inscritos. Análises de edições anteriores do Enem (INEP, 2015) apontaram que as taxas de abstenção estão bastante correlacionadas a inscritos cujo perfil socioeconômico é mais precário, o que reforça nossas observações de que, no conjunto das inscrições no exame, os solicitantes do atendimento pelo nome social concentram-se entre os grupos de maior vulnerabilidade.

Presença nas quatro provas	Nome Social		% demais inscritos
	n	%	
Sim	182	65%	72%
Não	96	35%	28%
Total	**278**	**100%**	**100%**

Tabela 6 — Quantitativo (n) e percentual (%) de solicitantes do atendimento pelo nome social no Enem 2015 segundo a presença nas quatro provas.
Fonte: Microdados Enem 2015 (INEP, 2017).

É importante ressaltar que os números discutidos nesta seção, de caráter exploratório, dizem respeito unicamente às pessoas que solicitaram e foram contempladas com o atendimento pelo nome social, não encerrando um possivelmente maior conjunto de participantes travestis e transexuais que, por motivos que transcendem os limites deste texto, não haviam solicitado tal atendimento, não foram contemplados/as pelo Inep mesmo após a interposição da solicitação, ou que já haviam conseguido, na Justiça, a retificação do nome de registro civil.

Considerações finais

Notadamente, pessoas travestis, transexuais e transgêneros vivem cotidianidades caracterizadas por preconceitos, discriminações e violências. Os processos de marginalização social, desumanização, estigmatização e exclusão a que estão submetidas se superpõem a um quadro de marginalização e exclusão escolar, com fortes repercussões em praticamente todas as esferas do mundo da vida. As estatísticas sobre mortes violentas por transfobia apontam o Brasil como campeão mundial em assassinatos de travestis, transexuais e transgêneros. Segundo a organização internacional Transgender Europe, responsável pela condução da pesquisa "Transrespect *versus* Transphobia Worldwide", dos 3.664 assassinatos de travestis, transexuais e transgêneros notificados de 1º de janeiro de 2008 a 30 de setembro de 2020, 1.520 ocorreram no Brasil. Entre estes últimos, 124 ocorreram de 1º de outubro de 2019 a 30 setembro de 2020.[14]

O tal quadro dramático de vulnerabilidade social e de extermínio se soma à dificuldade de profissionalização de travestis, transexuais e transgêneros, a qual provém inclusive das barreiras morais que a sociedade lhes impõe, inibindo ou impedindo a mudança do nome civil ou, antes disso, restringindo suas possibilidades de uso do nome social. Não por acaso, insiste-se na necessidade de se garantir o direito à troca de nome civil independentemente da realização de intervenções corporais, como cirurgias de redesignação sexual. Enquanto isso, é imprescindível assegurar o uso do nome social a travestis, transexuais e a quem dele necessite por destoar ou dissidiar da cisnormatividade.

Finalmente, é preciso ter em mente que o Enem, além de um importante instrumento de política pública de educação, reveste-se em si mesmo de uma dimensão *pedagógica* extraordinária, tendo em vista, entre outras coisas, que os temas que aborda são alvo da atenção pública e suscitam intensos debates na sociedade. Ao reconhecer direitos de travestis, transexuais e transgêneros à sua autodeterminação de gênero por meio do reconhecimento do uso do nome social, o exame, mesmo com os seus limites, pode contribuir para qualificar o debate e para promover conceitos, valores, princípios e modelos sociais e educacionais mais plurais e inclusivos.

No entanto, fica claro que, na definição dos processos de solicitação, nas análises e na implementação do atendimento pelo nome social no Enem, a tônica que ainda prevalece é a administrativa, zelosa sobretudo por questões de ordem logística e de segurança. Sem prejuízo de tais dimensões, com vistas a assegurar o respeito à dignidade de cada solicitante, é importante manter procedimentos mais atentos às condições sociais de existência e aos processos vulneradores a que o público que necessita desse atendimento está exposto. Entre tais processos, é preciso saber identificar e contrapor-se a exigências burocráticas

---

[14] Para mapas, tabelas, infográficos e outros indicadores sobre a situação legal e social das pessoas trans, e a violência transfóbica letal no mundo, ver: https://bit.ly/2XPdAOD e https://bit.ly/3GqB7XD. Acesso em 10 ago. 2021.

ou outros percalços direta ou indiretamente relacionados à estigmatização (sistemática e naturalizada) das pessoas trans, e à persistente criminalização das dissidências sexuais e de gênero.

Do mesmo modo, cabe estimular atitudes e adotar procedimentos mais abertos e sensíveis às complexidades e às especificidades envolvidas em processos de subjetivação e configuração identitária não tributários da cisnormatividade. Embora soe elementar, nunca é demais lembrar que quem recebe a solicitação de atendimento pelo nome social deve, entre outras coisas, abster-se de fazer considerações ou estipular exigências relativas à aparência física da pessoa requerente (ou seja, examinar a adequação e a correspondência entre corpo e identidade de gênero – a assim dita "passabilidade") e se não permitir julgar a suposta adequação do nome social informado pela pessoa solicitante à sua identidade de gênero.

Ao mesmo tempo, para permitir uma compreensão mais refinada dos desafios envolvidos no campo da inclusão social e educacional, é igualmente indispensável desenvolver e aprimorar instrumentos e sistemáticas de coleta de informações que permitam, entre outras coisas, avaliar mais especificamente as condições de escolarização de pessoas travestis, transexuais e transgêneros.

Em razão de seu caráter exploratório, este texto mantém inúmeras questões em aberto, as quais merecerão ser mais bem investigadas em pesquisas ulteriores. Deixa também patente a necessidade de adotar medidas voltadas a superar a notória ausência de dados oficiais, indicadores demográficos e socioeconômicos e, particularmente, informações sobre a escolarização da população travesti, transexual e transgênero.

Sabe-se que há uma sensível distância entre a existência de indicadores sociais sobre determinado contingente populacional e a decisão política de se implementar políticas baseadas em tais indicadores para atender às suas necessidades. No entanto, especialmente a partir dos anos 1990, entre ativistas dos movimentos negro, indígena, feminista, LGBT+ e tantos outros, parece ser crescente a percepção acerca da importância estratégica de se coletar informações detalhadas sobre seus grupos, de modo a permitir uma melhor orientação à formulação de demandas por políticas e exercer efetivo controle social da sua execução.

As considerações aqui tecidas e os dados apresentados, além de dialogar e convergir com o conjunto de pesquisas e análises realizadas no Brasil sobre o tema, deixam claro a legitimidade e a necessidade de se assegurar, quer no Enem, quer nas demais esferas do mundo da vida, o reconhecimento à autodeterminação de gênero, o direito ao uso do nome em conformidade com a identidade de gênero das pessoas e a prevenção e o enfrentamento a preconceitos e discriminações. Além disso, ficam igualmente evidentes a necessidade e a viabilidade de se constituir bancos de dados mais amplos, aprofundados e consistentes que permitam melhor conhecer a realidade socioeducacional de travestis, transexuais e transgêneros no país.

Referências

ARÁN, M. El proceso transexualizador. *Notícias Clam*, Rio de Janeiro (on-line), 16 dez. 2009. Disponível em: https://bit.ly/3bdLuzT. Acesso em: 2 jun. 2021.

BENTO, B. Nome social para pessoas trans: cidadania precária e gambiarra legal. *Contemporânea*, São Carlos, v. 4, n. 1, p. 165-182, jan./jun. 2014.

BRASIL. Presidência da República. Secretaria Especial dos Direitos Humanos. *Texto-base da Conferência Nacional de Gays, Lésbicas, Bissexuais, Travestis e Transexuais – Direitos Humanos e Políticas Públicas: o caminho para garantir a cidadania de Gays, Lésbicas, Bissexuais, Travestis e Transexuais*. Brasília: Secretaria Especial dos Direitos Humanos, 2007. Disponível em: https://bit.ly/3jDzT1B. Acesso em: 1 jun. 2021.

BRASIL. Presidência da República. Secretaria Especial dos Direitos Humanos. *Plano Nacional de Promoção da Cidadania e Direitos Humanos de Lésbicas, Gays, Bissexuais, Travestis e Transexuais*. Brasília: Presidência da República/SEDH, 2009. Disponível em: https://bit.ly/3bh4SMs. Acesso em: 1 jun. 2021.

BRASIL. Ministério da Educação. *Portaria n.º 1.820, de 13 de agosto de 2009 – Dispõe sobre os direitos e deveres dos usuários da saúde*. Brasília: Ministério da Saúde, 2009. Disponível em: https://bit.ly/3ElRkeT. Acesso em: 1 jun. 2021.

BRASIL. Ministério da Educação. Portaria n.º 1.612, de 18 de novembro de 2011. *Diário Oficial da União*, 21 nov. 2011. Disponível em: https://bit.ly/3EjRAuY. Acesso em: 1 jun. 2021.

BRASIL. Supremo Tribunal Federal. Acórdão da ADI n.º 4275. Inteiro teor do Acórdão da Ação Direta de Inconstitucionalidade. Relator: Ministro Marco Aurélio Mello. 1 mar. 2018. Brasília: Supremo Tribunal Federal. Disponível em: https://bit.ly/3Eq8asW. Acesso em: 1 jun. 2021.

CATELLI JR., R. *Políticas de certificação por meio de exames nacionais para a Educação de Jovens e Adultos: um estudo comparado entre Brasil, Chile e México*. 330 f. Tese (Doutorado em Educação) – Programa de Pós-Graduação em Educação, Faculdade de Educação, Universidade de São Paulo, São Paulo, 2016.

CASTILHO, E. W.; TEIXEIRA, F. B.; LEITE, V. De menor importância: interrogando os limites da autonomia no universo dos/das adolescentes trans. In: CORDEIRO, C. J.; GOMES, J. A. (Orgs.). *Temas contemporâneos de Direito das Famílias*. v. 3. São Paulo: Pillares, 2018 (no prelo).

CFESS – Conselho Federal de Serviço Social. *Resolução CFESS n.º 615, de 8 de setembro de 2011*. Disponível em: https://bit.ly/3GpaZN3. Acesso em: 1 jun. 2021.

FERNANDEZ, J. *Cuerpos desobedientes: travestismo e identidad de género*. Buenos Aires: Edhasa, 2004.

JUNQUEIRA, R. D. "Aqui não temos gays nem lésbicas": estratégias discursivas de agentes públicos ante medidas de promoção do reconhecimento da diversidade sexual nas escolas. *Bagoas*, Natal, v. 4, p. 171-189, 2009.

INEP – Instituto Nacional de Estudos e Pesquisas Educacionais Anísio Teixeira. *Exame Nacional do Ensino Médio: relatório pedagógico 2009-2010*. Brasília: Inep, 2014.

INEP – Instituto Nacional de Estudos e Pesquisas Educacionais Anísio Teixeira. *Relatório pedagógico: Enem 2011-2012*. Brasília: Inep, 2015.

INEP – Instituto Nacional de Estudos e Pesquisas Educacionais Anísio Teixeira. *Microdados do Enem 2015*. Brasília: Inep, 2017. Disponível em: https://bit.ly/3nRr31F. Acesso em: 13 out. 2017.

JUNQUEIRA, R. D.; CHAMUSCA, M. A.; HENRIQUES, R. *Gênero e diversidade sexual na escola: reconhecer diferenças e superar preconceitos*. Brasília: Ministério da Educação, 2007. Disponível em: https://bit.ly/3CqRKA8. Acesso em: 15 jul. 2017.

MATOS, R. Faces da despatologização. *Notícias Clam*, Rio de Janeiro, 4 nov. 2010. Disponível em: https://bit.ly/3pJGzzc. Acesso em: 2 jun. 2021.

MELLO, L.; BRITO, W.; MAROJA, D. Políticas públicas para a população LGBT no Brasil: notas sobre alcances e possibilidades. *Cadernos Pagu*, Campinas, v. 39, p. 403-429, jul./dez. 2012.

PARKER, R. G. *Na contramão da Aids: sexualidade, intervenção, política*. Rio de Janeiro: Abia; São Paulo: Editora 34, 2000.

PERES, W. S. Travestis: subjetividade em construção permanente. In: UZIEL, A. P.; RIOS, L. F.; PARKER, R. G. (Orgs.). *Construções da sexualidade*. Rio de Janeiro: Pallas, 2004.

PERES, W. S. Cenas de exclusões anunciadas: travestis, transexuais, transgêneros e a escola brasileira. In: JUNQUEIRA, R. D. (Org.). *Diversidade sexual na educação: problematizações sobre a homofobia nas escolas*. Brasília: MEC; Unesco, 2009.

PRINCÍPIOS de Yogyakarta. *Princípios sobre a aplicação da legislação internacional de direitos humanos em relação à orientação sexual e identidade de gênero*. Yogyakarta, 2006. Disponível em: https://bit.ly/3GtiD92Acesso em: 15 jul. 2017.

RIBEIRO, D. C.; TEIXEIRA, F. B. Não é apenas um nome: a luta por reconhecimento no universo de trans. In: CORDEIRO, C. J.; GOMES, J. A. (Orgs.). *Temas contemporâneos de Direito das Famílias*. São Paulo: Pillares, 2015. p. 499-524. v. 1.

ROSO, A.; ROMANINI, M.; CADERMATORI, A. C. "Kit Escola Sem Homofobia" e discursos políticos: quando representações sociais se tornam ideológicas. *Revista Educação e Cultura Contemporânea*, Rio de Janeiro, v. 14, n. 37, p. 395-424, 2017.

Trânsito e trabalho

Capítulo 9

Travestis e mulheres transexuais prostitutas em Belo Horizonte: uma discussão sobre trabalho, trajetórias, reconhecimento e cidadania

Lorena Oliveira
Olívia Vilas Bôas da Paixão
Karina Dias Gea

Introdução

A prostituição e outras atividades a ela relacionadas se constituem ainda como uma das principais fontes de renda para grande parcela das travestis. Etnografias realizadas em diferentes cidades brasileiras revelam como esse cenário emerge também como significativo espaço de sociabilidade entre elas, sendo através dele que muitas dessas sujeitas constroem suas redes de afetividade e de suporte social, bem como trocam saberes e informações extremamente relevantes para a construção – e atualização – de suas performatividades de gênero (Silva, 1993; Kulick, 2008; Benedetti, 2005; Pelúcio, 2009). Nossa experiência em campo em algumas das principais áreas onde travestis e mulheres transexuais exercem trabalho sexual em Belo Horizonte também nos revelou essa dimensão simbólica do espaço, demonstrando como é a partir dele que muitas delas podem experimentar e compreender o seu próprio "ser travesti" (Duque, 2009).[1]

[1] Embora reconheçamos o debate político implicado nas reivindicações identitárias em torno dos termos "travesti" e "transexual", não é nossa intenção, neste trabalho, aprofundar essa discussão. Ressaltamos, porém, que menos que categorias rígidas e/ou hermeticamente encerradas em si, essas se mostraram bastantes fluidas entre nossas interlocutoras, seus limites sendo potencialmente confundidos. Portanto, alertamos que ao longo do texto o/a leitor/a encontrará referência a ambas utilizações, embora valha destacar ainda que a maioria dessas sujeitas (61% de 141), identificaram-se, na pesquisa, enquanto travestis (NUH, 2016).

O debate envolvendo a prostituição é complexo. Em primeiro lugar, há de se considerar que as sujeitas que experienciam essa atividade são múltiplas, o que nos leva a compreendê-la também de forma plural, suscetível de ressignificações e reinvenções a partir das posições de cada uma nela envolvida e de suas subjetividades. Outro elemento importante a ser considerado são os processos de territorialização que atravessam esses espaços de prostituição, comumente orientados por dinâmicas diferenciais (e diferenciantes) que irão localizar essas sujeitas tanto nos circuitos do trabalho sexual quanto em suas redes de sociabilidade. Esquinas e avenidas abrigam (e produzem), portanto, valores e sentidos singulares na vida de cada uma das travestis/mulheres transexuais ali inseridas, para muito além do exercício de uma atividade econômica. Como afirma Benedetti (2000), a frequência com que as travestis aparecem nos espaços da *batalha*[2] não se relaciona apenas à prostituição ou a interesses puramente econômicos que dali podem advir.

Embora, no Brasil, haja uma produção bastante significativa de trabalhos sobre o contexto da prostituição trans, não observamos – até o momento – nenhum deles se referindo mais profundamente à cidade de Belo Horizonte. É por esse motivo que buscamos apresentar neste capítulo as especificidades que distinguem esse mercado na capital mineira, atentando-nos às suas dinâmicas de organização social bem como a outros aspectos que marcam a vivência de travestis e mulheres transexuais nesses espaços. Para melhor situar o/a leitor/a, partimos de uma contextualização mais geral sobre o trabalho sexual trans no contexto belo-horizontino, descrevendo algumas das lógicas que diferenciam e hierarquizam os espaços de *batalha* na capital.

Adiante, discutimos a dimensão da sociabilidade, com o objetivo de apresentar a *pista*[3] tanto como um lugar de encontros, trocas e construções, como também de tensões, violências e riscos. Nesse contexto, é impossível não visibilizar, mesmo que de forma mais sutil, a complexa relação entre saída e expulsão de casa, abandono dos estudos, trabalho sexual e as dificuldades de inserção no mercado de

[2] *Batalha* é o termo utilizado pelas travestis para se referir ao exercício da prostituição.

[3] *Pista* é o termo utilizado pelas travestis e transexuais entrevistadas ao se referir aos espaços em que encontram clientes para realizar o trabalho sexual.

trabalho formal. Ao considerar a *pista* como um espaço privilegiado para a reiteração e contestação de valores como os de juventude e beleza, nosso debate segue a breve direção de que os impactos físicos trazidos pela passagem do tempo sobre esses corpos e experiências fazem com que as travestis, sobretudo as mais velhas, criem novas estratégias e possibilidades de atuação – que devem ser lidos de maneira conjectural, como resultado dos percursos vivenciados ao longo de suas trajetórias.

Nossos esforços, neste capítulo, definem-se pela tentativa de ler a posição dessas sujeitas no mercado sexual, tanto enquanto um efeito das múltiplas e contingentes violências que elas experimentam nas várias esferas da vida social quanto de reconhecer, simultaneamente, a prostituição como sendo também um espaço de agência, constituído por sujeitas de direitos e que integram uma categoria ocupacional (Piscitelli, 2005). Segundo Piscitelli (2005, p. 14), o deslocamento provocado por esta última perspectiva, "longe de considerar os/as trabalhadores[as] do sexo vilões/ãs ou vítimas, concedem a eles[as] um lugar de seres dotados de agência". Acreditamos que a articulação entre ambas essas perspectivas nos permite compreender melhor tanto os processos que vulnerabilizam essas sujeitas quanto seus esforços e engajamentos na produção de cotidianos mais possíveis entre elas e para elas.

Ressaltamos que nosso trabalho carrega o importante objetivo – e compromisso – de contribuir com reflexões sobre a efetivação de direitos e o reconhecimento social de travestis e mulheres transexuais inseridas na prostituição. Para tanto, a discussão sobre regulamentação da atividade será pauta breve, mas essencial, em nossa tarefa de evidenciar que a garantia de direitos e condições dignas no exercício da prostituição envolve, necessariamente, o reconhecimento de especificidades que *não* podem ser deixadas de lado quando nos referimos às travestis e mulheres transexuais que realizam o *trabalho sexual*.

Finalmente, situamos que este trabalho parte das reflexões e realidades experienciadas por nós junto ao projeto de pesquisa "Direitos e violência na experiência de travestis e transexuais na cidade de Belo Horizonte: construção de um perfil social em diálogo com a população", desenvolvido pelo Núcleo de Direitos Humanos e Cidadania LGBT (NUH/UFMG). Utilizamos como nossas fontes de dados tanto o relatório descritivo da pesquisa, disponibilizado no site do NUH/UFMG (NUH, 2016), quanto as transcrições das entrevistas que realizamos junto às interlocutoras, além de nossos diários de campo – construídos a partir das incursões etnográficas feitas nos espaços de prostituição trans em Belo Horizonte e em outros de seus espaços de sociabilidade.

Destacamos que, dada a complexidade envolvendo todos os pontos do debate proposto, iremos abordá-los de forma mais objetiva, a fim de apresentar ao/à leitor/a uma visão mais geral sobre a prostituição trans na capital mineira e as dinâmicas – econômicas, sociais e políticas – envolvidas nessa atividade.

1. Prostituição rueira em Belo Horizonte: sobre territórios, hierarquias e a *pista* como um espaço de disputas

A vivência de travestis e mulheres transexuais no mercado do sexo está, comumente, marcada por processos migratórios, definidos não somente em função do vetor econômico, mas também de outras dimensões simbólicas que orientam suas demandas e expectativas nesses fluxos. Em alguns casos, tais deslocamentos ocorrem quando elas são ainda bastante jovens, muitas delas já tendo morado em duas ou três diferentes regiões do país antes mesmo de completar 18 anos de idade (Kulick, 2008).

Nos relatos de algumas sujeitas de nossa pesquisa, Belo Horizonte é narrada enquanto uma cidade atrativa para essa população, tanto por sua posição geográfica diferencial em relação às demais grandes cidades do Sul e do Sudeste quanto pela relação "infraestrutura *versus* baixo custo de vida" que ela oferece se comparada a outras capitais como São Paulo e Rio de Janeiro, além de também ser lida como bastante acolhedora por muitas daquelas sujeitas – como expressou a travesti Rafaela[4] em entrevista cedida ao NUH/UFMG:

> **Rafaela:** BH é uma mãe. Todas podem chegar e ficar. Não é igual São Paulo e Rio que você só fica se estiver na casa de uma fulana e se essa fulana tiver as costas quente para aguentar você lá. [...] Aqui

[4] No intuito de preservar a identidade das travestis e transexuais que participaram das entrevistas, utilizamos pseudônimo nas referências feitas a elas.

> não. Aqui todas chegam, todas querem montar casa. Todas quer ser cafetina, todas querem ter casa de diária. Todas querem casar aqui e trabalhar na rua, pista, na zona, em qualquer lugar... (NUH, 2016).

Esse clima hospitaleiro, porém, também pode ser crivado de tensões, haja vista que a temporalidade, por exemplo, é um marcador importante na produção das territorialidades do mercado sexual e nas relações de poder que o atravessam. Nesse sentido, para aquelas que aqui nasceram ou que aqui permanecem há mais tempo ou, ainda, para aquelas que integram certas redes de influência,[5] observam alguns "privilégios" no exercício de suas ocupações, o que não ocorre com aquelas recém-chegadas e/ou que estão há pouco tempo na *pista*.

> **Paula:** Se ela foi nascida e criada aqui, ela tem aquele acesso aonde ela pode ir. Então, assim, ela pode ir na Afonso Pena, na Pedro II, cê tá entendendo? Na Bias Fortes e tal... Mas se ela não é conhecida, aí já tem um certo tipo de problema: "Ah, não, cê tem que falar com fulana que cê desce naquele tal lugar", né? Por que a gente não conhece... (NUH, 2016).

Conforme apontam Andrade e Teixeira (2004), após a emergência da prostituição rueira em Belo Horizonte, verificada no ano de 1970, houve uma profunda reorganização espacial dessa atividade na capital mineira. Contudo, apesar das significativas alterações pelas quais passou esse mercado, alguns de seus locais se mantiveram longamente ocupados, ocupações estas que enunciam tanto a "conquista" desses territórios quanto sua identificação comum pelos clientes enquanto áreas tradicionais de prostituição. Vale ressaltar que, entre as travestis e mulheres transexuais, a conquista desses territórios é comumente anunciada como um processo de constantes e insistentes lutas, protagonizado pelas travestis mais velhas, as *veteranas*, que "abriram caminhos" para as *novatas*. Resistindo e enfrentando as violências e perseguições policiais das décadas passadas, sobretudo durante a ditadura militar, foram elas as responsáveis por construir um ambiente mais propício para o exercício da prostituição trans (Sander; Oliveira, 2016).

---

[5] São redes que envolvem, por exemplo, o contato com outras travestis/transexuais que têm controle sobre determinadas áreas.

É importante problematizarmos que essa conquista de territórios de prostituição está calcada também na divisão das *pistas* em *pontos*,[6] áreas que ficam sob a influência e/ou controle de determinadas travestis/transexuais. Neste sentido, uma *pista* nunca será somente uma *pista*, espaço físico onde as travestis/transexuais *batalham* livremente, mas também um espaço regido por certos códigos, hierarquias e regras que irão definir os trânsitos possíveis (ou não) naquele local. Conforme nos descreve Pelúcio (2009) sobre os espaços de prostituição,

> [...] a territorialidade vincula-se também a identidades, que apesar de marcadas pela fluidez são estabelecidas relacionalmente. A demarcação espacial é também moral e passa por jogos de poder pelos quais se determina quem pode ficar onde e os significados dessa fixação. Fixação que não pode ser confundida com imobilização/sedentarização, mas com aceitação e compartilhamento de códigos que circulam e informam, mas que são fluidos (Pelúcio, 2009, p. 59).

Através de um complexo jogo de interesses envolvendo transações monetárias, afeto e proteção, irão emergir, nesse contexto, as figuras da cafetina e da *dona de casa*,[7] comumente associadas à gestão daqueles *pontos*. Da mesma forma como ocorrem com as *donas de casa*, algumas cafetinas possuem as chamadas *casas de pensão* ou *de diária*, imóveis onde alugam quartos temporariamente para outras travestis/mulheres transexuais que chegam à cidade para se prostituir. De uma forma geral, quem se hospeda na casa de determinada cafetina/*dona de casa* frequentará, muito provavelmente, somente os *pontos* na *pista* subordinados à sua gestão, ficando sua circulação por outros espaços, possivelmente, restrita.

Em Belo Horizonte, a territorialização de alguns espaços de prostituição se mostra de forma bastante evidente, tendo sido possível

---

[6] As avenidas e ruas dividem-se em *pontos* e, geralmente, cada um deles "pertence" a determinada travesti/transexual. Normalmente, os espaços visados são as esquinas, dada a maior visibilidade que elas podem garantir (PAIXÃO, 2016). Vale ressaltar que quanto mais *pontos* possui determinada travesti/transexual, mais poder ela exercerá sobre o território.

[7] Ao longo do texto, problematizaremos os tensionamentos semânticos criados em torno dessas categorias para diferenciá-las.

distinguir facilmente, ao longo de nossas incursões etnográficas, quais travestis/mulheres transexuais estavam sob quais áreas de influência. Gostaríamos de ressaltar aqui que essa "influência" a que nos referimos relaciona-se a um conjunto de elementos articulados entre si e que podem ir desde as negociações estabelecidas entre essas sujeitas e outros agentes como policiais e traficantes, por exemplo, atuantes em "suas" áreas de *batalha*, à assistência e cuidado, em casos de necessidade, prestados às travestis/mulheres transexuais que ali fazem *ponto*. Essa "influência" pode ser compreendida, ainda, enquanto a autoridade e controle manifestados, em alguns casos, no próprio exercício de violências físicas e psicológicas contra outras travestis, o que, em conjunto, configura a complexa relação cafetina/*dona de casa versus* trabalhadora do sexo no mercado do sexo.

A seguir, apresentamos o contexto da prostituição na capital mineira a partir de uma perspectiva geográfico-espacial, ao mesmo tempo que buscamos apresentar ao leitor parte das especificidades de suas *pistas*.

1.1. Divisão espacial das pistas em Belo Horizonte: hierarquias e esquemas valorativos

Em Belo Horizonte, travestis e mulheres transexuais exercem o trabalho sexual em locais diferentes daqueles onde estão inseridas as prostitutas cisgêneras.[8] Através de um primeiro mapeamento realizado pela equipe do NUH ainda no ano de 2010, foi possível perceber uma diversidade de áreas onde a prostituição trans é exercida na capital mineira e sua região metropolitana, localidades que retomamos em nossas incursões etnográficas no ano de 2012. Foram escolhidos como nossos principais campos de investigação a Avenida Santos Dumont, localizada na região Central da cidade, a Avenida Pedro II, localizada na região Noroeste da cidade, o bairro Santa Branca, localizado na região da Pampulha e, finalmente, a Praça dos Trabalhadores, situada

[8] Segundo Kaas (2015) e Bagagli (2013) o conceito "cisgênero (cis ou cissexual)", foi cunhado entre 1994-1995 e utilizado no discurso transfeminista para nomear aquelas pessoas que não são transgêneras. Assim, remete às pessoas que se identificam com o gênero que lhe foi atribuído ao nascer. Ressaltamos que, mesmo em uma das áreas onde também está presente a prostituição de mulheres cis – a Avenida Afonso Pena –, existe uma clara demarcação de fronteira, as travestis/transexuais ocupando um dos lados da via (o lado direito, sentido centro), enquanto as demais trabalhadoras do sexo ocupam seu lado oposto.

em Contagem, região metropolitana de BH.[9] Os mapas a seguir nos fornecem uma visão de suas localizações.

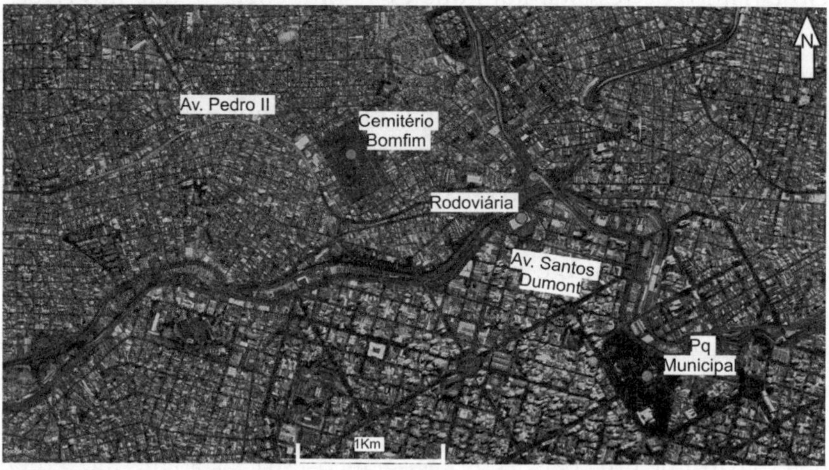

Figura 1— Mapa apresentando a área das *pistas* na Avenida Pedro II, região Noroeste de Belo Horizonte, e na Avenida Santos Dumont, região Central.
Fonte: Arquivo das autoras.

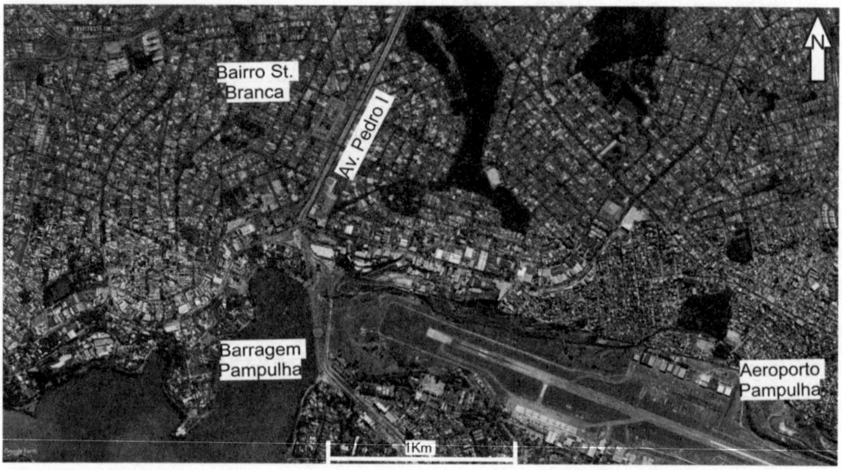

Figura 2— Mapa apresentando a área da *pista* no Bairro Santa Branca.
Fonte: Arquivo das autoras.

[9] A Avenida Afonso Pena também corresponde a uma das áreas mais tradicionais de prostituição travesti em Belo Horizonte. Localizada numa região considerada nobre na cidade, possui uma grande movimentação de trabalhadoras do sexo. Foi proposta inicial realizar nosso campo também nessa área, porém, no decorrer da pesquisa, optamos por interromper nossas incursões ao local, dadas as dificuldades de inserção naquele espaço.

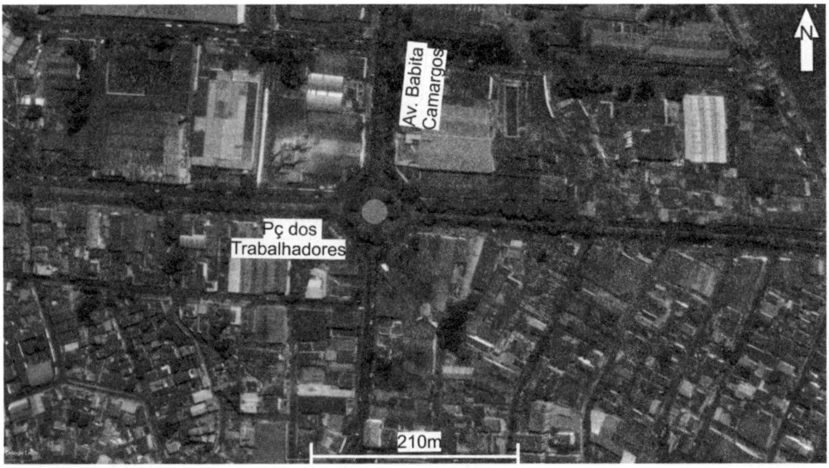

Figura 3— Mapa apresentando a área da *pista* na Praça dos Trabalhadores, em Contagem (MG).

Fonte: Arquivo das autoras.

Situada na região central de Belo Horizonte e em uma área comercial, a Avenida Santos Dumont possui intensos fluxo de pessoas e tráfego de automóveis. Diante da dinâmica imposta pela localidade, travestis e mulheres transexuais que ali *batalham* costumam iniciar seus expedientes já por volta das 19 horas (ou pouco depois do fechamento do comércio local), horário em que possíveis clientes estão de passagem e/ou circulando pelo Centro. No trecho da avenida em que elas se posicionam (entre as ruas Curitiba e São Paulo), durante a realização de nossa pesquisa, foram instalados dois hotéis de prostituição conhecidos como "sobe-e-desce" (hotéis Ruby e Diamante), nos quais as travestis poderiam alugar quartos para atender seus clientes. Embora a dinâmica do local seja estabelecida por turnos (convencionalmente distintos como um de 8 às 16 horas e outro de 16 às 22 horas), muitas travestis/mulheres transexuais acabaram alugando esses quartos permanentemente, transformando-os em residência fixa.

Vale destacar que esses hotéis foram inaugurados, principalmente, em função das reformas urbanas, as quais fizeram parte do projeto de "revitalização" da cidade para sediar a Copa do Mundo de 2014. Durante esse período, a Avenida Santos Dumont foi interditada por considerável tempo, fato que levou as travestis e mulheres transexuais a desenvolverem estratégias para seguir se prostituindo na região. Tal evento revela o complexo jogo que emerge na relação entre poder público e espaço urbano, seus efeitos incidindo nos fluxos e realocações nesse mesmo espaço. Fica evidente aqui como a dinâmica de mobilidade e as apropriações e demarcações dos espaços urbanos feitas pelos sujeitos estão imiscuídas pela história das cidades (Pelúcio, 2009).

Frequentemente, após nossas incursões pela Santos Dumont, nos dirigíamos à Avenida Pedro II, onde raramente observávamos travestis e mulheres transexuais trabalhando antes das 22 horas, com exceção daquelas que se diziam *casadas* e, por isso, retornavam mais cedo para suas residências, a fim de estar com seus *maridos*. Assim como ocorre na Santos Dumont, a Avenida Pedro II é também predominantemente comercial, destacando-se por sua relevância estratégica no acesso e na conexão entre diferentes vias e regiões da cidade.

Nessa avenida, há um intenso tráfego de carros e transportes públicos, tanto no período diurno quanto no noturno, sendo a circulação de transeuntes, porém, bastante reduzida durante a noite. A avenida é extensa e nela há travestis e mulheres transexuais *batalhando* em um percurso de aproximadamente três quilômetros (entre as ruas Manhumirim e Rio Casca), embora algumas também se situem para além desse perímetro. Sua distribuição ao longo da *pista* ocorre de modo espaçado pelas esquinas, a maioria delas se dispondo do lado direito da pista, considerando o sentido centro.

O bairro Santa Branca, por sua vez, localizado na região da Pampulha, caracteriza-se por ser uma área predominantemente residencial. Existem muitos motéis situados no bairro, sendo estes os locais em que a maioria das travestis e mulheres transexuais realiza a prostituição. Esses estabelecimentos ficam próximos a uma importante via da cidade, a Avenida Pedro I, que permite acesso ao bairro e a outros importantes pontos da cidade, como a barragem da Lagoa da Pampulha e o Aeroporto da Pampulha. Diferentemente dos outros locais pesquisados, o bairro possui uma movimentação mais local, referente aos transeuntes e motoristas que residem na própria região. Em função dessa dinâmica do bairro, o trabalho sexual entre as travestis/mulheres transexuais costuma se iniciar por volta das 20 horas, o que leva muitas a encerrar o expediente nessa região não muito tarde, algumas se deslocando, em seguida, para outras regiões da cidade.[10]

Por fim, localizada em um encontro de avenidas, no qual a Avenida Babita Camargos é a mais movimentada, a Praça dos Trabalhadores se situa em uma região industrial de Contagem, região metropolitana de BH. Apesar de possuir um intenso tráfego de carros, motos, caminhões e ônibus durante todos os períodos do dia, a circulação de pedestres se reduz consideravelmente ao anoitecer. No local, travestis e mulheres transexuais iniciam seus trabalhos por volta das 22 horas, ocupando suas áreas mais iluminadas, uma vez que a precária iluminação dessa região acentua a vulnerabilidade daquelas que ali *batalham*. Devido aos altos índices de violência sofrida pelas trabalhadoras do sexo na região – incluindo violência letal –, nossa equipe acabou se retirando do campo após certo período de experiência. Ali, os programas são realizados dentro dos veículos, principalmente caminhões e carros, ou mesmo nas ruas. Na localidade não há residências, e os clientes são, principalmente, motoristas que trafegam pela região.

Conforme aponta o relatório produzido pelo NUH (2016),

> [...] essas áreas estão marcadas por diferenças substantivas e que se referem tanto à localização geográfica das mesmas quanto à natureza desses espaços (comerciais ou residenciais). Essas diferenciações influenciam a organização de travestis e mulheres transexuais em tais espaços e implicam dinâmicas muito específicas para cada um desses locais. Assim, há uma conexão direta entre as regiões ocupadas para o trabalho sexual e o perfil da população, as formas como elas se apresentam publicamente, a gestão da segurança pública, o tipo de clientes que atendem e com quem se relacionam nesses espaços (NUH, 2016).

Novamente, é importante considerar aqui a noção de territorialidade, entendida não apenas no espaço físico, mas no próprio espaço do código (Perlongher, 1987). Desta forma, a ocupação de cada uma dessas áreas resulta de negociações, de prescrições e do reconhecimento

---

[10] No bairro Santa Branca, as travestis e transexuais geralmente se distribuem em um quarteirão do bairro onde se localiza a maior parte dos motéis e há uma maior circulação de clientes. Todavia, após a construção de dois viadutos no bairro, decorrentes das reformas para a Copa do Mundo de 2014, o fluxo de pessoas e veículos teve um aumento significativo, pois agora os espaços utilizados por elas se tornaram vias com fluxos de passagem para outros bairros e viadutos, o que não ocasionou, necessariamente, no aumento de clientes.

dos jogos de poder que as atravessam. Uma relação que parece central nesse contexto é aquela estabelecida entre corporalidades e território, os marcadores sociais de gênero,[11] sexualidade, classe, raça e geração produzindo diferentes experiências que serão lidas como "mais" ou "menos" legítimas de ocupar aqueles espaços. Durante nossa pesquisa, foi possível observar parte dos regimes de visibilidade e reconhecimento que permeiam o mercado sexual na capital mineira, sendo endossada nos discursos de algumas interlocutoras a hierarquização dos territórios de prostituição a partir daqueles marcadores:

> **Bianca:** [Há uma divisão na *pista*?] Sim, tem sim. Igual, tem ponto que não aceita um viado montado que se veste de mulher e vai trabalhar. Tem lugar que não aceita isso. Tem essa divisão de ter as turbinadas e tal... Uma numa esquina e outra que tá começando agora em outra. Acaba, assim, não ficando juntas na mesma esquina, acaba cada uma na sua esquina mesmo. Separando. Igual, lá pra cima, lá onde eu fico, tem é mais... Como é que eu posso falar? É um viado montado que se veste de mulher, coloca uma peruca à noite e durante o dia é rapazinho normal. E lá pra baixo não... Lá pra baixo tem as bombadas, de prótese... (NUH, 2016).

Divisões similares às mencionadas por Pelúcio (2009) sobre suas interlocutoras – que diferenciavam as performatividades de travestis prostitutas nas categorias êmicas "*europeia*", "*top*", "*ninfetinha*", "*gayzinho*" e "*veterana*" – também foram observadas durante nossa pesquisa. Cabe ressaltar que para além das divisões internas nas *pistas*, ao longo de suas esquinas, esses esquemas valorativos pareceram incidir também em representações mais gerais sobre os próprios territórios de prostituição, regiões consideradas "melhores", "piores" e/ou "fim de carreira", sendo evocadas em suas narrativas, ainda que de forma reflexiva.

> **Luísa:** Eu não sei o que faz eles [os clientes] acharem que a Pampulha vale menos, a Afonso Pena o valor máximo e a Pedro II o meio termo. De certa forma, eu não sei por quê. Não sei se porque geograficamente a região Centro-sul, esse histórico, a Afonso Pena... A Pedro II Noroeste, perto da favela... e Pampulha então... Mas não

[11] Ao nos referirmos aos marcadores sociais de gênero, ressaltamos aqui o aspecto da feminilidade e de como esse ideal é capitalizado através do corpo dessas sujeitas. Ser considerada "mais" ou "menos" feminina, por exemplo, é uma das principais questões envolvidas na hierarquização daqueles espaços e de quem é "mais" ou "menos" legítima de ocupá-los.

> sei por quê. Mas existe uma ideia assim... Até no meio nosso mesmo! A Afonso Pena era lugar das belíssimas. Tinha pessoas que me viam na Pedro II e falavam: "Ah, você tem que ir é pra Afonso Pena!". Tem uma valorização a mais, mas eu não sei por quê (NUH, 2016).

Mesmo que esses esquemas não se confirmem, parece haver uma constante atualização desses *status*, que ganha força na repetição cotidiana de tais discursos "diferenciantes", enunciados não somente pelas travestis/transexuais, mas também pelos próprios clientes e pela população em geral. Transitando por esses espaços, é possível perceber como aquelas prescrições podem ser muito mais fluidas e dinâmicas, o que nos faz considerar aqui as observações de Perlongher (1987), em sua análise sobre a prostituição viril em São Paulo. Segundo o autor,

> Essas atribuições são sempre tentativas, assinalando antes arquétipos ou modelos do que sujeitos reais; estes costumam oscilar muitas vezes entre ponto e ponto, recebendo até qualificações diferentes segundo seu lugar de exibição. Pontos de "fixitude" funcionam como eixos de distribuição, tanto populacional como retórico ou semântico das redes circulatórias por onde perambulam os sujeitos (Perlongher, 1987, p. 126).

Neste sentido, concluímos que as *pistas* onde *batalham* travestis e mulheres transexuais não podem ser definidas somente em função de suas posições geográficas *ou* pela influência exercida por determinada sujeita naquele espaço *ou*, ainda, pelas representações simbólicas que carrega: é no movimento confluente de todos esses elementos que ruas e esquinas se transformam em territórios, carregados de sentidos, de pessoas, de relações e de códigos, numa complexa rede que envolve não apenas as sujeitas que ali trabalham, mas também outros agentes.

A seguir, buscamos apresentar, a partir dos dados da pesquisa, outros aspectos relacionados à prostituição trans e problematizamos brevemente as relações entre saída/expulsão da casa dos familiares, transformação corporal, mercado de trabalho e produção de afetividades nos espaços da prostituição.

2. Sobre *batalhas* contíguas

A rua não se configura somente como um local de trabalho: é também um espaço de encontros, de criação de laços e de construção de afetividades. É, ainda, um lugar de descobertas e de experimentações corporais, o que lhe atribui outras possibilidades semânticas, podendo ser ela fundamental nos processos identificatórios e subjetivos de muitas travestis. Kulick (2008) e Benedetti (2005), por exemplo, observaram entre suas interlocutoras que a construção da "identidade travesti" era acompanhada, comumente, pela saída/expulsão da casa dos familiares, ainda na infância ou adolescência, momento em que muitas delas também *caíam na pista*,[12] onde experimentavam novas sociabilidades e aprendiam a "ser travesti" (DUQUE, 2009). Conforme analisou Pelúcio (2009), no momento em que elas se assumem, o espaço doméstico da família se torna, via de regra, insustentável, e a rua pode se transformar, neste sentido, em um local bastante acolhedor pra muitas delas. Esse padrão também foi observado entre nossas interlocutoras, que relataram esses rompimentos familiares como sendo frequentes no período de suas transições.

> **Allana:** [O que mais te marcou nessa trajetória enquanto travesti?] Muitas coisas... Só de passar por tudo que passei... Depois que virei travesti, fui expulsa de casa, eles [seus familiares] viraram as costas para mim, acharam que eu não ia dar certo... Eu sumi, quando voltei, pra eles foi totalmente diferente, eles ficaram de boca aberta, acharam que por eu ser travesti eu ia morrer na vida... Mas, pelo contrário, mostrei que não era isso (NUH, 2016).

Embora, conforme afirmou Duque (2009), esse quadro tenha se alterado nos últimos anos – com uma nova geração de travestis não vivenciando essa mesma relação de ruptura com a família –, o que observamos em nossa pesquisa foi certa manutenção daquele padrão, uma vez que grande parte das travestis e transexuais entrevistadas (50,8%) saiu de casa antes de completar 18 anos de idade. Entre os principais motivos que as levaram a deixar o ambiente doméstico, podemos citar a violência/preconceito da família, o trabalho e a pros-

[12] A expressão *cair na pista* se refere ao momento em que uma travesti se inicia na prostituição. De acordo com Benedetti (2004), a palavra *cair* faz referência às regiões na cidade onde se exerce a atividade sexual, que são normalmente locais de menor altitude ou mesmo que recebem pouca atenção do poder público, sendo, por isso, colocados em um nível inferior de valorização em relação às demais regiões das cidades. Ademais, a expressão ainda guarda relação direta com a ideia de que a prostituição (e todas as atividades que a ela se relacionam) se constitui como uma ocupação imoral e degradante para quem a exerce, "como se a pessoa literalmente 'caísse' para um nível mais baixo da experiência humana" (BENEDETTI, 2004, p. 2).

tituição (NUH, 2016). Aliás, cabe ressaltar que, mesmo nos casos em que houve uma maior aceitação da família, a necessidade de vivenciar mais livremente suas transições de gênero marcou essa ruptura, o espaço doméstico sendo lido por muitas delas como extremamente regulador e constrangedor para suas experiências.

A partir dos dados do relatório descritivo (NUH, 2016), é possível supor uma correlação entre as distintas variáveis "idade em que as travestis saíram de casa", "idade em que fizeram sexo por dinheiro pela primeira vez", "idade em que abandonaram os estudos" e "idade em que iniciaram suas transformações corporais",[13] a maioria delas estando concentradas entre os 13 e os 18 anos de idade das interlocutoras (NUH, 2016). Tal situação nos leva a pensar a prostituição tanto sob a óptica da vulnerabilidade, de um lado, quanto pela da possibilidade de construção da autonomia e realização pessoal, de outro. Há, portanto, nesse contexto, um fluxo semântico que deve ser considerado – sobre o lugar que a *pista* ocupa(rá) entre as interlocutoras – e que depende não só de sua localização comum em um sistema de classificação, mas também da operação conjunta de outros marcadores sociais da diferença – para além dos de gênero e sexualidade, nesse caso –, os quais, em articulação, produzem subjetividades e posicionamentos específicos para os sujeitos.[14]

> **Jéssica:** A gente é jogada pra esse mundo e a gente tenta conseguir lucrar o máximo que a gente pode, porque eu tenho certeza que se houvesse oportunidade de trabalho para as travestis elas não estavam na rua. Ninguém quer tomar chuva, sol, vento, frio, ovada, pedrada, paulada, xingamento todos os dias. Fora o tanto que é assassinada, às vezes por conta de nada. Mas não tem outra saída, vai morrer de fome? Não vai. [...] "Você não faz o tipo da loja", "Você não tem a cara da nossa empresa". Esse tipo de coisa foi o que mais

[13] Os dados sobre as transformações corporais das interlocutoras foram organizados em diferentes questões relativas à idade em que elas começaram a se vestir com roupas femininas, à idade em que começaram a ingerir hormônios e à idade em que fizeram uso de silicone pela primeira vez.

[14] A articulação entre os marcadores sociais de gênero, sexualidade, classe, raça e geração, por exemplo, produzirão experiências bastante singulares em torno da prostituição. Desta forma, não é possível argumentar em favor de uma perspectiva exclusiva sobre o trabalho sexual entre travestis e transexuais, já que os significados atribuídos a esta atividade serão múltiplos, dependendo dos posicionamentos específicos de cada uma das sujeitas em questão.

> escutei quando procurava emprego. Era humilhante você chegar e o pessoal ficar te olhando de cima pra baixo.
>
> **Camila:** Eu fui *batalhar* pra saber como é que é. Por curiosidade mesmo. Eu fui e comecei a gostar, sabe? E pra mim foi muito importante. Porque foi onde fiz amizades, que descobri os meus limites. Foi uma forma de eu conhecer o meu corpo. E na prostituição, conheci o meu corpo, literalmente (NUH, 2016).

Esses relatos nos convidam a refletir sobre o ingresso no mercado sexual tanto por um viés macro – como quando sugerem que foram "empurradas" para esse espaço mediante exclusões familiar, educacional e/ou profissional, por exemplo – quanto por uma perspectiva micro, que reconhece nas análises as potenciais possibilidades de experiências dos sujeitos e suas capacidades de agenciamento e escolha. Uma leitura interseccional das experiências dessas sujeitas nos auxilia a pensar as possíveis articulações entre esses níveis, ao considerar como as práticas e os discursos econômicos, culturais, políticos e institucionais estão articulados às posições de sujeitos e suas subjetividades (Brah, 2006). Acreditamos que essa seja uma abordagem eficaz para o debate, uma vez que reconhece, simultaneamente, tanto os sistemas de opressão que atravessam os sujeitos, quanto as possíveis margens de agência em que eles operam. Abre-se, desta forma, espaço para pensarmos nessas sujeitas – trabalhadoras do sexo – não como apenas vítimas, mas sujeitas de direitos e integrantes de uma categoria ocupacional (Piscitelli, 2005).

Focando nossa atenção em outros de seus *campos de batalha*, vale ressaltar as dificuldades de inserção dessas sujeitas no mercado de trabalho formal, o que contribui para sua atuação – algumas vezes exclusiva – nos mercados do sexo. É preciso considerar aqui como uma série de elementos são elencados para produzir sua exclusão daquela esfera, lida não enquanto evento isolado, mas de forma contingencial – efeito das sistemáticas violências e preconceitos que essas sujeitas experimentam em outras esferas da vida social. Em nossa pesquisa, por exemplo, de um total de 139 travestis e transexuais entrevistadas, apenas 34,5% (48 delas) responderam ter outra ocupação além do trabalho sexual, sendo que, desse total, somente 16,67% (8) declararam possuir carteira assinada. A partir dos relatos foi possível diagnosticar formas capilares com que opera a transfobia institucional, bem como o acionamento de mecanismos de/para o não reconhecimento desta população, utilizados para justificar sua exclusão nesse campo. Sobre tais impeditivos, vale salientar uma questão fundamental que é a da documentação, uma vez que obter qualquer vínculo formal de emprego é algo inviável quando os registros documentais estão em desacordo com a identidade de gênero dessas sujeitas (Trindade, 2016).

> **Alanis:** Eu chego lá, meu nome está João, aí chego com uma forma feminina. A pessoa me chama pelo nome masculino no meio da sala e eu com cabelão e peito. A pessoa olha pra você... O olhar que ela vem pra você, você sabe que ela já te eliminou... (NUH, 2016).

A exposição de travestis e transexuais a situações vexatórias e humilhantes como a do relato de Alanis faz com que muitas desistam da procura por emprego, ficando, em muitos casos, relegadas a atividades subalternas e/ou informais. Não raras são também as vezes em que suas atuações profissionais restringem-se à sua própria comunidade. Tal realidade foi observada durante nossa pesquisa, que apontou, para além do trabalho sexual, as ocupações de cabelereira, maquiadora e *bombadeira*,[15] nessa ordem, como as principais atividades praticadas pelo grupo em questão. A tabela e o gráfico a seguir ilustram bem a situação que descrevemos.

OCUPAÇÃO	FREQUÊNCIA	PERCENTUAL
Cabeleireira	26	42,6
Maquiadora	5	8,2
Bombadeira	3	4,9
Cantora	2	3,3
Confeiteira	2	3,3
Empregada doméstica	2	3,3
Esteticista	2	3,3
Sacoleira	2	3,3
Agente social mobilizadora	1	1,6
Animadora de festa	1	1,6
Apresentação show	1	1,6

[15] A designação *bombadeira* se refere àquelas pessoas – principalmente travestis – que realizam os procedimentos de aplicação de silicone industrial nos corpos de outras travestis.

Auxiliar de balcão	1	1,6
Cafetina	1	1,6
Conselho espiritual	1	1,6
Consulta como mãe de santo	1	1,6
Costureira	1	1,6
Cozinheira*	1	1,6
Depiladora	1	1,6
Estilista	1	1,6
Fotografia	1	1,6
Limpeza em hospital*	1	1,6
Operadora de telemarketing	1	1,6
Recepcionista	1	1,6
Secretária de saúde	1	1,6
Vende espetinho	1	1,6
Total	**61**	**100**

Tabela 1– Frequência e percentual de outras ocupações relatadas (para além do trabalho sexual)

Fonte: NUH (2016).

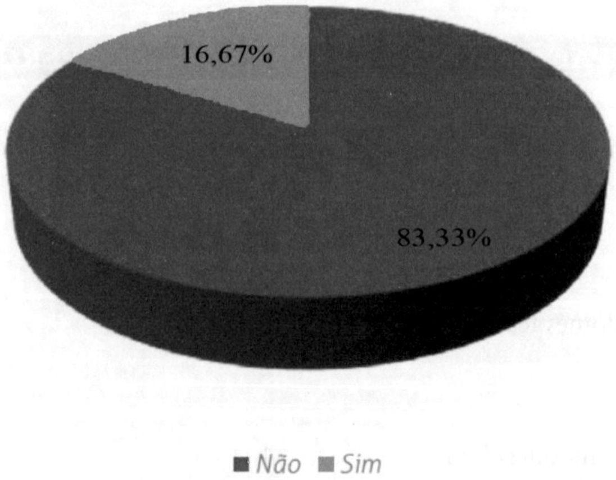

Gráfico 1 – Percentual de travestis e mulheres trans que possuem carteira assinada nessa outra ocupação.[16]

Fonte: NUH (2016).

[16] Dados referentes a 48 entrevistadas que declararam, em pergunta anterior, ter outra ocupação para além do trabalho sexual.

Se olharmos retrospectivamente para as trajetórias dessas sujeitas, desde o momento em que se assumem no âmbito doméstico familiar, podemos perceber, em muitos casos, um ciclo sistemático de exclusão e violência, esta última podendo assumir formas silenciosas, atuando de forma pervasiva na intimidade de suas vidas cotidianas. Nesse contexto, a intensificação dos processos discriminatórios que elas vivenciam – na família, na escola e nos locais de trabalho – afetam sua autoestima e as empurram à margem social. Sem família, sem escola e sem trabalho, as possibilidades de sobrevivência acabam por ficar restritas à prostituição, fato que nos leva a refletir sobre as vulnerabilidades individuais e sociais que atravessam as experiências de travestis e transexuais (Peres, 2005). No entanto, como nos alerta Veena Das (2011, p. 16), "ser vulnerável não é o mesmo que ser vítima", e é reconhecendo a potência dessa afirmação que buscamos trazer para este trabalho a reflexão sobre como essas sujeitas também reinventam as *pistas*, recriam possibilidades de existir nesses espaços e, sobretudo, constroem-se a partir deles.

2.1 A pista como espaço de (re)invenções: de afetos, de si e do tempo

Conforme já mencionamos, é na *pista* que muitas das travestis e transexuais experienciam suas primeiras formas, produzem novas corporalidades e atualizam suas performatividades de gênero até atingirem o ideal feminino desejado. Para as que chegam ainda jovens, é comum terem como referência uma travesti mais velha, alguém que lhes acolhe e lhes ensina como *se tornar* travesti. Reconhecidas através das categorias êmicas *tia*, *madrinha* ou *mãe*, essas travestis ensinam suas *filhas* sobre técnicas corporais, instruem sobre os clientes, sobre as regras das ruas e sobre os saberes das travestilidades (Pelúcio, 2009).

> **Fabiana:** As minhas filhas quando chegaram aqui eram meninos. Quando me procuraram, eu perguntei: "Vocês têm certeza que é isso? É um caminho difícil, um caminho sem volta, principalmente, na área do trabalho... e não sei como vocês são com suas famílias". [...] Então, eu também procuro ser madrinha pra todas. Dicas de comportamento, principalmente. Não é só vestir de mulher, num é só silicone... É o comportamento, é atitude, é ser bem vista nos lugares, é procurar ter uma índole boa. Não se envolver com marginalidade, drogas, porque mesmo que as pessoas liguem a marginalidade com a prostituição, elas são coisas bem distintas.

> **Bonnie:** Minha madrinha foi a Natália do Vale. Ela me deu três conselhos: nunca fume crack, nunca deixe de usar camisinha e nunca deixe de pagar suas diárias (NUH, 2016).

Comumente, às *tias*, *madrinhas* e/ou *mães* estão ligadas também as figuras da cafetina e/ou *dona de casa*, categorias que foram brevemente apresentadas aqui em um momento anterior. A partir de nossa vivência em campo e também durante as entrevistas, pudemos observar como se tornar cafetina e/ou *dona de casa* é um destino bastante comum entre as travestis e transexuais, principalmente entre aquelas que envelhecem no mercado sexual. Tais categorias, embora potencialmente confundidas, estão marcadas por tensionamentos e diferenciações internas, as quais lhes conferem valorações específicas nas redes de sociabilidade em que se inserem. Assim, explicam as travestis que:

> **Bruna:** Cafetina, creio eu, é aquela que só cobra a rua! Agora a dona de casa não... Ela tá te dando o teto, ela vai te dar a casa dela de graça? Tem hotel aí que você mora de graça? Se tiver, me fala aí que eu vou morar nele! Tem alguém que te dá comida de graça? Não tem, gente! Mas tem que ser uma casa legalzinha, né? Boazinha, né? Que dê um conforto legal pra bicha pagar essa diária dela tranquila, né?
>
> **Roberta:** Cafetina é quem recebe a rua, cobra das bicha para descer na rua. Essa sim é cafetina. [...] Agora, uma pessoa que é dona de casa, o que é que acontece: ela ralou – geralmente donas de casa são bichas velhas, já tem mais de dez anos de prostituição –, fez um bom investimento do seu dinheiro, tem a sua casa e, aí, ela aluga o quartinho para a bicha.
>
> **Camila:** Ah, eu acho que dona de casa é a que recebe as meninas e trata elas como filha. Cafetina eu acho uma coisa muito robótica, sabe? [...] Aquela coisa que nem preocupa. Enquanto aquela menina estiver levando dinheiro para a minha casa, para o meu bolso, ótimo. Agora, se ela não começa a levar dinheiro para a minha casa, eu expulso ela, ponho ela para fora. (NUH, 2016).

Se os trechos acima assinalam um claro esforço das interlocutoras em diferenciar as categorias "cafetina" e "*dona de casa*", em certos momentos essa divisão nos pareceu menos rígida e suscetível a ressignificações. Em diversas situações, por exemplo, presenciamos a quase imediata transformação da *tia*, *madrinha* ou *mãe* em *madrasta* (Sander, 2015), bem como da *dona de casa* em cafetina, em um fluxo no qual as articulações entre cuidado, afetividade e interesse foram responsáveis por influenciar as condições e possibilidades para a determinação dessas categorias.[17]

Conforme buscamos apresentar até aqui, é nesses territórios físicos e simbólicos, nesses espaços de encontro, de construção de redes de sociabilidade e também de confrontos que o mercado sexual vai se delineando. Como considerado anteriormente, na *pista* essas sujeitas constroem laços, produzem afeto, mas também disputam territórios, clientes e constroem hierarquias e esquemas valorativos em torno de suas corporalidades. Outra vez, vale ressaltar que as interseções entre gênero, sexualidade, classe, raça e geração produzem e proporcionam diferentes experiências de *batalha* entre tais sujeitas.

Aliás, considerando que a lógica predominante nesse mercado está pautada em certos padrões estéticos e modelos ideacionais que privilegiam performances mais jovens, envelhecer nesse universo pode ser bastante desafiador para muitas delas, conforme verificamos nos relatos que se seguem.

> **Luísa:** A travesti com trinta anos já é considerada idosa, porque é igual vida de modelo, né? Você trabalha com aparência, com o corpo, com a disposição... E, à noite, ela desgasta! Por mais que você tenha uma vida tranquila, você precisa de muito equilíbrio emocional para conciliar tudo isso, você tem que tá de bem com tudo isso. Você vê gente mais nova chegar e trabalhar... Tem esse fluxo da novidade. Então caminha pra essa vida idosa.
>
> **Camila:** Depois que você chega aos 30, você já não é tão procurada quanto uma menina de 20 ou de 17 ou de 18. Você não é tão procurada assim. Então não se sente mais jovem aí. Aos 30, já. Porque essas meninas, muitas das vezes, são expulsas de casa muito novas e começam sua transformação muito novas. Então, com 30 anos, elas estão com uma bagagem imensa e já tão velhas (NUH, 2016).

Estes trechos sugerem aquilo que ouvimos com frequência em campo sobre a *pista* ter "prazo de validade", afirmação que revela uma vivência pautada, comumente, em carreiras bastantes curtas. Embora muitas permaneçam no mercado do sexo com idades mais avançadas,

---

[17] Sander (2015) apresenta uma interessante reflexão sobre esse assunto em sua dissertação de mestrado "*Entre manuais e truques: uma etnografia das redes do trabalho sexual entre travestis e Belo Horizonte*".

o número de travestis e transexuais mais velhas nas *pistas* nos pareceu relativamente baixo, conforme pudemos observar. "Aparência", "disposição", "fluxo da novidade", conforme Luísa menciona, tudo isso mostrou, efetivamente, impactar a permanência na profissão.

No entanto, é preciso ressaltar aqui que a resistência das travestis com mais idade, as *veteranas*, e sua reivindicação de autoridade pautada na experiência acumulada pelos anos de *pista* são importantes elementos manipulados por elas em seus discursos para provocar as *novinhas* e mostrar a elas o quão "abusadas" e "inexperientes" ainda são. Além disso, conforme apontaram Sander e Oliveira (2016), a relação entre envelhecimento e progressiva indesejabilidade como algo inescapável e generalizável nem sempre se comprova na narrativa das mais velhas, que alegam, em muitos casos, que o passar do tempo também serviu para estreitar seus laços com antigos clientes, com os quais construíram relações duradouras e de maior intimidade.

Em um contexto de ressemantização da velhice, não podemos perder de vista como um conjunto de fatores são elencados para produzir, entre travestis e transexuais, experiências temporais que se definem por outros critérios que não apenas o etário. Conforme observado por Oliveira (2017), por exemplo, a vulnerabilidade e a precariedade que marcam as trajetórias dessas sujeitas produz entre elas um sentido de vivência permanentemente provisória, o que parece comprimir suas experiências temporais. Nesse sentido, terem saído/sido expulsas de casa ainda muito jovens, adquirido responsabilidades precocemente, além de terem que lidar, cotidianamente, com as hostilidades que atravessam seus caminhos – e que, em muitos casos, podem ser letais –, tudo isso parece impactar suas percepções de tempo. Assim, ter 30 anos pode significar muito pra quem também já "muito" viveu.

Entre as que envelhecem na *pista*, é comum o deslocamento para outras ocupações ainda fortemente ligadas ao mercado do sexo, como, por exemplo, as de cafetina, *dona de casa* e/ou *bombadeira*. Em muitos casos, sem contar com formação profissional, sem reais chances de se inserirem no mercado de trabalho e diante das necessidades urgentes de conseguirem renda, essas funções acabam sendo opções viáveis – sobretudo para aquelas que ainda conseguiram acumular algum capital durante os anos de *pista*, investido no aluguel/compra de um imóvel.

Nesse sentido, se analisamos esse contexto com mais cuidado, podemos perceber que a própria ideia de cafetinagem aqui ganha outros contornos, potencialmente diferentes daquilo que é compreendido institucionalmente. Sem negar as assimetrias que atravessam essa prática, gostaríamos apenas de problematizá-la também enquanto efeito de trajetórias precarizadas e marcadas pela falta de reconhecimento. Cafetinas e/ou *donas de casa* são figuras centrais para nossa compreensão das dinâmicas que permeiam o mercado sexual – afeto, cuidado, poder e dinheiro sendo elementos centrais na rede de relações ali estabelecidas.

Ao longo deste capítulo, buscamos apresentar uma visão panorâmica sobre o mercado sexual em Belo Horizonte, trazendo para o debate alguns pontos relevantes e que se referem tanto aos processos de territorialização desses espaços de prostituição quanto à sua experienciação como local de trabalho, de encontros e de disputas pelas sujeitas desta pesquisa. No decorrer do texto, alguns eventos vivenciados pelas travestis e transexuais entrevistadas se mostraram centrais para que pudéssemos ler a prostituição tanto através de uma perspectiva mais macro – visibilizando as violências estruturais que, por vezes, "empurram" essas sujeitas pra essa atividade – quanto por um viés mais micro, que reconhece a elas e às suas possibilidades recriativas e reflexivas na produção e na ocupação de seus territórios.

Assim, considerando toda a complexidade envolvida no debate sobre a prostituição, apresentamos, a seguir, uma breve discussão sobre a questão dos direitos e da regulamentação dessa atividade, debate este que nos é bastante caro e que fica em evidência após nossa explanação sobre as condições e possibilidades que marcam o trabalho sexual.

Considerações finais: reflexões sobre o direito e a dignidade no exercício da prostituição

Discutir a prostituição no âmbito dos movimentos sociais e do direito sempre foi um grande desafio. Esses debates não são simples, sobretudo quando pretendemos pensar e efetivar direitos para travestis e transexuais prostitutas – as quais, de antemão, já parecem estar excluídas dos regimes de reconhecimento que, através da atuação do Estado, transformam sujeitos em cidadãos, dignos de direitos e proteção.

Como pontuamos neste capítulo, as *pistas* e demais ambientes a elas relacionados se constituem como os principais locais nos quais se é permitido vivenciar a experiência travesti, seja em função da importância que assumem para aquelas que são expulsas de casa e iniciam suas experimentações na travestilidade, seja porque o fato de se afirmar travesti quase sempre vem acompanhado da expulsão de outras esferas de suas vidas, como a escolar e a do trabalho. Nesse contexto, a possibilidade de *batalhar seu aqué*[18] nas ruas e avenidas, mais do que uma mera alternativa, adquire a perspectiva de sobrevivência.

A prostituição é vista por muitas travestis como um trabalho que lhes possibilita acesso a muito mais renda do que seriam capazes de ganhar em outros empregos assalariados (Kulick, 2008). Ademais, a prostituição segue tendo um papel importante na produção das subjetividades dessas sujeitas, uma vez que é na rua que muitas delas também desenvolvem sua autoestima e se sentem "objeto de verdadeiro e intenso valor" (Kulick, 2008, p. 151). Daí porque se torna tão importante reafirmar a ideia, levantada por Piscitelli (2005), de que a prostituição também se configura enquanto um espaço de agência, integrado por pessoas que desempenham uma atividade profissional e, portanto, deveriam gozar de garantias como quaisquer outros trabalhadores reconhecidos no país. Partindo daí, passamos a voltar nossos olhos não somente a vítimas, mas, principalmente, a sujeitas de direitos, integrantes de uma categoria profissional.[19]

No entanto, apesar de se constituir enquanto potência ao empoderamento dessas sujeitas – e também de significar sua resistência na luta por direitos –, a prostituição segue marcada pela ideia de marginalidade, sendo práticas violentas e discriminatórias bastante comuns em seus territórios. Além das violações a que estão expostas todas as noites nas ruas, essas sujeitas também sofrem agressões cotidianas que acentuam a invisibilidade à qual já estão submetidas. Segundo os dados do relatório descritivo do NUH (2016), de um total de 141

[18] *Batalhar o aqué* é o mesmo que dizer sobre ganhar dinheiro por meio da prostituição.

[19] Aqui, inclusive, vale a pena salientar que, no ano de 2002, a prostituição foi incluída na Classificação Brasileira de Ocupações (CBO), instituição responsável por reconhecer, nomear e codificar as ocupações existentes no mercado brasileiro, como uma categoria profissional. De acordo com Olivar (2012), essa inclusão representou um importante ganho simbólico na luta pela visibilidade, dignidade e identidade das prostitutas.

entrevistadas, 96,4% (quase 136) afirmaram já ter sofrido algum tipo de violência física, e 99,3% (cerca de 140) disseram ter sofrido violências psicológicas. Entre os mais citados tipos de violências físicas estão os assaltos, tapas, ovadas e similares – referindo-se aos objetos que nelas são arremessados por aqueles que passam em carros e ônibus. Já os olhares, xingamentos e ameaças compõem as violências psicológicas mais comuns que elas também sofrem. É importante ressaltar ainda que 97,9% (aproximadamente 138) das travestis e transexuais entrevistadas responderam já ter sido vítimas de violência sexual.[20]

Pensando sobre isso, podemos refletir sobre as possíveis e eficazes medidas a serem tomadas no combate a essa realidade de violações. Uma questão que se faz importante pensar é o fato de que a prostituição não pode ser argumento para que as travestis e transexuais tenham, dia após dia, a legitimidade de suas existências questionada. Neste sentido, acreditamos ser essencial termos como ponto de partida a discussão sobre as garantias de direitos e condições de trabalho para quem se insere na prostituição, sendo impossível, nesse caso, nos desviarmos da pauta da regulamentação.

Tendo como base o modelo laboral – no qual percebemos a prostituta como trabalhadora,[21] e o foco estando nos direitos trabalhistas e nas condições em que se exerce a atividade sexual –, atualmente, movimentos de feministas, travestis e prostitutas reivindicam o reconhecimento da prostituição como uma atividade legítima e passível de regulamentação.[22] Isto porque, apesar de atualmente a atividade

---

[20] Quando questionadas sobre os agentes causadores de tais violências, 82% (113) das travestis responderam já terem sido violentadas pela população em geral e 71,6% (101) pelos clientes, entre outros (NUH, 2016).

[21] Atualmente, dentro do movimento feminista, existem quatro vertentes ou posições envolvidas na discussão sobre a regulamentação da prostituição. São elas: 1) Proibicionista, que defende a criminalização tanto de quem exerce a prostituição como daqueles que saem em busca dos serviços; 2) Abolicionista, dentro da qual se pretende penalizar todos aqueles que, de algum modo, recrutam, organizam e se beneficiam da prostituição; 3) Regulamentarista, posição que considera a prostituição como um "mal necessário" e que, portanto, deve ser contido e regulado; e 4) Laboral ou trabalhista, sob a qual a prostituição é defendida segundo um ponto de vista mais humanista e se considera a prostituta como uma trabalhadora detentora de direitos laborais.

[22] Nesse contexto, no ano de 2012, o deputado Jean Wyllys apresentou ao Congresso o Projeto de Lei n.º 4.211, mais conhecido como o Projeto de Lei Gabriela Leite. Em diálogo com representantes do movimento de prostitutas e inspirado no projeto de lei proposto pelo deputado Fernando Gabeira e também na lei que, em 2001,

não ser proibida no país, praticamente todas as atividades e entornos relacionados à sua prática o são – deste modo, o Brasil, por meio da regulação efetivada no Código Penal, adota a postura abolicionista frente ao tema. Assim, não é possível que a sujeita exerça o trabalho sexual fora da marginalidade, uma vez que "o Estado autoriza a profissão, mas não dá a estrutura para que as profissionais trabalhem. É como ser professora e não poder trabalhar na escola", afirmou a pesquisadora Laura Murray (Rusky, 2016).

Nesse sentido, voltando-nos especificamente à realidade das travestis e mulheres transexuais que se prostitutem, acreditamos que pensar a regulamentação da atividade também exige esforços para se visualizar as especificidades e características próprias envolvidas no trabalho sexual exercido por essas sujeitas. Uma dessas questões, por exemplo, diz respeito à possibilidade de associação para o exercício da atividade. Como exposto, é comum que uma ou mais travestis aluguem quartos nas *casas de pensão* para estadia temporária e, mesmo, para a realização dos programas. Além disso, não são raras as situações em que duas ou três travestis, juntas, aluguem apartamentos onde possam residir ou também onde seja possível encontrar com seus clientes. Apesar de tal prática ser atualmente penalizada em nosso Código Penal, acreditamos que sua viabilização proporcionaria, sem dúvidas, maior segurança e dignidade àquelas que praticam a prostituição.

Seguindo no debate, outra questão que visualizamos diz respeito às trajetórias de envelhecimento dessa população no trabalho sexual. Conforme apresentado, a curta duração de suas carreiras na atividade significa, para muitas, a improvisação de outras formas de subsistência, algumas delas vinculadas diretamente ao mercado do sexo. Nesse sentido, as cafetinas e/ou *donas de casa* ocupam lugar de destaque como ocupações que merecem atenção, sobretudo considerando o modo simplificado com que a temática é tratada nos dispositivos legais. Em seu artigo 229, por exemplo, o Código Penal, sob o título "Casa de prostituição", equipara as casas de prostituição (ou também as conhecidas casas de pensão por nós abordadas) aos estabelecimentos nos quais ocorre exploração sexual. Aqui, é essencial pontuarmos a necessidade

---

regulamentou o trabalho sexual na Alemanha, o texto legislativo apresentou em sua justificativa o objetivo de garantir direitos às prostitutas, tirá-las da marginalidade e reduzir os riscos danosos da atividade (Brasil, 2012).

da diferenciação, ainda inexistente no texto legal, entre a prostituição (exercida voluntariamente) e a exploração sexual, ocorrida, entre outros, nos casos em que não existe o consentimento da vítima.

Ademais, também destacamos o crime tipificado em nossa legislação como "rufianismo", que é definido como o ato de "tirar proveito da prostituição alheia, participando diretamente de seus lucros ou fazendo-se sustentar, no todo ou em parte, por quem a exerça" (Brasil, 1940). Nesse ponto, sob uma análise reducionista das relações estabelecidas entre as cafetinas/*donas de casa* e suas *filhas*, facilmente a figura dessas sujeitas caracterizaria o descrito no artigo 230 do Código Penal acima citado. No entanto, sabemos que tais relações vão muito além do ato de "tirar proveito da prostituição alheia" ou do "sustento por quem a exerça". As cafetinas/*donas de casa*, as *tias*, *madrinhas* ou *mães* são as responsáveis por preencher certas ausências na vida de muitas travestis/transexuais, ausências estas produzidas, sobretudo, pelas exclusões familiar, social e institucional que elas sofrem em suas trajetórias – estas últimas podendo ser compreendidas a partir das inexistentes ou precárias políticas públicas que lhes assegurem direitos sociais básicos. Em nossas idas a campo, não foram raras as vezes em que soubemos de *donas de casa* que acompanhavam travestis a postos de saúde, cuidavam de sua integridade e lhes protegiam em conflitos envolvendo clientes, outras travestis/transexuais e mesmo policiais.

Por fim, acreditamos ser também essencial pensar nos canais de denúncia, e mesmo sobre a urgência de transformações na práxis de um judiciário que ainda beneficia elites conservadoras do país e legitima violências institucionais, entre elas, a transfobia. Quando, por exemplo, vivenciam violências na *pista* advindas de seus clientes, a quem, atualmente, as travestis e mulheres trans podem recorrer? Às delegacias, nas quais, muitas vezes, essas pessoas sofrem com duplos processos de estigmatização e violência – primeiro, em função de sua identidade de gênero, depois, pelo fato de também se prostituírem? Aos sistemas de justiça que ainda insistem em (in)visibilizar essas sujeitas por meio de condenações baseadas em preconceitos, prescrições arbitrárias e desconhecimentos sobre seus corpos, suas vidas e trajetórias?

Nesse sentido, tendo em vista todos os percalços e dificuldades que atravessam o tema, este capítulo deseja ser parte de um movimento maior, trazido também por este livro, pelo qual seja possível denunciar processos de estigmatização e violações. Pelo qual seja possível, sobretudo, transformar realidades de exclusão e, enfim, reconhecer cidadania e humanidade às travestis e transexuais.

Referências

ANDRADE, L. T.; TEIXEIRA, A. E. A territorialidade da prostituição em Belo Horizonte. *Cadernos Metrópole*, v. 1, n. 11, p. 137-157, jan. 2004.

BAGAGLI, B P. Máquinas discursivas, ciborgues e transfeminismo. *Gênero*, Niterói, v. 14, n. 1, p. 11-27, jan. 2013.

BENEDETTI, M. *A batalha e o corpo: breves reflexões sobre travestis e prostituição*. Programa de Pós-Graduação em Antropologia Social, Universidade Federal do Rio Grande do Sul, Porto Alegre, 2000.

BENEDETTI, M. A batalha e o corpo: breves reflexões sobre travestis e prostituição. *Boletin Electrónico del Proyecto Sexualidades, Salud y Derechos Humanos en América Latina*, n. 11, ano 2, 2004.

BENEDETTI, M. *Toda feita: gênero e identidade no corpo travesti*. Porto Alegre: Garamond, 2005.

BRAH, A. Diferença, diversidade, diferenciação. *Cadernos Pagu*, Campinas. n. 26, p. 329-376, 2006.

BRASIL. Decreto-lei n.º 2.848, de 7 de dezembro de 1940. Código Penal. Diário Oficial da União, Brasília, 31 dez. 1940. Disponível em: https://bit.ly/3vSutEX. Acesso em: 18 out. 2017.

BRASIL. Projeto de Lei n.º 4211, de 2012. Regulamentação da atividade dos profissionais do sexo. Disponível em: https://bit.ly/3pK26rq. Acesso em: 18 out. 2017.

DAS, V. O ato de testemunhar: violência, gênero e subjetividade. Tradução de Plínio Dentzien. *Cadernos Pagu*, Campinas, n. 37, p. 9-41, jul./dez. 2011.

DUQUE, T. *Montagens e desmontagens: vergonha, estigma e desejo na construção das travestilidades na adolescência*. Dissertação (Mestrado em Sociologia) – Universidade Federal de São Carlos. São Carlos, 2009.

KAAS, H. *O que é transfeminismo?: uma breve introdução*. 2. ed., 2015.

KULICK, D. *Travesti: prostituição, sexo, gênero e cultura no Brasil*. Rio de Janeiro: Editora Fiocruz, 2008.

NUH – Núcleo de Direitos Humanos e Cidadania LGBT. *Relatório de pesquisa – Direitos e violência na experiência de travestis e transexuais na cidade de Belo Horizonte: construção de um perfil social em diálogo com a população*. 2016. Disponível em: https://bit.ly/3posPcV. Acesso em: 24 maio 2021.

OLIVAR, J. M. N. Prostituição feminina e direitos sexuais... diálogos possíveis?. *Sex., Salud Soc.*, Rio de Janeiro, n. 11, p. 88-121, ago. 2012.

OLIVEIRA, L. H. *Travesti envelhece, não vira purpurina!: um olhar interseccional sobre a(s) velhice(s) na experiência de travestis em Belo Horizonte*. Dissertação (Mestrado em Antropologia Social) – Faculdade de Filosofia e Ciências Humanas, Universidade Federal de Minas Gerais. Belo Horizonte, 2017.

PAIXÃO, O. V. B. *Entre a batalha e o direito: uma análise do projeto de lei Gabriela Leite sob a ótica da travestilidade*. Monografia (Graduação em Direito) – Faculdade de Direito, Universidade Federal de Minas Gerais, Belo Horizonte, 2016.

PELÚCIO, L. *Abjeção e desejo: uma etnografia travesti sobre o modelo preventivo da AIDS*. São Paulo: Annablume; FAPESP, 2009.

PERES, W. S. *Subjetividade das travestis brasileiras: da vulnerabilidade da estigmatização à construção da cidadania*. Tese (Doutorado em Saúde Coletiva) – Instituto de Medicina Social, Universidade do Estado do Rio de Janeiro. Rio de Janeiro, 2005.

PERLONGHER, N. *O negócio do michê: prostituição viril em São Paulo*. São Paulo: Brasiliense, 1987.

PISCITELLI, A. Apresentação: gênero no mercado do sexo. *Cadernos Pagu*, v. 25, p.7-23, jul./dez. 2005.

RUSKY, Renata. Projeto de Lei Gabriela Leite gera embates entre grupos feministas. *Portal UAI*, 15 jul. 2016. Disponível em: https://bit.ly/3Bls2vD. Acesso em: 16 out. 2017.

SANDER, V. *Entre manuais e truques: uma etnografia das redes do trabalho sexual entre travestis em Belo Horizonte*. Dissertação (Mestrado em Antropologia Social) – Instituto de Filosofia e Ciências Humanas, Universidade de Campinas. Campinas, 2015.

SANDER, Vanessa; OLIVEIRA, Lorena Hellen de. Entre "tias" e "novinhas": envelhecimento e relações intergeracionais na experiência de travestis trabalhadoras sexuais em Belo Horizonte. *Revista Soc. e Cultura*, Goiânia, v. 19, n. 2, p. 69-81, jul./dez. 2016.

SILVA, Hélio R. *Travesti: a invenção do feminino*. Rio de Janeiro: Relume-Dumará, 1993.

TELLES, Vera da Silva. Nas dobras do legal e do ilegal: ilegalismos e jogos de poder nas tramas da cidade. *Dilemas: Revista de Estudo de Conflito e Controle Social*, v. 2, n. 5-6, p. 97-126, jul./dez.

TRINDADE, Mably. *Aspectos históricos do processo transexualizador no Rio de Janeiro*. Rio de Janeiro: Editora Gramma, 2016.

Capítulo 10

"Fazer a vida fora": reflexões sobre a migração de travestis e transexuais

Bárbara Gonçalves Mendes

1. Introdução

Não é só o trânsito de gênero que faz parte da vida de travestis e transexuais brasileiras. Aparentemente "Todo o modo de vida travesti é uma viagem. Não se está, antes se chega e torna-se a partir, antes mesmo de se chegar a estar" (LUÍS, 2015, p. 227). Essa constante mobilidade diz inclusive do espaço físico e geográfico. Porém, não se pode olhar para estes fluxos territoriais, ignorando o entrelaçamento de diversos aspectos de suas vidas, que tem efeitos sobre as idas, vindas e estadas.

Este capítulo trata dos processos migratórios vividos por travestis e transexuais brasileiras, tanto no âmbito intranacional quanto no internacional. É importante ressaltar que os questionamentos que nortearam todo o texto se referem às buscas dessas pessoas que migram, bem como quais os motivos de fluxos tão constantes, para além da migração que se relaciona à prostituição. Dito de outra forma, é sobre pensar até que ponto migrar se torna uma tentativa de aumentar, em duração e qualidade, a própria vida.

Para todas as análises apresentadas, foram utilizadas as informações obtidas pelo projeto "Direitos e violência na experiência de travestis e transexuais na cidade de Belo Horizonte: construção de um perfil social em diálogo com a população", produzido pelo Núcleo de Direitos Humanos e Cidadania LGBT da Universidade Federal de Minas Gerais (NUH/UFMG), tanto os resultados da parte quantitativa, que foram publicados em 2016, quanto as entrevistas, que contribuíram para a elaboração do relatório de pesquisa. O estudo, orientado pelo professor Marco Aurélio Máximo Prado, teve como foco a população de travestis e transexuais que trabalhavam na prostituição em Belo Horizonte e na Região Metropolitana.

Entre os anos de 2011 e 2015, foram coletados diversos dados que assinalam um histórico afastamento da população travesti e transexual de uma série de instituições e contextos sociais. O alvo, portanto, era a apreensão de como a dinâmica do preconceito interfere na vida dessas pessoas, ampliando também o entendimento das violências que perpassam suas experiências. Com os questionários e as entrevistas, foi possível traçar um perfil social e obter informações sobre família, escola, religião, trabalho, transformações corporais, saúde, políticas públicas, migração, moradia, lazer, entre outros, compreendendo que as violências sofridas por esse grupo perpassam vários contextos de suas vidas. Para além disso, é importante mencionar que as formas de violência engendradas contra essa população são múltiplas, devido à escassez de políticas que garantem segurança e proteção. Assim, travestis e transexuais são alvo da polícia; da mídia; e de outros sujeitos, órgãos e instituições.

Aqui serão tomados, como referência, os dados sobre migração, mas não de forma restrita, uma vez que essa temática está vinculada a outros âmbitos da vida dessas pessoas. Assim, serão abordados, também, temas como: a saída de casa, a relação com a família, a inserção na prostituição, as transformações corporais, entre outros.

2. Sair de casa e "cair na pista"

Antes de mencionar as questões relacionadas à migração propriamente dita, é de suma importância caracterizar as pessoas que participaram da pesquisa em questão. Responderam ao questionário 141 travestis e transexuais, das quais: 88,7% se reconhecem como travestis ou transexuais no que tange ao gênero; quanto à sexualidade, 98,3% se identificam como heterossexuais; e quanto à cor ou etnia, 67,4% se declararam pretas ou pardas.

No que diz respeito à escolaridade, 97,9% frequentaram a escola, sendo que 21,9% cursaram entre a 1ª e a 4ª série; 28,1%, entre a 5ª e a 8ª série; e 21,1%, entre o 1º e o 3º ano do ensino médio. Cabe assinalar que grande parte das "meninas"[1] abandonou os estudos. O

[1] Termo acompanhado de aspas nesta primeira aparição a fim de marcar que, no contexto de realização desta pesquisa, sua utilização para se referir às travestis e transexuais, bem

trabalho – sexual ou não – foi relatado como principal causa dessa evasão, seguida do preconceito sofrido na escola e da causa derradeira entre as informadas: a mudança de cidade. Esta última, de suma importância para nossas análises, e correspondeu a 10,6% das 132 respostas obtidas.

Seguindo a caracterização, a idade com que a maior parte das entrevistadas deixou de viver com a família marca um período anterior aos 18 anos. Entre 120 interlocutoras, 5,8% saíram do ambiente familiar entre 10 e 12 anos de idade; 22,5%, entre 13 e 15; e 22,5%, entre 16 e 17. Quanto ao destino, foi informado, ainda, que a "saída de casa" nem sempre objetiva localidades próximas às cidades natais.

Como confirmação dessa diversidade de destinos, podemos analisar a distribuição das travestis e transexuais participantes da pesquisa por estados de nascimento contrapondo aos estados de moradia – lembrando que, apesar do grande fluxo, os dados foram coletados em Belo Horizonte e na Região Metropolitana, ou seja, Minas Gerais. Deste modo, entre as 141 respostas, 45,4% informaram nascimento neste mesmo estado. Já as demais nasceram – por ordem crescente de nascimentos – em: Bahia, Sergipe, Ceará, Paraíba, Alagoas, Rio de Janeiro, Pará, Goiás, Acre, Pernambuco, Maranhão, Distrito Federal, Espírito Santo, Mato Grosso do Sul, Paraná, Tocantins e Amazonas. Percebe-se, pois, uma multiplicidade de localidades de origem, e, consequentemente, um grande número de migrantes. Embora Minas Gerais se destaque com o maior número de nascimentos, deve ser ressaltado que 54,61% vieram de outros estados, sendo 29,79% da região Nordeste.

O fluxo migratório, segundo elemento pontuado que informa o frequente deslocamento dessa população, pode ser percebido pelos dados referentes às cidades ou aos estados nos quais as participantes já teriam residido. Como poderia ser mais de um distrito por pessoa, contabilizaram-se 376 respostas, nas quais São Paulo se sobressaiu, aparecendo em 23,94% delas.

como às outras possibilidades de performar a feminilidade, é recorrente. Vale ressaltar que seu uso não diz, de forma nenhuma, de uma infantilização ou essencialização dessas pessoas, apesar de ser um vocativo que possa gerar esse questionamento. No contexto mineiro, por fim, essa é uma forma, inclusive carinhosa, de se referir às pessoas.

De maneira geral, os estados do Sudeste obtiveram os maiores índices, totalizando 38,30% das respostas e explicitando uma centralidade do fluxo migratório para essas localidades. Sobre o número de travestis e transexuais que moraram na região Sudeste, 90 declaram já ter morado em São Paulo; 32, no Rio de Janeiro; e no Espírito Santo, 21 interlocutoras. Como dito anteriormente, vários motivos são apontados para essas mudanças, todavia, é importante saber que esta itinerância tem início na saída da casa dos pais (Vale, 2008).

Ao fazer o cruzamento dos dados que tratam da saída da casa da família e aqueles referentes ao início das transformações corporais, temos elementos bastante significativos. Os processos tratados pelas interlocutoras como marcadores de uma transição inicial são o uso de "roupas femininas" e a hormonização.[2] O uso de roupas femininas, de acordo com as respostas, tem maior incidência entre 11 e 15 anos (46,9%), já a hormonização acontece primordialmente entre 13 e 17 anos, correspondendo a 52% das respostas. O que torna mais notáveis as informações é perceber que as principais idades apontadas como marcos iniciais do trânsito de gênero correspondem, justamente, àquelas informadas na questão sobre a "saída de casa". Isso aponta para um duplo processo migratório, como início de uma "*viagem sem volta*" (Luís, 2015).[3]

As causas elencadas para essa primeira migração são múltiplas, mas apontam para uma íntima relação com as normas estabelecidas quanto ao gênero e à sexualidade. A título de exemplo, podemos citar a entrevistada Clara, que saiu de casa por volta dos 14 ou 15 anos de idade, motivada por uma necessidade de independência: "[Queria] a minha vida. Liberdade também!" (NUH, 2016). Ela disse, ao explicar o que seria essa liberdade, o quanto sua mãe a restringia, principalmente quanto aos horários para voltar para casa em eventuais saídas.

---

[2] Houve a escolha pela utilização desse termo em detrimento de "hormonioterapia", porque este, normalmente, aparece na literatura vinculado ao saber médico. Entretanto, na vivência de travestis e transexuais, os médicos raramente auxiliam durante esse processo do uso de hormônios na sua fase inicial. Principalmente tendo em vista a escassez de ambulatórios que contemplem essa população e o quanto o Serviço Único de Saúde brasileiro (SUS), por meio de sua burocracia, que reproduz as normas de gênero, acaba por afastar essas pessoas, apesar das políticas específicas.

[3] Esta é uma fala da entrevistada Adriana, cujo depoimento aparece na página 227 da tese referenciada.

O afastamento deste ambiente foi, pois, a única forma encontrada de minar o "controle" da mãe.

Outro relato, apresentado por Amélie, informa um período semelhante ao anterior no que tange à faixa etária, entretanto destoa quanto aos motivos. Amélie evoca a saída da casa dos pais como um processo doloroso. A circunstância se vinculava ao impedimento de residir com sua mãe, porque seu padrasto não a aceitava, bem como não aceitava as transições pelas quais estava passando. Bonnie, por sua vez, foi uma das interlocutoras que saiu mais "tarde" de casa: aos 17 anos, resolveu fugir com uma amiga. Descobrindo a situação, sua mãe foi imediatamente buscá-la, mas isso não a impediu de rechaçar a autoidentificação da filha: "Ela teve um alívio de saber que o filho estava vivo, mas tristeza ao ver o que ele estava se tornando" (NUH, 2016). E, assim, apesar desse movimento de "resgate" da filha, Bonnie sai novamente de casa e passa a viver por conta própria, em uma cidade desconhecida e com "certa tranquilidade – conforme ela mesma diz. Nesta segunda saída da casa dos pais, devido à idade, ninguém poderia obrigá-la a voltar.

Várias são as expressões para indicar as motivações do afastamento dos pais e dos demais parentes, entretanto todas elas se relacionam, de forma mais ou menos sutil, ao processo de transição. Isso posto, podemos perceber a reiteração dos modelos de gênero normativos no contexto familiar. Ainda que, nem sempre de forma explícita, essas lógicas operem por meio de supostas "regras" que, em muitos casos, elaboram o desrespeito a essas pessoas e à sua subjetividade.

Alguns pontos de reflexão que serão abordados neste capítulo se referem a aspectos supracitados, como a dificuldade de vivenciar, até mesmo no âmbito familiar, relações não violentas. O que é denominado regra, rigidez e controle incomoda essas meninas – e aqui o termo é usado inclusive em relação à idade –, precisamente por serem formas de explicitar e garantir a reprodução de concepções binárias de gênero, desconsiderando as travestilidades e transexualidades como possibilidades legítimas de se colocar no mundo. Essa dinâmica de estigmatização é o meio pelo qual as assimetrias sociais são construídas, nas tessituras do cotidiano, delimitando o que é e o que não é possível de ser vivido. Afinal, essas normas hierarquizam vivências em termos de reconhecimento e, ao passo que reafirmam determinada prática como correta, também informam a impossibilidade de existência de outras pessoas, de outros corpos e de outras formas de performar o gênero (Butler, 2006).

Assim, entender esses processos normativos se torna caro a este trabalho, e é importante destacar que não entendemos essa construção como fundamentada ou embasada em uma essência. Não há algo previamente estabelecido no que tange à subjetividade, e, assim, o gênero da forma como é sedimentado socialmente não passa de um conjunto de normas que significam os corpos inseridos em determinado contexto cultural (Butler, 2000). Ainda que não se trate de um conjunto de leis referentes à inteligibilidade, são mecanismos de regulação "através do qual [dos quais] se produzem e se naturalizam as noções de masculino e feminino" (Butler, 2006, [s.p.], tradução nossa). Tais mecanismos são, desse modo, exteriores e, ao mesmo tempo, constituintes da existência dos sujeitos, tendo em vista que o reconhecimento é fundamental para os processos de subjetivação.

É importante ressaltar, no entanto, que essas construções consensuais (normativas) se dão com base no que Butler (2003) denomina "metafísica da substância": corpo e gênero se ligam de forma unívoca, desconsiderando outras possibilidades. Assim, tais normas ignoram o sofrimento das pessoas cujas formas de vida não são contempladas nessa gradação de legitimidade. Ou seja, ao criar formas de vida possíveis, enquadradas no que é entendido como gênero, tais normas inviabilizam a inteligibilidade de outras experiências e, consequentemente, sua "aceitação". Habitar as fronteiras da norma tem efeitos que passam por sofrimentos e riscos diversos. E, dessa maneira, em muitos casos, a saída de casa se dá por um medo prévio da possibilidade de ser rechaçada e violentada, já que não há uma adequação ao que é socialmente convencionado.

Voltando às análises, com base no que foi narrado pelas interlocutoras, dimensionando alguns desses efeitos, após a saída de casa, independentemente dos motivos relatados para tal, todas acabaram "caindo na pista", ou seja, iniciando o trabalho no contexto da prostituição. Não é sabido, neste ínterim, que elas teriam de lidar com outras regras estabelecidas neste meio, além daquelas sedimentações supramencionadas. Na batalha, há uma série de hierarquias postas que pode se dar em função do corpo e do tempo de prostituição. Sobre isso, Luís (2015) menciona que essa dinâmica carrega um tom coercitivo, tendo em vista que coloca em cena controles sobre as pessoas envolvidas. E, deste modo, muitas travestis e transexuais sofrem por um completo desconhecimento da forma como a pista se estrutura.

> **Bruna:** Eu caí na rua besta, né? Não sabia que tinha que pagar, não sabia que tinha cafetina, não sabia de nada! Pus aquela roupinha de mulher e me desço! Aí eu falei "Bicha, eu posso ficar aqui?". A bicha respondeu: "Pode!". Não demorou duas horas eu olhei pro lado não tinha mais ninguém, fiquei pensando "Gente, que que aconteceu?". Só desce um viadão do carro e "Pá pá pá" na minha cara! Misericórdia! Não tinha nem batido uma porta[4] tomei um tapa na cara! (NUH, 2016).

O exemplo de Bruna explicita a entrada na prostituição, que, apesar de ser o contexto no qual se constituem muitas das redes de apoio de travestis e transexuais, parece aterrorizante em um primeiro momento, quando as regras ainda não foram devidamente apreendidas. Após todo um conhecimento do modo como funciona "a pista" e a prostituição, outras relações começam a ser forjadas – algumas mais tranquilas, outras de fricção –, todas mediadas por processos próprios do contexto. Um exemplo que pode ser citado são as "taxas"[5] a serem pagas, bem como a forma como essa atividade pode interferir nas alterações corporais almejadas e realizadas.

Na maioria das entrevistas, é perceptível que essa "primeira migração" leva à experiência de "cair na pista". Por terem de se manter em localidades, muitas vezes, desconhecidas, distantes dos vínculos afetivos e familiares, a forma de sustento encontrada por essas pessoas acaba sendo, com frequência, a prostituição. Isso se deve também às restrições preconceituosas do próprio mercado formal de trabalho, que se fecha e/ou impõe diversos impedimentos à inclusão de travestis e transexuais.

Seguindo a dinâmica da prostituição, podemos falar de outro processo migratório que perpassa essa atividade: o fluxo sazonal. No que tange aos dados supramencionados que apresentam muitas

---

[4] Essa expressão se refere ao fato de que ela, quando sofreu a violência, ainda não tinha conseguido fazer nenhum programa.

[5] Valor que deve ser pago às cafetinas para a manutenção da atividade em determinado ponto de prostituição.

migrantes do nordeste brasileiro rumo ao sudeste, é possível elencar pontos de toque com o que elabora Kullick (2008). Segundo o autor, muitas das travestis e transexuais[6] migram para a região sudeste, pois nela se situam localidades – principalmente São Paulo – que têm a reputação de ser "excelentes locais para fazer dinheiro" (p. 38). Cabe destacar que alguns autores que trabalham com a temática da mobilidade trans pelos territórios atribuem a esse deslocamento, cujo ponto de partida é a região nordeste brasileira, uma série de caracterizações que perpassam toda a desigualdade nacional, principalmente os elevados índices de pobreza (Kullick, 2008; Luís, 2015). Isso permite alguns apontamentos, uma vez que, quando se observa a sazonalidade, há períodos temporais em que a região nordeste é o foco para a obtenção de lucro, deixando de ser, em sua totalidade, vista como o lugar de onde se parte rumo ao sudeste do país. A título de exemplo, podemos citar o período do carnaval. Nesta época, as praias estão cheias de turistas e a região é conhecida como a detentora das "melhores festas do Brasil", ficando, portanto, repleta de potenciais clientes. Isso é inclusive apontado por Kullick (2008), segundo o qual a saída das travestis e transexuais da região acontece principalmente após este período, em busca de mais recursos materiais e melhores condições de vida.

Outro elemento informado pelas interlocutoras é o fato de "se tornar conhecida". Quando se fixa muito tempo em um "ponto" ou em uma cidade, há a necessidade de se mudar, porque esse reconhecimento não é necessariamente positivo. Grace menciona que, se um cliente "te pega" diversas vezes, naquele ponto, mais hora, menos hora, "ele enjoa. Ele já vê uma cara nova, aí você vai ficando encostada. Quando você pensa que você não tem mais rotatividade financeira, aí, você tem que sair daquele lugar" (NUH, 2016). Também foi mencionado por ela que, no âmbito da prostituição, outro motivo que leva à mudança são os problemas que podem surgir nas relações, como "briga, roubo, assalto, ou com a própria cafetina" (NUH, 2016).

[6] Importante mencionar que, apesar de em alguns momentos Kullick fazer análises que dizem de um contexto mais regional, a etnografia foi realizada na cidade de Salvador, Bahia.

A partir dessa discussão em relação aos possíveis conflitos no campo, a violência é evocada como um motivo para a migração. E, assim como fora explicitado em relação à família, a violência existe em outros contextos, podendo vir de colegas, das cafetinas e das demais pessoas com quem estabelecem relações. Roberta destaca que em cidades inseguras não há como ficar por muito tempo, ainda que as condições financeiras sejam boas, porque há sempre medo e apreensão. Esse relato vai de encontro aos que mencionam que a renda seria a única preocupação e, deste modo, travestis e transexuais se submeteriam aos riscos. O interessante é que isso aparece nas próprias entrevistas realizadas pelo projeto.

Tendo tudo isso em vista, pode ser observado que nos locais de migração as regras da "pista" também prevalecem. Assim, muitas das meninas mais experientes que migram através de redes estabelecidas com outras travestis e transexuais, combinando destino, preços e contando com certa segurança, por exemplo, têm alguém que as espera e onde ficar – tanto no que tange à moradia quanto à "pista".

O aprendizado de toda essa dinâmica passa pela figura das "mães", que muitas vezes também são as mediadoras das relações de migração. Elas, geralmente travestis mais velhas, fornecem as informações e facilitam todo o processo de construção das relações fora da cidade de residência. Além disso, são estas mais velhas que acabam sendo tutoras para as recém-chegadas, em um tipo de "ritual de iniciação" à dinâmica hierárquica e à família.

A "mãe", ou "madrinha",[7] ensina, para além da dinâmica coercitiva, questões sobre transformação corporal, formas corretas de se portar e o que mais for necessário para esse processo de tornar-se travesti (Luís, 2015). São diversas construções de conhecimento nesse processo, bem como de transmissão e atualização destes. Principalmente saberes que passam pela ingestão de hormônios, aplicação de silicone, entre outras modificações no corpo – cabe destacar que para estas elaborações não há suporte ou informações das áreas biomédicas, sendo algo muito próprio das experiências cotidianas –, roupas, sapatos e demais acessórios. Como supramencionado, todo esse conhecimento

7 Segundo Pelúcio (2005), as distinções entre esses termos são sutis, eles se tratando, em muitos casos, de sinônimos.

transmitindo foi produzido ao longo do tempo, passando de forma geracional, em uma lógica de "tradição-subjetivação".

> É comum o processo de transformação das travestis se iniciar com a ruptura do mundo da casa, seguido pelo necessário apego ao universo da rua, onde encontram formas de sobrevivência e aprendem, ou potencializam, seu processo de transformação. Em busca de si mesmas, de sua "autenticidade", vão inscrevendo seus sonhos em seus corpos. Para isso, precisam contar com a ajuda do grupo, é difícil se tornar travesti sem estar inserido em uma rede específica e, neste processo, o "amadrinhamento" é essencial" (Pelúcio, 2005, p. 232).

Por fim, essas dinâmicas estabelecidas com as "mães/madrinhas" ficam explicitadas, no contexto migratório, não somente em mudanças intranacionais, mas também no caso das internacionais. E é isso que elaboraremos a seguir.

3. O "truque" para "dar certo na vida": inserção nos espaços transnacionais

A migração de travestis e transexuais brasileiras para o exterior não pode ser entendida somente a partir do viés macrossocial da globalização, mas também não pode ser identificada apenas como uma opção pessoal (Patrício, 2009). Apesar de serem dois elementos complementares nessas experiências, deve-se estar atento ao fato de que, para alguns países, primordialmente europeus, essa individualização do processo de migração é a forma encontrada de garantir a punição das pessoas que vivenciam o contexto na ilegalidade.

Ao longo da história, países do norte global construíram uma imagem de desenvolvimento e realizações voltada para si, principalmente quando essa representação é mediadora da relação com países colonizados. Essa lógica da colonialidade sustenta as subalternidades perspectivadas pelas nações que são sedimentadas como "Primeiro Mundo" – ou seja, atualizam essa posição de referência para a "oficialidade" das "histórias", macro e microssociais.

Todo esse discurso hegemônico construiu, ao longo de muitas gerações de travestis e transexuais, um ideal de vida a ser almejado (Carrijo, 2011). Para algumas meninas, a ideia de melhores condições de trabalho, aceitação e felicidade está, muitas vezes, vinculada ao continente europeu e focada em alguns países, como é o caso da

França e da Itália. Segundo Paola, as condições de vida não são comparáveis quando se avalia Brasil e Itália. Ela menciona nas entrevistas um ditado comum nas experiências trans que migram para exterior: "a Itália é mãe, e o Brasil é madrasta" (NUH, 2016) – forma de identificar esta desigualdade de vivências.

Nesse mesmo sentido, para Pelúcio (2011, p. 216), "a centralidade geográfica e cultural da Europa e sua relação desigual com as ex-colônias, cinco séculos depois, seguem referendando as impressões que muitos europeus têm sobre o resto do mundo e seus habitantes". A autora aponta, ainda, que essas construções parecem embasar também esse desejo de sair do Brasil e permanecer por lá, pela Europa. Mesmo que isso apareça de forma constante, alguns autores[8] mencionam que esse fetichismo acerca do território europeu se trata de uma ilusão, comprada a duras penas. Isso porque o preconceito e as violências também acontecem por lá – ainda que de outras formas, talvez mais sutis –, bem como pelo fato de que há, na União Europeia, um profundo controle do processo de imigração.

"Para os países considerados de 'primeiro mundo' configuram-se os desafios de preservar o imaginário de distinção (civilidade, democracia e liberdade) e evitar o acesso daqueles considerados inabilitados para o lugar" (Carrijo, 2011, p. 264). Não obstante, algumas travestis e transexuais veem na migração entre nações um passo importante na sua trajetória, como se isso significasse que elas "deram certo na vida" (Luís, 2015).

Voltando aos dados inicialmente abordados, de 141 interlocutoras, somente 20 delas mencionaram ter vivido no exterior, sendo que 12 haviam residido justamente na Itália. Os motivos informados para a mudança envolvem a vontade de conhecer o país, mas é notável o objetivo de conseguir dinheiro mais rápido, como menciona Paulina em sua entrevista.

É sabido, todavia, que essa transnacionalidade[9] implica uma série de dificuldades. As adversidades vão desde a distância e o

---

[8] Ver Pelúcio (2011) e Carrijo (2011), por exemplo.

[9] *Transnacionalidade* é um termo de extrema importância para este trabalho, como ficará claro adiante, tendo em vista que diz das relações que são transversais às nações. Há um fluxo de sentidos nas vivências dessas pessoas que migram que está para além

desconhecimento do local, até a alta vigilância sobre as pistas e as próprias travestis e transexuais, tornando-se elementos complexos, devido ao despreparo em função da idealização do contexto europeu.

> **Paola:** Ah, foi difícil... foi difícil... eu chorei muito, queria voltar... com uma semana já queria vir embora... aí elas insistiram comigo "Não... é assim mesmo, mulher, todas passam por isso". Tinha que ficar fugindo de muita polícia, já escondi várias e várias vezes dentro de caçamba de lixo, porque todas mergulhavam quando via polícia... quando vinha [reproduz o barulho da sirene], quando vinha isso já podia sumir... (NUH, 2016)

Dois pontos que se destacam na fala anterior como fundamentais para o êxito migratório são o medo da deportação e as redes de solidariedade. No documentário *O voo da beleza* (2012-2013), Camille Cabral[10] explica que a expressão que nomeia o vídeo se refere precisamente à saída coercitiva do país em que se passa a residir – ser deportada. Esse é um receio comum para as travestis e transexuais migrantes, tendo em vista que, para além da revogação do visto temporário, há uma série de violências – sobretudo policiais –, envolvidas nesse processo. No documentário, por exemplo, uma das meninas conta que ficou em um calabouço por três dias, sofrendo assédio desses oficiais, até que conseguiram vaga em um voo para retornar ao Brasil. Além disso, nesse processo, um policial é designado a acompanhar a pessoa deportada, a fim de garantir a chegada ao destino, sem "truque" para continuar em território internacional.

Sobre essa atuação de fiscalização estatal europeia, voltada para as travestis e transexuais migrantes, Teixeira (2011) afirma que, tratando-se da Itália, as justificativas para a criação de normativas que restringem a circulação dessa população são inúmeras. Entre alguns dos principais argumentos apresentados, temos a necessidade de manutenção da ordem pública, "riscos de acidentes de trânsito, defesa da decência e da moral, perigo do agravamento de doenças sexualmente

---

de qualquer fronteira nacional. Assim, a vida delas acontece, simultaneamente, em diversas localidades (PISCITELLI, 2005).

[10] Camille Cabral é uma médica dermatologista e política transexual franco-brasileira. Foi a primeira transexual a ser eleita, na história da França, como vereadora em Paris pelo Partido Verde local. Por fim, é fundadora do Groupe de Prévention et D'Action pour la Santé et le Travail des Transsexuel(les) (PASTT).

transmissíveis e necessidade de ações sociais para o enfrentamento da exploração sexual" (Teixeira, 2011, p. 238).

É interessante notar que, conforme mencionado nos relatos anteriores, não são ponderadas preocupações ou medidas que possam garantir a tranquila permanência dessa população na Europa. Assim, o que parece sustentar tais normativas são os preceitos morais, com base nos quais elas são "conduzidas para o centro de identificação e encaminhadas ou não para o julgamento, no qual se decide pela expulsão, prisão ou liberação" (Teixeira, 2011, p. 238).

Por esses motivos, sobretudo, muitas travestis e transexuais mencionam a vontade de ir para o exterior, mas condicionando este desejo à segurança de um contato que facilite o processo, como é o caso de Amélie. O que acontece é que, para se resguardar dessas possibilidades de prisão e até mesmo de serem deportadas, por conta da situação de ilegalidade, as meninas contam com mediadoras que interferem definindo todos os passos dados, até mesmo no trajeto que elas fazem para a chegada ao exterior. Como "ser trabalhador indocumentado coloca qualquer migrante em situação de fragilidade em terras estrangeiras" (Teixeira, 2011, p. 237), no caso da prostituição, especialmente, toda a rota de saída do Brasil e chegada à Europa é pensada. É importante fugir dos principais aeroportos de embarque e desembarque, mudar de meios de transporte, quando conveniente, entre outras estratégias que diminuam as possibilidades de não concretização da chegada segura ao destino. Essa rede, de alguma forma, protege essas migrantes, constituindo-se como uma referência de família.[11]

Quem se dispõe a facilitar esse trânsito, em muitos casos, são as "mães/madrinhas", que, para além de mediar as relações Brasil-exterior, "auxiliam" financeiramente na ida. Essa ajuda de custo é feita por meio de empréstimos com juros, que são ofertados e acordados para que as travestis e transexuais consigam realizar o sonho europeu (Kullick, 2008). É importante reconhecer que esses procedimentos "ocorrem frequentemente com a prostituição feminina, mas também com a emigração não direcionada à indústria do

[11] Para entender mais sobre esse processo, é recomendada a leitura de Carrijo (2011), em que ele exemplifica essa situação com a família de Pâmela Volp.

sexo" (LUÍS, 2015, p. 171). Com o pagamento efetuado, as relações são mantidas, ainda que, em muitos casos, haja a distância espacial entre as pessoas envolvidas. Luís (2015) menciona que, quando toda transação é feita de forma rápida, há maior facilidade na aquisição do dinheiro. Além disso, ainda segundo o autor, a cafetina sendo uma das mediadoras possíveis agiliza o processo utilizando de seu poder: influência e conhecimentos suficientes para colocar uma série de restrições à vida daquela travesti ou transexual, tanto no exterior, quanto no Brasil.

Retomando os motivos elencados para a migração, temos que eles perpassam a possibilidade de aumento de renda, a melhora das condições de vida, a garantia das transformações corporais, a fuga da violência e até mesmo a possibilidade de estabilidade financeira. Segundo Pelúcio (2011), esse é praticamente um processo de reprodução das referências que as meninas têm de sucesso na travestilidade, chamando a atenção para o que é construído sobre essa transnacionalidade.

Voltando aos vínculos em meio às mudanças, muitas das travestis e transexuais entrevistadas, apesar de não viverem com a família e terem um histórico de relações complexas, mantêm esse relacionamento, principalmente com os pais: 92,9% das 141 entrevistadas. Além disso, muitas relatam que parte da sua renda obtida é destinada a estes últimos, que, na maioria dos casos, são economicamente dependentes delas. Não podemos ignorar essa situação quando falamos de meninas que migram para o exterior, tendo em vista que boa parte do dinheiro arrecadado volta para o Brasil em benefício da família. Afinal, todos esses meandros do relacionamento familiar têm consequências marcantes para elas.

> [...] quando se trata de migração em busca por trabalho e, consequentemente, por dinheiro para investir no país de origem, [os motivos citados aparecem] claro que de forma bem localizada quando se pensa que [elas] vão investir no seu próprio corpo, na compra de sua casa, ou de suas casas, no financiamento do próprio negócio e na manutenção de sua família (PATRÍCIO, 2009, p. 40).

Ainda perspectivando a construção de relações e vínculos, Pelúcio (2011) e Teixeira (2011) apontam um entendimento comum de que, no exterior, há a possibilidade de conhecer "clientes finos", com potencial de se tornarem maridos[12] em algum momento. Isso, para além de uma relação afetivo-amorosa,[13] que tem seu status, pode significar um trânsito mais fácil por toda a região da União Europeia, bem como a saída do contexto de prostituição, como menciona Pelúcio (2011). Para a autora, a migração dessa população carrega a expectativa de encontrar um homem que, para além de reproduzir, "no seu comportamento, valores próprios da masculinidade hegemônica" (Pelúcio, 2011, p. 186), não tenham vergonha de assumi-las, como acontece frequentemente no contexto brasileiro.

No discurso delas, isso aparece como uma realidade da vida na Europa, fazendo com que esse destino seja ainda mais atrativo. Esses homens carregariam consigo, pois, o poder de viabilizar a "saída da prostituição e proporcionar uma vida dentro de um roteiro que elas classificam como 'normal'"[14] (Pelúcio, 2011, p. 187). Entanto, a autora assinala esse aspecto como mais uma das fantasias que são apresentadas como fatos às travestis e transexuais migrantes, já que, ao pesquisar relatos de "clientes finos" espanhóis em grupos de discussão, esse tema de "casamento" era rechaçado e tratado como fraqueza própria de alguns homens, que não perceberiam a dinâmica de exploração envolvida no processo – utilitarismo que, nessa perspectiva, partiria única e exclusivamente delas. A despeito desses relatos, a Europa é grande demais e, por conseguinte, diversa. Logo tomando como base os relatos coletados tanto na pesquisa do NUH quanto em documentários, pode-se pensar que tais diferenças regionais, dentro do continente europeu, podem culminar em opiniões que destoem das informadas anteriormente.

Por fim, para algumas das entrevistadas, nenhum dos aspectos mencionados até o momento se mostram atrativos. Embora sejam

[12] Segundo Teixeira (2011) nesse contexto de travestilidades e transexualidades, a palavra *marido* se refere aos parceiros com os quais as "meninas" se relacionam, para além do tempo ou da formalização contratual das relações. Nesse caso, então, ao dizer da possibilidade de "se tornar um marido", a referência é à possibilidade de constituição de um relacionamento afetivo-amoroso.

[13] Nesse ponto, a exemplo de Pelúcio (2011) e Zelizer (2009), não estou tratando a ligação amor-dinheiro embasada por uma perspectiva moralizante, mas, sim, entendendo que essas duas instâncias coexistem, como veremos adiante na relação com a família.

[14] Essa normalidade diz de um padrão cisgênero e heteronormativo de família, que considera marido, esposa e filhos.

minoria, elas tratam todos esses elementos supostamente atrativos e garantidos como utopia. A título de exemplo, Bianca reitera sua desconfiança sobre às maravilhas vividas na Europa em toda sua narrativa. E, de fato, há uma extrema vulnerabilidade vivenciada pelas travestis e transexuais que ultrapassam as fronteiras geográficas, como menciona Teixeira (2008). Há uma condição múltipla de ilegalidade: a prostituição, o fato de elas serem migrantes e o próprio trânsito de gênero, que implicam em dificuldades para garantir as documentações exigidas.

3.1 Reestabelecimento de vínculos: migração transnacional e relação com a família

De acordo com Piscitelli (2007), é de suma importância reconhecer o espaço transnacional, em sua dimensão econômica ligada ao mercado do sexo, como elemento presente também no país de origem das pessoas que trabalham na prostituição. No caso das travestis e transexuais, isso se caracteriza pelo fato de que boa parte do dinheiro que recebem acaba sendo aplicado no Brasil. Cabe destacar, inclusive, que este capital é frequentemente direcionado aos familiares, auxiliados pelas migrantes, o que é tido como forma de investimento.

Através da mobilidade internacional, as meninas "alcançam o mais importante em suas trajetórias de vida enquanto pessoas que buscam, nessa circulação, dar certo na vida" (Patrício, 2009, p. 43). Voltando ao documentário *O voo da beleza* (2012-2013), esse "dar certo" diz, para além de uma mudança de sua imagem no contexto social que partilham,[15] de um paradoxo na vida das meninas: ao mesmo tempo que se afastam da família, por causa da migração, há uma retomada do reconhecimento delas como integrantes do núcleo familiar, do qual, por vezes eram excluídas. Isso se refere ao modo como as relações íntimas, muitas vezes, aparecem lado a lado com questões econômicas (Zelizer, 2009). No caso das travestis e transexuais que migram, o motivo da migração aparece sempre atrelado a essa possibilidade de renda e de estabilidade, tanto financeira quanto

[15] Segundo os relatos das entrevistadas, elas passam a ser vistas de forma diferente ao ir para o exterior e conseguir alcançar seus objetivos, ao passo que, caso não voltem minimamente "garantidas" financeiramente, são tidas como aquelas que "não tiveram juízo".

das relações (Pelúcio, 2011). Afinal, seguir vivendo no exterior é a possibilidade de conseguir dinheiro mais rápido, para que este seja "enviado à família que ficou para trás" (Zelizer, 2009, p. 142).

Tendo em vista essa dinâmica, é salientado por muitas travestis migrantes que o fato de conseguirem melhorar suas condições financeiras, bem como as de sua família, foi crucial para uma alteração na dinâmica familiar, culminando em mais aceitação para elas nesse âmbito. Em muitos casos, elas passam a ocupar um lugar de referência na família, devido ao dinheiro que conseguiram adquirir nesse período fora do Brasil e a tudo o que podem providenciar em virtude dele, não só para os pais, mas também para sujeitos cujos vínculos consanguíneos são mais distantes. Conforme afirma Pelúcio (2011, p. 199), "quando se trata de travestis, [...] o dinheiro conseguido na prostituição é justamente o elemento que proporciona a (re)união dos parentes e, sobretudo, a aceitação da travesti de volta ao seio familiar".

Todas as normas de gênero que fundamentam a não aceitação das travestis e transexuais por parte de suas famílias caem, supostamente, por terra diante de uma mudança na situação econômica. É como se os vínculos outrora esgarçados fossem restabelecidos – o que, no trato com alguns parentes não tão próximos, gera certa desconfiança. Vale ressaltar que, no que tange à ligação com mães e pais, a ideia que prevalece é a de uma retribuição que se torna praticamente obrigatória. Então, mesmo diante da não aceitação e de diversos maus-tratos, há uma insistência, um esforço por parte da travesti ou transexual migrante na manutenção de alguma relação. Essa se revela uma expectativa de acolhimento "diante de uma rejeição aparentemente intransponível" (Carrijo, 2011, p. 288).

No documentário supramencionado, isso é tratado a partir do olhar de travestis e transexuais que migraram para a França. Uma delas é transparente sobre a não aceitação paterna de sua autoidentificação. O vínculo complicado entre eles extrapola qualquer limite aceitável, chegando a violências de diversas ordens. A título de exemplo, há um episódio em que o pai corta seu cabelo, que ela havia muito deixava crescer.[16] Não obstante, sempre houve por parte dela uma grande

[16] O cabelo acaba, nas construções hegemônicas e sedimentadas da feminilidade, tendo certa importância. O que já aparece como elemento fundamental de adequação

preocupação com seu pai, a ponto de a ida para o exterior carregar a incumbência de ajudá-lo – esse processo de cuidado se estendia à mãe, retratada como ponto de equilíbrio dessa família. Outro relato do documentário que explicita essa relação emaranhada é de uma travesti, que migrou para a França entre as décadas de 1970 e 1980 (sofrendo com dois "voos da beleza"). Ela menciona que, após uma vivência violenta com o pai ao longo da vida, a partir de um determinado momento, ele passa a tratá-la, dando a entender que tinha aceitado sua transição. Em um dia, ambos foram à igreja. E, durante suas orações, ela ouviu seu pai pedir a Deus "que desse ao *filho* dele muitos clientes, que desse ao *filho* dele muito dinheiro, que desce ao *filho* dele muitos bens" e afins. Nesse momento da filmagem, ela faz uma pausa dizendo em seguida: "ali eu percebi que o *filho* dele era um banco" (*O voo da beleza*, 2012-2013, grifo da autora).

Como menciona Luís (2015), esses relatos aparecem majoritariamente atrelados às figuras masculinas da família, o que pode nos redirecionar ao que fora tratado sobre os corpos e gêneros. O fato é que todo esse labirinto familiar, com os pais e para além deles, culmina, como no caso de algumas interlocutoras, em massivas desvinculações. Isso se torna ainda mais complicado para as meninas, que acabam isoladas e em sofrimento por se distanciarem da imagem ideal do que seria a família. E não é apenas nas violências que isso se apresenta. O sofrimento também parte do que é entendido ou forjado como amor[17] nestas relações. Despertar para um amor que não é imaculado e livre de qualquer questão financeira, como se espera que seja, principalmente no caso das figuras paternas e maternas, torna tudo mais instável.

à feminilidade para mulheres cisgêneras toma proporções maiores para as transfeminilidades e travestilidades. Além disso, o ato de cortar o cabelo funciona, nestes casos, como um marcador de dominação, usado como técnica comum inclusive em contextos de guerra. Finalmente, essa ação violenta pode ser encontrada nas narrativas trans sobre a experiência em instituições militares, no sistema prisional e em outros contextos cuja assimetria de gênero, para além da legitimidade da autoridade, é reforçada pela violação dos corpos.

[17] É relevante dizer que essa dinâmica, em muitos casos vivenciada nas relações com os pais e demais familiares consanguíneos, estende-se às relações afetivo-amorosas com os maridos. Ver mais em Pelúcio (2011) e Teixeira (2011).

Algumas meninas aceitam, mesmo com pesar, a ideia do retorno ao seio familiar após a mudança econômica. Todavia nem todas lidam bem com essa situação, priorizando seu vínculo com a família constituída pelas redes de apoio em detrimento daqueles estabelecidos pelo parentesco ou consanguinidade.

Poucos casos destoam completamente de tudo que fora exposto, mas é importante que haja ainda mais investigações que evidenciem esses complexos formados pela vivência do trânsito de gênero. No que tangem aos laços estabelecidos com a família, é importante avaliar em que medida o suporte de vinculações que são tidas como fundamentais altera a primeira migração de travestis e transexuais, bem como o que é desenvolvido a partir desse marco. Afinal, mesmo que haja a vontade de mudança para garantir independência ou por conta do "respeito" às mães e aos pais, como mencionado por elas, esta se daria nas mesmas configurações? Ainda que a expectativa de ajudar a família (independentemente se pela migração nacional ou internacional) seja recorrente, cabe pautar estratégias relacionais que mitiguem o receio de deixar de ser parte ou de não aceitação nesse contexto. Por fim, formas de findar as violências ocorridas no âmbito familiar são necessárias e podem passar inclusive pela ressignificação do que é entendido como gênero e da própria prostituição, ainda vistos como tabu.[18]

4. Considerações finais

Este capítulo é um convite a pensar sobre as semelhanças e as singularidades que organizam os projetos migratórios de travestis e transexuais brasileiras, tanto dentro do território nacional quanto para o exterior. Alguns elementos se fazem extremamente importantes nesse universo: a corporeidade, a transição, as relações sociais – relações familiares e afetivo-amorosas inclusive –, questões financeiras, entre outras. São múltiplos os aspectos da vida que impactam o desejo de migrar e a migração propriamente dita no caso das meninas.

Para a realização das análises e reflexões, foram utilizados dados de uma pesquisa elaborada pelo Núcleo de Direitos Humanos e

[18] Um exemplo disso é o documentário *Um atentado violento ao pudor*, de Gilson Goulart Carrijo e Keila Simpson (2017, 91 min.).

Cidadania LGBT da Universidade Federal de Minas Gerais (NUH/UFMG), bem como outras pesquisas, e documentários, como é o caso d'*O voo da beleza* (2012-2013) e *Um atentado violento ao pudor* (2017), que fizeram contraponto às informações apresentadas pelos questionários e pelas entrevistas. É extremamente relevante destacar, pois, que não se teve aqui o objetivo de construir uma verdade única sobre experiências que se apresentam de formas plurais. A ideia é justamente desestabilizar certezas que foram construídas ao longo da história em nosso contexto cultural sobre as migrações de travestis e transexuais, tratadas especialmente a partir das transnacionalidades e vinculadas às questões do tráfico de pessoas e às dinâmicas de exploração. Dito de outra maneira, ao trazer diversos contextos para o diálogo, o objetivo foi compreender as tessituras embaraçadas que também participam desses processos migratórios e, por muitas vezes, passam despercebidos.

As representações que determinados lugares ainda carregam, no conhecimento construído por essa população, bem como as violências e rupturas que perpassam essa itinerância, não puderam ser ignoradas como ponto comum de diferentes relatos. Principalmente, uma vez que, somente a partir da observação dessas questões, elaborações de projetos que contemplem as demandas dessas meninas em seus fluxos são possíveis. Este parece um ponto-chave para, pensando tanto no contexto brasileiro quanto nos âmbitos transnacionais, tentar garantir a segurança e a manutenção da cidadania dessas migrantes. No que diz respeito ao âmbito internacional, é incompreensível que, em um mundo no qual a globalização é um elemento exaltado, as políticas que pautam a prostituição e a migração – sobretudo tendo em mente a coexistência desses dois elementos – ainda sejam tão fragmentadas e regionalizadas, sem a existência de diálogos.

Em conclusão, o texto tentou marcar as relações que são estabelecidas, mantidas ou rompidas, nas vidas de travestis e transexuais migrantes. Norteadas pela primeira migração, que é apontada como o processo de sair da casa dos pais, ficam inúmeras provocações que parecem significativas para tecer coletivamente maneiras de fugir dessas sedimentações apresentadas. Como o respaldo familiar no processo inicial de transição e o respeito à autoidentificação de gênero poderiam ter efeitos semelhantes e diferentes para essas meninas? Retardar a primeira migração poderia impactar de que modo suas experiências? E se vivêssemos perspectivas diferentes quanto às possibilidades de performar o gênero, ainda que o alto fluxo migratório se mantivesse como uma realidade para essa população, as condições desse processo seriam as mesmas apresentadas?

Referências

BUTLER, J. Corpos que pesam: sobre os limites discursivos do "sexo". In: LOURO, G. L. *O corpo educado: pedagogias da sexualidade.* Belo Horizonte: Autêntica, 2000. p. 151-169.

BUTLER, J. *Problemas de gênero: feminismo e subversão da identidade.* Rio de Janeiro: Civilização Brasileira, 2003.

BUTLER, J. *Deshacer el género.* Barcelona: Paidós, 2006. (E-book.)

CARRIJO, G. G. Imagens em trânsito: narrativas de uma travesti brasileira. In: PISCITELLI, A.; ASSIS, G. O.; OLIVAR, J. M. N. (Orgs.). *Gênero, sexo, amor e dinheiro: mobilidades transnacionais envolvendo o Brasil.* Campinas: Editora Unicamp, 2011. (Coleção Encontros – Núcleo de Estudos de Gênero PAGU.)

KULLICK, D. *Travesti: prostituição, sexo, gênero e cultura no Brasil.* Rio de Janeiro: Editora Fiocruz, 2008.

LUÍS, F. J. S. A. *Travestis Brasileiras em Portugal: Percursos, identidades e ambiguidades.* Tese (Doutorado em Antropologia) – Departamento de Antropologia Social e Cultural, Faculdade de Ciências Sociais e Humanas, Universidade Nova de Lisboa, Lisboa, 2015.

NUH – Núcleo de Direitos Humanos e Cidadania LGBT. *Relatório de pesquisa – Direitos e violência na experiência de travestis e transexuais na cidade de Belo Horizonte: construção de um perfil social em diálogo com a população.* 2016. Disponível em: https://bit.ly/3posPcV. Acesso em: 24 maio 2021.

O VOO da beleza. (Documentário etnográfico). Direção e produção de Alexandre Fleming Câmara Vale. Apoio: Banco do Nordeste (BNB), Secretaria de Saúde do Estado do Ceará e Universidade Federal do Ceará. Brasil-França, 2012-2013. (84 min.)

PATRÍCIO, M. C. No truque: fluxos migratórios de travestis brasileiras à Espanha sob uma perspectiva transnacional. *Carta Internacional*, v. 4, n. 1, p. 32-45, 2009.

PELÚCIO, L. Na noite nem todos os gatos são pardos: notas sobre a prostituição travesti. *Cadernos Pagu*, n. 25, p. 217-248, 2005.

PELÚCIO, Larissa. *Abjeção e desejo: uma etnografia travesti sobre o modelo preventivo de aids.* São Paulo: AnnaBlume; FAPESP, 2009.

PELÚCIO, L. "Amores perros": sexo, paixão e dinheiro na relação entre espanhóis e travestis brasileiras no mercado transnacional do sexo. In: PISCITELLI, A.; ASSIS, G. O.; OLIVAR, J. M. N. (Orgs.). *Gênero, sexo, amor e dinheiro: mobilidades transnacionais envolvendo o Brasil.* Campinas: Editora Unicamp, 2011. (Coleção Encontros – Núcleo de Estudos de Gênero PAGU.)

PISCITELLI, A. Apresentação: Gênero no mercado do sexo. *Cadernos Pagu*, n. 25, p 7-25, 2005.

PISCITELLI, A. Sexo tropical em um país europeu: migração de brasileiras para a Itália no marco do "turismo sexual" internacional. *Revista Estudos Feministas*, v. 15, n. 3, p. 717-744, 2007.

TEIXEIRA, F. B., L'Italia dei Divieti: entre o sonho de ser europeia e o babado da prostituição. *Cadernos Pagu*, n. 31, p. 275-308, 2008.

TEIXEIRA, F. B. Juízo e sorte: enredando maridos e clientes nas narrativas sobre o projeto migratório das travestis brasileiras para a Itália. In: PISCITELLI, A.; ASSIS, G. O.; OLIVAR, J. M. N. (Orgs.). *Gênero, sexo, amor e dinheiro: mobilidades transnacionais envolvendo o Brasil.* Campinas: Editora Unicamp, 2011. (Coleção Encontros – Núcleo de Estudos de Gênero PAGU.)

UM ATENTADO violento ao pudor. Direção de Gilson Goulart e Keila Simpson; fotografia, câmera e edição de Gilson Goulart; edição de Flavia Teixeira. Brasil: 2017. (91 min.)

VALE, A. F. C. O voo da beleza: experiência transgênero e processo migratório. In: 32º ENCONTRO da ASSOCIAÇÃO NACIONAL DE PÓS-GRADUAÇÃO E PESQUISA EM CIÊNCIAS SOCIAIS (ANPOCS). GT. Sexualidade, Corpo e Gênero, 2008.

ZELIZER, V. A. Dinheiro, poder e sexo. *Cadernos Pagu*, v. 32, p. 135-157, 2009.

Capítulo 11

Vidas que importam, trabalhos que existem: (im)possibilidades laborais de travestis e transexuais

Vinício Brígido Santiago Abreu

Introdução

Por que pensar em questões laborais para populações travestis e transexuais? Esta pergunta, que pode soar simplória, torna-se necessária ao nos depararmos com os dados localizados pelo Núcleo de Direitos Humanos e Cidadania LGBT da Universidade Federal de Minas Gerais (NUH/UFMG), sob a coordenação do professor Marco Aurélio Máximo Prado e com equipe composta por alunos de diversos cursos de graduação, mestrado e doutorado entre os anos de 2011 a 2015 em pesquisas vinculadas ao projeto "Direitos e violência na experiência de travestis e transexuais na cidade de Belo Horizonte: construção de um perfil social em diálogo com a população" (NUH, 2016).

O trabalho, enquanto atividade, está presente em nossas vidas. Para muitos, ele é central no que compreendemos como sociedade; para outros, é uma ferramenta primordial de mediação entre os seres humanos; e há ainda aqueles que, de forma binária, conseguem localizar essa categoria entre aquilo que nos dignifica e nos degrada. Enquanto concordantes com a norma e com nossa cidadania reconhecidas, localizamos diversas possibilidades de trajetórias laborais instigadas desde a infância – "O que você quer ser quando crescer?". Essa experiência, entretanto, tende a ser negada para boa parte dos sujeitos que vivem na mesma sociedade que nós – ou será que eles vivem em outra sociedade?

Nas páginas seguintes, a partir dos dados coletados junto a 141 travestis e mulheres transexuais que exerciam trabalhos sexuais no município de Belo Horizonte e região metropolitana, apresento uma discussão sobre como pode ser compreendido o trabalho, uma "sociedade do trabalho" e os sujeitos que, não encontrando possibilidades de filiação social e laboral, figuram como corpos vulneráveis ou desfiliados e culminam por ocupar espaços marginalizados.

Travestis e transexuais costumam ocupar esses papéis de não reconhecimento enquanto sujeitas, tendo direitos de cidadania negados e figurando como seres abjetos – a partir da proposição de Judith Butler (2002). Através de uma discussão política sobre gênero, teoria da performatividade e abjeção, busco apresentar como a lógica de tensionamento e de subversão da norma ocorrem e como se estruturam em nossa sociedade.

Com as bases conceituais que me auxiliam a pensar sobre essa situação, parto para a análise dos dados da pesquisa (NUH, 2016), que objetivou compreender de que maneira a dinâmica do preconceito impõe obstáculos à cidadania e aos direitos humanos da população de travestis e mulheres transexuais. As informações coletadas podem ser divididas nos seguintes eixos temáticos: escolaridade, família, religião, trabalho sexual, trabalho formal, transformação do corpo, saúde, violência, políticas públicas e lazer. Tomando o trabalho formal e o trabalho sexual, busco dados que me permitam pensar sobre a situação laboral de travestis e transexuais em nossa sociedade, discutindo as possibilidades e impossibilidades das vivências dessas sujeitas relacionadas à categoria trabalho.

Todas as entrevistadas exerciam atividades vinculadas ao trabalho sexual, sendo este o ponto de partida aqui para a discussão sobre trabalho. Os estranhamentos que comumente a palavra "prostituição" provocam revelam o modo como nossa sociedade lida com os corpos, com a sexualidade, com os prazeres, com a autonomia. Certos tabus sobre o que deve ou não ser dito ou vivido marcam nossas práticas, e a prostituição, assim como as sexualidades e o sexo, está no lugar do não-dito-que-é-invocado-o-tempo-todo. Ainda que não possamos falar em aceitação, respeito e garantia de direitos, visto que as discussões relativas à interseção trabalho-sexualidade são personalizadas e discriminatórias, a prostituição alcança hoje visibilidade acadêmica e social.

Concebe-se, neste texto, a prostituição enquanto trabalho sexual no qual se executam atos sexuais diversos, objetivando a troca por dinheiro e, desta forma, sendo configurado como um empreendimento comercial para a obtenção de ganhos financeiros (Bacelar, 1982; Abreu, 1998). Trata-se de uma atividade que tem sido reinventada no dinâmico e complexo mercado do sexo (Piscitelli, 2006), sendo compreendida por Westphal e Barbosa (2012) como um "trabalho invisível", como uma categoria que, assim como outros grupos de trabalhadores, está à margem do sistema capitalista, excluída dos direitos e garantias legais, tendo uma série de vulnerabilidades associadas ao exercício profissional. Os campos "trabalho" e "sexualidade" são fundidos, pois, na prática laboral dessas trabalhadoras, utiliza-se a sexualidade em seus vários aspectos – não só o sexual –, configurando-se esta como um instrumento de trabalho.

A sociedade do trabalho, mas de quais trabalhos?

O que é trabalho? Tal pergunta, que se repete em diversas publicações de sociologia e psicologia do trabalho, não possui uma resposta única. Costuma-se construir uma linha de pensamento sobre esse termo a partir da etimologia da palavra "trabalho", do latim *tripalium*, cujos usos vão de instrumento utilizado na agricultura/pecuária à ferramenta romana de tortura no século VI (Albornoz, 1998). Desses sentidos diversos, saíram os termos usados nas línguas latinas hoje: trabalho (em português), *travail* (francês), *trebajo* (catalão), *trabajo* (espanhol), e *travaglio* (em italiano, termo associado ao trabalho de parto)[1].

As palavras não são uma representação da realidade nem uma forma de expressar o que se passa na interioridade. A partir do "giro linguístico" ocorrido na segunda metade do século XX (Ibáñez, 2004), podemos compreender a linguagem como uma performance que utilizamos para construir o que chamamos de real. E a construção de sentidos sobre a ideia de "trabalho" foi múltipla. O ato de

[1] Em italiano, também se utiliza o termo *lavoro* para remeter a trabalho. O termo, assim como o inglês *labor*, possui resquícios da ideia de *tripalium*, porém mais próximos da ideia de labor – associado, inicialmente, mais à ideia de processos biológicos do corpo humano. Hoje, os termos são sinônimos.

trabalhar, antes mesmo de ser relacionado a elementos de tortura medieval, remetia à ideia de perda de liberdade. Aristóteles pensava as ideias de "liberdade" e de "trabalho" como opostas, sendo o ócio a verdadeira meta do cidadão, que ocupava seu tempo com a vida política, enquanto os escravizados trabalhavam.

Na Idade Média, essa divisão social relacionada ao trabalho se manteve: havia aqueles que trabalhavam (*laboratores*), representados pelos camponeses, e aqueles que faziam parte da nobreza (*bellatores, oratores*) e não exerciam esse tipo de atividade. Contudo, as transformações sociais ocorridas na Europa durante esse período levaram a uma ressignificação da palavra "trabalho". A retomada da urbanização, o crescimento do comércio, as mudanças moral-religiosas foram fundamentais para a mudança da condição inferior e de degradação que o trabalho possuía. No século XVI, Martinho Lutero declarou a ociosidade um pecado, afirmando o trabalho como atividade que aproxima o homem ao divino, e, com isso, o capitalismo passa a se desenvolver com grande velocidade.

A industrialização da Europa, no século XVIII, veio acompanhada do crescimento populacional, do aumento da migração para as grandes cidades e da centralização de atividades laborais nas fábricas e fundições. O trabalho, muitas vezes insalubre e com elevada carga horária, somou-se à máquina a vapor e ao tear mecânico, levando a números altíssimos de produção. A lógica fabril continuou se aperfeiçoando até chegar, no século XX, às grandes escolas da administração clássica, entre elas, o fordismo, que com seu modelo de linha de produção em fábricas automobilísticas, revolucionou a forma de produção em larga escala.

Não inerte às mudanças e às exigências da produção fabril, surge uma classe de trabalhadores que, unidos, buscavam melhorias em suas condições de vida e trabalho: o proletariado – termo cunhado por Karl Marx para designar a parcela da população trabalhadora explorada pelo sistema capitalista. O proletariado é uma classe oposta à burguesia – que detinha o poder do capital – composta por operários assalariados que, não possuindo meios de produção, vivem através da venda de suas forças de trabalho.

Para Marx e Engels, o proletariado era a classe a quem pertencia o futuro, pois nela estava contida a potência para alterar as relações sociais e econômicas de exploração. Porém, diferentemente do pensado por esses autores, essa classe não é, em si, uma classe revolucionária, e o capitalismo se reestruturou com o tempo e passou a deter não só as matérias e os meios de produção, mas a própria subjetividade dos trabalhadores, e precarizar as relações laborais.

Na denominada reestruturação produtiva, temos a chegada de novas formas de produção através do toyotismo e do neotoyotismo. Criado no Japão, esse sistema se baseia na produção sob demanda e, nisso, elimina o desperdício e a acumulação de mercadorias em estoques. Tendo como uma de suas características a produção flexível, o toyotismo progrediu e exigiu tal flexibilidade também do trabalhador.

Hoje, entre leituras sobre sua centralidade e descentralidade (Cardoso, 2011), o trabalho se mantém na atualidade como uma sólida e reconhecida ferramenta de análise social e, ao mesmo tempo, de construção do que compreendemos como sociedade. Para os autores da sociologia e da psicologia que se debruçam sobre seu estudo, o trabalho se configura como central na vida dos sujeitos: é ele que funcionaria como fator de mediação entre a humanidade e a natureza, entre o sujeito e o "si mesmo".

Segundo Albornoz (1998), é trabalhador a pessoa que põe em atividade suas forças espirituais ou corporais tendo em vista um fim que deve ser realizado ou alcançado. Dejours e Molinier (1994, p. 61) afirmam que "trabalho é uma atividade coordenada de homens e mulheres para responder ao que não está posto, desde o início, pela organização prescrita do trabalho". Já Antunes (2010) apresenta uma visão diferenciada sobre essa categoria, afirmando que ela é dupla e contraditória: ela cria e, ao mesmo tempo, subordina, humaniza e degrada, libera e escraviza, emancipa e aliena. Levantar definições sobre o termo trabalho para esses autores, de áreas do conhecimento tão diferentes, configura-se como mecanismo de visibilização da transversalidade do conceito de trabalho, assim como de impossibilidade de sua apreensão em um único território do saber.

São trabalhadores, a partir da definição de Antunes (2009), a totalidade dos assalariados que dependem da venda da sua força de trabalho para sobreviver, incorporando os trabalhadores manuais diretos, os industriais, os de serviços, os rurais, os terceirizados, os temporários, os em tempo parcial, os informais e os desempregados. Para Antunes

(2009), essa classe trabalhadora, na atualidade, deve ser compreendida a partir da expressão "classe-que-vive-do-trabalho", que

> [...] pretende dar contemporaneidade e amplitude ao ser social que trabalha, à classe trabalhadora hoje, apreender sua efetividade, sua processualidade e concretude. [Essa classe inclui] a totalidade daqueles que vendem sua força de trabalho, tendo como núcleo central os trabalhadores produtivos. [...] engloba também os trabalhadores improdutivos, aqueles cujas formas de trabalho são utilizadas como serviço [...] (Antunes, 2009, p. 101-102).

O trabalho e a classe trabalhadora passaram por profundas transformações ao longo dos últimos anos, porém, a "sociedade do trabalho" se mantém fundamental para nossa compreensão do que é sociedade. Essa categoria vem ocupando tal importância desde que Locke afirmou o trabalho como fonte de toda a propriedade, que Adam Smith a nomeou como fundamento de toda a riqueza e que Marx a definiu como geradora de toda produtividade e verdadeira expressão de humanidade (Arendt, 2007).

Durkheim (1977), em sua ideia de "solidariedade orgânica" que regeria a sociedade moderna, identificou o trabalho como elemento fundamental para a integração social através da complementariedade dos indivíduos que desempenham funções específicas no conjunto das relações sociais. Essa ideia reverberou entre diversos teóricos, como em Castel (1998), que compreendia o trabalho como o suporte privilegiado de inscrição na estrutura social, como o elemento integrador da sociedade.

Robert Castel, a partir de uma investigação sobre a crise da "sociedade salarial" nas periferias francesas, centrou-se em como a condição salarial se tornou uma resposta a questão social (Castel, 1998). Para ele, a questão social refere-se à população de supranumerários, inempregáveis, desfiliados, desqualificados e desterritorializados; em suma, àqueles que se encontram à margem em uma sociedade imersa em situações de desigualdades sociais provenientes da relação entre capital e trabalho. Essa ideia foi constituída em torno das transformações econômicas, políticas e sociais ocorridas na Europa do século XIX, devidas à industrialização.

Inicialmente, essa questão foi levantada com a tomada de consciência da sociedade, ou de parte dela, dos problemas decorrentes do trabalho urbano e da pauperização como fenômeno social. Hoje, a "questão social" é a expressão das desigualdades e das lutas sociais em suas múltiplas manifestações, e todos os segmentos sociais envolvidos (trabalhadores e desprotegidos) são heterogêneos. Castel caracteriza a questão social por "uma inquietação quanto à capacidade de manter a coesão de uma sociedade. A ameaça de ruptura é apresentada por grupos cuja existência abala a coesão do conjunto" (Castel, 1998, p. 41).

Temos a cidadania circunscrita à condição salarial. Para Castel (1998), essa forma de sociedade que tratava a questão social através da inclusão de todos pelo trabalho logrou êxitos, mas isto se deu através de muitos conflitos. Ela parecia seguir uma trajetória ascendente que assegurava, ao mesmo tempo, o enriquecimento coletivo e a promoção de uma melhor repartição das oportunidades e garantias, entretanto, junto com o questionamento da centralidade do trabalho, o suporte da identidade social e do pertencimento à sociedade entraram em crise. Assim como o pauperismo estava inserido no coração da dinâmica da industrialização, a vulnerabilidade em massa cresceu e se tornou um processo central comandado pelas novas exigências tecnológicas do capitalismo moderno, instaurando a precarização do trabalho.

A precarização do trabalho pode ser definida enquanto experiência humana em um contexto de classes do capitalismo manipulatório e como causadora da perda da razão social do trabalho por causa das mudanças ocorridas na ordem salarial que implicaram na corrosão de direitos do trabalho. Como consequências dessa situação, está a proliferação de formas de exploração da força de trabalho – exemplificadas com as novas modalidades de contratação salarial –, a desregulação da jornada de trabalho e a instauração de novos modos de remuneração flexível (Alves, 2010).

Nesse contexto, Castel (1998) apresenta três pontos da cristalização do que ele chamou de nova questão social: o primeiro surge a partir da desestabilização da classe operária e dos assalariados da classe média; o segundo é composto pela instalação da precariedade através de trajetórias de indivíduos pela alternância de emprego e não emprego; e o terceiro aparece nos déficits de lugares – isto é, os trabalhadores não encontram mais lugar no processo produtivo, seja devido à falta de vagas para pessoas com mais de 50 anos ou à procura, sem sucesso, por inserção de jovens em um primeiro emprego.

Aqueles que não se encaixam na sociedade salarial vivenciam uma inutilidade social, que desqualifica as pessoas também no plano cívico e político. A família, as relações de vizinhança, a participação em grupos, associações, partidos, sindicatos deixam de existir, provocando uma verdadeira erosão dos suportes sociais e, com isso, uma perda identitária. O foco do debate sobre a questão social seria, para Castel (1998), o retorno dos desfiliados.

A desfiliação está diretamente relacionada à crise da sociedade salarial, na qual o caráter integrador que o trabalho exercia foi questionado e, no esquema interpretativo apresentado por Castel, expôs a retirada de suportes sociais associada à desregulamentação das relações de trabalho. O "desemprego em massa" e a "instabilidade" do mercado de trabalho fez aumentar o número de "supranumerários", "inempregáveis", inempregados e empregados de um modo precário, intermitente (Castel, 1998, p. 21).

Mesmo visualizando uma ameaça à coesão social e à democracia através dessa crise, Castel busca pensar em como se pode construir formas novas de propriedade social capazes de reconstruir suportes sociais que possibilitem a existência de indivíduos com direitos iguais. Seriam as travestis e transexuais as desfiliadas, hoje?

Trabalho: uma inserção questionada pelo gênero

Quem são as travestis e as transexuais? O primeiro passo para essa compreensão passa pela difícil tarefa de definir identidades em meio a leituras que as questionam (Foucault, 1996; Louro, 2004; Scott, 1990). Os estudos sobre gênero são fortemente influenciados por teorias pós-estruturalistas que discutem a noção tradicional de identidade[2] e, consequentemente, também tiram do lugar-comum alguns saberes que são atravessados por crenças em verdades imutáveis, universais, a-históricas e neutras (Coimbra; Nascimento, 2001; Azerêdo, 2010). Porém, a crítica a noções identitárias precisa ser cuidadosa: tal perspectiva ainda é a via pela qual se buscam direitos, sendo utilizada pelos movimentos sociais

[2] Compreendo, aqui, essa noção tradicional como a difundida no senso comum, que vê identidade através de características "lógicas" e "analíticas", nas quais ela se passa por uma essência, um fato, algo "natural" do Ser.

e pelo Estado em esforços de construção de políticas públicas para as populações LGBT.

Travestis, transexuais, mulheres trans, homens trans ou simplesmente homens e mulheres – a linguagem aqui nos prega uma peça: ela não é uma representação da realidade, nem tão pouco uma forma de se expressar o que se passa na interioridade. O emprego dos termos de identificação aqui parte, então, da necessidade de situar o leitor sobre a temática discutida e da busca por compreender e respeitar as formas como essas sujeitas se autonomeiam em territórios de disputa de saber-poder.

O termo *travesti* é constantemente utilizado pela academia em estudos sobre prostituição e sobre a vida noturna dessas populações nas ruas, nas boates e em festas urbanas (Carrara; Vianna, 2006; Pelúcio, 2007). Já o termo *transexual* é costumeiramente utilizado em pesquisas na área de saúde que investigam o corpo e as formas patológicas de se exercer a sexualidade (Lionço, 2008; Rinaldi, 2011). Travestis e transexuais, também conhecidas como "populações trans", são sujeitas que de algum modo transitam pelas fronteiras do sexo e do gênero no decorrer de suas vidas, apresentando tensionamentos à designação biologizante dada a partir do nascimento (Bento, 2006; Butler, 1999).

Essas populações trazem inscrita em seus próprios corpos e performances cotidianas a problematização do paradigma binário de gênero masculino/feminino que construiu nossa sociedade de forma desigual e excludente. Em outras palavras, o que denominamos de heteronorma é responsável pelas relações assimétricas de poder, produzindo sentidos que estabelecem relações pretensamente apropriadas entre as categorias sexo, gênero e sexualidade (Bento, 2006; Butler, 2015). Pensar a ausência de relações obrigatórias entre essas categorias nos leva a romper com as noções subjugadoras e de controle dos corpos, influenciadas por práticas do biopoder (Foucault, 1988).

As consequências desse enfrentamento surgem, mesmo com os poucos dados sociodemográficos que temos no Brasil, nas notícias diárias de violências e morte de sujeitas trans. As populações que fogem à lógica de inteligibilidade social dominante, sendo, portanto, denominadas minorias, viram alvo de violência, seja simbólica ou explícita, em uma espécie de punição aos desviantes. No Brasil, pessoas que não se enquadram como brancas, letradas, cis, heterossexuais e da classe detentora de poder econômico acabam tendo seus direitos cessados, e suas vozes, caladas (Berto Júnior, 2014).

Travestis e transexuais enfrentam cotidianamente "uma norma hegemônica que obriga, a todo custo e através de muita violência, que exista uma coerência entre a materialidade do corpo e o gênero" (Colling, 2012, p. 116). Essa imposição surge em espaços fundamentais de construção identitária, como hospitais, igrejas, escolas, clubes, penitenciárias, delegacias de polícia, entre outros e repercute na construção de seres considerados "menos humanos" ou, em outros termos, abjetos.

Para Foucault (1988), o indivíduo moderno seria o resultado de uma tecnologia voltada à sua transformação em um objeto de saber, marcado pelas relações de poder que visam sua utilidade através de uma série de métodos e técnicas disciplinadoras. Fonseca (1995) aponta que nesse processo são utilizados procedimentos que envolvem observações, fiscalizações, medidas comparativas e o estabelecimento da norma que constrói, ao mesmo tempo, o normal e o desviante. Desta forma, o poder disciplinar possibilita a formação de identidades diversas, pois cada sujeito terá sua maneira particular de ser atravessado por ele. O sujeito se configura, então, como um sujeito-objeto, pois sua identidade é construída através de processos de objetivação e de subjetivação.

Frente a essa situação vivida por travestis e transexuais, por que pensar na categoria trabalho? Precisamos, primeiro, compreender como podemos pensar a existência desses sujeitos em uma sociedade centrada no trabalho. Na sociedade salarial, os indivíduos teriam dois pontos de conexão que funcionariam como motores de coesão à sociedade: um de fundo econômico e outro de fundo social. No primeiro, estão as relações laborais, compreendendo desde o emprego regular e estável às relações precárias de trabalho e o desemprego. Já o segundo abriga as relações familiares, de vizinhança, comunitárias e demais redes de sociabilidade que abrangem tanto relações sólidas quanto aquelas retraídas e esgarçadas.

A partir desses processos, Castel (1998) apresentou quatro zonas nas quais os indivíduos podem estar distribuídos. A primeira é denominada "integração" e corresponde àqueles que possuem garantias de trabalho permanente e relações sociais sólidas. Na zona de "vulnerabilidade", a segunda, há uma ameaça de precariedade no trabalho e enfraquecimento dos laços sociais. Já quando, em meio a uma situação de extrema precarização laboral e dos laços sociais, o Estado tutela o indivíduo para evitar processos de desligamento, estamos na terceira zona, a de "assistência". Por último, está a zona de "desfiliação", na qual o indivíduo está em desemprego e perdeu as relações sociais produzidas no mundo do trabalho, na vizinhança, na família.

O indivíduo "desfiliado" não está excluído, mas vive uma situação de ausência completa de vínculos, distante do centro de coesão social. Para Castel (1998), falar em exclusão social significaria considerar que existem indivíduos rejeitados pela sociedade, o que seria impossível na sociedade contemporânea estruturada em torno do mercado. Se, na divisão social do trabalho, os indivíduos perdem sua "função", isto é, se não há demanda social e, desta forma, eles não se mantêm coesos, a sociedade passa a desprendê-los sistematicamente. Ao estudar a crise da "sociedade salarial" que se concentrava nas periferias francesas, Castel compreendeu o trabalho assalariado como condição central da estruturação social e, por isso, um direito do cidadão, garantindo a este um conjunto de proteções sociais. Para ele, a "nova questão social" se relacionaria ao fim do caráter integrador do trabalho e às consequências da perda dessa fonte de coesão para o conjunto do tecido social.

Em meio a esses pensamentos que colocam o trabalho como categoria central de compreensão social e de integração dos sujeitos, penso no conceito de abjeto butleriano (2002). Como pensar existências marginais nessas configurações de uma "sociedade do trabalho"? Em outras palavras, como corpos cujas vidas não são consideradas vidas e cuja materialidade é entendida como não importante (Butler, 2002, p. 161) poderão fazer parte de uma rede de sociabilidade quando, em sua essência, não são sequer entendidos como desfiliados, pois nunca lhes foi possível uma condição salarial e direitos universais?

Castel (2007) evita o uso do termo *excluído* em sua formulação teórica, pois essa categoria estaria relacionada àquele que por sua invisibilidade não perturba, não mobiliza e não altera a rotina do mundo. Os excluídos seriam vidas fora das estatísticas que escapam aos sistemas previdenciários e de assistência. Desterritorializadas, essas vidas estariam em não-lugares ou em espaços nos quais sua presença não é notada. Ele prefere utilizar o termo *desfiliação* que, como apresentado anteriormente, significa uma ruptura de pertencimento e de vínculo social. Nessa categoria estariam vidas que, pela insuficiência de recursos materiais e também pelas fragilização e instabilidade do tecido relacional, estão em situação de perda de vínculo social. Para Castel, a desfiliação não equivaleria "necessariamente a uma ausência completa de vínculos, mas à ausência de inscrição do sujeito em estruturas que têm um sentido" (Castel, 1998, p. 416).

O vínculo dominante de inserção na sociedade moderna seria, então, o trabalho. A precariedade e a instabilidade nas relações laborais produziriam contingentes populacionais desnecessários e, quando somadas a relações sociais fragilizadas quanto a vínculos sociais, construiriam rupturas que levariam ao isolamento social e à solidão. Como, para o autor, sempre haveria algum tipo de inserção ou de afiliação do indivíduo ou do coletivo no interior de categorias e sistemas sociais, a noção de exclusão poderia ser usada unicamente como referência para sociedades específicas, as quais ele denomina "sociedade de exclusão". São exemplos destas: as sociedades escravagistas, onde há ausência total de direitos e reconhecimento social; os criminosos condenados à prisão perpétua ou à morte; os guetos, os "dispensários" para as pessoas acometidas de hanseníase; os "asilos" para sujeitos fora da norma de saúde mental; a situação de certas categorias da população que se veem obrigadas a um status especial que lhes permite coexistir na comunidade, privadas de direitos e de participação social. De forma geral, essas sociedades possuem uma condição específica que as diferencia das demais, garantindo-lhes um status específico no conjunto social.

O conceito de "sociedade de exclusão" não se aplica, entretanto, a sujeitos que estão inseridos e se desenvolvem fazendo parte de um contexto social. Compreende-se que a sociedade contemporânea possui como característica, com base nas leis de mercado, nas estratégias de produtividade e na lógica de competitividade, a necessidade de criação de sujeitos marginalizados. Assim, a desfiliação faz parte de um processo social de construção da necessidade, da falta e da interdição ao acesso aos bens sociais. Sujeitos sobrantes, marginais, desfiliados fazem parte da estrutura social que necessita de vidas que estejam fora do movimento produtivo. Essas pessoas permanecem à margem, na qual direitos sociais como educação, saúde e trabalho são negados ou possíveis apenas em escalas mínimas, e assim se produz, na esfera subjetiva, a noção de vidas inúteis, não reconhecidas e não possíveis de pertencer ao coletivo.

Haveria espaço nessa compreensão social para os corpos abjetos de Butler? É possível compreender travestis, transexuais, corpos dissidentes e marginalizados? Butler (2002) procura diferenciar o humano inteligível – aquele que, ao se adequar à norma, passa a ser reconhecido como vida – daquele que fica fora das fronteiras do que é humano – o inumano, o rechaçado, o abjeto inconcebível. Há vidas que se encontram no limite. Elas compõem o "exterior constitutivo" do humano (Butler, 2002, p. 26), e suas existências ameaçam as vidas inteligíveis, o que é reconhecido como humano, abrindo espaços para a desestabilização. Entretanto, é necessário pontuar que esse "exterior constitutivo" não é um "exterior absoluto", isto é, ele não é um exterior ontológico oposto ao âmbito do discurso. O sujeito e seu exterior somente podem ser concebidos em relação, sendo que um localiza-se nas margens desse discurso.

Travestis e transexuais existem, são vidas. Estas sujeitas podem ocupar o lugar da abjeção definida por Butler, muitas vezes, não contando como vidas, mas sendo sujeitas que subvertem a norma e questionam o instituído, o que pode incluir o teorizado por Castel. Acredito na impossibilidade de localização desses corpos em sua teoria: não seriam nem excluídos, nem desfiliados. Não estão em situação de exceção e, ao serem impossibilitadas de uma vivência laboral inteligível pela heteronormatividade e de lógicas de sociabilidade familiar, de vizinhança e de organização, constroem saídas.

"Não preciso disso": a construção de outra sociedade

Travestis e transexuais trabalham? A reflexão sobre lógicas laborais presentes nas vidas dessas populações não costuma ser pauta em nossa sociedade, e, quando surge, uma associação direta com a atividade prostitucional é feita. É comum pensarmos, enquanto academia, em lógicas de constituição identitária de travestis e transexuais vinculadas aos espaços de troca de informações e vivências entre pares. Alguns estudos (Carrara; Vianna, 2006; Pelúcio, 2007) delimitam as ruas, casas, saunas e outros espaços onde programas sexuais ocorrem como fundamentais na construção de vivências travestis e transexuais. É na tentativa de refletir sobre os caminhos laborais de sujeitas travestis e transexuais que proponho este texto.

As trabalhadoras do sexo presentes na pesquisa realizada pelo NUH, em sua maioria, declaram-se negras (67,4%), travestis (61%) e não possuir parceiro fixo (58%). De 120 respondentes, 50,8% afirmaram que saíram de casa antes de completar 18 anos de idade e que as principais motivações para as saídas foram trabalho, violência/preconceito e prostituição.

O debate sobre as exclusões sociais vivenciadas por travestis e transexuais começa na família. O ideal de acolhimento e segurança por parte de pais, mães, irmãos, avós, tias, dentre outros familiares se transforma em um espaço de produção de exclusão, rompimento de vínculos e estigmatização quando surgem experiências que questionam e subvertem a heteronorma. Essa situação se vincula diretamente aos modos e processos de subjetivação que essas sujeitas vivenciam, sendo marcadas negativamente na organização de suas subjetividades, construídas através das relações sociais.

A violência presente nesses momentos de saída de casa é marcada por eventos simbólicos e físicos. Surras, insultos e rejeições começam a fazer parte de um cotidiano que obrigam essas sujeitas a seguirem o destino binário de sexo/gênero, muitas vezes antes de uma real compreensão de seus desejos e de uma definição generificada. De Jesus (2013), em um estudo sobre crianças trans, aponta que as memórias de infância desses sujeitos costumam indicar experiências negativas comuns. Na relação com a família, travestis e transexuais vivenciam um sentimento de estranhamento, remetendo à internalização de discursos binaristas de gênero que os influenciam, dificultando questionamentos dos limites biológicos de sexo/gênero. Ao romper com essa delimitação de gênero, sujeitas travestis e transexuais se veem entre a necessidade de saída de casa para uma vivência de seu gênero e a expulsão motivada por preconceitos e estigmatizações, inclusive, da atividade profissional por elas desempenhada.

A prostituição, assim, aparece como um motivador para a saída de casa. Essa forma de trabalho, na qual se executa diversos atos sexuais com o objetivo de aquisição financeira, pode ser compreendida como um trabalho marginal. Penso o termo *marginal* afastando-o dos sentidos de espaço geográfico ou periférico, assim como da valoração negativa presente na palavra,[3] mas o aproximando do pensamento de Telles (2010). Esta autora define margens não enquanto definições territoriais, com contornos previamente estabelecidos, como lugares geográficos ou periferias, mas como

> [...] espaços de práticas e relações que se deslocam e se redefinem não à margem do Estado, mas justamente conforme as forças deste operam nesses lugares: contextos situados a partir dos quais é possível seguir e etnografar seus modos, seus tempos, procedimentos, técnicas e tecnologias de ação (Telles, 2010, p. 14).

Pensar em trabalhadores marginalizados não significa pensar em sujeitos exteriores ao Estado, mas em sujeitos que estão tanto no interior quanto fora do Estado. Eles se localizariam em espaços de exceção, mas não inertes: estar à margem significaria encontrar-se em espaços de criatividade, de experimentação, nos quais indivíduos e coletivos reinventam seus recursos, lançam mão de elementos do próprio Estado. O "lugar" ocupado por esses trabalhadores pede a criação de estratégias de "sobrevivência": artifícios para lidar com fronteiras incertas entre o legal e o ilegal; negociação de regras, limites e protocolos; e agenciamento de contracondutas, de tal modo que as próprias fronteiras do Estado se estendam ou sejam refeitas na busca por segurança ou justiça em suas vidas cotidianas.

As famílias de travestis e transexuais teriam, então, que lidar com o questionamento não só do gênero, mas também do trabalho prostitucional realizado por elas. Ao não conseguir dar conta dos tensionamentos sociais causados pelas existências e ações dessas sujeitas, surge uma impossibilidade de acolhimento familiar que conduz a ações que ocasionam o desligamento dessas sujeitas de suas famílias. Além dos seus corpos abjetos, o trabalho sexual é relegado à margem da sociedade e transformado em mitos e com significados semânticos rígidos.

Trata-se, assim, de uma subpopulação mais oculta de uma população que, por si só, é oculta e marginal. Por outro lado, a prostituição pode funcionar como a primeira possibilidade de independência

[3] Telles (2010), ao falar sobre essa visão valorativa do termo *à margem*, exemplifica a divisão comumente estabelecida na cidade, que se divide entre os trabalhadores e "cidadãos de bem", de um lado, e bandidos e marginais, do outro.

financeira dessas pessoas e, com isso, permitir uma vivência fora de imposições e sofrimentos provenientes de famílias que não as aceitam. As possibilidades de filiação com o ganho financeiro – através dos programas, os contatos realizados com clientes e a rede de negociação do mercado do sexo entram em contradição com a desconsideração dessa atividade como um trabalho, a considerando uma atividade "indigna", aproximando-se do espaço da desfiliação – reforçam a caracterização da atividade prostitucional na zona de vulnerabilidade. É uma inclusão realizada sob a exclusão, um paradoxo entre a filiação e a desfiliação, que permite uma vivência fora das pressões muitas vezes impostas no contexto familiar.

Podemos nos perguntar se outras formas de trabalho poderiam se fazer presentes nas trajetórias de vida de travestis e transexuais. Precisamos refletir, inicialmente, sobre a inserção dessas sujeitas em um espaço fundamental de formação, muitas vezes necessário para a entrada em um mercado de trabalho formal e socialmente aceito: a escola. Das 138 entrevistadas que alegaram ter frequentado a escola – tendo como base a última série cursada com aprovação –, observa-se que: 5,8% não passaram da 4º série do ensino fundamental; 25,4% estudaram até entre a 5ª e a 8ª série do ensino fundamental; e 59,4% estudaram até o 3º ano do ensino médio. Quanto ao ensino superior, 6,5% declararam tê-lo iniciado sem, no entanto, ter se formado, e apenas 2,2% responderam possuir o ensino superior completo. Por fim, 0,7% delas encontravam-se na alfabetização de adultos no período de aplicação do questionário (NUH, 2016).

O direito social à educação, concebido pela Constituição Federal brasileira em seu artigo 6º, não foi acessado de forma completa para 91,3% das entrevistadas, que não puderam concluir a educação básica. A principal razão por elas relatada para o abandono escolar foi o trabalho. Compreendendo que diversas questões surgiram na pesquisa para explicar as motivações que levaram as entrevistadas a não dar continuidade aos estudos, tomo o trabalho como central nesta análise. Compreendendo que todas as entrevistadas estavam na atividade prostitucional no momento das entrevistas e que a maioria delas fizeram sexo por dinheiro pela primeira vez entre 9 e 18 anos (73,38%), podemos concluir que para boa parte dessas sujeitas a prostituição motivou a saída da escola.

A educação surge em nossa sociedade como categoria fundamental na integração do indivíduo ao meio social e na construção de sua autonomia, possuindo uma importância eminentemente social, ainda que esta assuma conotações diferentes através da história. Na sociedade brasileira, ela tomou um papel de promotora de competitividade e de cidadania social, mostrando sua importância nas transformações da sociedade brasileira em meio a processos de globalização. Para o mercado de trabalho, a educação funcionaria como balizador das trajetórias dos indivíduos, isto é, aqueles que teriam maiores e melhores formações educacionais poderiam acessar lógicas laborais complexas e rentáveis. Tal ideia, no entanto, não está presente na vida de travestis e transexuais.

Por um efeito "dominó", ao não conseguirem concluir a educação básica, elas não conseguem ascender para a educação superior e, por consequência, não acessam trabalhos qualificados. Contudo, a lógica de pensamento da "baixa qualificação" tende a mascarar as assimetrias de gênero presentes na impossibilidade de ascensão de travestis e transexuais ao mercado formal e socialmente aceito de trabalho: as sujeitas que possuem formação profissional acabam por não conseguir inserção e permanência em empregos. Como nos fala Juhlia Santos, travesti ativista autônoma com formação acadêmica em Comunicação Social que trabalha em redes e movimentos de representatividade e resistência da cidade de Belo Horizonte, "depois que a gente se reconhece e é reconhecida trans, nosso currículo é apagado". Assim, vemos que o ciclo que busca manter a todo custo travestis e transexuais fora da educação formal é utilizado como desculpa para legitimar a sua não inserção no mercado de trabalho.

Mesmo assim, muitas das entrevistadas relataram uma tentativa de exercer outras atividades através da realização de cursos profissionalizantes. Ao todo, 97 delas realizaram 172 cursos profissionalizantes. A principal área buscada para capacitação foi a de estética, totalizando 38,4% das respostas, por meio de cursos de cabeleireira, maquiagem, costura, estética, manicure e curso de depilação. Em sequência, estão as áreas de computação e telemarketing (26,7%) e cursos relacionados à área da saúde (9,3%) (NUH, 2016). Parece haver uma compreensão dos estereótipos e limites impostos às tentativas dessas sujeitas ao realizarem capacitações profissionalizantes na área de estética e beleza – tradicionalmente associada a uma orientação sexual e de gênero fora da heteronorma –; em áreas nas quais não há muita exposição pública dos sujeitos – como na computação e no telemarketing – e os trabalhadores costumam estar isolados em seus espaços de trabalho, não sendo acessados por clientes, vistos pela sociedade e interagindo entre pares; e em áreas cuja função é o cuidado, como no caso da saúde.

Mesmo com a realização de cursos e capacitações, somente 61 das entrevistadas relataram possuir outras ocupações para além da prostituição. Foram localizadas 23 ocupações diferentes, sendo elas as de: cabeleireira (42,6%); maquiadora (8,2%); bombadeira (4,9%); cantora (3,3%); confeiteira (3,3%); empregada doméstica (3,3%); esteticista (3,3%); sacoleira (3,3%); e agente social mobilizadora, animadora de festa, shows/apresentação, auxiliar de balcão, cafetina, conselheira espiritual, realizadora de consultas como mãe de santo, costureira, depiladora, estilista, fotógrafa, operadora de telemarketing, recepcionista, secretária de saúde e vendedora de espetinhos – cada uma destas últimas com 1,6% (NUH, 2016). As ocupações fora da prostituição seguem a lógica do estereótipo de atividades nas fronteiras do legal, estando, em sua maioria, presentes na informalidade e na marginalidade.

Quanto à somatória de rendimentos mensais, pensando em salários mínimos, observou-se que 2,4% (3) das entrevistadas recebiam até 1 salário mínimo; 3,9% (5), entre 1 e 2 salários mínimos; 29,9% (38), entre 2 e 5 salários mínimos; 36,2% (46), entre 5 e 10 salários mínimos; e 27,6% (35), acima de 10 salários mínimos (NUH, 2016). Contudo, estas informações carecem de cuidado: a análise dos rendimentos de travestis e transexuais no Brasil necessita de uma contextualização. O trabalho sexual no Brasil, somado às dificuldades de uma vivência trans, exige investimentos e gastos particulares devido à não garantia trabalhista; à aquisição de uma rede de proteção para o exercício da atividade no intuito de lidar com situações de violências, chantagens e extorsões; à instabilidade na remuneração e brevidade na carreira; aos valores exigidos para a construção de um corpo travesti e trans requeridos pelo mercado do sexo; e aos valores de moradia, saúde e proteção serem superiores para essas sujeitas.

As sujeitas travestis e transexuais no trabalho sexual

Butler (2010) compreende que o sujeito opera como uma categoria linguística que está sempre em processo de construção no interior das relações de poder. A noção de poder em sua obra advém da teoria foucaultiana, porém, ao retomar esse conceito, ela o aprofunda. Ela compreende poder como algo de que dependemos para a nossa existência, pois, enquanto sujeitos, somos formados nas relações de poder. A possibilidade de existência enquanto seres humanos inteligíveis está vinculada e preservada nas relações de poder, uma vez que o sujeito só poderia se constituir mediante uma submissão primária a esse poder por meio dos processos de socialização.

O sujeito, para Butler, não só se formaria na subordinação, como também esta lhe proporcionaria sua condição de possibilidade. A condição de potência dos sujeitos, isto é, a capacidade para produzir novos efeitos, está dessa forma na própria condição de subordinação. Infere-se disso que nenhum indivíduo consegue se tornar sujeito sem que vivencie sua própria subordinação, afinal é nela que se encontra a possibilidade de potência que permite que ele dê novo significado a suas práticas e experiências.

Não se pode esquecer, entretanto, que os processos de incorporação das normas sociais passam pela psique e que esta, através da consciência, pode gerar condições de resistência e de reflexividade, permitindo ao sujeito opor-se aos abusos do poder normatizador no âmbito da sociedade visível. A partir das estratégias de resistência e reflexividade, o sujeito constrói espaços de subversão aos mandatos sociais que o limitam, encontrando, assim, as suas próprias possibilidades de subjetivação. Butler (2010) afirma que nenhum indivíduo torna-se sujeito sem antes ter sido sujeitado ou passado por um processo de subjetivação, sendo a possibilidade de subversão, pensada como um ato de liberdade para Foucault, definida como agência para Butler.

Dessa forma, o sujeito não está completamente determinado pelo poder e nem o determina completamente. A sua potência é oriunda do poder que o forma e ao qual ele se opõe e ressignifica. O poder é anterior ao próprio sujeito, uma vez que está contido nas normas que o produz, porém, por mais que surja como contradição, esse poder também é externo à própria força que rege o sujeito. O sujeito que é fundado pelo poder adquire uma aparência de fundador do poder, escondendo os processos que o sujeitaram; porém, estes continuam coexistindo no próprio sujeito.

De maneira geral, podemos dizer que o sujeito para Butler é performativo, isto é, caracteriza-se como uma produção ritualizada, uma reiteração ritual de normas que não o determinam totalmente. E é a incompletude do sujeito que dá espaço para processos de ruptura e para a inscrição de novos significados. A constituição do sujeito imerso nessa rede de relações de poder entre os processos de interação social e os sistemas de significação e de representações culturais só se torna possível através da centralidade da linguagem, que permite a ideia de que o sujeito é um sujeito social em interação com outros sujeitos, ao mesmo tempo livre e socialmente construído e limitado.

Em nossa sociedade, os termos *travesti* e *transexual* vêm cunhados de uma série de valores, compreendidos como identidades próprias e cristalizadas. Esses nomes, ainda hoje, só são toleráveis em espaços de marginalidade, sendo os indivíduos assim classificados interpelados como sujeitos marginais. A nomeação de um sujeito não se dá somente no momento exclusivo de sua enunciação, mas apresenta significados do passado, do presente e até mesmo do futuro. A compreensão dos espaços destinados à população travesti e transexual em nossa cultura e, logicamente, às identidades trans possíveis advém de jogos de poder que navegam pelas normas de gênero e sexualidade.

Esse fenômeno ocorre de forma semelhante com as trabalhadoras do sexo, isto é, aquelas que, ao desempenharem uma atividade profissional relacionada a uma performance sexual, são colocadas em espaços de exceção, nem dentro nem fora do Estado, mas em suas margens. Percebe-se isso, claramente, quando o termo *prostituta* é utilizado de maneira pejorativa, como um xingamento que busca retirar de um sujeito sua cidadania e respeito.

Tal atividade laboral muitas vezes é incorporada aos sentidos que os termos *travesti* e *transexual* carregam, e as pessoas costumam relacionar essas populações com a atividade prostitucional. Reconhecemos aqui a importância, para muitas, dos espaços de prostituição na construção de sua identidade e como espaços de sociabilidade entre pares, porém, compreende-se também a repercussão que essa lógica trás.

O trabalho como categoria de diversos sentidos, propiciador de sofrimentos e prazeres é relacionado a processos de disciplinarização e normatização e, ao mesmo tempo, de resistência dos trabalhadores através da construção de estratégias de criatividade e de espaços de experimentação. Nesses espaços, indivíduos e coletivos reinventam maneiras de sobrevivência (Telles, 2010) e definem seus modos e processos de subjetivação (Ramminger; Nardi, 2008).

Quando refletimos sobre o peso dos estigmas, preconceitos e violência nas vivências de trabalho de sujeitas travestis e transexuais percebemos que os modos de subjetivação são tensionados ao seu máximo: pensar que tais sujeitas trazem inscrita em seus corpos a marca da marginalização laboral repercute em tensionamentos nos modos de construção identitária. Ao mesmo tempo, aponto que as possibilidades de subversão nesse processo de construção identitária através dos processos de incorporação das normas sociais passam pela psique e que esta, através da consciência, pode gerar condições de resistência e de reflexividade, permitindo à sujeita opor-se aos abusos do poder normatizador no âmbito da sociedade visível. Travestis e transexuais, inclusive aquelas que atuam na prostituição, constroem coletivamente estratégias de criatividade que as possibilitam questionar e ressignificar as ideias – ou o julgamento dessas ideias – sobre o ser trans.

Referências

ABREU, W. *O submundo da prostituição: vadiagem e jogo do bicho*. Rio de Janeiro. Editora Record, 1998.

ALBORNOZ, S. *O que é trabalho*. São Paulo: Brasiliense, 1998.

ALVES, G. Trabalho, subjetividade e capitalismo manipulatório: o novo metabolismo social do trabalho e a precarização do homem-que-trabalha. *Revista Estudos do Trabalho*, Marília, ano V, n. 8, 2010.

ANTUNES, R. *Os sentidos do trabalho: ensaio sobre a afirmação e a negação do trabalho*. São Paulo: Boitempo, 2009.

ANTUNES, R. Século XXI: nova era da precarização estrutural do trabalho?. In: ROSSO, S.; FORTES, J. (Orgs.). *Condições de trabalho no limiar do século XXI*. Brasília: Época, 2010.

ARENDT, H. *A condição humana*. 6. ed. Rio de Janeiro: Forense Universitária, 2007.

AZERÊDO, S. Encrenca de gênero nas teorizações em psicologia. *Revista Estudos Feministas*, v. 8, n. 1, abr. 2010. Disponível em: https://bit.ly/3CvJ5fM. Acesso em: 01 nov. 2021.

BACELAR, J. A. *A família da prostituta*. Salvador: Editora Ática; Fundação Cultural do Estado da Bahia, 1982.

BENTO, B. *A reinvenção do corpo: sexualidade e gênero na experiência transexual*. Rio de Janeiro: Garamond, 2006.

BERTO JÚNIOR, H. P. O queer em rede: subversão e (des)construção do gênero na página do Facebook "Travesti Reflexiva". *Revista Periódicus*, v. 1, n. 2, p. 244-262, 2014.

BUTLER, J. Corpos que pesam: sobre os limites discursivos do "sexo". In: LOPES, G. *O corpo educado: pedagogias da sexualidade*. Belo Horizonte: Autêntica Editora, 1999. p. 151-169.

BUTLER, J. *Cuerpos que importan: sobre los límites materiales y discursivos del "sexo"*. Buenos Aires; Barcelona; México: Paidós, 2002.

BUTLER, J. *Marcos de guerra: las vidas lloradas*. Barcelona: Paidós, 2010.

BUTLER, J. *Problemas de gênero: feminismo e subversão da identidade*. 8. ed. Rio de Janeiro: Civilização Brasileira, 2015.

CARDOSO, L. A. A categoria trabalho no capitalismo contemporâneo. *Tempo Social*, v. 23, n. 2, p. 265-295, 2011.

CARRARA, S.; VIANNA, A. "Tá lá o corpo estendido no chão...": a violência letal contra travestis no município do Rio de Janeiro. *Physis: Revista de Saúde Coletiva*, Rio de Janeiro, v. 16, n. 2, p. 233-249, 2006.

CASTEL, Robert. *As metamorfoses da questão social: uma crônica do salário*. Petrópolis: Vozes, 1998.

CASTEL, R. As armadilhas da exclusão. In: CASTEL, R.; WANDERLEY, L. E.; BELFIORE-WANDERLEY, M. (Orgs.). *Desigualdade e a questão social*. São Paulo: EDUC, 2007. p. 17-50.

COIMBRA, C. M. B.; NASCIMENTO, M. L. O efeito Foucault: desnaturalizando verdades, superando dicotomias. *Psicologia: Teoria e Pesquisa*, v. 17, n. 3, p. 245-248, 2001.

COLLING, L. Como pode a mídia ajudar na luta pelo respeito à diversidade sexual e de gênero?. In: PELÚCIO, L. *et al*. (Orgs.). *Olhares plurais para o cotidiano: gênero, sexualidade e mídia*. Marília: Oficina Universitária; São Paulo: Cultura Acadêmica, 2012. p. 109-128.

DE JESUS, J. G. Crianças trans: memórias e desafios teóricos. In: III SEMINÁRIO INTERNACIONAL ENLAÇANDO SEXUALIDADES. *Anais* [...]. Salvador: Universidade Federal, p. 1-14, 2013.

DEJOURS, C.; MOLINIER, P. Le travail comme énigme. *Sociologie du Travail*, Paris, Hors-Série, p. 35-44, 1994.

DURKHEIM, É. *A divisão do trabalho social*. Lisboa: Presença, 1977. v. I.

FONSECA, M. A. *Michel Foucault e a constituição do sujeito*. São Paulo: EDUC, 1995.

FOUCAULT, M. *A ordem do discurso*. 3. ed. São Paulo: Loyola, 1996.

FOUCAULT, M. *História da sexualidade I: a vontade de saber*. 7. ed. Rio de Janeiro: Graal, 1988.

IBÁÑEZ, T. O "giro linguístico". In: INIGUEZ, L. *Manual de análise do discurso em ciências sociais*. Tradução de Vera Lúcia Joscelyne. Petrópolis: Vozes, 2004.

LIONÇO, T. Que direito à saúde para a população GLBT?: considerando direitos humanos, sexuais e reprodutivos em busca da integralidade e da equidade. *Revista Saúde e Sociedade*, São Paulo, v. 17, n. 2, p. 11-21, 2008.

LOURO, G. L. *Um corpo estranho: ensaios sobre sexualidade e teoria queer*. Belo Horizonte: Autêntica, 2004.

NUH – Núcleo de Direitos Humanos e Cidadania LGBT. *Relatório de pesquisa – Direitos e violência na experiência de travestis e transexuais na cidade de Belo Horizonte: construção de um perfil social em diálogo com a população*. 2016. Disponível em: https://bit.ly/3posPcV. Acesso em: 24 maio 2021.

PELÚCIO, L. *Nos nervos, na carne, na pele: uma etnografia travesti sobre o modelo preventivo de aids*. 303 f. Tese (Doutorado em Ciências Sociais) – Programa de Pós-Graduação em Ciências Sociais, Universidade Federal de São Carlos, São Carlos, 2007.

PISCITELLI, Adriana. Estigma e trabalho sexual: comentários a partir de leituras sobre turismo sexual. In: CÁCERES, C.; CAREAGA, G.; FRASCA, T.; PECHENY, M. (Orgs.). *Sexualidad, estima y derechos humanos: desafíos para el aceso a la salud en América Latina*. Lima: FASPA/UPCH, 2006. p. 223-251.

RAMMINGER, T.; NARDI, H. C. Subjetividade e trabalho: algumas contribuições conceituais de Michel Foucault. *Interface – Comunicação, Saúde, Educação*, v. 12, n. 25, 2008.

RINALDI, D. O corpo estranho. *Revista Latino-Americana de Psicopatologia Fund.*, São Paulo, v. 14, n. 3, p. 440-451, 2011.

SCOTT, J. Gênero: uma categoria útil de análise histórica. *Educação e Realidade*, Porto Alegre, v. 16, n. 2, p. 5-19, jul./dez. 1990.

TELLES, V. *A cidade nas fronteiras do legal e ilegal*. Belo Horizonte: Argvmentvm, 2010.

WESTPHAL, D., BARBOSA, C. Trabalhadores invisíveis: a situação dos profissionais do sexo no Brasil. *Revista Jurídica Cesumar*, América do Norte, 12 out. 2012.

Violências e ontologias da exceção

Capítulo 12

Travestilidade e trajetórias de vida: invisibilidades que sustentam e produzem violências

Júlia Carneiro

O Projeto Trans (NUH, 2016), com o intuito de compreender o modo pelo qual a dinâmica de preconceito embarga a concretização de direitos e cidadania à população de travestis e transexuais, possibilitou o aprofundamento nos estudos relativos ao contexto de vulnerabilidade e violência que envolve a trajetória deste público. Com isso, este capítulo, realizado a partir dos resultados e das reflexões advindos do referido projeto, buscará contribuir para a expansão das discussões já desenvolvidas sobre violência, preconceito e discriminação, complexificando-as a partir das experiências das travestis e transexuais que participaram da pesquisa.

Com relação às discussões já produzidas sobre o tema, vale destacar a relevância do movimento social, que, ao veementemente denunciar a violência acometida contra a população LGBT desde a década de 1980, levantou o debate frente ao Estado e impulsionou seu estudo por parte da academia (Ramos, 2010). No decorrer do tempo, apesar de as reivindicações defendidas pelo movimento abarcarem diversos outros enfoques e pautas, as violências deferidas à população LGBT serviram como importante propulsor a se visibilizar o contexto de preconceito no qual esse público se encontra.

No que tange especificamente à população de travestis e transexuais, uma ampla literatura especializada (Kullick, 2008; Silva, 1993; Pelúcio, 2009; Benedetti, 2005) apresenta o quanto suas trajetórias são marcadas por múltiplos processos de violência e exclusão que deflagram a revogação de direitos constitucionais. Tais estudos apontam como suas vivências são marcadas por abandono familiar, percurso deficiente nos espaços escolares, restrição de acesso a empregos formais, atendimento à saúde precário e não especializado, além do acometimento de violências psicológicas e físicas.

Entre as pesquisas direcionadas ao tema da segurança pública, ressaltam-se os estudos realizados por Carrara e Vianna (2006), que, ao analisarem a violência perpetrada a travestis no município do Rio de Janeiro, a fim de identificar os atravessamentos da homofobia nos trabalhos executados pelos agentes de segurança pública, constataram que, quando esta população foi alvo de violência letal, o levantamento de informações sobre os fatos era recorrentemente permeado por julgamentos morais no que se refere à vida dessas vítimas. Entre as reflexões empreendidas para se entender o contexto no qual travestis são majoritariamente assassinadas, Carrara e Vianna (2006) supõem a maior exposição pública desta população quando envolvida na atividade da prostituição, concebendo a rua como um território facilitador à sua sujeição a atos de violência letal. Além disso, os autores citam também a especificidade pela qual a homofobia atinge a vida desse público, uma vez que a própria performance de gênero realizada pelas travestis as destitui de reconhecimento social, ficando elas sujeitas a diversos tipos de violência.

Diante desse contexto, a reivindicação pela elaboração de políticas públicas ganha destaque no país, demarcando-as como instrumento central no combate ao preconceito e à discriminação voltados à população de travestis e transexuais (Ramos; Carrara, 2006). No entanto, como abordado por Bonassi *et al.* (2015, p. 84), as políticas públicas carecem de neutralidade desde seu período de formulação, sendo resultado de uma conjunção de diversos intermediários "considerados fontes de saber: o governo, a igreja, a mídia, a psiquiatria, a psicologia entre outros", que, como resultado, reiteram um lugar de subalternização dessa população. Isto é, as políticas públicas já são criadas de modo que acabam por reforçar e privilegiar grupos específicos, mostrando-se, portanto, serem mais efetivas na manutenção de desigualdades que transformadoras da realidade.

Assim, as raras criações de políticas públicas, comissões e núcleos especializados para a promoção de cidadania e combate à violência têm se mostrado ineficientes (Mello; Brito; Maroja, 2012; Costa, 2016), uma vez que, além de fundados por falsos princípios de igualdade, são desarticulados do contexto de vulnerabilidade em que essa população se encontra – o que diz respeito não apenas à ação promovida em si (Costa, 2016), mas também à relação trabalhador-usuário, que ao ser permeada de preconceitos e estereótipos compromete ainda mais a efetivação das ações propostas (Guaranha, 2013). As poucas políticas públicas existentes, portanto, apesar de dizerem prezar pela igualdade, acabam por propagar preconceitos e retroalimentar o contexto de exclusão vivenciado pela população (Mello; Brito; Maroja, 2012).

No entanto, vale ressaltar que preconceitos e discriminações não ocorrem fora de lógicas que os legitimem e que, ao mesmo tempo, ofusquem as violências que deles derivam. No que tange aos atos direcionados à população de travestis e transexuais, o conceito de heteronormatividade se apresenta como central, uma vez que evidencia a heterossexualidade enquanto uma categoria que organiza "os mundos social, político e cultural" (Toneli; Becker, 2011, p.5), influenciando nossos modos de pensar, de conferir reconhecimento e de estabelecer relações com o mundo e com outras pessoas (Prado; Junqueira, 2011). Nessa concepção, portanto, a norma heterossexual se manifesta não apenas em relações interpessoais, mas também na própria formação e funcionamento das "instituições culturais e organizações burocráticas, tais como linguagem e sistema jurídico" (Rios, 2007, p. 62).

Assim, por meio de uma concepção de complementariedade dos corpos (Bento, 2008), a heteronormatividade instaura uma suposta linearidade entre sexo, gênero e sexualidade, descreditando, por consequência, pessoas e condutas que fujam da referência estipulada (Butler, 2006). A norma de heterossexualidade, nesse sentido, está na organização e configuração da sociedade, que, ao dar suporte ao que é considerado "adequado" e "inadequado", regula comportamentos e deslegitima experiências (Prado *et al.*, 2014). Quem escapa a essa lógica, portanto, vivenciará a produção e a reprodução de atos discriminatórios que, conduzidos pela homofobia, visam reprimir as experiências que ultrapassam as fronteiras estabelecidas pela norma. Nas palavras de Junqueira (2010):

> Histórica e culturalmente transformada em norma, produzida e reiterada, a "heterossexualidade compulsória" torna-se o principal sustentáculo da heteronormatividade (Louro, 2009). Não por acaso,

> a homofobia age aí, entre outras coisas, instaurando um regime de controle e vigilância não só da conduta sexual, mas também das expressões e das identidades de gênero (Junqueira, 2010, p. 212).

A homofobia, então, atua como um sistema que, manifestado por meio de "indivíduos, grupos ou instituições" (Prado *et al.*, 2014, p. 61), cria dispositivos de opressão, humilhação e exclusão com fins de regulação e controle das condutas sexuais e das expressões de gênero (Junqueira, 2010).

Corresponder à norma heterossexual, desse modo, torna-se um "critério distintivo para o reconhecimento da dignidade dos sujeitos e para a distribuição dos benefícios sociais, políticos e econômicos" (Rios, 2007, p. 63). Em outras palavras, a homofobia é um

> [...] sistema de opressão, humilhação, silenciamento, marginalização e exclusão que, articulado a diversas formas de preconceito, discriminação e violência, aprofunda e atualiza um modelo social historicamente fundado em estruturas de privilégios, produtor de diferenciações iníquas e de desigualdades regadas à indiferença e ao cinismo (Prado; Junqueira, 2011, p. 52).

A homofobia, portanto, ultrapassa relações interpessoais, atuando por meio de "mecanismos bastante complexos no funcionamento das sociedades" (Prado; Junqueira, 2011, p. 63) que, ao reproduzirem critérios diferenciadores, acabam por justificar exclusões, opressões e dominações, bem como por naturalizar desigualdades e inferiorizações sociais. Como consequência, ao cumprir sua função de "manutenção de hierarquias sociais e de controle de alguns grupos sobre outros" (Prado; Junqueira, 2011, p. 64), essa aversão provoca a invisibilidade não apenas das identidades não coerentes à matriz heterossexual, mas também das violências que dela decorrem.

Nesse sentido, a experiência travesti e transexual, ao subverter a norma que estabelece lógica de relação intrínseca entre sexo, gênero e orientação sexual, é destituída de reconhecimento social e político, com significativa limitação na efetivação dos direitos e garantias constitucionais. Pelo exposto, portanto, vê-se a importância de perceber o quanto a homofobia, mais especificamente a transfobia, reproduz-se nas práticas sociais e institucionais, produzindo trajetórias precárias e atos de violência sobre o público travesti e transexual.

No âmbito da segurança pública, por exemplo, a transfobia pode ser identificada de diversas formas, atravessando os órgãos públicos da área, que, pelo reconhecimento abjeto desta população e de suas especificidades, materializam violências institucionais. Entre alguns pontos que podem ser levantados, estão a carência de informações, a omissão institucional e a obstacularização de garantia de direitos via empecilhos estruturais. Quanto à carência de informações, refere-se à escassez de dados sobre as violências deferidas contra esse público, tendo em vista a invisibilização dessas sujeitas, assim como das violências perpetradas contra elas (Guimarães *et al.*, 2013; Prado *et al.*, 2016). Ademais, o não reconhecimento do nome social de travestis e transexuais também promove um levantamento deficitário, uma vez que compromete a estimativa das violências transfóbicas, como apresentado por Guimarães *et al.* (2013):

> Portanto, a primeira dificuldade que se colocou para a pesquisa, e que reflete um contexto de violência institucional importante, foi a impossibilidade de identificar os assassinatos de travestis em função do não reconhecimento do nome social pelo Estado. Esse fato impede quantificar o número exato de assassinatos de travestis a partir dos inquéritos policiais e dos boletins de ocorrência e significa produção e reprodução da violência institucional pelo poder público (Guimarães *et al.*, 2013, p. 225).

Quanto ao segundo ponto levantado, assim como apresentado por literatura (Prado *et al.*, 2014; NUH, 2018; Carrara; Vianna, 2006), há descaso e omissão institucional no tocante às violências transfóbicas, identificados mediante o pouco empenho despendido nas investigações policiais que envolvam a população, com precária apuração dos fatos. Ou seja, ao mesmo tempo que há certa naturalização das violências perpetradas contra essa população, há também certo desmerecimento da legitimidade do público em mobilizar as agências de segurança pública. No que se refere aos empecilhos estruturais, Aguinsky *et al.* (2013) citam como exemplo a Lei Maria da Penha, que, ao não explicitamente abarcar a população de travestis e transexuais, deixa que a aplicação da lei fique sob o julgo dos operadores do direito, o que ocasiona a sua não utilização à população.

Por todo o exposto, portanto, vemos que, diante do estabelecimento das experiências consideradas legítimas, há, como consequência, a produção de sujeitos abjetos aos quais repercutem diversas formas de invisibilização, negação e violências. Nesse sentido, e tendo em vista a complexidade que envolve a transfobia, assim como as diversas formas sob as quais ela se materializa na vida da população de travestis e transexuais, reitera-se a relevância em se analisar os múltiplos fatores que se intercruzam na análise das violências perpetradas a esta população. Entre eles, e para os fins deste trabalho, estão a articulação entre práticas de opressão, coerção e agressão nas diversas esferas de suas vidas que restringem suas possibilidades de existência e sobrevivência.

Dados da pesquisa

Corroborando com estudos nacionais realizados, a referida pesquisa (NUH, 2016) levantou um alto índice de violência cometida contra a população de travestis e transexuais. De um total de 141 entrevistadas, 97,9% relataram já ter sido vitimadas por violência sexual; 99,3%, por violência psicológica; e 96,4%, por algum tipo de violência física. Pela expressividade dos dados, vê-se que o contexto de violência no qual estão inseridas não é ocasional e aleatório, mas possui profunda relação com suas performances de gênero, bem como com o contexto de ausência estatal que envolvem suas experiências, tornando-as, assim como apontado por Carrara e Vianna (2006, p. 234), "as vítimas preferenciais de violência homofóbica em diferentes contextos".

Com relação aos tipos de violência sexual relatados em questionário, temos que 92,9% das entrevistadas já sofreram passadas de mão; 79,4% foram vítimas de assédio sexual; 61% sofreram com práticas não previamente combinadas; e 46,8%, sexo forçado/estupro. De acordo com o que se depreendeu dos trabalhos de campo, no contexto da prostituição, recorrentemente a população de travestis e transexuais sofre algum tipo de violência sexual. Entre os principais atos mencionados, clientes que se recusam a pagar pelo programa ou então que as coagem a realizar práticas sexuais com as quais elas não consentiram.

No entanto, a violência sexual não se restringe aos locais de prostituição, estando presente nos diversos espaços por onde a população circula. Assim, estar em locais públicos, tais como praças ou feiras, muitas vezes é permeado por passadas de mão e assédio sexual, conforme uma das participantes da pesquisa, Bruna, diz: "Esses home olha para a gente e só pensa em sexo. Acha que pode chegar pegando na gente. A gente tá no supermercado fazendo compra e eles vem achando que a gente vai fazer sexo com eles" (NUH, 2016).

No que tange à violência psicológica, 95% relataram já ter sofrido com olhares, xingamentos e/ou ironia. De acordo com seus relatos, tais atos são praticamente constantes em suas vidas, independentemente do local por onde circulam. Com isso, andar pela cidade ou, então, acessar instituições públicas pode ser um momento de grande constrangimento em que elas recebem diversos sinais que lhe retiram a tranquilidade ou a sensação de legitimidade em transitar ou permanecer nesses locais.

Dentre as principais formas de violência física apontadas, 73,8% das entrevistadas declararam já ter sofrido violência por tapa; 73,8%, por assalto; 73,1%, por puxão de cabelo; 66%, por ovada; 55,3%, por arma de fogo; e 53,9%, por pedrada. Ainda assim, para além dos tipos especificados no questionário aplicado na pesquisa, diversas outras formas de violência física foram citadas – entre elas, extintor, gelo, fezes, balão de urina, lixo de açougue –, o que evidencia não somente a recorrência de tais práticas, mas também seu caráter múltiplo e degradante, bem como explicita não se tratar apenas de violências advindas de um conflito interpessoal, mas de atos premeditados que visam humilhar e brutalizar seus corpos.

Quanto aos agentes de violência, das 141 entrevistadas, 82% relataram já ter sido vitimadas por parte da população em geral; 71,6%, por parte de clientes; 61%, por parte das colegas; 50%, por parte da polícia; 44,7%, por parte da vizinhança; 37,9%, por parceiro ou namorado; 27%, por donas de casa; 18%, por vício; e 13,7%, por tráfico de drogas. Diante de tais dados, vê-se o quanto seus cotidianos são envoltos pela existência de possíveis agentes de violência, tornando-se presente em praticamente todas as esferas sociais. Nesse sentido, ao passearem por locais públicos, elas ficam muitas vezes sujeitas a discriminações por parte da população geral; quando em suas moradias, recebem olhares preconceituosos da vizinhança; e, no momento em que estão *batalhando*, sofrem violências por parte de clientes, transeuntes, policiais ou mesmo por parte de colegas.

No que tange às agressões advindas por parte de clientes, vale ressaltar que, apesar de os clientes serem muitas vezes tidos como expressivos agentes de violência, no trabalho de campo, eles não foram necessariamente relatados como parte das maiores preocupações das travestis e mulheres transexuais entrevistadas, mas sim os "falsos clientes", ou, nas palavras de Paola, "supostos clientes" – pessoas que aproveitam do espaço da prostituição para se aproximar de travestis e transexuais, a fim de violentá-las ou roubá-las.

Ou seja, se quisermos falar de violência com relação a esta população no âmbito do trabalho sexual, precisamos expandir o entendimento de uma relação existente entre cliente e violência, uma vez que, em muitos casos, a prostituição se torna mais um espaço em que elas ficam mais facilmente expostas a agressões (Carrara; Vianna, 2006) por parte da população geral e dos "falsos clientes" do que uma atividade que tenha a violência como algo inevitavelmente intrínseco ao seu exercício. Nas palavras de Camila, "Era mais fácil eu sofrer agressão da população que passava na pista do que dos clientes" (NUH, 2016). Assim, questões concernentes aos clientes podem passar por outros lugares, tal como Bianca apresenta quando questionada sobre agressões advindas de clientes:

> Não, pelos meus clientes, até que não. Eu acho assim, é... Esses home é tão bobo né, gente? Em questão dos clientes meu, cliente, cliente mesmo, assim, nunca, não. Mas, assim, tem umas coisa que eles falam que a gente fica assim, um pouco com receio. Parece assim, um pouco preconceituoso. Tá saindo com uma transexual, sabe o quê que a transexual tem, o quê que é, e acaba, no final, quando eles acabam gozando, eles acabam, assim, mudando o jeito. Depois muda o jeito de tratar a gente, entendeu? Acaba virando um pouco, assim, sendo um pouco machista e tal, tal (NUH, 2016).

Com relação às agressões vindas por parte das colegas, muitas vezes estas decorrem da disputa por espaço nos locais de trabalho ou, então, por clientes. Sobre esse ponto, Prado *et al.* (2016) e Paixão (2016) apresentam que a ausência de dispositivos jurídicos que assistam o contexto de trabalho sexual impulsiona resoluções particulares, que, sem nenhum tipo de mediação, intensificam os conflitos interpessoais nos espaços de prostituição. Assim, vê-se que a ausência estatal e a recusa em reconhecer a prostituição como trabalho acaba por acentuar um contexto de hostilidade entre elas.

Quanto à polícia como agente de agressões, foram recorrentes os relatos de atuações arbitrárias por parte dos agentes de segurança pública, principalmente no espaço das *pistas*, posicionando a polícia como mais uma instituição reprodutora de preconceitos e violências. Segundo as travestis e transexuais entrevistadas, muitos desses profissionais agem com muita truculência sobre elas, inclusive lhes negando auxílio quando necessário. Em várias ocasiões, durante o trabalho de campo, elas narraram ter vivido situações de roubo, assalto ou outro tipo de violência. No entanto, ao serem questionadas se haviam dado queixa ou apresentado alguma denúncia à polícia, suas respostas frequentemente apontavam para um receio de não serem bem atendidas ou, ao menos, ouvidas por parte dos agentes de segurança pública.

A violência advinda por parte dos maridos, apesar de pouco comentada por elas, foi possível de ser identificada em diversos casos, sobretudo com as entrevistadas que estabelecemos maior vínculo. No geral, suas queixas voltavam-se para os maridos que, muitas vezes sustentados por elas, começavam a impedi-las de sair de casa, ficando ciumentos e violentos. Paulina relata cenário semelhante e diz: "O outro me roubava, qualquer briga ele quebrava tudo dentro da casa me deixava sem nada, jogava tudo fora... era muito ciumento, de palhaçada [...] Era muita porrada, querida. Eu vivia machucada e ele também" (NUH, 2016). No entanto, nenhuma delas denunciou ou considerou que poderiam ser amparadas pelo Estado para as auxiliar nessas situações. Pelo contrário, tendo em vista que suas relações com os canais de denúncia são marcadas por descrédito e descompromisso por parte dos agentes de segurança pública, muitas delas nem ao menos vislumbraram um atendimento adequado por parte dos policiais.

Tendo em vista os resultados supracitados, que evidenciaram o expressivo contexto de violência ao qual a população se encontra exposta, poder-se-ia pensar que a aplicação desses itens no questionário foi realizada de modo simples e direto. Contudo, como já apontado em literatura, há certa naturalização da violência sofrida por parte da população (Prado *et al.*, 2016), o que faz com que eventos agressivos muitas vezes acabem por não ser identificados enquanto tais. Assim, em muitos momentos, somente foi possível ter acesso a algumas informações sobre violência uma vez que explicávamos os itens do questionário, apresentando exemplos.

Nesse sentido, o trabalho de campo, bem como o contato prévio da equipe com grande parte das entrevistadas foram fundamentais para que fosse viabilizada a reflexão quanto a certas nuances concernentes à percepção de violência por parte das travestis e transexuais com as quais tivemos contato. No que tange à identificação de um ato sofrido enquanto violência, portanto, alguns pontos se mostraram importantes, quais sejam: o agente que praticou a violência; a "efetividade" da ação; o tipo de violência; e a frequência com que são alvo dessas violências.

Com relação ao agente da agressão, para muitos dos casos, quando a violência vinha por parte de familiares, donas de casa, companheiros ou maridos, ela poderia não ser reconhecida como uma violência de fato, havendo certa relativização com relação a ela. Como exemplo, em uma das vezes em que aplicávamos um questionário, na qual estava junto uma amiga da entrevistada, a pedido da mesma, quando perguntamos a ela se já havia sofrido alguma forma de sexo forçado ou estupro, ela negou. Imediatamente, sua amiga a interrompeu e disse que isso já havia ocorrido a ela, e lembrou que seu companheiro já havia lhe batido, forçando-a a fazer sexo. A entrevistada então relatou esse fato, mas disse que, como se tratava de seu marido, e tendo em vista que ela havia batido de volta, aquilo não poderia ser considerado agressão. Mesmo a amiga retrucando, a entrevistada insistiu na resposta, pedindo para constar no questionário que nunca sofrera violência sexual.

A partir desse caso, vemos dois importantes pontos a serem ressaltados. O primeiro refere-se ao fato de ela relativizar a violência sofrida, uma vez que partiu de seu marido – ou seja, não muito diferente do que acontece com o restante da população, violências ocorridas no ambiente doméstico são, muitas vezes, minimizadas ou não reconhecidas. O outro ponto refere-se ao fato de ela ter revidado a agressão física e, com isso, acabar relativizando o ato que sofreu em si. Para este ponto, posteriormente analisarei a importância da noção de "revidar" diante de um ato de agressão.

Quanto às agressões vindas por parte das donas de casa, vale ressaltar que, devido a uma relação quase assistencial que é estabelecida e impulsionada pelo contexto de ausência familiar e institucional, a dona de casa emerge enquanto uma figura que "destaca-se por minimizar esse vazio de recursos, de apoio e de assistência, constituindo-se, por vezes, como uma rede de assistência informal" (Prado *et al.*, 2016, p. 255). Assim, possíveis relações de abuso estabelecidas podem recorrentemente ser menosprezadas ou naturalizadas.

A respeito do segundo ponto levantado para percepção da violência, "efetividade da ação", referencio-me às diversas travestis e transexuais que apenas consideraram como violência ações que tenham deixado incontestáveis consequências sobre seus corpos ou psicológico. Nesse raciocínio, uma pedra atirada contra elas que não as acertasse e/ou machucasse, em muitos momentos, não era considerada uma situação de violência, como se o ato, por não ter atingido seu objetivo inicial ou por não ter reverberado em um evidente efeito, não fosse contabilizado como agressão. Com isso, frequentemente ouvimos entrevistadas negarem ter vivenciado qualquer tipo de violência por pedrada, com a justificativa de que "Tentaram, mas nunca acertaram".

O mesmo raciocínio pode ser feito para as violências psicológicas, uma vez que muitas situações não eram consideradas agressivas, tendo em vista o relato da entrevistada não ter dado muita relevância ao ocorrido ou então pelo fato de o acontecimento não ter fortemente abalado seu emocional. Nesses casos, elas usualmente buscam ignorar tais ações ou então procuram formas de evitar perceber tais atos, como ficar na rua com um fone de ouvido escutando música em volume alto, a fim de não ouvir o que algumas das pessoas que passam de carro gritam para elas.

Desse modo, no que tange aos tipos de violência, de um modo geral, as violências físicas foram mais facilmente identificadas durante a aplicação do questionário. Já xingamentos, entre outras violências psicológicas, não foram considerados prontamente enquanto tais. Em muitos casos, apenas quando as pesquisadoras exemplificavam algumas possíveis situações de violência psicológica é que as entrevistadas, então, reconheciam essas situações em suas vidas, relatando ainda o quanto eram recorrentes ou praticamente diárias, sem, contudo, considerá-las prontamente enquanto atos de agressão.

O quarto e último ponto considera que, diante da frequência das ações de violência, há uma certa naturalização das mesmas, levando a população de travestis e transexuais a estipular referenciais quase extremos para classificar uma ação enquanto agressão ou não. Isso pode ser percebido nos seguintes relatos:

> **Bruna:** [...] nunca sofri muita violência não. Nesses anos todos, eu vi dois revólveres. Mas nunca tomei tiro, facada... Nunca fui parar no hospital.
>
> **Clara:** [Nunca sofreu violência?] Não. Por incrível que pareça, não. [...] [E quanto a pessoas passarem de carro e jogarem algo em você?] Ah, isso é. Já. Jogava latinha... Eu pensei que era violência... [faz um gesto com as mãos referenciando a algo grande] assim, né?!" (NUH, 2016).

No entanto, pelos trabalhos de campo, vemos que essa "naturalização" se articula a outros pontos que não necessariamente dizem apenas de um suposto se "acostumar com a violência", mas também dizem respeito à forma como elas reagem diante de um ato tido como violento. Em um contexto de tanta vulnerabilidade, apresentar-se quase inabalável diante de situações agressivas se torna praticamente uma forma de resistência, uma forma de se manter viva. Ao que parece, elas percebem que estão sempre sob o risco de serem violentadas, no entanto, não querem se colocar em uma posição passiva com relação a isso. Nesse ponto, é importante a noção de revidar, uma vez que, para algumas delas, o fato de terem revidado a uma ação de agressão pareceu retirar a impressão de terem sofrido algum tipo de violência, a princípio.

Além disso, vale ressaltar que reconhecer tais situações enquanto violências traz repercussões na vida de quem sofre essas ações. Se considerarmos que a busca por canais de denúncia não se mostra eficiente (Costa, 2016), reconhecer as diversas violências diárias sem possuir muitos recursos para combatê-la pode não trazer tantos benefícios a suas autoestimas e a seus cotidianos. Assim, relatos como "a única vez que sofri um preconceitozinho... Mas, como se diz, saí de letra, saí como a diva. Não dei muita confiança" (Paola *apud* NUH, 2016) não se apresentaram como uma raridade. Ou seja, a importância ou não dada a uma ação parece também ser uma estratégia de elas evitarem se colocar em uma posição em que se sintam em maior vulnerabilidade – vulneráveis a receber mais violência, uma vez que se apresentam supostamente "fracas", e vulneráveis a sofrer mais das diversas consequências da violência, como a depressão. Com isso, em muitos casos, foi apenas a partir do trabalho de campo e das entrevistas que se foi possível acessar diversos dos relatos que evidenciaram o modo como o contexto de reconhecimento dessa população enquanto abjeta ocasionou violências e negações.

Para além da percepção de violência, e a fim de conferir uma costura entre as agressões sofridas e os agentes dessas violências, a noção de espacialidade também se mostrou importante nas análises sobre o contexto que envolve a população de travestis e transexuais, uma vez que discriminação e violências, além de não se restringirem ao espaço da prostituição, parecem se configurar de distintas formas nos variados espaços sociais, produzindo negações e impedimentos específicos, porém, também de grande relevância para a configuração da trajetória dessa população. Com isso, emerge a importância de se pensar a agressão tendo em vista também a sua relação entre espaço, agressor e tipo de agressão. Nas palavras de Cabral *et al.* (2011):

> Para Corrêa (1995), o espaço é uma dimensão da sociedade, sendo reflexo e condição de reprodução desta mesma sociedade. As violências vão ocorrer sob diferentes manifestações através do espaço. Com isto, temos que a violência sofrida pelas travestis é reflexo do espaço heteronormativo, da mesma forma que a espacialidade condiciona o tipo de violência (Cabral *et al.*, 2011, p. 13).

Ou seja, apesar de elas sofrerem violências em praticamente todos os locais pelos quais circulam, cada espaço "possibilitará" diferentes encontros entre agressores e vítimas, com formas diversificadas de expressão de preconceito e discriminação, bem como ocasionará consequências distintas. Para as violências físicas, por exemplo, o espaço da prostituição ganha destaque, ficando a população de travestis e transexuais, muitas vezes, sujeita a pedradas, assaltos e violências por armas de fogo, podendo chegar a assassinatos. Não foi à toa que, de 139 entrevistadas, 73,5% consideraram como muito grande ou grande o risco de ser gravemente ferida (machucada) ou assassinada em seu local de trabalho. Com relação ao mesmo risco, quando em outros locais da cidade, de 140 entrevistadas, 45% consideraram esse risco como muito grande ou grande.

Apesar de haver um alto índice para os dois casos, o ambiente da prostituição se apresentou como um expressivo elemento no que tange à violência física se comparado com outros locais da cidade, de modo que, como Carrara e Vianna (2006) apresentam, a violência letal da população ganha destaque nesse espaço. Contudo, assim como apresentado por Paixão (2016), um dos fatores que acarreta essa vulnerabilidade às travestis que *batalham* na rua não é necessariamente a prostituição, mas o descaso estatal e a ausência de amparo do poder público com relação a esta população.

Ao avaliarmos os outros espaços da cidade, vemos que, quando circulam pelas ruas e estabelecimentos comerciais, elas ficam sujeitas a xingamentos, proibições de entrarem em banheiros femininos, além de assédios morais e sexuais. Os olhares discriminatórios e preconceituosos, as ironias e as expressões por parte da população geral, denunciando o não pertencimento de travestis e transexuais a lugares públicos, são perceptíveis por elas – e, por mais que relatem não se importar muito com tais situações, afirmando que "Ah, essas coisas sempre tem, né? Mas a gente se acostuma! A gente vai fazer o quê?" (Paula *apud* NUH, 2016), tais atos recorrentemente se tornam um impeditivo para o seu trânsito na cidade, levando-as ao isolamento social. O momento de pegar um ônibus, por exemplo, pode se tornar uma ocasião de grande constrangimento: "Não é todo mundo que senta do lado da gente. Parece que transexualidade pega, é doença de pele" (Fabíola *apud* NUH, 2016). Assim, para circular na cidade, Amélie relata que busca sempre pegar o mesmo ônibus, pois, desse modo, com o tempo, motorista e passageiros frequentes do transporte acabam se acostumando com sua presença e, com isso, ela deixa de ser o centro das atenções durante o percurso.

O ambiente familiar também se apresenta como mais um espaço em que a população de travestis e transexuais experiencia preconceitos e discriminações. Não são incomuns relatos que apontam a necessidade de que elas saíssem de casa para que pudessem vivenciar a transexualidade ou a travestilidade de forma satisfatória. Tanto que 23,9% de 121 entrevistadas consideraram o preconceito e a violência como principais motivos para a sua saída de casa. Ademais, pelos relatos de campo, viu-se que, em muitos casos, mesmo quando não houve atos de violência explícita por parte da família, foi perceptível que a moradia se tornou um lugar inóspito para elas, impulsionando-as a se mudar. Ou seja, não há como deixar de questionar em que medida o não reconhecimento por parte da família foi um fator de expulsão nessas situações.

A retomada do contato familiar, muitas vezes, fica vinculada a algum tipo de retorno financeiro, assim como apontado por Aguinsky *et al.* (2013, p. 53), resultando de uma "compensação financeira ou material". Algumas das travestis com as quais tivemos contato relataram ter recuperado o vínculo com a família apenas quando começaram a conseguir mandar dinheiro para seus familiares, assim como no relato de uma delas, Paula, em campo: "Estou comprando a minha família" (Diário de campo NUH, 2016). Com isso, como apontam Aguinsky *et al.* (2013, p. 53), a retomada de contato com a família muitas vezes não advém de uma aceitação da identidade de gênero dessas sujeitas, mas sim de uma "tolerância condicional".

No que tange ao trabalho formal, os preconceitos já se instalam nas seleções para os cargos aos quais elas irão concorrer:

> **Camila:** Discriminação desde eles falarem "Você não é o nosso perfil". Você passa em todas as provas, tudo, em todos os requisitos do processo seletivo e falam assim "Ah, não é o perfil nosso". Ou então fala que vai chamar, mas não chama nunca (NUH, 2016).

Quando elas conseguem um emprego, muitas vezes este é relacionado a funções de pouco contato com o público, como trabalhar no estoque de uma loja ou então como atendente de telemarketing, sendo, muitas vezes, negado o uso do seu nome social. Com relação à área de telemarketing, Paixão (2016, p. 120) salienta que o emprego nessa área decorre do "fato de que, nesses locais, elas permanecem escondidas da sociedade e constituem mão de obra barata", não configurando, portanto, uma possibilidade de mercado, às travestis e mulheres transexuais, desarticulada de preconceitos e/ou vantagens econômicas.

Violências em contextos escolares também foram muito denunciadas pelas entrevistadas, de modo que tais espaços se configuram, para muitas delas, como ambientes de constante assédio e desrespeito, impulsionando-as a se distanciar dessas instituições antes mesmo da conclusão de seus estudos. Segundo os relatos, seus cotidianos ficavam envoltos em constrangimentos pelo não uso de seu nome social ou, então, durante as aulas de Educação Física e no momento de irem ao banheiro, bem como por violências na porta da escola com uso de ovos e/ou pedradas.

No entanto, esses atos estão longe de se restringir ao período escolar; Camila narra que, no último dia de sua faculdade, cinco alunas fizeram uma roda para impedi-la de entrar no banheiro feminino. Ou seja, a identidade de gênero da entrevistada pareceu ser vista de uma forma que necessitava repressão, tendo o fim das aulas como a última oportunidade para exercer tal ação. Depois, quando ela foi se queixar ao diretor da faculdade, este disse que nada poderia fazer, uma vez que não houve agressão física, apresentando uma total ausência de responsabilidade institucional. Sem uma repercussão, por parte da faculdade, para o caso, portanto, tal ação acabou sendo corroborada pela instituição.

Nos serviços de saúde, quando busca atendimento, a população de travestis e transexuais passa por uma série de situações de preconceitos e julgamentos expressos por olhares e/ou indiferença às suas queixas, o que explicita o fato de esses não serem espaços receptivos a esta população. Assim, diante de diversos tipos de impedimentos que repercutem em atendimentos poucos qualificados e com baixa efetividade, há uma precarização no acesso à saúde desta população (Pelúcio, 2009).

Durante o trabalho de campo, a equipe se deparou com travestis e transexuais que se encontravam com a saúde comprometida, mas que tinham resistência em procurar ajuda profissional. Uma delas, inclusive, declarou já ter vivenciado recusa de atendimento médico devido a problemas decorrentes do uso de silicone industrial com a justificativa, por parte dos profissionais da saúde, de que a injeção do silicone fora um risco que ela correu, não podendo eles fazer nada, pois eram contra esse tipo de procedimento. Como consequência, a procura por um serviço especializado de saúde parece ser realizada, por muitas delas, somente quando a situação já está bastante agravada, precisando de atendimento em caráter de urgência.

Pelo exposto, vê-se que, tendo em vista os efeitos do reconhecimento abjeto sob o qual a população travesti se encontra, formas de tratamento que propagam desrespeito e agressividade são recorrentes, configurando um contexto de negações e violências. No quesito acesso às agências de segurança pública, por sua vez, o cenário não se mostrou diferente. Com relação ao tema, literatura já aponta como é violenta a relação da polícia com a população de travestis e transexuais (Aguinsky *et al.*, 2014; Carrara; Vianna, 2006; Costa, 2016; Kulick, 2008; Paixão, 2016; Prado *et al.*, 2016), de modo que a instituição policial é apontada como mais uma instituição reprodutora de preconceitos, tratando-as com muita hostilidade, descrédito e, quando não, violência.

Do mesmo modo, na presente pesquisa, foi perceptível o quanto o acesso às agências de segurança pública se mostrou permeado por descaso e indiferença. Para reportar uma denúncia, por exemplo, as travestis e transexuais entrevistadas declararam possuir muita dificuldade, constantemente se deparando com diversas justificativas impeditivas ao atendimento, tais como as delegacias estarem muito cheias no momento e, com isso, não poder atendê-las ou, então, alegarem não realizar o procedimento requisitado naquele determinado horário. Tais situações não deixam de transparecer certa barreira para a efetivação das denúncias dessas sujeitas, como citado no exemplo a seguir.

> **Roberta:** Até no dia que eu saí, entrei nesse carro com dois homens, eu fui roubada e levaram a minha máquina de cartão. Eu liguei na Cielo, e a Cielo queria me cobrar 250 nessa máquina se fosse sem boletim de ocorrência. [...] Mas eu rodei muita delegacia. Não quiseram atender, tava lotado ou fizeram pouco caso. Foi muito difícil. Eu rodei cinco delegacias (NUH, 2016).

Acionar a polícia na *pista*, segundo seus relatos, muitas vezes parece uma missão quase impossível. Conforme informam, para conseguir parar uma viatura da polícia nos seus locais de trabalho, frequentemente precisam pedir a transeuntes e/ou taxistas que chamem a polícia ou então que parem uma viatura para elas. Em alguns casos, aparenta haver, inclusive, uma seleção por parte dos agentes de segurança pública a respeito das travestis que consideram possuir legitimidade para acioná-los, assim como a quais problemas eles se mostram dispostos a atender, como pode ser visto nas seguintes exposições:

> **Amélie:** [Policiais falam:] "Se for problema de travesti vocês mesmo resolvem". "Não enchem o saco da gente com isso, ainda mais se for problema de rua".
>
> **Roberta:** [Policiais falam:] "Quando vocês precisarem da gente, vocês chama, pode chamar. Mas aquela loirinha... Ela chama por qualquer coisa... Ela mexe com todo mundo. Se ela apanhar na rua, ninguém fala nada, porque ela que caça. Ela caça confusão" (NUH, 2016).

Junto a isso, cria-se uma ideia de que elas deveriam se conformar a um ideal de comportamento, a fim de receber um tratamento adequado por parte dos agentes de segurança pública. Como se o atendimento estivesse condicionado ao modo como elas se portam ao acionar os policiais: "Depende muito. Porque às vezes a menina chega agressiva, com barulho, com escândalo. Ou então, assim... se você não se impor como cidadão" (NUH, 2016). Sobre isso, Aguinsky *et al.* (2014) apresentam que

> [...] desenha-se a concepção de que o respeito apenas poderia ser demandado caso estivessem presentes padrões mínimos de dignidade material ou de padrões culturais de comportamento e, ademais, como se através desses parâmetros travestis e transexuais angariassem maior legitimidade para reivindicar sua cidadania (Aguinsky *et al.*, 2014, p. 298).

Além disso, é comum o receio por parte das entrevistadas de acabarem sendo culpabilizadas mesmo quando em situação de vítima, como exposto por Amélie: "Eles sempre querem levar a gente pra delegacia pra fazer a ocorrência, chega lá o cliente é sempre o certo, ele é o trabalhador, e a gente é a vagabunda, que tá prostituindo, a gente é a errada" (NUH, 2016).

A presença dos policiais se dá, contudo, por meio do discurso da ordem, seja para censurar a vestimenta que elas trajam ou, então, para questionar se elas estão fazendo uso de drogas. Durante o período da pesquisa, por exemplo, houve grande mobilização dos policiais sob a justificativa de que moradores locais estavam reclamando das roupas que elas usavam nas vias. Em contraponto, quando o movimento social acionou as agências de segurança pública para a discussão de pedradas que passageiros dentro de transportes públicos da região estavam atirando nelas, o empenho não se mostrou o mesmo.

Neste cenário, não é de se estranhar que, quando perguntadas sobre quais providências tomam diante de uma situação de violência, de um total de 96 entrevistadas que relataram já ter sofrido violência por parte da população geral, apenas 21 delas tomaram algum tipo de providência, quais sejam: 8 chamaram a polícia e/ou fizeram boletim de ocorrência; 5 discutiram/xingaram; 3 revidaram; 1 brigou; 1 resolveu sozinha; 1 perguntou o que estavam olhando; e 1 virou a mesa de laranjas de um feirante que a agrediu. Ou seja, além do baixo número de entrevistadas que tomou alguma providência, somente 8 delas acionaram canais oficiais de denúncia.

Ademais, assim como já citado, há os momentos em que a violência, para além da omissão e do pouco caso, vem explicitamente por parte dos policiais, como pode ser percebido na ação de alguns agentes homens que realizavam revistas em travestis dentro de motéis, requerendo ainda que elas se despissem por completo. Além disso, Paulina relata sobre uma vez em que chegou a literalmente apanhar de alguns policiais: "Aí a polícia veio bateu em nós duas... deu nela 3 paulada e me deu 48 pauladas. 3 horas da manhã" (Paulina *apud* NUH, 2016). Não à toa, de 138 entrevistadas, 44,2% consideraram o risco de serem vítimas de violência policial em seu local de trabalho como grande ou muito grande.

No entanto, pelos seus relatos, não necessariamente elas requerem o afastamento das agências de segurança pública dos locais onde trabalham, o que demandam é um atendimento adequado e não propulsor de arbitrariedades e agressões. Assim como apresentado por Bianca, a presença de policiais é importante para a segurança delas:

> O horário de mais de risco pra gente é depois das duas, que é o horário que a polícia não passa. Numa quarta, quando tem algum jogo e tal, tal, que a rua fica mais movimentada, aí sim eles passam. Mas geralmente de madrugada você não vê polícia rodando ali, não, muito difícil (NUH, 2016).

Contudo, a partir de todo o exposto, vê-se que não há apenas uma descrença nos canais de denúncia, mas toda uma experiência que demonstra a ineficácia em acionar as agências de segurança pública, assim como a relação agressiva que os policiais possuem com elas. Assim, diante de situações de humilhação, preconceito ou agressão, tal população deixa de acessar esses órgãos, ficando impelida a buscar e criar estratégias particulares de segurança. Nesse contexto, revidar uma ação de agressão, assim como supracitado, se torna, na visão de muitas delas, uma possibilidade de tomada de providência.

> **Bonnie:** Depende. Se eu tiver condições de rebater da mesma forma, eu vou rebater. Porque eu sei que a justiça não adianta nada. Chamar a polícia pra quê? Já chamei várias vezes e não resolveu nada. É ridículo! Eles fazem um boletim... boletim vai salvar a gente da morte?

Bianca: Não, porque a gente acaba ficando desiludida. Então a gente acaba assim, nem aí, entendeu? Ou então a gente acaba pensando assim: "Já que eles estão querendo aprontar com a gente, a gente também vão aprontar". Então a gente acaba querendo fazer justiça com a própria mão. E é errado isso. Então, assim, na minha esquina, aonde que eu fico, eu sempre coloco um pedaço de pedra.

Alanis: Eu mesma resolvi. Em vez de esperar a polícia. Quando você resolve é melhor ainda, você demonstra segurança (NUH, 2016).

No entanto, é evidente que tal estratégia não é apropriada se comparada a reais atendimento e proteção que as agências de segurança pública poderiam oferecer; pelo contrário, tal caminho muitas vezes acaba por colocá-las em uma situação de maior conflito e perigo, como relatado por Kamilly:

> Às vezes eu retruco em falar, expressar, dedo, xingo, mando ir para aqueles lugares. Mas tem vezes que eu deixo passar, porque é bom evitar, às vezes podem voltar e estamos aqui todos os dias, a gente precisa estar aqui todos os dias (NUH, 2016).

Assim, vê-se que os aparelhos estatais de segurança pública deixam não somente de atender às necessidades desta população, mas também a coloca em situações de vulnerabilidade ainda maior, fragilizando suas possibilidades de sobrevivência. Desamparadas pelas agências de segurança, portanto, elas ficam cada vez mais expostas e suscetíveis a violências, alimentando o ciclo de vulnerabilidade e insegurança no qual estão inseridas (Prado *et al.*, 2016).

Entre outras estratégias particulares realizadas por muitas delas, a fim de se defenderem e/ou se resguardarem de agressões e vexações, podemos citar o estabelecimento de uma rede de contato com outras travestis que trabalham em uma mesma *pista* para se manterem sempre informadas acerca do que ocorre na rua, assim como de possíveis "falsos clientes". Assim, durante os trabalhos de campo, presenciamos momentos em que uma travesti avisava a outra acerca de algum ocorrido na região ou, então, a descrição de um carro e motorista suspeitos.

Além disso, trabalhadores da região muitas vezes também servem como amparo. Como exemplo, uma entrevistada, Bianca, relata que, ao sofrer uma agressão, procurou um funcionário de um posto de gasolina próximo a onde ela *batalhava*, a fim de obter ajuda, uma vez que a polícia não parava para ela: "Eu estava com extintor na mão. Fiquei com o extintor na mão. Eu fiz de tudo para parar um carro de polícia. A polícia passava e não parava" (NUH, 2016). Bianca então diz que quando algo ocorre com ela ou com alguma colega, o funcionário do posto é a pessoa a quem elas procuram, a fim de conseguir algum auxílio. Amizades com clientes policiais também foram citadas como uma forma de resguardo por parte de algumas delas, de modo que, em muitos casos, elas preferiam ligar para essas referências a acionar os canais oficiais da polícia.

No que se refere aos programas que realizam, alguns cuidados pareceram ser realizados por praticamente todas elas, entre eles: não entrar em carros que possuam mais de uma pessoa dentro; receber adiantado; e não ir a locais que já não sejam conhecidos por elas. Ademais, a migração se apresentou também como uma estratégia de proteção para os momentos em que se sentem inseguras em se manter na cidade, assim como manifestado por Grace ao responder sobre quais atitudes ela toma diante situações de agressão: "Atitude, na verdade, é você pegar ir embora. Ou do lugar ou sumir daquele ponto" (NUH, 2016).

Por fim, foi também percebido, como meio de se evitar passar por situações de constrangimento e violência, o afastamento dessa população dos diversos espaços sociais. Assim, a saída da escola e de casa, por exemplo, era muitas vezes vista, por parte delas, como um recurso para se afastar de momentos vexatórios, bem como para possibilitar a expressão de sua identidade de gênero sem amarras, sanções ou opressões. Como exemplo, Roberta, ao responder sobre discriminação por parte da família, diz: "Da família eu não tive. Porque de família eu saí logo cedo de casa. Que eu não dei certo com meu pai. Eu já cacei logo o meu rumo, já saí. [...]" (NUH, 2016). Ou seja, indiretamente ela traçou uma correspondência ao fato de não ter sofrido discriminação por ter saído cedo de casa, e não por haver aceitação e acolhimento por parte de sua família.

No que se refere à circulação na cidade, percebe-se que grande parte das estratégias para evitar constrangimentos se resumem ao isolamento – muitas travestis deixam de sair de casa, não usufruindo do tempo de lazer fora de suas moradias. Caso queiram circular pela cidade, é comum procurarem companhia, como uma forma de resguardo, assim como Kamilly apresenta:

> Eu era do tipo de pessoa que não saía sozinha pra rua por vergonha, até hoje! Até hoje eu não gosto de sair sozinha pra qualquer lugar, quando ninguém pode ir comigo eu vou no supermercado, ou no centro, mas eu detesto porque parece preconceito com você maiores! Com dois, tem mais pessoas para você apontar "Olha lá o viado!", "Ô lá o traveco!". Eu me sinto mal de estar sozinha e o mundo em volta assim: um cochicha dali, outro aponta ali, outro ri daqui, é muito ruim! (NUH, 2016).

Diante das diversas situações de constrangimento e vexações, ou mesmo da solidão que o isolamento pode provocar, não é de se estranhar que 26% das entrevistadas relataram já ter sido diagnosticadas com depressão por profissionais da área de saúde, como apresentado em um dos relatos:

> **Luísa:** Então, embora a minha integridade física não tenha sido atingida, a violação de direitos, a tentativa, muitas vezes, de agressão isso tudo faz com que a gente sofra muito. E como eu sou uma pessoa corajosa, eu mesmo assim saio. Mas tem muita gente que tem medo! Desenvolve a síndrome do pânico e tem medo! E não tá errada de ter medo não! Porque dá medo mesmo! Existem lugares específicos que talvez a pessoa não possa mesmo circular... Então é isso. Mesmo a gente não sendo diretamente agredida a gente sensibiliza e entende o motivo da agressão... Poderia ter sido eu, uma amiga, uma conhecida... (NUH, 2016).

Ou seja, a despeito das violências físicas que inquestionavelmente ferem seus corpos, há também diversas outras formas de violências e constrangimentos que também participam da dinâmica de vida dessa população, cunhando trajetórias marcadas por negação e isolamento, bem como por sentimentos de temor e não pertencimento. Assim, falar sobre violência implica pensar tanto sobre tipos de violência, percepção de violência, acesso a canais de denúncia e estratégias possíveis de ação quanto sobre sua repercussão em todas as esferas de vida da população, configurando restritas e específicas possibilidades de existência.

Considerações finais

A partir do exposto, verifica-se, portanto, como as experiências da população de travestis e transexuais são atravessadas por instituições e atores que, ao se combinarem a preconceitos e normalizações no que tange a gênero e sexualidade, promovem desigualdades, invisibilizando, ao mesmo tempo, precarizações e violências. Neste sentido, estendendo as reflexões de Ramos (2010, p. 136) ao apresentar que a "violência que atinge homossexuais é mais heterogênea a complexa que o modelo clássico de crime de ódio", vemos que, para as travestis e transexuais, a violência se mostra não apenas múltipla, mas também emaranhada às suas próprias trajetórias de vida, com repercussões nas diversas esferas que envolvem suas possibilidades de se manter vivas.

Assim sendo, em uma trajetória que culmina na morte de uma travesti, por exemplo, podemos identificar violações e negações no que tange a educação, saúde, assistência social, emprego e segurança pública que influenciaram de distintas formas para esse desfecho. Como exemplo, a entrevistada Roberta, que, em decorrência de um assalto efetuado por parte de uma das travestis que *batalhavam* na mesma rua que ela em uma cidade do interior de Minas Gerais, levou um tiro na perna, ficando a bala alocada em uma região próxima à coluna. No entanto, apesar de ferida, Roberta declarou que não procurou prontamente atendimento médico, pois tinha receio de que isso poderia lhe causar algum problema.

> Eu nem fui pro hospital, não. Eu fiquei em casa e melhorei por si. Graças a Deus o meu corpo é muito bom. Depois de muito tempo sarou. Aí eu fui no hospital. Eu aleguei pro médico que eu tinha ganhado tiro em outra cidade. Pra mim ver se deu problema, se não ia dar (NUH, 2016).

Para além de questões voltadas ao contexto de ausência estatal e violência nos espaços de prostituição, somente nesse pequeno relato vemos o quanto as áreas de segurança pública e de saúde podem aparentar à população de travestis e transexuais mais como sendo instituições opressoras que instituições voltadas a lhes oferecer segurança e acolhimento, o que influiu, inclusive, no cuidado que Roberta teve sobre seu próprio corpo.

Com isso, vemos que entender o contexto de vulnerabilidade no qual tal população se encontra, tendo em vista a complexidade com que preconceitos e discriminações configuram a dinâmica de suas vidas, apresenta-se fundamental para a melhor compreensão dos modos pelos quais diversos atores e instituições moldam uma conjuntura de exclusão e violência, engendrando caminhos que culminam, por exemplo, em assassinatos e/ou trajetórias de morte. Nesse sentido, importante nos voltarmos às formas como opressões e silenciamentos promovem e naturalizam práticas e contextos violentos, a fim de buscar romper com ideais hegemônicos que reiteram um local de exclusão e abjeção à população de travestis e transexuais.

Referências

AGUINSKY, B. G. *et al.* Travestis e segurança pública: as performances de gênero como experiências com o sistema e a política de segurança no Rio Grande do Sul. *Textos e Contextos*, v. 12, n. 1, 2013.

AGUINSKY, B. G. *et al.* Vidas (hiper)precárias: políticas públicas penais e de segurança face às condições e vida de travestis e transexuais no Rio Grande do Sul. *Sistema Penal e Violência*, Porto Alegre, v. 6, n. 2, jul./dez. 2014.

BENEDETTI, M. R. *Toda feita: o corpo e o gênero das travestis*. Rio de Janeiro: Garamond, 2005.

BENTO, B. *O que é transexualidade*? São Paulo: Brasiliense, 2008.

BONASSI, B. C. *et al.* Vulnerabilidades mapeadas, violências localizadas: experiências de pessoas travestis e transexuais no Brasil. *Quaderns de Psicologia*, v. 17, n. 3, p. 83-98, 2015.

BUTLER, J. *Deshacer el gênero*. Barcelona: Paidós, 2006.

CABRAL, V. *et al.* Algumas considerações sobre as relações entre espaço, violência e a vivência travesti na cidade de Ponta Grossa – Paraná. *Geografia – Publicações Avulsas*, ano 9, n. 31, p. 1-17, mar. 2011.

CARRARA, S.; VIANNA, A. "Tá lá o corpo estendido no chão...": a violência letal contra travestis no município do Rio de Janeiro. *Physis: Revista de Saúde Coletiva*, Rio de Janeiro, v. 16, n. 2, p. 233-249, 2006.

COSTA, N. G. *Do disque denúncia ao call center: os limites do Disque 100 para a realização da denúncia de violência contra a população LGBT*. 214 f. Dissertação (Mestrado em Psicologia Social) – Programa de Pós-Graduação em Psicologia, Faculdade de Filosofia e Ciências Humanas, Universidade Federal de Minas Gerais, Belo Horizonte, 2016.

GUARANHA, C. Travestis e transexuais: a questão da busca pelo acesso à saúde. In: SEMINÁRIO INTERNACIONAL FAZENDO GÊNERO 10. *Anais Eletrônicos*, Florianópolis, 2013.

GUIMARÃES, C. *et al.* Assassinatos de travestis e transexuais no Rio Grande do Sul: crimes pautados em gênero?. *Athenea Digital*, v. 13, n. 2, p. 219-227. jul. 2013.

JUNQUEIRA, R. D. Currículo heteronormativo e cotidiano escolar homofóbico. *Espaço do Currículo*, v. 2, n. 2, p. 208-230, 2010.

KULLICK, D. *Travesti: prostituição, sexo, gênero e cultura no Brasil.* Rio de Janeiro: Editora Fiocruz, 2008.

MELLO, L.; BRITO, W.; MAROJA, D. Políticas públicas para a população LGBT no Brasil: notas sobre alcances e possibilidades. *Cadernos Pagu*, Campinas, n. 39, p. 403-429, jul./dez. 2012.

NUH – Núcleo de Direitos Humanos e Cidadania LGBT. *Relatório de pesquisa – Direitos e violência na experiência de travestis e transexuais na cidade de Belo Horizonte: construção de um perfil social em diálogo com a população.* Belo Horizonte 2016. Disponível em: https://bit.ly/3posPcV. Acesso em: 24 maio 2021.

NUH - Núcleo de Direitos Humanos e Cidadania LGBT. *Relatório de pesquisa – Inquéritos policiais: travestis e transexuais em Minas Gerais.* Belo Horizonte. 2018. Disponível em: https://bit.ly/3GFznKj. Acesso em: 01 nov. 2021.

PAIXÃO, O. V. B. *Entre a batalha e direito: uma análise do projeto de lei Gabriela Leite sob a ótica da travestilidade.* Monografia (Bacharelado em Direito) – Faculdade de Direito, Universidade Federal de Minas Gerais, Belo Horizonte, 2016.

PELÚCIO, L. *Abjeção e desejo: uma etnografia travesti sobre o modelo preventivo de aids.* São Paulo: Annablume; FAPESP, 2009.

PRADO, M. A. M.; MACHADO, F. V. *Preconceito contra homossexualidades.* São Paulo: Cortez, 2008.

PRADO, M. A. M.; JUNQUEIRA, R. D. Homofobia, hierarquização e humilhação social. In: VENTURI, G.; BOKANY, V. (Orgs.). *Diversidade sexual e homofobia no Brasil.* São Paulo: Editora Fundação Perseu Abramo, 2011. p. 51-72.

PRADO, M. A. M.; *et al.* Segurança pública e população LGBT: formação, representações e homofobia. In: LIMA, C. S. L.; BATISTA, G. C.; FIGUEIREDO, I. S. (Orgs.). *Segurança pública e direitos humanos: temas transversais.* 1. ed. Brasília, DF: Ministério da Justiça; Secretaria Nacional de Segurança Pública, 2014. p. 57-80.

PRADO, M. A. M. *et al.* Travestis e transexuais no Brasil: ciclos de violência, inteligibilidade institucional e efeitos da invisibilidade. In: VEIGA, A., M.; LISBOA, T., K.; WOLFF, C. F. (Orgs.). *Gênero e violências: diálogos interdisciplinares.* Florianópolis: Edições do Bosque, 2016. p. 238-263.

RAMOS, S.; CARRARA, S. A constituição da problemática da violência contra homossexuais: a articulação entre ativismo e academia na elaboração de políticas públicas. *Physis: Revista de Saúde Coletiva*, Rio de Janeiro, v. 16, n. 2, p. 185-205, 2006.

RAMOS, S. Respostas do movimento GLBT à homofobia e a agenda da segurança pública. In: POCAHY, F. (Org.). *Políticas de enfrentamento ao heterossexismo: corpo e prazer*. Porto Alegre: Nuances, 2010.

RIOS, R. R. O conceito de homofobia na perspectiva dos direitos humanos e no contexto dos estudos sobre preconceito e discriminação. In: POCAHY, F. (Org.). *Rompendo o silêncio: homofobia e heterossexismo na sociedade contemporânea*. Porto Alegre: Nuances, 2007. p. 27-48

SILVA, H. S. *Travesti: a invenção do feminino*. Rio de Janeiro: Relume Dumará; ISER, 1993.

TONELI, M. J. F.; BECKER, S. Notas sobre o não reconhecimento e a imunidade de travestis e negros no palco do judiciário. *Revista Brasileira de História das Religiões*, Maringá, v. III, n. 9, jan. 2011.

Capítulo 13

Dificuldades de acesso de travestis e transexuais aos canais oficiais de denúncia: ciclos de exclusão e invisibilização da violência

Nicole Gonçalves da Costa

Introdução

Quando nós acadêmicos nos propomos à tarefa de falar acerca da violência que acomete a população de travestis e transexuais recorrentemente nos equivocamos ao tratá-la como algo concreto, dado ao público para o qual enunciamos nossos textos. Entretanto, o modo como os sujeitos veem e compreendem o mundo não é algo natural: aprendemos a perceber, nomear e atribuir significado aos fenômenos, objetos e experiências. A partir dessa inserção no campo simbólico, tais elementos passam a existir para nós. Isso quer dizer que criamos e apreendemos a realidade de maneira discursiva.

Nesse sentido, a invisibilidade em relação à violência que afeta travestis e transexuais não se trata, portanto, de uma propriedade da violência e sim de algo que acontece aos olhos para os quais ela se tornou invisível. A invisibilidade não se relaciona a algo intrínseco à própria violência ou à falta de sua concretude, pois existe um corpo lá estendido no chão! Então, sobre o que é a invisibilidade? Talvez ela nos diga muito mais acerca da nossa incapacidade de ver, e, se a violência é invisível aos olhos de quem a observa, trata-se, pois, de um problema que diz respeito à percepção. Não no sentido de uma limitação estritamente cognitiva. Tratam-se, sobretudo, das lentes que usamos para perceber e compreender a realidade social que nos cerca e que construímos discursivamente.

Tais lentes são revestidas de um marco normativo que regula nossa capacidade de percepção e afecção, define o que será considerado como violência e permite que alguns tipos de violência nem sequer sejam considerados. Essa matriz de inteligibilidade cultural diferencia as vidas que valem a pena preservar, e que, deste modo, merecem a proteção do Estado (Butler, 2011), das vidas que não importam. Uma matriz refinada a partir das normas de gênero impossibilita a existência e o reconhecimento da experiência de travestis e transexuais e da violência que as acomete, se revelando cerne da problemática a ser abordada neste capítulo e alicerce do que talvez seja a primeira das violações com que elas se deparam socialmente: a negação do direito à vida.

Desde o início dos anos 2000, em uma tentativa de combater a violência e ampliar o acesso a direitos pela população LGBT, os movimentos sociais junto ao Poder Executivo têm proposto políticas públicas em diversos campos. A violência se torna pauta de documentos, planos, medidas de prevenção e enfretamento, mas, apesar desses esforços, ela não se torna necessariamente mais visível.

Para Mello, Brito e Maroja (2012), o primeiro marco para a formulação, implementação, monitoramento e avaliação de políticas públicas voltadas à população LGBT no Brasil se refere à inclusão da categoria orientação sexual como uma dimensão da garantia do direito à liberdade, opinião e expressão e à garantia do direito à igualdade pela população LGBT no Programa Nacional de Direitos Humanos 2 (PNDH-2), divulgado em 2002.

Outro marco importante foi a criação do Conselho Nacional de Combate à Discriminação (CNCD) em 2001, por meio do Decreto n. 3.952 de 4 de outubro de 2001. Foi o CNCD que em seguida propôs o Programa Brasil Sem Homofobia, por meio do qual Mello, Brito e Maroja (2012) e Irineu (2014) consideram que teve início, formalmente, a construção de políticas públicas LGBT no Brasil.

Após a criação do Programa Brasil Sem Homofobia em 2004, outras conquistas marcaram a proposição de políticas públicas LGBT no Brasil (Mello; Brito; Maroja, 2012): a realização da I Conferência Nacional de Gays, Lésbicas, Bissexuais, Travestis e Transexuais (2008); o Plano Nacional de Promoção da Cidadania e Direitos Humanos de Lésbicas, Gays, Bissexuais, Travestis e Transexuais (2009); a instituição do Programa Nacional de Direitos Humanos 3 (PNDH-3) (2009); a criação da Coordenadoria Nacional de Promoção dos Direitos LGBT

(2009/2010); o Decreto n. 7.388, que altera o formato do Conselho Nacional de Combate à Discriminação (CNCD), implantando o Conselho Nacional LGBT (2010); a criação do Módulo LGBT no Disque Direitos Humanos (Disque 100) (2011); a realização da II Conferência Nacional LGBT (2011); o lançamento do Sistema Nacional de Enfrentamento à Violência LGBT (2013); e a realização da III Conferência Nacional LGBT (2016).

No que se refere especificamente ao campo da segurança pública, as demandas do movimento LGBT foram incorporadas pelo Governo Federal na agenda de direitos humanos e em documentos como: o PNDH-2; o Programa Brasil Sem Homofobia; o Plano Nacional de Promoção da Cidadania e Direitos Humanos de LGBT; e o PNDH-3 (Mello; Avelar; Brito, 2014).

Em Minas Gerais, no âmbito do município de Belo Horizonte, destacam-se a existência do Programa BH Sem Homofobia desde 2005 e do Centro de Referência pelos Direitos Humanos e Cidadania de Lésbicas, Gays, Bissexuais, Travestis e Transexuais de Belo Horizonte (CRLGBT-BH) desde 2007. Na esfera estatal, em Minas Gerais, a Secretaria de Defesa Social possui uma Coordenadoria Especial de Políticas da Diversidade Sexual do Estado de Minas Gerais (CODS), criada em 2011. Especificamente no campo da segurança púbica, foi criado também em 2011 o Núcleo de Atendimento e Cidadania LGBT da Polícia Civil de Minas Gerais.

Em 2016, algumas iniciativas no âmbito da segurança pública e justiça em Minas Gerais se fizeram relevantes: a inclusão de campos para o preenchimento da identidade de gênero e orientação sexual nos boletins de ocorrência policiais e da motivação homofóbica do crime; o estabelecimento de um grupo de trabalho no âmbito do Centro de Apoio Operacional das Promotorias de Justiça de Defesa dos Direitos Humanos, Apoio Comunitário e Controle Externo da Atividade Policial (CAO-DH) do Ministério Público de Minas Gerais, que visa analisar o acesso à justiça pela população LGBT; e a implementação da Comissão Estadual de Políticas de Enfrentamento às Fobias (CEPEF) relativas à orientação sexual e à identidade de gênero.

A primeira experiência efetiva de política pública voltada à população LGBT no Brasil foi a criação pela Secretaria de Segurança Pública do Rio de Janeiro, em 1999, do Disque Defesa

Homossexual (DDH), que foi o primeiro disque denúncia voltado para esse público (Ramos; Carrara, 2006). O DDH foi também a primeira iniciativa do poder público que possibilitou o registro de denúncias, a produção e a análise de dados sobre a violência homofóbica no Brasil. Oriundos dos relatos das próprias vítimas, diferentemente dos dados divulgados pela mídia e pelos movimentos sociais, que se restringiam a dados sobre assassinatos, os dados do DDH revelaram que há uma diversidade de práticas que ocorrem no âmbito familiar, doméstico e de trabalho, que envolvem inclusive pessoas conhecidas das vítimas. Demonstrou, ainda, que esse rol diversificado de violências e discriminações que a homofobia abarca torna a construção de estratégias de enfrentamento a esse tipo de violência ainda mais complexa (Ramos; Carrara, 2006).

Os dados das pesquisas de caracterização social, que foram realizadas a partir de 2003 nas Paradas do Orgulho LGBT, confirmaram os dados divulgados pelo Disque Defesa Homossexual acerca da complexidade da violência e, além disso, indicaram que um número muito reduzido dos casos de violência relatados foi reportado a algum órgão público (Ramos; Carrara, 2006).

Ainda acerca das iniciativas que se propõem ao registro e à produção de dados desse tipo de violência pelo poder público, segundo Mello, Avelar e Brito (2014), os primeiros dados de abrangência nacional foram apresentados pela Secretaria de Direitos Humanos da Presidência da República (SDH) nos relatórios sobre violência homofóbica no Brasil dos anos de 2011 e 2012, publicados respectivamente em 2012 e 2013. Os dados foram produzidos a partir de denúncias reportadas ao Disque Direitos Humanos (Disque 100). Ainda subnotificados, os dados do Disque 100 não retratam a realidade de violação de direitos humanos vivenciada pela população LGBT no Brasil (Mello; Avelar; Brito, 2014).

Tal subnotificação pelo poder público pode estar relacionada, dentre outros fatores: à dificuldade de acesso pela população LGBT aos equipamentos de segurança pública devido à homofobia institucional; à precariedade dos instrumentos de registro; à ausência de marco jurídico; à naturalização da violência sofrida; à descrença em relação às instituições; e ao desconhecimento dos canais oficiais de denúncia (Prado *et al.*, 2013, 2014).

Em pesquisa que mapeou o fluxo de encaminhamento das denúncias do módulo LGBT em Minas Gerais, Costa (2016) constatou que o Disque 100, apesar de ter um módulo de denúncia para reportar casos de violência contra pessoas LGBT, não tem sido capaz de levar essas denúncias, que não chegam de forma direta aos equipamentos oficiais, para o campo da legitimidade e da inteligibilidade. Portanto, as denúncias ainda não são de fato ouvidas pelo poder público, e a violência permanece invisibilizada.

Concluiu-se que o Disque 100 tem sido, ele próprio, um impedimento à realização de denúncias devido ao modo como a política foi planejada e está sendo executada, tendo em vista, sobretudo, o desenho do fluxo pactuado em Minas Gerais. A impossibilidade de efetivar a denúncia e de tomar providências está relacionada, dentre outros fatores, ao fato de o protocolo de denúncia não possuir validade legal para ação do órgão receptor das denúncias, o que leva ao arquivamento dos casos. Além disso, o desenho do fluxo não articula a rede de proteção dos direitos humanos LGBT, dificultando o encaminhamento das denúncias para os órgãos competentes e impossibilitando o acolhimento das vítimas. Devido também ao modo precário de registro das informações e à falta de orientação adequada às vítimas, a ação dos órgãos de responsabilização fica inviabilizada. Por fim, a inexistência de um monitoramento das providências adotadas torna o serviço frágil do ponto de vista de avaliação da política pública (Costa, 2016).

Tais apontamentos nos evidenciam os limites do Disque 100 como política de promoção dos direitos da população LGBT e o quanto ele, além de não oferecer uma resposta às violações de direitos humanos que lhe foram reportadas, não tem contribuído para o enfrentamento a esse tipo de violência e não produz subsídios qualificados para a formulação de políticas de prevenção. Verificou-se que o Disque 100 tem alcançado o objetivo de registro e armazenamento de dados sobre a violência que acomete a população LGBT, ainda que de modo precário, já que as informações coletadas durante o registro da denúncia são frequentemente incompletas, insuficientes e pouco qualificadas (Costa, 2016).

As limitações das iniciativas existentes no âmbito da segurança pública e da justiça no que se refere à prevenção e ao enfrentamento a esse tipo de violência no Brasil, para Mello, Avelar e Brito (2014), devem-se ao fato destas não se caracterizarem enquanto políticas públicas de segurança, estáveis e efetivas. Nesse sentido, Mello, Brito e Maroja (2012) apresentam uma análise com base em um levantamento feito durante pesquisa que aponta o quanto as crescentes iniciativas, principalmente no que se refere ao Poder Executivo Federal, não implicam necessariamente em uma expressão qualitativa de propostas em execução.

Desde 2002, o Brasil tem apresentado um conjunto de propostas de combate à homofobia e de garantia de direitos para a população LGBT, que, apesar de estarem previstas em planos e programas, ainda são rudimentares ou mesmo inexistentes devido às dificuldades no que se refere ao aspecto legislativo e orçamentário, à fragmentação das políticas e à homofobia institucional para sua implementação enquanto políticas públicas (Mello; Brito; Maroja, 2012).

No intuito de contribuir para a produção de dados quantitativos e qualitativos sobre a violência vivenciada pela população LGBT, a academia tem se debruçado em pesquisas que têm o objetivo de compreender o fenômeno e produzir subsídios para a formulação de políticas pelo poder público. Este capítulo se propõe a discutir os resultados do Eixo Violências da pesquisa intitulada "Direitos e violência na experiência de travestis e transexuais na cidade de Belo Horizonte: construção de um perfil social em diálogo com a população", realizada pelo Núcleo de Direitos Humanos e Cidadania LGBT da Universidade Federal de Minas Gerais (NUH/UFMG, 2016).

Os dados não serão aqui tomados como provas da concretude da violência, pois certamente precisaremos mais do que fatos para tornar essa violência perceptível a nós. Mesmo debaixo dos nossos olhos, sendo bombardeados pelos noticiários ou até mesmo sendo alvos de tais violências, não enxergamos que sexismo, homofobia e racismo matam. Enveredaremos, portanto, em um exercício de ver para além do que conseguimos enxergar, buscando alargar as normas e recursos simbólicos de que dispomos para compreender tais experiências de violência. Um convite para reinventar a percepção e a afecção de modo a tornar o invisível algo passível de visibilidade e inteligibilidade.

Apresentação dos resultados

Dentre as 141 entrevistadas durante a pesquisa, 99,3% sofreram violência psicológica, 97,9% relataram violência sexual e 96,4% foram agredidas fisicamente. É interessante observar o quanto essas violências não estão desvinculadas, e como o fato de travestis e transexuais estarem vulneráveis e em risco constante de sofrer violência física e sexual implica um sofrimento psicológico inevitavelmente, como fica evidente na fala da entrevistada Luísa, de 33 anos:

> [...] as pedradas da Pedro II, que nunca me acertaram, me agrediram. Era muito agressivo, eu sempre pensava: "Meu Deus, mas por quê? Qual razão dessa violência? Por que as pessoas querem ver a gente ferida?". Então, embora a minha integridade física não tenha sido atingida, a violação de direitos, a tentativa, muitas vezes, de agressão isso tudo faz com que a gente sofra muito. E como eu sou uma pessoa corajosa, eu mesmo assim saio. Mas tem muita gente que tem medo! Desenvolve a síndrome do pânico e tem medo! E não tá errada de ter medo não! Porque dá medo mesmo! Existem lugares específicos que talvez a pessoa não possa mesmo circular... Então é isso. Mesmo a gente não sendo diretamente agredida a gente sensibiliza e entende o motivo da agressão... Poderia ter sido eu, uma amiga, uma conhecida... (NUH, 2016).

No que se refere ao percentual dos tipos de violências físicas (dados relativos a 141 entrevistadas, exceto, "arremesso de lixo", que se refere a 140 entrevistadas): 73,8% sofreram tapa; 73,8%, assalto; 73,1%, puxão de cabelo; 66%, ovada e similares; 61%, soco; 55,3%, arma de fogo; 53,9%, pedrada; 53,9%, arma branca; 37,6%, beliscão; 33,3%, cuspe; 31,4%, lixo; 17%, *paintball*. O uso de extintor de incêndio e demais artefatos, além de excrementos, foram mencionados em frequência menor, contudo, são relevantes para nos indicar que as práticas de violência física contra essa população são muito diversificadas e visam à humilhação, além de lesão corporal e homicídio. A situação de violência descrita por Bianca (28 anos) demonstra como isso ocorre na *pista*[1]:

> Eles encheram um balão normal e colocou tinta dentro. Aí eles jogaram o balão. Acertou na minha coxa. Eu vi que era tinta e eu

[1] *Pista:* área de prostituição em via pública.

> tô assim "Isso aqui deve ser tinta guache, alguma coisa". Mas é tinta mesmo [...] Ficamos quase uma hora tentando tirar isso. Aí eu voltei pra rua de novo depois que eu tirei a tinta [...] Na hora que voltei, o mesmo carro vai e passa, e joga o extintor em mim (NUH, 2016).

Quanto ao percentual dos tipos de violências sexuais, 92,9% sofreram com passadas de mão; 79,4% com assédio sexual; 61% com práticas não previamente combinadas; e 46,8% com sexo forçado/estupro. Kamilly (20 anos) fala do assédio que sofria durante o período escolar: "[...] quando eu era criança, passavam a mão na bunda, chamavam 'Vem cá', no banheiro, aquela coisa de criança mesmo 10 a 12 anos" (NUH, 2016).

Em relação ao percentual dos tipos de violências psicológicas, 95% relataram ter sofrido com olhares; 94,3%, com xingamentos; 92,9%, com ironia; 74,5%, ameaças; 70,9%, assédio moral; 45,4%, com chantagem/extorsão. Outras formas de violência psicológica citadas foram: 1 entrevistada disse que sofreu persuasão; 3 mencionaram o preconceito; e 1 mencionou ter sofrido constrangimento. Observa-se que esse tipo de violência não se restringe aos pontos de prostituição, ocorrendo também em outros espaços da cidade, como dentro do transporte público: "Ai, sei lá, o povo é muito preconceituoso, né? O povo olha muito torto, quando te vê no ônibus [...] Por mais discreta que você é, querida, toda travesti passa por isso, da mais linda à mais feia" (Alanis, 32 anos) (NUH, 2016). Tal fato acaba por limitar os espaços e os horários de circulação delas pela cidade.

No que diz respeito ao percentual dos agentes promotores das violências, dentre as 141 travestis e mulheres transexuais entrevistadas, 82% sofreram violência por parte da população em geral; 71,6%, por parte de clientes; 61%, por parte de colegas; 60%, por parte da polícia; e 44,7%, por parte da vizinhança. Para violências por parte de parceiros ou namorados, o percentual foi de 37,9%; para donas de casa, 27%; para vício,[2] 18%; e para tráfico de drogas, 13,7%.

Algumas situações descritas pelas entrevistadas demonstram como a violência praticada pela população em geral ocorre no cotidiano delas:

[2] Vício: Clientes com os quais os programas geralmente não são cobrados devido a um envolvimento que ultrapassa a relação profissional.

> **Paulina:** Da família não, mas do povo da rua sim. Já apanhei várias vezes. "Olha, o viado! Olha, o viado vindo!" e bater.
>
> **Grace:** Demais, o povo, nossa senhora! Joga ovo, passa, joga latinha, pedra, vaia, chama a gente de Ronaldo. Essas verbais, né?
>
> **Bonnie:** Até na padaria que você vai você sofre. É 24 horas por dia.
>
> **Amélie:** Ah, em ônibus, em lugar que você custa a passar, rua diferente, ônibus diferente. [...] o lugar que a gente frequenta pela primeira vez sempre tem brincadeira de mau gosto.
>
> **Fabíola:** Ônibus. Não é todo mundo que senta do lado da gente. Parece que transexualidade pega, é doença de pele. [...] É constrangedor (NUH, 2016).

Sobre a violência familiar, Amélie (22 anos) falou acerca da relação que o pai estabelecia com ela: "Ele me batia todos os dias, mais de uma vez ao dia, tinha vezes que até me trancava na rua, do lado de fora de casa. Chegou a colocar vidro no muro pra eu não pular. E quando deixava a porta aberta, me trancava lá dentro pra me espancar" (NUH, 2016). Já sobre a violência por parte de clientes no exercício da prostituição, Grace (29 anos) conta que "quando pensa que não o cliente não quer te pagar, te agride, te machuca" (NUH, 2016).

A relação com os companheiros e namorados também é permeada por violência, como mostra uma situação ocorrida com Amélie após sua saída do Centro Socioeducativo: "Quando eu entrei pra FEBEM veio a luta pra não cortar meu cabelo [...] Passei aquela luta toda pra eles não cortarem meu cabelo lá e veio meu namorado e cortou" (NUH, 2016).

A violência policial muitas vezes ocorre em via pública, como podemos observar na fala de Paulina (34 anos): "Tava eu e uma gay, quando eu caí em BH, andando na Paraná [...] Aí a polícia veio e bateu em nós duas... deu nela 3 paulada e me deu 48 pauladas. Três horas da manhã" (NUH, 2016). Porém, as situações de violência envolvendo agentes da segurança pública não se restringem ao espaço da rua. Em delegacias de polícia, presídios e Centros socioeducativos de Internação, tal prática é frequente, como aponta Amélie:

> Tinha que tirar a roupa, ficava com meus peitos de hormônio pra fora. Era muito constrangimento. Um dia me neguei a ir. Eles [agentes] rasgaram a minha camisa e falavam "Você vai ficar igual a todo mundo, você não é diferente de ninguém, você é homem como eles".

> Quando eu fui presa [...] Foi horrível [...] não procuraram saber do meu documento na hora, queriam mais droga, cismaram que tinha mais droga e foram espancando a gente [...] Na hora que foi me revistar, que viram que eu era travesti me perguntaram por que eu não tinha dito antes e me bateram mais [...] Aí quando eu fui fazer o boletim na delegacia de Santana de Parnaíba, eles falaram que se fizesse relação sexual com os 12 policiais que eles me liberavam. Aí que me bateram demais (NUH, 2016).

No que diz respeito ao percentual referente à percepção do risco de serem vítimas de violência policial, de 138 entrevistadas, 18,8% consideraram o risco de serem vítimas de violência policial (agressão ou extorsão) em seu local de trabalho muito pequeno; 20,3% o consideraram pequeno; 16,7% o consideram médio; 11,6% o consideram grande; e 32,6% o consideram muito grande. De 135 entrevistadas, 23,7% consideraram o risco de ser vítimas de violência policial (agressão ou extorsão) em outros locais da cidade muito pequeno; 23,7% o consideraram pequeno; 20,7% o consideraram médio; 11,9% o consideraram grande; e 20% o consideraram muito grande.

Quanto à média do número de providências tomadas por meio de canais oficiais de denúncia em relação a violências sofridas, temos o seguinte gráfico:

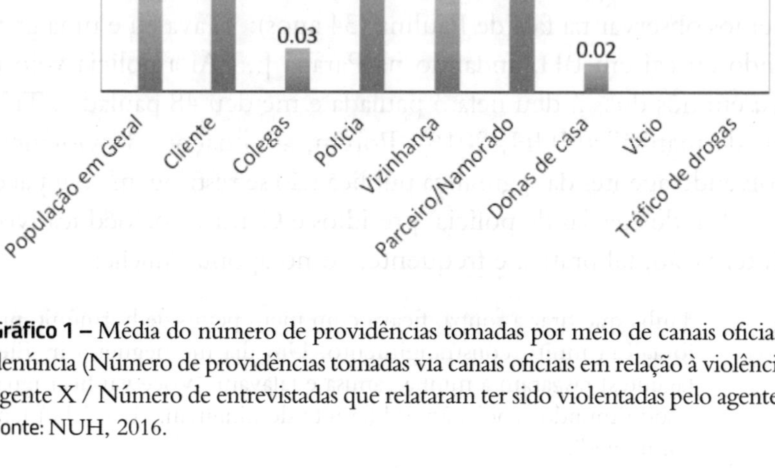

Gráfico 1 – Média do número de providências tomadas por meio de canais oficiais de denúncia (Número de providências tomadas via canais oficiais em relação à violência do agente X / Número de entrevistadas que relataram ter sido violentadas pelo agente X). Fonte: NUH, 2016.

Ainda em relação à tomada de providências pelas entrevistadas, temos os seguintes fluxogramas:

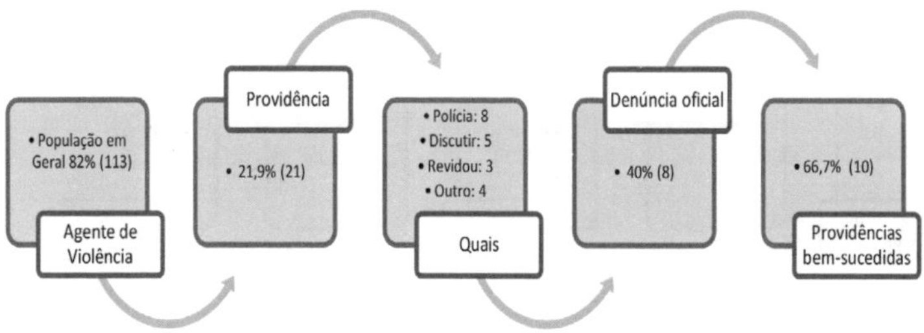

Figura 1 – Fluxograma do percurso de providências tomadas em relação às violências sofridas por parte da população em geral.
Fonte: NUH, 2016.

De 138 entrevistadas, 82% responderam já ter sofrido violência por parte da população geral. Apenas 21,9% disseram ter tomado providências em relação à violência sofrida, dentre 96 entrevistadas. Das 20 providências citadas, 40% foram realizadas via canais oficiais de denúncia. Dentre 15 entrevistadas, 66,7% acreditaram ter sido bem-sucedidas na providência tomada.

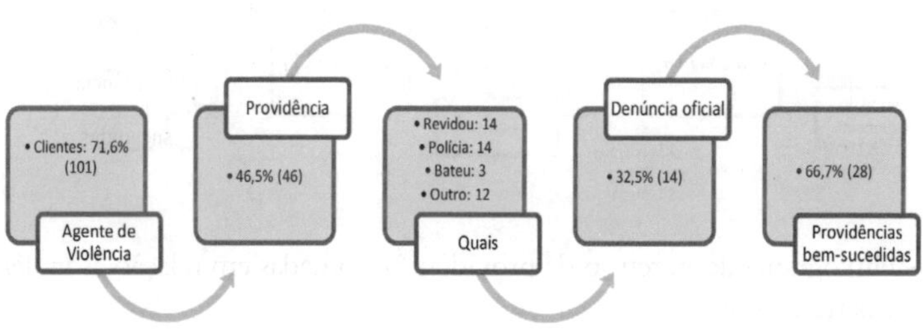

Figura 2 – Fluxograma do percurso de providências tomadas em relação às violências sofridas por parte de clientes.
Fonte: NUH, 2016.

Das 141 entrevistadas, 71,6% sofreram violência por parte de clientes. 46,5% dentre 99 entrevistadas tomaram providência em relação à violência sofrida. Das 43 providências relatadas, somente

32,5% foram realizadas via canais oficiais de denúncia. Dentre 42 entrevistadas, 66,7% acreditaram ter sido bem-sucedidas.

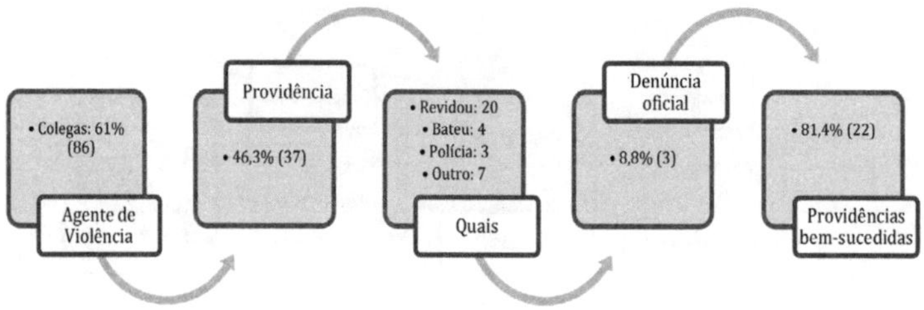

Figura 3 – Fluxograma do percurso de providências tomadas em relação às violências sofridas por parte de colegas.
Fonte: NUH, 2016.

Das 141 entrevistadas, 61% sofreram violência entre colegas. Dentre 80 entrevistadas, 46,3% tomaram alguma providência. Das 34 providências relatadas, somente 8,8% foram realizadas via canais oficiais de denúncia, e 81,4% de 27 entrevistadas acreditaram ter sido bem-sucedidas.

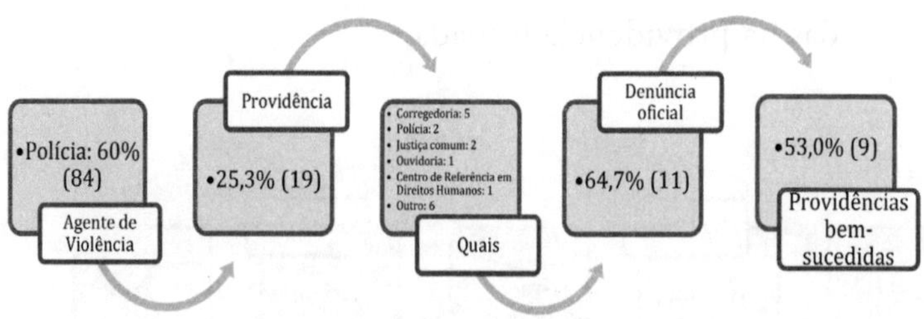

Figura 4 – Fluxograma do percurso de providências tomadas em relação às violências sofridas por parte de policiais.
Fonte: NUH, 2016.

Do total de 140 entrevistadas, 60% já foram vítimas de violência policial. Dentre 75 entrevistadas, 25,3% tomaram alguma providência em relação à violência sofrida. Das 17 providências citadas, 64,7% foram realizadas via canais oficiais de denúncia, e 53% de 17 entrevistadas acreditam ter sido bem-sucedidas.

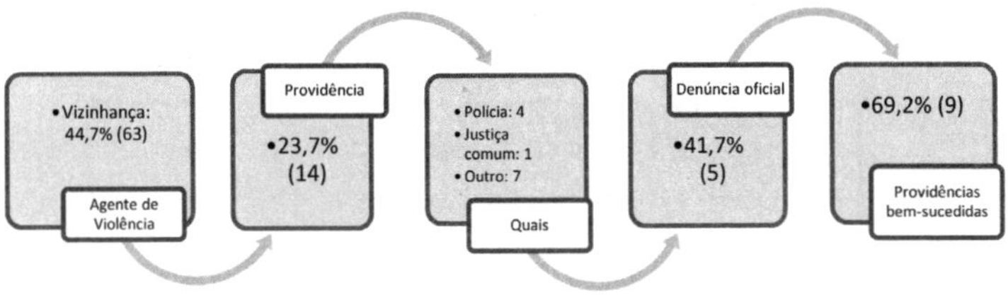

Figura 5 – Fluxograma do percurso de providências tomadas em relação às violências sofridas por parte da vizinhança.
Fonte: NUH, 2016.

Das 141 entrevistadas, 44,7% já sofreram violência de vizinhos. Dentre 59 entrevistadas, 23,7% tomaram alguma providência e, das 12 providências tomadas, 41,7% foram por meio de canais oficiais de denúncia. De 13 entrevistadas, 69,2% acreditaram ter sido bem-sucedidas na providência tomada.

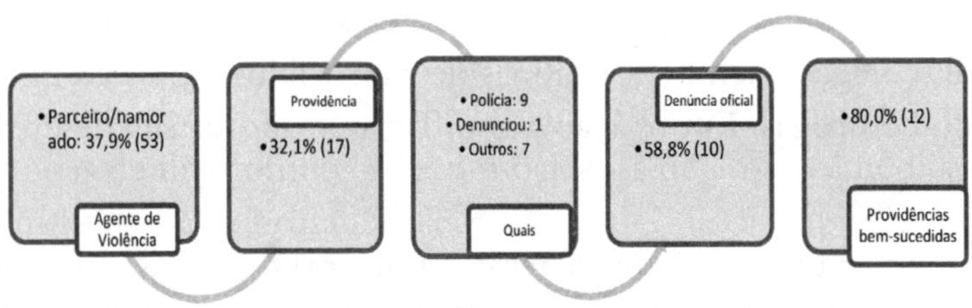

Figura 6 – Fluxograma do percurso de providências tomadas em relação às violências sofridas por parte de parceiro/namorado.
Fonte: NUH, 2016.

Dentre 140 entrevistadas, 37,9% já sofreram violência de parceiro/namorado. De 53 entrevistadas, 32,1% tomaram alguma providência em relação à violência sofrida. De 17 providências, 58,8% foram tomadas por meio de canais oficiais de denúncia, sendo que 80% dentre as 15 entrevistadas acreditaram ter sido bem-sucedidas na providência tomada.

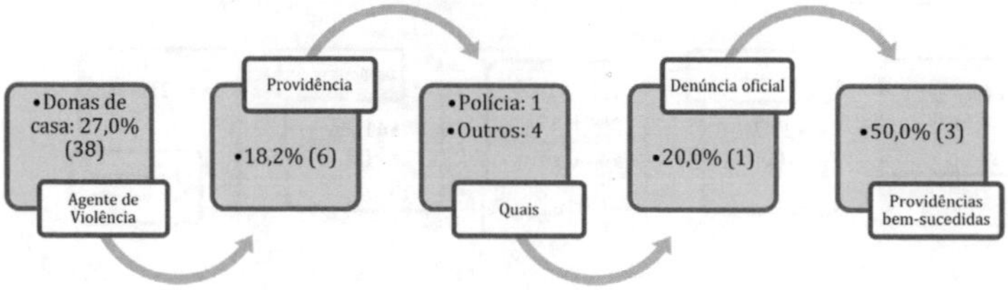

Figura 7 – Fluxograma do percurso de providências tomadas em relação às violências sofridas por parte de donas de casa.
Fonte: NUH, 2016.

Das 141 entrevistadas, 27% já sofreram violência vinda de donas de casa. Entre 33 das entrevistadas, 18,2% tomaram alguma providência em relação a essa violência, e 50% de 6 entrevistadas acreditam terem sido bem-sucedidas na providência adotada.

O gráfico e as figuras anteriores demonstram o quanto as travestis e transexuais entrevistadas, de maneira geral, não adotaram providências em canais oficiais de denúncia em relação a violências sofridas, especialmente quando os agentes se tratam da população em geral, colegas, vizinhança, donas de casa, vícios e pessoas ligadas ao tráfico de drogas. Em relação a isso, Bonnie aponta sua descrença nas instituições:

> Se eu tiver condições de rebater da mesma forma, eu vou rebater. Por que eu sei que a justiça não adianta de nada. Chamar a polícia pra quê? Já chamei várias vezes e não resolveu de nada. É ridículo! Eles fazem um boletim... boletim vai salvar a gente da morte? (NUH, 2016).

Bianca (28 anos), Camila (32 anos), Grace (29 anos) e Amélie (22 anos) deixaram de acionar a polícia em casos de agressão pelo mesmo motivo:

> **Bianca:** Eu chamava e não parava. Eu pensei assim, gente é um absurdo [...] eu estava com o extintor na mão, pra mostra à polícia que eles chegaram a jogar em mim, entendeu? Se acertasse... nossa, eu ia tá caída lá no chão. E a polícia não parou.
>
> **Camila:** Eu cheguei a acionar, mas assim, eles não vieram [...] Eu liguei para o 190, mas aí eles me pediram documento, falam que iam chegar em dez minutos e não chegou. Não apareceram.

> **Grace:** [...] você chama a ocorrência eles não vêm. Demora horas. Quando chega às vezes já aconteceu até o pior. Ainda mais quando se diz ser com envolvimento com trans. De agressão, de motel, de cliente, dessas coisas assim, nossa senhora.
>
> **Amélie:** Só para o meu pai, várias vezes [...] Das duas primeiras vezes eles foram lá, na terceira eles me falaram "pra eu se virar", que não ia levar porque o delegado e mandar voltar pra casa, que era "pra eu se virar" [...] Acho que se fosse uma outra família... por meu pai ser usuário de crack e por eu ser travesti eles faziam pouco caso [...] Aí chegou uma hora que eu falei "Pra quê?" (NUH, 2016).

Paulina (34 anos), por sua vez, justifica a ausência de providências ressaltando o medo de retaliação da polícia: "Eu vou pra casa, querida. Cê tá doida... o mundo do jeito que é hoje, se você apanha de um policial e for lá denunciar o policial, cê tá morta. A gente que trabalha na rua vê muita coisa, então a gente prefere ficar calada" (NUH, 2016).

Uma entrevistada fala, ainda, acerca do descaso em relação à investigação de assassinatos de pessoas trans ao explicar a sua descrença na polícia e na justiça: "Fernanda que foi assassinada, uma coisa bárbara daquela, nunca teve resposta. É mais uma vez um descaso. Porque a polícia quando ela quer, ela investiga, ela busca..." (Luísa, 33 anos) (NUH, 2016).

A maior parte das entrevistadas desconhecia outros canais de denúncia, como o Disque 100, o Centro de Referência LGBT de Belo Horizonte e o Núcleo de Atendimento e Cidadania LGBT da Polícia Civil de Minas Gerais (NAC-LGBT). Bonnie, que já havia acionado o Disque 100 e o NAC-LGBT, avalia sua experiência com esses equipamentos:

> Já [acionei] Várias vezes! Fui muito bem tratada, somente, mas sem resposta nenhuma! [...] A gente está sofrendo assalto, violência física, verbal, psicológica, ameaça, tudo! [...] Tratar bem todo mundo vai tratar! Eu não quero ser tratada bem, eu quero é resposta! Nós queremos resposta! Estamos cansadas de bláblábá. [...] A gente não quer só tratamento, a gente quer resposta da polícia! [...] Já que não está resolvendo acionar a justiça, eu vou resolver é do meu jeito mesmo! (NUH, 2016).

Discussão

A dificuldade de acesso aos equipamentos de segurança pública, apontada pelos dados da pesquisa "Direitos e violência na experiência de travestis e transexuais na cidade de Belo Horizonte: construção de um perfil social em diálogo com a população" (NUH, 2016), sinaliza os caminhos para a compreensão da relação estabelecida pelo Estado e o alcance das políticas propostas para reverter tal cenário. Revela, sobretudo, o fracasso de tais iniciativas do poder público em ampliar o acesso dessa população à segurança e aos equipamentos de denúncia, evidenciando o quanto a violência sofrida por travestis e transexuais permanece invisível, ininteligível e impermeável ao poder público e também à sociedade civil.

Os dados da referida pesquisa nos informam um quadro de negação de direitos, dificuldade de acesso às políticas públicas e vulnerabilidade a situações de violência, que, devido ao desamparo do Estado, torna-se ainda mais grave. Como parte constituinte desse cenário, o próprio Estado produz lógicas, discursos, ferramentas e dispositivos que integram uma política de extermínio institucionalizada pelo contrafluxo. A partir de uma atuação silenciosa, normativa e discriminatória, o contrafluxo torna equipamentos, serviços e políticas incapazes de permeabilidade a experiências de travestis e transexuais, impedindo, juntamente com outros fatores, a realização e o processamento das denúncias de violência reportadas.

É justamente "por meio de nossa incapacidade de vermos o invisível" que o preconceito se faz existir, o que torna esse "mecanismo algo supostamente paradoxal, porque quanto mais verdadeiro se proclama mais fundamentado está nas crenças que necessita ocultar" (Prado; Machado, 2008, p. 74). O paradoxo traz consigo a complexidade de se abordar e analisar o fenômeno da violência. Como um sistema autoblindado, vale-se de um modo de operar que impede que seus mecanismos coercitivos e violentos sejam atribuídos a ele. De forma eficiente, a homofobia regula e constrange as pessoas a se adequarem às normas de gênero e sexualidade (Prado; Junqueira, 2011). Ao promover a restrição de direitos e de acesso a políticas públicas (Junqueira, 2009), a homofobia contribui para a manutenção de desigualdades e hierarquias sociais.

A heteronormatividade, como norma que constitui a organização do mundo social (Prado; Junqueira, 2011), atravessa o Estado, as políticas públicas e as instituições sociais de maneira a produzir mecanismos coercitivos e violentos de regulação e adequação às normas de gênero até mesmo em suas mais bem-intencionadas iniciativas no campo da segurança pública.

A partir dos fluxogramas sobre tomadas de providência, do gráfico com a média do número de providências tomadas por meio de canais oficiais de denúncia e dos relatos das entrevistadas, verifica-se que travestis e transexuais em Belo Horizonte e região metropolitana, de maneira geral, não reportam situações de violência a canais oficias de denúncia, e que quando tentam não são bem-sucedidas. Tais dados apontam, ainda, para uma descrença e desconfiança nas instituições do Estado, sentimentos que guardam estreita relação com as experiências negativas que elas vivenciaram junto aos equipamentos e serviços públicos de denúncia.

Constata-se, a partir dos dados qualitativos das entrevistas e dos percentuais referentes à percepção do risco de serem vítimas de violência policial e do percentual relativo aos agentes das violências, que o Estado é um dos principais violadores de direitos de travestis e transexuais. A polícia enquanto braço importante do Estado – instituição responsável por promover a segurança da população, prevenir a ocorrência de crimes, acolher, registrar e investigar as denúncias de violência – está em quarto lugar no ranking de agentes que exercem violência contra travestis e transexuais em Belo Horizonte e região metropolitana. De acordo com a pesquisa, 60% das 141 entrevistadas relataram terem sido violentadas pela polícia.

Atrelados a outros aspectos, os dados de violência policial podem explicar a falta de confiabilidade em relação às instituições de segurança pública. Dentre as 141 entrevistadas, 113 não confiavam na polícia; de 135 entrevistadas, 45 consideraram muito grande o risco de ser agredidas por policiais em seu local de trabalho; e 16 consideram esse risco grande, tanto no local de trabalho quanto em outros locais da cidade.

A falta de credibilidade e de confiança, a dificuldade de acesso à segurança pública e a violência policial levam a uma subnotificação da violência sofrida por travestis e transexuais. De um modo geral, as entrevistadas demonstraram se sentirem desencorajadas a realizar denúncia contra seus agressores em canais oficiais.

Em pesquisa realizada junto à Secretaria Nacional de Segurança Pública (SENASP), Prado *et al.* (2013, 2014) investigaram a representação social que policiais têm acerca da população LGBT e notaram a existência de uma estreita associação entre a categoria "travestis" e o universo da criminalidade e da prostituição, baseada em preconceito e em perspectivas moralistas. A criminalização da marginalidade ou a marginalização da criminalidade, como aponta Coelho (2005), baseiam-se no processo de categorização social que atribui determinadas características, comportamentos e papéis sociais a sujeitos socialmente marginais, como se fossem intrínsecos a eles: "[...] não importa muito o que o marginalizado faz ou deixa de fazer, pois, no momento em que ele é estigmatizado como um criminoso potencial, começam a ser acionados os mecanismos legais (polícia, tribunais, juris e autoridades penitenciárias) que farão com que a profecia se autorrealize" (Coelho, 2005, p. 286).

Esses mecanismos perpassam a atuação da segurança pública e da justiça e também dificultam que travestis e transexuais sejam consideradas vítimas quando em uma situação de violência contra elas: "E o pior de tudo é que mesmo com tudo isso nós ainda somos as culpadas. A sociedade quer achar uma brecha onde nós somos culpadas daquela agressão. Então, é agredir duas vezes. É violar todos e qualquer direito até o ser humano" (Luísa, 33 anos) (NUH, 2016).

Considerações finais

Questiona-se, por fim, o desconhecimento por parte do poder público da realidade retratada por essa pesquisa. Apesar de existir um serviço específico para o registro desse tipo de violência em âmbito nacional, criado justamente para resolver o problema da dificuldade de absorção das denúncias pelos equipamentos oficiais, o Disque 100 não tem sido capaz de tornar a denúncia de violências contra a população LGBT legítima, inteligível e visível ao poder público (Costa, 2016). Ao contrário, o serviço em Minas Gerais tem sido ele próprio um impedimento à realização das denúncias: "O Estado criou um disque denúncia, mas não viabilizou uma estrutura de funcionamento com aparatos legais e um desenho de fluxo capaz de alcançar a rede de proteção do Estado e de garantir a resolutividade das denúncias e o acolhimento às vítimas" (Costa, 2016, p. 188).

A manutenção desse cenário de violência, retratado pela pesquisa do Núcleo de Direitos Humanos e Cidadania LGBT (NUH/UFMG), nos evidencia a insuficiência e os limites das políticas públicas voltadas para o enfrentamento à violência que afeta travestis, transexuais, lésbicas, gays e bissexuais no Brasil. Costa (2016) se refere à forma como se tem proposto políticas públicas para a população LGBT no Brasil como "ausência-presente" do Estado: o poder público inclui a demanda LGBT e se ausenta no processo de implementação e monitoramento das políticas ao não oferecer as condições necessárias para executá-las de modo qualificado. Portanto, o Estado não promove os meios para que a política seja de fato implementada, o que leva à sua ineficácia ou mesmo inexistência.

Por meio de políticas e iniciativas que não contribuem para a promoção dos direitos das pessoas LGBT, por não interpelarem o fundamento da discriminação e da violência, o Estado se faz presente como mais um esteio para a proliferação da norma que sustenta práticas institucionais homofóbicas e transfóbicas, levando as políticas públicas ao fracasso (Costa, 2016).

Talvez nos falte ainda algo mais elementar, que diz respeito ao reconhecimento social da violência. Para tanto, torna-se imprescindível que a matriz de inteligibilidade que temos usado para reconhecer sujeitos, perceber e compreender a realidade seja repensada, a partir de uma perspectiva de sociedade igualitária e democrática. Tão importante quanto esse alargamento é a interpelação do contrafluxo que atua silenciosamente na formulação, no planejamento, na execução e no monitoramento das políticas públicas, de modo a desarmar a autoblindagem que tornam impermeáveis as experiências de travestis e transexuais e as denúncias de violência por elas reportadas

Referências

BUTLER, J. *Violencia de Estado, guerra, resistencia: por una nueva política de la izquierda: "Las categorias nos dicen más sobre la necessidad de categorizar los cuerpos que sobre los cuerpos mismos"*. Entrevista de Daniel Gamper Sachse. Madrid; Buenos Aires: Katz Editores; CCCB, 2011.

COELHO, E. C. A criminalização da marginalidade e a marginalização da criminalidade. In: COELHO E. C. *A oficina do diabo e outros estudos sobre criminalidade*. Rio de Janeiro: Record, 2005.

COSTA, N. G. *Do disque denúncia ao call center: os limites do Disque 100 para a realização da denúncia de violência contra a população LGBT*. 214 f. Dissertação

(Mestrado em Psicologia Social) – Programa de Pós-Graduação em Psicologia, Faculdade de Filosofia e Ciências Humanas, Universidade Federal de Minas Gerais, Belo Horizonte, 2016.

IRINEU, B. A. Dez anos do Programa Brasil Sem Homofobia: notas críticas. *Temporalis*, Brasília (DF), ano 14, n. 28, p. 193-220, jul./dez. 2014.

JUNQUEIRA, R. D. Educação e homofobia: o reconhecimento da diversidade sexual para além do multiculturalismo liberal. In: JUNQUEIRA, R. D. (Org.). *Diversidade sexual na Educação: problematizações sobre a homofobia nas escolas*. Brasília: Ministério da Educação; Secretaria de Educação Continuada, Alfabetização e Diversidade; UNESCO, 2009.

MELLO, L.; BRITO, W.; MAROJA, D. Políticas públicas para a população LGBT no Brasil: notas sobre alcances e possibilidades. *Cadernos Pagu*, v. 39, p. 403-429, jul./dez. 2012.

MELLO, L.; AVELAR, R. B.; BRITO, W. Políticas públicas de segurança para a população LGBT no Brasil. *Revista Estudos Feministas*, Florianópolis, v. 22, n. 1, p. 297-320, jan.-abr. 2014.

NUH – Núcleo de Direitos Humanos e Cidadania LGBT. *Relatório de pesquisa – Direitos e violência na experiência de travestis e transexuais na cidade de Belo Horizonte: construção de um perfil social em diálogo com a população*. Belo Horizonte 2016. Disponível em: https://bit.ly/3posPcV. Acesso em: 24 maio 2021.

PRADO, M. A. M.; MACHADO, F. V. *Preconceito contra homossexualidades*. São Paulo: Cortez, 2008.

PRADO, M. A. M.; JUNQUEIRA, R. D. Homofobia, hierarquização e humilhação social. In: VENTURI, G. *et al.* (Orgs.). *Diversidade sexual e homofobia no Brasil*. São Paulo: Editora Fundação Perseu Abramo, 2011.

PRADO, M. A. M. *et al. Segurança pública e população LGBT: produtos parciais e produto final*. (Relatório de pesquisa). Belo Horizonte: Núcleo de Direitos Humanos e Cidadania LGBT (NUH/UFMG); Instituto DH – Promoção, Pesquisa e Intervenção em Direitos Humanos e Cidadania, 2013.

PRADO, M. A. M. *et al.* Segurança pública e população LGBT: formação, representações e homofobia. In: LIMA, C. S. L.; BATISTA, G. C.; FIGUEIREDO, I. S. (Orgs.). *Segurança pública e direitos humanos: temas transversais*. 1. ed.; v. 5. Brasília: Ministério da Justiça; Secretaria Nacional de Segurança Pública, 2014. p. 57-80.

RAMOS, S.; CARRARA, S. A constituição da problemática da violência contra homossexuais: a articulação entre ativismo e academia na elaboração de políticas públicas. *Physis: Revista de Saúde Coletiva*, Rio de Janeiro, v. 16, n. 2, p. 185-205, 2006.

Capítulo 14

Na rede com o conservadorismo: transexualidades e travestilidades em comentários de notícias do portal *Globo.com*

Larissa Pelúcio
Luiz Augusto Mugnai

Introdução

"Aberração!"; "B-I-Z-A-R-R-O!!!"; "Já começaram mostrando os piores lixos que contaminam o Brasil...."; "Mulheres sim, não essas aberrações, isso não são mulheres" – esses são alguns dos comentários que acompanharam matérias publicadas pelo portal de notícias *Globo.com*, um dos ambientes digitais nos quais o coautor deste artigo esteve imerso por quatro anos. Entre 2015 e 2018, foram analisados aproximadamente 21.000 comentários em 45 matérias do portal às quais se somam postagens em dois grupos no Facebook: o "Transgente" e o "Hétero/orgulho". Neste artigo, nos concentraremos no portal *Globo.com*, por considerarmos que os comentários às reportagens e matérias que ali aparecem nos ajudam a compreender o que estava sendo disputado a partir de uma economia moral que revela a face de um Brasil conservador e violento.

A imersão oculta nessas mídias digitais revelou intensas disputas em torno das questões de gênero e sexualidade e como estas vieram mobilizando opiniões inflamadas nas redes de comunicação on-line. Nessas tensões às vivências de pessoas transexuais e travestis, tais opiniões provocaram (e ainda provocam) tanto discursos raivosos que recusam reconhecer aquelas vidas como legítimas como aqueles discursos que entendem que ser transexual ou travesti é uma existência possível dentro das experiências de se viver o gênero, a sexualidade e o corpo.

Porém, como mostram os comentários que abrem este artigo, a primeira categoria discursiva foi a que se apresentou com maior constância e volume ao longo da pesquisa de doutorado intitulada *Quantas curtidas merece essa trans?": a recepção da transexualidade nas mídias digitais* (Mugnai, 2018), trabalho do qual deriva este artigo escrito a quatro mãos, duas cabeças, muitos corações e mais um punhado de vísceras. Ambos viemos de experiências emocionais constituidoras associadas às questões trans. No caso da primeira autora deste artigo, esse vínculo se iniciou com uma pesquisa de doutorado, a qual mudou profundamente a forma dela pensar em gênero, sociedade, corpos e mesmo a maneira de criar suas filhas. Com Luiz Augusto Mugnai esses vínculos se iniciarem no útero materno, que ele compartilhou com sua irmã gêmea, quem muito jovem percebeu-se transexual e com quem ele dividiu ofensas, dúvidas e dores. Dessas experiências transformadoras nasceu esta parceria intelectual que se efetivou em anos de pesquisa e orientação, além dos interesses comuns pela produção de autoras como Judith Butler e Berenice Bento, mas também pelo desejo em trabalharem com mídias digitais e seus efeitos emocionais.

As mídias contemporâneas são emocionais por excelência. Afetamos e nos deixamos afetar por esses meios. Por meio delas, curtimos, damos *likes*, manifestamos rancores, verbalizamos posições políticas, protestamos, articulamos ações, propagamos pontos de vista, nos apaixonamos, conectamos intensamente o pessoal e o político (Pelúcio, 2019). Pelo menos desde o advento da *Web 2.0*, temos nos valido de ferramentas de comunicação digitais para negociar reconhecimento, assim como para nos reconhecermos como sujeitos de direitos e de desejos. Porém, estas mesmas ferramentas têm sido acionadas como meios de desqualificar certas experiências identitárias e, no limite, incitar o ódio contra determinados segmentos sociais. "O ódio é algo que sempre existiu, mas a novidade é que agora ele está nas redes sociais e na internet, devido à contribuição do uso desenfreado de aplicativos como Facebook, Twitter, Instagram" (Giora, 2016, [s.p.]).

> O debate sobre o gênero e as sexualidades tem se entrelaçado nesse contexto dando voz e visibilidade a novos sujeitos políticos, assim como tem revitalizado e criado novas tensões. Isso pode ser visto através dos posicionamentos divergentes acerca de questões diversas, que vão desde a política praticada pelo Estado, passando pelos

> "direitos das minorias" e alcançando embates sobre questões que são frequentemente associadas ao reino do "privado" (Vencato, 2017, p. 813).

Acompanhar os comentários e postagens nas mídias digitais selecionadas nos colocou frente a um campo discursivo de ação (Alvarez, 2014) eivado por afetos. As mídias sociais digitais têm sido cada vez mais usadas como um parâmetro para mensurar esses (des)afetos. Entre esse leque de questões discutidas no on-line, a transexualidade ganhou nos últimos cinco anos, período em que demarcamos o levantamento, cada vez mais a arena digital.

Os levantamentos a partir de palavras-chave – a saber: transexualidade; transexual; mulher transexual; transexual masculino; identidade de gênero; estudo de gênero; feminino; masculino; machismo; ideologia de gênero; feminismo; Judith Butler; transgênero; transgeneridade; homofobia; misoginia; feminicídio; transfobia; e pessoa não binária) incluíram os anos de 2000 a 2018 em buscas no portal *Globo.com*, o qual surge justamente em 2000, ano de nosso ponto de partida. Porém, o tempo de imersão englobou os anos de 2015 a 2018. Observar como a transexualidade foi discutida na rede on-line nesse período nos levou a perceber consistentes paralelos que já sinalizavam o recrudescimento conservador que o país passaria a experimentar de forma mais acentuada a partir de 2013, com as derivações à direita das chamadas Jornadas de Junho, seguido dos atos políticos pelo *impeachment* de Dilma Rousseff em 2016 e que culminou na eleição de Jair Messias Bolsonaro, em novembro de 2018.

Em um olhar retrospectivo, quando voltamos aos comentários e postagens encontramos todo um campo semântico no qual discursos misóginos, a demonização dos avanços relativos a direitos sexuais e de igualdade de gênero, a perseguição às ciências humanas, o anti-intelectualismo expresso no enaltecimento da opinião *versus* argumentos sustentados por pesquisas já indicavam que estava sendo gestada uma política de ressentimentos. Nas palavras do sociólogo francês Éric Fassin, referindo-se ao contexto de crescimento conservador internacional:

> De fato, é aqui [contra o que Bourdieu chamou de capital cultural e contra uma suposta insegurança cultural] que o ressentimento,

> não aquele dos "perdedores" da globalização, como se tende a acreditar, mas daqueles que, qualquer que seja seu sucesso ou seu fracasso, insistem em que outros, que mesmo que não cheguem aos seus pés, estariam se dando melhor. É nesses termos que podemos compreender a raiva contra as mulheres, mas também contra os que se beneficiam de "ajudas": o populismo de direita não detesta nada tanto quanto detesta os *undserving poor*, aqueles pobres que não merecem mais do que já têm, ou melhor, que não merecem nem mesmo o que têm; ou contra os burguesinhos de esquerda, esses que têm títulos e a arrogância de não se dar conta de que o capital cultural que forma seu patrimônio só tem valor a seus próprios olhos; em outras palavras, esses que perderam seu valor, mas não sua soberba (Fassin, 2017, p. 3-12, tradução livre).

Nas redes de comunicação pesquisadas, sobretudo em meios aos comentários do portal *Globo.com*, as críticas às políticas que ampliavam direitos a minorias políticas como transexuais e travestis foram associadas a uma espécie de capricho de alguns "ilustrados" que, tranquilos em seus privilégios, se esforçariam para pôr em prática o ditado popular "Fazer cortesia com o chapéu alheio", uma vez que não teriam nada de material a perder, angariando desonestamente bens simbólicos como prestígio, enquanto pessoas "honestas" estariam sendo preteridas. Essas "arbitrariedades" teriam transposto os limites do aceitável quando autoridades passam a defender e legislar a partir desses parâmetros de inclusão e, mais grave ainda, segundo alguns argumentos como o de estarem usando o dinheiro público para atender interesses dos "maus cidadãos", como no comentário reproduzido a seguir, feito na matéria "Justiça manda Estado fazer cirurgia de mudança de sexo em paciente" (Tiengo, 2016, [s.p.]): *"Ridículo tanta gente morrendo nos hospitais públicos por falta de condições e remédios e até de médicos, e a juíza decide dar privilégio para um trans-homo... inacreditável... ele não corre risco de morte, dá para esperar!"*.

A locução "mau cidadão" está sendo, aqui, acionada para se contrapor a "cidadãos de bem", expressão que passou a ganhar força política no contexto do processo de impeachment da presidenta Dilma Rousseff (2015-2016). Ainda que seja bastante vaga como definição de um perfil político e/ou sociológico, tal locução mostrou sua eficiência retórica para traçar fronteiras morais entre "Nós" e "Eles". Constituída pelo contraste, o "cidadão de bem" reivindica para si retidão moral a partir da defesa da "família" como categoria genérica e de pendor patriótico, associando-se ao verde e amarelo da bandeira nacional e rechaçando o vermelho como "alienígena", cor do comunismo, ideologia invasora e perigosa à ordem e à paz. Enfim, tudo o que poderia soar como ameaça aos valores nacionalistas e heterossexistas é combatido pelo "cidadão de bem", "identidade" que mal disfarça sua vocação racista e classista.

Uma das estratégias para se constituir o bem na batalha contra o mal é desumanizar este outro, ameaçador e amoral, o que justifica se retirar deste não humano direitos humanos. Ao acompanharmos os comentários em matérias que versam sobre pessoas trans (transexuais e travestis), organizamos este artigo pensando a centralidade do gênero como conceito político e como as estratégias de deslegitimação do mesmo vêm sendo acionadas para blindar as fronteiras entre "cidadãos de bem" e reforçar a ideia de abjeção, que justificaria fomentar e apoiar necropolíticas (Mbembe, 2017), de maneira que esse mergulho nas caixas de comentários de reportagens que versavam sobre transexualidade e travestilidade no portal *Globo.com* nos permitiu vislumbrar, à distância, a onda conservadora que nos engolfa no presente.

Abjeção ou a monstrificação do gênero como categoria analítica

> A abjeção de certos tipos de corpos, sua inaceitabilidade por códigos de inteligibilidade, manifesta-se em políticas e na política, e viver com um tal corpo no mundo é viver nas regiões sombrias da ontologia. (Butler *apud* Prins; Meijer, 2002, p. 157).

Fora do campo da ontologia, do possível e do dizível, quem somos nós? Inspirada em Julia Kristeva, a teórica queer Judith Butler propõe pensar alguns corpos/experiências como enredadas por processos de abjeção. Quem são os abjetos? Butler contorna a questão, pois elencar pessoas ou grupos a partir dessa chave seria assumir uma coerência constituinte da própria ideia de abjeto, o que, de fato, o conceito não comporta. "Suas proposições sobre a existência de corpos abjetos são francamente contraditórias. Mas, diz ela, são propositalmente contraditórias: colocadas como fórmulas performativas, são feitas para impor ou invocar essa existência 'impossível'" (Prins;

Meijer, 2002, p. 156). As aspas marcam que essa "impossibilidade" não é intrínseca à condição orgânica do corpo abjeto, mas deriva das normas e convenções sociais que tornam certas vidas inabitáveis: a vida daqueles e daquelas que não mereceriam gozar de direitos, os "maus cidadãos" que ameaçam uma suposta ordem de uma experiência comunitária percebida como homogênea e ordenada.

> Julia Kristeva, em *Pouvoirs de l'horreur*, enfatiza como nossa sociedade compreende como abjeto o que, na visão hegemônica, não deveria ser visível. Abjeto e obsceno (que significa fora de cena) se aproximam, revelando o que a sociedade preferia não ver e que, ao adentrar o espaço público, causa repugnância e repúdio (Miskolci, 2012, p. 40-41).

Romper as barreiras que demarcam a dicotomia de gênero significa, muitas vezes, também ser forçada/o a habitar margens simbólicas, não menos violentas que aquelas materiais. Ao contrário, desafiar o regime de visibilidade que coloca em cena múltiplas experiências de pessoas trans como artistas, cientistas, professoras/es, ativistas falando elas/es mesmas/os sobre corpo, violência, prazer, política, direitos parece, pelo que nosso levantamento aponta, inaceitável. Monstrificar e coisificar (Sémelin, 2009) autoriza o escárnio, a perseguição e, no limite, a eliminação daquele que ameaça a "ordem".

Diante disso, "a abjeção torna-se uma potente categoria heurística nos estudos voltados para a compreensão do lugar reservado socialmente" (Bento, 2017, p. 49) aos corpos que esgarçam os espartilhos dos binarismos e que buscam conferir inteligibilidade ao que parecia impensável: homens com vaginas, mulheres com pênis, corpos andrógenos que, ao cruzarem fronteiras, mostraram que existem outras possibilidades de se habitar corpos, experimentar sexualidades e viver gêneros fora da chave da criminalização ou da patologização.

O que encontramos em um conjunto expressivo de comentários foi a recusa a essas possiblidades aqui elencadas. Nomeamos esses comentários de "deslegitimadores", uma vez que, de maneira geral, utilizam de enunciados argumentativos que se estruturam a partir de um campo lexical da desumanização de transexuais e travestis. Termos como *aberração, anomalia, doente* se somam a *monstruosidade, demônio, lixo* – substantivos que adjetivam as vidas de transexuais e travestis como ameaçadoras, posto que sua "anormalidade" colocaria em risco os "normais" a partir de uma atribuída monstruosidade, que deriva em uma não humanidade. Observa-se que comentários que acionam o campo semântico da monstrificação estão presentes em quase todas as reportagens analisadas no portal *Globo.com*.

Segundo Núbia Bento Rodrigues (2010), a monstruosidade consiste na desumanização do outro. Afirmar categoricamente que o outro é um monstro não é apenas desumanizá-lo, mas afirmar que ele pode e deve ser eliminado, posto que é ameaçador. Jorge Leite Júnior (2012) escreve que o monstro não surge sozinho, ele é produzido socialmente e historicamente criado. Cada sociedade vai eleger os seus critérios para aquilo que vai ser visto como normal e aceitável, frisa o antropólogo, como averiguado nos dados obtidos desta pesquisa, a maioria das pessoas ainda entende a transexualidade como algo assombroso.

Uma reportagem intitulada "Thammy Miranda fica sem camisa em estreia de peça" (Thammy..., 2017) chama a atenção, pois nas primeiras horas após sua publicação a reportagem contava 1.514 comentários, e na última atualização, ao fim daquela noite, antes que se completassem 24 horas, já eram mais de 1.800. Das 1.805 mensagens sobre a matéria, foi possível quantificar os seguintes termos desumanizadores: *aberração* aparece 123 vezes em 121 comentários, tendo aparecido 2 vezes em 2 deles; *anomalia* aparece 3 vezes; *monstro/a* aparecem 9 vezes; *feio/a* somam 65 vezes. *Nojenta/o*, *anomalia* e *monstro/a* formam um enunciado de "monstrificação".

Na chave da desumanização/demonização, aparecem *bicho*, *extraterrestre*, *bizarro*, *inferno*, *demônio*, *satanás*, *capeta*, *criatura*, enquanto expressões sanitaristas trazem a ideia de ameaça ao fantasmático ideal sanitarista dos gêneros: *doente/doença*, *deformação*, *mongol*, *horror*, *desgraça*, *estranha*, *ridículo*, *desprezível*, *lixo*.

O que no outro o torna um "lixo", "desprezível" ou um "monstro" reduz-se à questão de gênero. Thammy não poderia estar ali sem camisa, sem seios e sem mostrar a genitália, que se supunha ser uma vagina. Ainda que a vagina não vá ser exposta e não regule a forma como Thammy vai atuar na peça, ela se torna a pedra angular para a imolação do gênero "usurpado" da norma que daria inteligibilidade aos corpos. O que parece escapar é que Thammy não está fora das regulações de gênero, portanto, de uma norma de gênero.

> Dizer que gênero é uma norma não é exatamente o mesmo que dizer que existem visões normativas de feminilidade e masculinidade, mesmo que tais visões normativas claramente existam. Gênero não é exatamente o que alguém "é" nem é precisamente o que alguém "tem". Gênero é o aparato pelo qual a produção e a normalização do masculino e do feminino se manifestam junto com as formas intersticiais, hormonais, cromossômicas, físicas e performativas que o gênero assume. Supor que gênero sempre e exclusivamente significa as matrizes "masculino" e "feminina" é perder de vista o ponto crítico de que essa produção coerente e binária é contingente, que ela teve um custo, e que as permutações de gênero que não se encaixam nesse binarismo são tanto parte do gênero quanto seu exemplo mais normativo (Butler, 2014, p. 253).

A constatação midiatizada de que corpos têm plasticidade e que esta pode implicar, inclusive, no manejo de sinais diacríticos que generificam corpos parece ser algo mais assustador e desestabilizador da "paz e da ordem" que a eliminação desses corpos. A matéria "Travesti é baleada durante atentado na Zona Oeste de Natal" (Travesti..., 2016, [s.p.]) suscitou comentários que nos ajudam a evidenciar essa proposição: *"'um' travesti...não tem útero, logo não é mulher!". "A travesti, uma travesti, ela. Peraí!!! Se é homem é O travesti, UM travesti, ELE." "'atingida'?? O travesti virou mulher??... cromossomo siliconado?"*

Mais importante que o atentado que deixou uma pessoa ferida, a atenção recaiu sobre o gênero gramatical que conferiu à travesti vitimada reconhecimento a partir de seu gênero social. Não se trata, evidentemente, de pessoas ciosas da boa aplicação da gramática, mas do desejo delas de efetuar, a partir de uma higiene verbal, uma "limpeza" moral. Para a linguista Deborah Cameron, a higiene verbal, em uma de suas formas mais conservadoras

> [...] leva a uma proliferação de normas, definindo o que é bom ou ruim, certo ou errado, aceitável ou inaceitável. Embora seu propósito ostensivo seja regular linguagem, essas normas também podem expressar ansiedades mais profundas que não são linguística, mas social, moral e política" (Cameron, 1995, p. vii).

Os comentários a seguir, referentes à mesma reportagem, ilustram este ponto: *"será que foi de graça?". "Não me venham dizer que isso é homofobia, pois ninguém sabe o que esse travesti fazia...." "Vai Atirar Mal Assim lá na Cadeia...ia ser menos um pra perturbar !!!" "KKKKKKKK parabéns para o atirador pq aqui na minha cidade ta UMA POUCA VERGONHA.....*" "*Vivem misturados às piores pessoas da sociedade. Aproveite que sobreviveu e se arrependa*" "*Se fosse um pai de família tinha morrido?*" "*Quero saber dos trabalhadores, o taxista e o vendedor de agua estão bem?*" No contexto analisado, "pai de família" e "trabalhadores" são sinônimos de pessoas que não merecem morrer, pois, antes de serem categoriais sociológicas, são tomados como expressões morais de masculinidades "corretas", devendo ser preservadas dos tiros higienistas.

O rompimento com o sistema binário de gênero se mostra mais criminoso que o próprio assassinato daquela que morreu devido à sua identidade de gênero, de modo que os corpos dessa população, por serem ditos abjetos, são "elimináveis" (Bento, 2018). Não é incomum acompanhar manifestações que aprovam a eliminação física de transexuais e travestis nos comentários em reportagens sobre homicídios. Os enunciados sustentam o argumento de que "as pessoas trans (transexuais e travestis) são bandidas/os, marginais ou criminosas/os", portanto perigosas, mesmo que, na realidade, frequentemente sejam elas as vítimas, atingidas por serem justamente pessoas trans. Nas duas reportagens apresentadas até aqui, a violência contida em muitos dos comentários promove um "massacre" simbólico com cruéis efeitos concretos.

Cromossomos dos conservadorismos

O Brasil é o país que mais mata pessoas transexuais e travestis no mundo (TGEU, 2014), um fato que ajuda a entender os comentários, em sua maioria, de desejo de morte e ódio abrigados em portais de notícias que veiculam matérias que falam de transexualidade. Um exemplo é o comentário a seguir, feito à matéria *"Travesti é baleada durante atentado na Zona Oeste de Natal"* (TRAVESTI..., 2016, [s.p.]): *"E DAI ?????? e os milhares de HETEROS... POLICIAIS E MENDIGOS... MORTOS TODO DIA ???? SEM UMA LINHA SEQUER DE REPORTAGEM ???? sempre o mesmo mimimi..... dah ateh sono... zzzzzzzzzzzz RONC zzzzzzzzzzzzzz RONC zzzzzzzzzzz"*.

Os dados da violência no Brasil publicados em 2017 pelo Fórum de Segurança Pública mostram que os "héteros", "mendigos" e "policiais" mortos têm cor e classe. Os dados registram que estas mortes estão relacionadas mais a raça que a orientação sexual ou identidade de gênero. Entre 2005 e 2015, entre 100 vítimas de homicídios, 71 eram pessoas negras. A cor da pele também apareceu como determinante para a morte de policiais. Entre 2015 e 2016, 56% dos policiais vítimas de homicídio eram homens negros (Retrato..., 2017). No caso de pessoas transexuais e/ou travestis, as mortes são motivadas pelas variáveis gênero e orientação sexual, de forma que compará-las, como ocorre nos comentários, é um ardil retórico que procura apagar as marcas de violências estruturais de nossa sociedade como são as relativas a raça/etnia, classe social, gênero e orientação sexual.

Os discursos de ódio não lidam com dados estatísticos ou resultados de pesquisas, aliás, é preciso desqualificar tais fontes, sejam elas quantitativas ou qualitativas, para poder sustentar os discursos que hierarquizam vidas a partir de critérios morais assentados no "bom uso" do gênero. O "pai de família", a mulher que fica em casa "lavando louça e cuidando dos filhos" formam modelos de masculinidade e feminilidade imaculados pela norma e achatadas pelas disputas morais. Por isso, não precisam ser questionados, e determinam no tribunal eletrônico das caixas de comentários quem merece viver e quem deve morrer.

Nos comentários a seguir, a pessoa censurada, reprendida e para qual se clama punição não é o agressor e sim a travesti e/ou o/a transexual: "[...] *Quantos pais de família não voltam para casa vítima de violência, deixando seus filhos órfãos? Quantos pais sepultam seus filhos e filhas também, vítimas da violência? Essa estatística para defendê-los não se vê correto? Precisamos rever as questões de segurança pública para toda população, não apenas para uma minoria"* – diz um comentário à matéria "Brasil é o país que mais mata travestis e transexuais no mundo, diz pesquisa" (Brasil..., 2017, [s.p.]).

Já um comentário à matéria "Travesti é baleada durante atentado na Zona Oeste de Natal" (Travesti..., 2016, [s.p]) diz: *"70 mil homicídios por ano no país, aí porque um travesti foi baleado, vira a notícia de maior destaque nesse portal G1. Tá serto!". "Se tivesse em casa lavando a louça cuidando dos filhos e servindo o marido, nada disso teria acontecido, mas foi querer ser homem, deu nisso, mas a mãe dela também tem culpa por não ter usado uma cinta ou um chinelo para curar a mesma quando apresentou os primeiros sinais dessa doença!"* – diz um comentário à matéria "Transgênero é internado em coma após ataque homofóbico no Rio" (Transgênero..., 2017, [s.p.]).

Nos quase mil comentários que a última matéria citada acima recebeu, são poucos os que se mostram tocados pelo fato noticiado: a violência contra um ser humano como o evento central, e não à sua travestilidade ou transexualidade propriamente, ainda que se considere que a dimensão de gênero tenha sido relevante no contexto do evento reportado. A violência percebida parece ser, então, contra supostas leis naturais, e a punição à violação das mesmas deveria ser severa. Se o Estado não o faz, que "pessoas de bem" o façam, mesmo que seja pelas mãos de outros. Atribui-se uma espécie de deidade à biologia, área que transita entre uma "essência pura" da natureza e uma ciência sem fissuras, só certezas. Dessa maneira, Deus e Darwin podem ser convocados, na mesma postagem, para alicerçar argumentos e desmontar teses sobre o caráter histórico dos comportamentos de gêneros, a plasticidade da sexualidade humana, a pluralidade dos arranjos familiares, entre outros temas abordados nas reportagens.

Merece destaque, antes de apresentarmos os comentários biologizantes, que a biologização é diferente da biologia. A biologização é do verbo biologizar, ação de conferir caráter natural a fatos sociais, não sendo sinônimo de biologia. A sua crítica não se encontra em um combate ao biológico, e sim em uma análise crítica sobre o ato de biologizar os fenômenos sociais, isto é, de esvaziar deles os aspectos sociais, culturais e políticos. Os comentários a seguir foram provocados pela matéria "'Monstro, prostituta, bichinha': como a Justiça condenou a 1ª cirurgia de mudança de sexo do Brasil e sentenciou médico à prisão" (Rossi, 2018):

> *"XX XY isso define se é homem ou mulher, fez cirurgia molecular?" "Não existe troca de sexo e sim de genitália! É impossível troca XY PARA XX!" "Alguém me explica isso biologicamente falando?? Como se nasce transexual??? Lembrando que cromossomo XX e XY aguardo resposta plausível..." "Se neguinho acha que se mutilando e tomando hormônios ele vai se sentir melhor, ótimo. Mas não venham querer chamar um cara mutilado de 'mulher' porque não é mulher, mesmo. Cada cromossomo do Sr. Waldir aí da reportagem é XY, e vai continuar assim até seus lábios siliconados exalarem o último suspiro" "Cientificamente falando, sabemos que existem apenas os cromossomos XX XY, então não entra na minha cabeça como alguém diz que nasce trans ... qual cromossomo é o dessa pessoa? Entendam Mulher nasce Mulher, Homem Nasce Homem e ponto ..."* (Rossi, 2018, [s.p.]).

As confusões entre sexo e gênero são constantes nos comentários, até mesmo pela negação de qualquer valor científico ao último termo, de forma que os "geneticistas" de plantão não se intimidam em dar lições que procuram encerrar o debate com o "ponto" final da razão "científica". Porém, pesquisas vindas de diferentes campos de conhecimento, como da própria Biologia, mostram que essas definições cromossômicas não são suficientes para se definir o que é ser homem ou mulher e, menos ainda, para traçar com uma régua traços seguros sobre o que é masculinidade e feminilidade. Anne Fausto Sterling, pesquisadora e professora de Biologia na *Brown University* (EUA), escreve que

> O sexo de um corpo é simplesmente complexo demais. Não existe o isso ou aquilo. Antes, existem nuances de diferença, [...] rotular alguém homem ou mulher é uma decisão social. Podemos utilizar o conhecimento científico para nos ajudar a tomar a decisão, mas só nossas crenças sobre o gênero – e não a ciência – podem definir nosso sexo. Além disso, nossas crenças sobre o gênero também afetam o tipo de conhecimento que os cientistas produzem sobre o sexo (Fausto-Sterling, 2001, p. 15).

Os comentários "cromossomizantes" reduzem as experiências das masculinidades e feminilidades aos cromossomos, algo invisível a olho nu e que, até o momento, está em disputa dentro do próprio campo das ciências naturais. Nas ciências médicas, há pesquisas que afirmam que nem todo homem é "XY" e nem toda mulher é "XX".

> Muitas vezes as ciências naturais e as ciências sociais se afastam e outras horas convergem: [...] capazes de compreender porque um macho XX não apresenta um cromossoma Y detectável, mas, ainda assim, de fato pertence ao sexo masculino. Similarmente, explicaríamos a curiosa presença do cromossoma Y em fêmeas precisamente da mesma maneira [...] uns bons 10 por cento da população apresentam variações cromossômicas que não se encaixam exatamente no conjunto de categorias XX-fêmea e XY-macho (Butler, 2003, p. 157).

Um comentário à matéria "Transgênero é internado em coma após ataque homofóbico no Rio" (Transgênero..., 2017, [s.p.]) diz: *"Na década 60 e 70 até 80 não existia essa palhaçada de 'transgênero'"*. Mesmo reconhecendo que há uma historicidade relativa às questões em pauta, comentários como este estão mais interessados em nos remeter a uma ideia de passado mítico, melhor, mais puro, mais seguro que o presente. Ruth Wodak (*apud* Borba, 2019), linguista australiana, chamou esse mecanismo linguístico de

> [...] mitopoese, ou seja, a legitimação de nossas ações através de narrativas sobre um passado supostamente glorioso. A reiteração de uma caça às bruxas no século XXI revive uma história na qual o gênero foi demonizado como o vetor de todo mal-estar social e, mais importante, divide a sociedade em dois grupos: os defensores da fé e dos bons costumes e os promotores da decadência moral. (Wodak *apud* Borba, 2019, [s.p.]).

A negação obsessiva às demandas de pessoas trans por acesso à saúde, educação e trabalho aparecem nos comentários que estabelecem hierarquias de urgências, pautadas mais em parâmetros morais que decidem quem merece ser atendido, nessa contenda por bens escassos, e aqueles/as que podem esperar para obter recursos, mesmo que isso implique em morte literal ou simbólica. Em uma espécie de apropriação brutalista do biopoder – como sintetiza Michel Foucault (2002, p. 306), "Fazer viver, deixar morrer" –, comentaristas vão além, propondo mesmo necropolíticas; é o que discutiremos a seguir.

Necrobiopolíticas e políticas de ressentimento: o lado B do Brasil

"Brasil acima de tudo e Deus acima de todos", *slogan* da campanha presidencial de Jair Bolsonaro, não só reatualizou o mote nazista ("Alemanha acima de tudo"/ "*Deutschland über alles*") como foi capaz de sintetizar a lógica autoritária de uma ideia de nação pura, regida por forças sagradas e não por relações de poder, que são sempre sociais. Os discursos do, então, candidato à presidência apregoavam que algumas pessoas e determinados grupos não deveriam ter espaço para habitar a nação: feministas, lgbtistas, comunistas, professores de esquerdas, homossexuais, travestis, transexuais, entre outros/as.

A ideia de que havia pessoas e grupos que não mereceriam ascender ao status de cidadão e que, ao fazerem, tornaram-se parasitárias – drenando não só recursos escassos do Estado, mas infeccionando, com seus comportamentos, o corpo social – já estava nos comentários que vínhamos lendo, mas, com a ascensão de Bolsonaro como "mito", o campo discursivo de ação se adensou. Bolsonaro passou a encarnar "o desejo [...] pela eliminação sistemática daqueles corpos que poluem a pureza de uma nação imaginada" (Bento, 2018, [s.p.]). Nas palavras da socióloga Berenice Bento, inspirada em Michel Foucault (biopolítica) e Achille Mbembe (necropolítica), trata-se da promoção de uma necrobiopolítica. Bento define necrobiopoder como "um conjunto de técnicas de promoção da vida e da morte a partir de atributos que qualificam e distribuem os corpos em uma hierarquia que retira deles a possibilidade de reconhecimento como humano e que, portanto, devem ser eliminados e outros que devem viver" (Bento, 2018, [s.p.])[1].

Quando travestis e transexuais conquistam direitos, como obter o uso do nome social, aquele pelo qual deseja ser reconhecida/o por estar de acordo com seu gênero, ou quando passam a ter acesso a tratamento e cirurgia de redesignação sexual por meio do Sistema Único de Saúde (SUS), entre outras vitórias que tornam suas vidas mais habitáveis, as reações recolhidas em nossa pesquisa se voltam também contra o governo que atende essas reivindicações.

Um comentário à matéria "Transexuais e travestis podem usar nome social no cartão do SUS em SP" (Travestis..., 2013, [s.p.]) diz: *"Esse Brasil é um LIXO!!!!!!!!!!! privilégios privilégios privilégios... transexualismo não é explicado pela ciência, nem essa invencionice de 'identidade de gênero' e 'orientação sexual'. Não se apoia em nada, nao se justifica em nada. Redirecionar verba de problemas REAIS como cancer, cirurgias cardiacas e manutenção de hospitais para alimentar o FETICHE". "Já virou palhaçada!! Gastar dinheiro de governo pra pagar cirurgia de mudança de sexo. Estamos sem segurança alguma"* – diz comentário à matéria "Transexual obtém na Justiça cirurgia para mudar de sexo em Campinas" (Transexual..., 2012, [s.p.]).

Feito à matéria "Transexuais do DF esperam até seis anos por cirurgia para troca de sexo" (Transexuais..., 2012, [s.p.]), outro comentário diz: *"A inversão de valores na sociedade denigre o ser humano. Se amanhã você se sentir um rinoceronte! Você implanta um chifre nas narinas, ou vai a um psiquiatra?! Homens Capados é a melhor definição... falta de ter o q fazer... o governo gastando com o 'luxo' para algumas pessoas, sendo que para outras coisas, é melhor deixar morrer... ptz".*

---

[1] Ver também a excelente discussão sobre necrobiopoder feita por Fátima Lima (2018).

Tais comentários evidenciam que o voto em Bolsonaro foi também um voto contra políticas inclusivas, um voto anti-igualitário e anti-intelectualista (Miskolci; Pereira, 2019), uma vez que é preciso desmoralizar e desacreditar áreas de conhecimento que têm provido dados e reflexões críticas que desafiam justamente "verdades" nas quais muitos comentários recolhidos se sustentam.

> Nisso, há a configuração de uma gramática moral que consegue reduzir os medos e as desesperanças de pessoas comuns a uma tirania do óbvio: "menino nasce menino; menina nasce menina"; "em defesa das crianças"; "as famílias devem ser ouvidas na educação de seus filhos" (Deslandes, 2019, p. 2-4).

As crises econômica e política também foram lidas como uma crise moral, a corrupção associada às instituições de poder e a governos específicos também foi entendida e promovida como resultado de investimentos públicos em políticas "perigosas". Em uma rápida retrospectiva, recortamos o período entre os anos de 2002 a 2015, este último justamente o ano em que esta pesquisa se inicia, de forma que os ressentimentos estavam bem expressos nos milhares de comentários que recolhemos.

Levantamos na chave temporal citada flagrante intensificação em políticas de promoção da igualdade de gênero e raça, como: a implantação da política de cotas raciais em universidades públicas; a formação da Secretaria Especial de Políticas para as Mulheres; o estabelecimento da Secretaria de Políticas de Promoção da Igualdade Racial (SEPPIR/PR), que mais tarde foi incorporada ao Ministério das Mulheres, da Igualdade Racial e dos Direitos Humanos (extinto sob a égide de Bolsonaro, que o rebatizou como Ministério da Mulher, da Família e dos Direitos Humanos e nomeou uma pastora evangélica como gestora); entre outros.

Em 2004, foi lançado o Programa Brasil Sem Homofobia, que visava implementar (de forma bastante tímida) ações de combate à LGTBfobia no país. Uma dessas iniciativas foi o chamado "kit anti-homofobia", material didático cujo foco era a promoção de uma educação inclusiva com base no respeito à diversidade de gênero e sexual, material este vetado pela recém empossada presidenta Dilma Rousseff, que assumia seu segundo mandato. A decisão de

Rousseff foi uma resposta acanhada à pressão de parlamentares ligados às igrejas católicas e evangélicas que afirmavam ser o material obsceno e sexualizador.

À frente dessa campanha difamatória esteve Jair Bolsonaro, até então um obscuro deputado federal. Durante a campanha eleitoral de 2018, Bolsonaro reavivaria essa discussão, tornando o "kit anti-homofobia" em uma das mais potentes *fake news* de sua bem-sucedida máquina digital de produção de "verdades". Bolsonaro soube articular a oposição à agenda de direitos humanos, "a partir de um recurso discursivo estratégico: uma mudança na chave interpretativa na qual a expansão de direitos à população LGBT contida nas iniciativas governamentais era concebida como uma ameaça às crianças" (Balieiro, 2018, p. 306). Somou-se a esse discurso a proteção "à família" e a demonização dos feminismos.

A pauta moral ganhou robustez violenta entre fins de 2012 até 2016, quando assistimos ao impeachment de Dilma Rousseff. Pauta que se expressou também no fenômeno digital de influenciadores conservadores e jovens do tipo "descolados", mas com ideias liberais e conservadoras que mobilizaram e justificaram a condenação à chamada "ideologia de gênero" e a defesa do PL 867/2015, que defendia a Escola Sem Partido. Tais assuntos ainda estão nos *trend topics* da pós-eleição e nos ajudam a entender o deslocamento de uma pauta econômica, em meio a uma grande crise, para condensá-la em um sintagma, "ideologia de gênero", uma vasta pauta moral que volta sua ira para as questões identitárias.

Finalmente, no ano da eleição presidencial, em 3 de março de 2018, o "STF decide que transexuais e transgêneros poderão mudar registro civil sem necessidade de cirurgia" (D'Agostino, 2018). Tal notícia ganhou repercussão e foi vista como uma grande conquista nas páginas e grupos de Facebook acompanhados durante a pesquisa, como a "Nlucon" e a "Transgente". Entretanto, essa decisão foi mal recebida na maior parte dos 515 comentários, os quais se voltavam não propriamente contra as pessoas beneficiadas pela decisão, mas contra a mais alta instância do poder judiciário do país, vista como tão corrupta quanto aqueles e aquelas que parecem favorecer, como se, ao votar a referida medida, tenha-se feito uma escolha contra os "cidadãos de bem". Vejamos:

> "[...] mais um ato criminoso do desprestigiado Supremo Tribunal Federal – STF, mais que isso, foi um atentado aos cidadãos da 'família de bem'." "STF a quadrilha que solta bandidos de todas as espécies e destrói famílias e lares!" "Para julgar sobre ABERRAÇÕES, votam e decidem em 5 minutos." "A identidade de gênero não se prova? A biologia e a genética foram banidas da historia humana e eu nem sabia!... SFT aprovando falsidade ideológica".

Neste contexto, os empreendedores políticos de maior sucesso serão aqueles que falarem de maneira convincente aos perdedores, aos homens e mulheres destruídos pela globalização e pelas suas identidades arruinadas. A política se converterá na luta de rua, e a razão não importará. Nem os fatos. A política voltará a ser um assunto de sobrevivência brutal em um ambiente ultracompetitivo (Mbembe, 2017, [s.p.]).

Achille Mbembe não se refere ao Brasil quando, de forma visionária, faz as análises acima, mas bem que poderia. O Brasil contrário a projetos de inclusão social e orgulhoso de sê-lo revelou seu "lado B", e não por acaso, nem de repente, apareceu Bolsonaro arrebatando o voto desse cidadão contrário "a tudo isso que tá aí", uma expressão tão vaga quanto abrangente que guarda na sua amplitude aversões que vão da recusa ao PT ao medo do fim da família e a promoção da homossexualidade nas escolas (Kalil, 2018). Contra tudo isso que tá aí, parimos um messias e colocamos em risco conquistas, duramente, alcançadas. *"Ai, minha Deusa! Quantas lutas ainda vou ter que lutar pra não ter mais que lutar nenhuma luta?!"* – escreveu a psicanalista e escritora Letícia Lanz (2017, [s.p.]), em uma de suas muitas postagens como administradora do grupo "Transgente". Sua questão sintetiza o cansaço[2] que às vezes nos toma, bem como expressa, de forma bem-humorada que, como nos ensinou Foucault, estamos em permanente estado agônico: poder e resistências. Apostamos nas resistências, na mobilização de saberes disruptivos capazes de enfrentar circuitos discursivos simplistas e lineares, criando curto-circuitos, pirotecnicamente, como em uma celebração às lutas que priorizaram a inclusão de mais e mais corpos no campo da humanidade, contra os espectros da abjeção.

---

2 Para uma discussão crítica e atual sobre a precarização de vidas de pessoas travestis e transexuais, e os enfretamentos políticos e teóricos destas, consulte Sara York, Megg Rayara G. Oliveira e Bruna Benevides, 2020.

Fontes jornalísticas

ALUNO transexual é expulso da Cásper após criticar método de professora. *G1*, 13 out. 2015. Disponível em: https://glo.bo/3BGepYc. Acesso em: 13 out. 2015.

BRASIL é o país que mais mata travestis e transexuais no mundo, diz pesquisa. *G1*, 26 abr. 2017. Disponível em: https://glo.bo/3jWrnee. Acesso em: 30 abr. 2017.

CÉO. R. Transexuais do DF esperam até seis anos por cirurgia para troca de sexo. *G1*, 8 mar. 2019. Disponível em: https://glo.bo/3pVJS69. Acesso em: 14 abr. 2015.

D'AGOSTINO, R. STF decide que transexuais e transgêneros poderão mudar registro civil sem necessidade de cirurgia. *G1*, 1 mar. 2018. Disponível em: https://glo.bo/3CDR4r6. Acesso em: 1 mar. 2018.

FERNANDES, Y. Ex-BBB Ariadna brinca de amamentar sobrinho e diz: "Já estou treinando". *Ego*, 4 jan. 2017. Disponível em: https://glo.bo/3w6EgqX. Acesso em: 30 dez. 2017.

LANZ, Letícia. "Ai, minha deusa! Quantas lutas ainda vou ter que lutar para não ter mais que lutar nenhuma luta!" [S.l.], 24 jul. 2017. Facebook: *Transgente*. Disponível em: https://bit.ly/3GH1VD1. Acesso em: 24 jul. 2017.

LEA T será 1ª transexual em cerimônia de abertura na história das Olimpíadas. *Vogue*, [s.d.]. Disponível em: https://glo.bo/3GFMFGH. Acesso em: 30 dez. 2016.

JUSTIÇA começa a rever casos de militares afastadas por serem trans. *G1*, 4 fev. 2018. Disponível em: https://glo.bo/3w51P3c. Acesso em: 28 fev. 2018.

NLUCON. Disponível em: https://bit.ly/3nGul7G. Acesso em: 10 jun. 2016.

ROSSI, A. "Monstro, prostituta, bichinha": como a Justiça condenou a 1ª cirurgia de mudança de sexo do Brasil e sentenciou médico à prisão. *G1*, 28 mar. 2018. Disponível em: https://glo.bo/3BDldFI. Acesso em: 28 mar. 2018.

TGEU – Transgender Europe. *Trans Murder Monitoring*. Berlim, 2014.

THAMMY miranda fica sem camisa em estreia de peça. *Revista Quem*, 30 maio 2017. Disponível em: https://glo.bo/3jWsn1Y. Acesso em: 30 maio 2017.

TIENGO, R. Justiça manda Estado fazer cirurgia de mudança de sexo em paciente. *G1*, 24 nov. 2016. Disponível em: https://glo.bo/3mzWq14. Acesso em: 24 nov. 2016.

TRANSGENTE. Disponível em: https://bit.ly/3nQo09A. Acesso em: 28 ago. 2014.

TRANSEXUAIS e travestis podem usar nome social no cartão do SUS em SP. *G1*, 15 mar. 2013. Disponível em: https://glo.bo/3ExP1FJ. Acesso em: 20 out. 2015.

TRANSEXUAL obtém na Justiça cirurgia para mudar de sexo em Campinas. *G1*, 23 set. 2012. Disponível em: https://glo.bo/3w2C4AA. Acesso em: 10 maio 2015.

TRANSGÊNERO é internado em coma após ataque homofóbico no Rio. *G1*, 12 ago. 2017. Disponível em: https://glo.bo/3CCMjhs. Acesso em: 30 jul. 2017.

TRAVESTI é baleada durante atentado na Zona Oeste de Natal. *G1*, 15 jul. 2016. Disponível em: https://glo.bo/3EwZXDu. Acesso em: 30 jul. 2016.

Referências

ALVAREZ, S. Para além da sociedade civil: reflexões sobre o campo feminista. *Cadernos Pagu*, Campinas, v. 43, p.13-56, 2014.

BALIEIRO, F. F. Não se meta com meus filhos: a construção do pânico moral da criança sob ameaça. *Cadernos Pagu*, p. e185306, 2018.

BENTO, B. *Transviad@s: gênero, sexualidade e direitos humanos*. Salvador: Edufba, 2017.

BENTO, B. Necrobiopoder: quem pode habitar o Estado-nação?. *Cadernos Pagu*, v. 1, p. 1-16, 2018.

BORBA, R. Gendered Politics of Enmity: Language Ideologies and Social Polarization in Brazil. *Gender and Language*, v. 13, n. 4, 2019 (no prelo).

BUTLER, J. *Problemas de gênero: feminismo e subversão da identidade*. Rio de Janeiro: Civilização Brasileira, 2003.

BUTLER, J. Regulações de gênero. *Cadernos Pagu*, n. 42, p. 249-274, 2014.

CAMERON, D. *Verbal Hygiene*. London; New York: Routledge, 1995.

DESLANDES, K. Sobre disputas anti-igualitárias e políticas públicas: mais argumentos para o debate. *Interface*, Botucatu, v. 23, p. e190067, 2019.

FASSIN, É. *Populismo de Izquerdas y Neoliberalismo*. Tradução de Victor Goldstein e Joana Masó. Barcelona: Hélder Editorial, 2017.

FAUSTO-STERLING, A. Dualismo em duelo. *Cadernos Pagu*, n. 17-18, p. 9-79, 2001.

FOUCAULT, Michel. *Em defesa da sociedade: curso no Collège de France (1975-1976)*. Tradução de Maria Ermantina Galvão. São Paulo: Martins Fontes, 2002.

GIORA, M. F. D. Apresentação. In: SANTOS, M. A. M. *O discurso do ódio em redes sociais*. São Paulo: Lura Editorial, 2016.

KALIL, I. O. Notas sobre "Os fins da democracia?": etnografar protestos, manifestações e enfrentamentos políticos. *Ponto Urbe*, v. 22, p. 1-6, 2018.

LEITE JÚNIOR, J. Transitar para onde?: monstruosidade, (des)patologização, (in)segurança social e identidades transgêneras. *Revista Estudos Feministas*, Florianópolis, v. 20, n. 2, p. 559-568, maio-ago. 2012.

LIMA, Fátima. Bio-necropolítica: diálogos entre Michel Foucault y Achille Mbembe. *Arquivos Brasileiros de Psicologia*, v. 70, p. 20-33, 2018.

MBEMBE, Achille. A era do humanismo está terminando. *Revista IHU*, 24 jan. 2017. Disponível em: https://bit.ly/3bAbu8s. Acesso em: 30 mar. 2017.

MISKOLCI, R. *Teoria Queer: um aprendizado pelas diferenças*. Belo Horizonte: Autêntica Editora; UFPO, 2012.

MISKOLCI, R.; PEREIRA, P. P. G. Desigualdades mortais: a fabricação de vidas precárias no Brasil. *Interface*, Botucatu, v. 23, p. e190157, 2019.

MUGNAI, L. A. V. J. *"Quantas curtidas merece essa trans?": a recepção da transexualidade nas mídias digitais*. Tese (Doutorado em Ciências Sociais) – Programa de Pós-Graduação em Ciências Sociais, Universidade Estadual Paulista, Marília, 2018.

PELÚCIO, L. *Abjeção e desejo: uma etnografia travesti sobre o modelo preventivo de aids*. São Paulo: Annablume; FAPESP, 2009.

PELÚCIO, Larissa. Amor em tempos de aplicativos: masculinidades heterossexuais e a negociações de afetos na nova economia do desejo. São Paulo: Annablume; FAPESP, 2019.

PELÚCIO, L.; PAZ, D. "A democracia sexual no coração da democracia": a centralidade do gênero para a leitura do presente – Entrevista com Éric Fassin. *Interface*, Botucatu. 2020.

PRINS, B.; MEIJER, I. C. Como os corpos se tornam matéria: entrevista com Judith Butler. *Revista Estudos Feministas*, v. 10, n. 1, jan. 2002.

RETRATO DA violência contra negros e negras no Brasil. *Fórum Brasileiro de Segurança Pública*, 19 nov. 2017. Disponível em: https://bit.ly/3w4Iq2p. Acesso em: 7 jun. 2021.

RODRIGUES, N. B. Médicos, monstros e heróis: ensaio antropológico sobre ficção cientifica e biotecnologia. In: MINAHIM, M. A. (Coord.). *Meio ambiente, direito e biotecnologia: estudos em homenagem ao Prof. Dr. Paulo Affonso Leme Machado*. Curitiba: Juruá, 2010.

SÉMELIN, J. *Purificar e destruir: usos políticos dos massacres e dos genocídios*. Rio de Janeiro: Difel, 2009.

VENCATO, A. P. Gênero e sexualidades em tempos instáveis: mídias digitais, identificações e conflitos. *Educação Temática Digital Campinas (ETD)*, São Paulo, v. 19, n. 4, p. 808-823, out./dez. 2017.

YORK, Sara Wagner; OLIVEIRA, Megg Rayara Gomes; BENEVIDES, Bruna. Manifestações textuais (insubmissas) travesti. *Estudos Feministas*, v. 28, 2020.

Cidades e outras histórias

Capítulo 15

O amor como política dos afetos no discurso dos maridos das travestis e mulheres trans

Maria Juracy Toneli
Marília dos Santos Amaral

Introdução

Na última década, acompanhamos o expressivo crescimento de pesquisas no campo dos estudos de gênero e sexualidade sobre questões que problematizam as vulnerabilidades das travestis, pessoas trans e gênero-inconformes no Brasil. Atualmente, é possível encontrar uma ampla variedade de discussões sobre as transições corporais, a prostituição, o HIV/AIDS, as violências e a precariedade do acesso a direitos e às políticas públicas de saúde, à educação e à assistência, entre outros aspectos que compõem os processos de vulnerabilização, como atesta a revisão de trabalhos elaborados no contexto brasileiro (Amaral *et al.*, 2014). Além disso, é possível afirmar, a partir desses trabalhos, que enunciar tais temas de modo crítico e, assim, político é visibilizar diferentes modos de subjetivação que atravessam as vidas e as formas de resistir às vulnerabilidades de sujeitos alijados das condições de cidadania e, por efeito, das condições de humanidade (Bonassi *et al.*, 2015) ou, no mínimo, condenados a uma cidadania precária (Bento, 2014).

Nesse sentido, o debate sobre a existência ou não de uma natureza/condição humana habita desde sempre a arena da filosofia ocidental, de tal sorte que se trata de um "tema clássico" que retorna com insistência, sobretudo em tempos como o nosso, no qual a violência de Estado lastra contra os que não podem dela se defender. Ou seja, aqui nos referimos a grupos populacionais distintos como os não documentados, os refugiados, os não brancos, os não cisgêneros, os não heterossexuais, isto é, toda uma multidão que tem suas vidas precarizadas ao extremo.

Sob esse viés, Cavarero e Butler (2007) sustentam uma "ontologia da vulnerabilidade" – vulnerabilidade física e corpórea que nos caracteriza todos humanos – que deveria possibilitar o cuidado de uns dos outros e alicerça uma espécie de ética mínima universal (Assmann, 2007). Convergindo ao afirmar a subjetividade como fundamentalmente relacional, as filósofas, cada uma à sua maneira, mostram como a existência humana se constitui por meio da alteridade que não significa apenas os outros, mas uma dispersão normativa que produz desejos e corpos por intermédio da imposição discursiva dos outros sobre nós. Nessa seara, a relação de dependência do outro é coextensiva à nossa existência, à vida. Logo, laços afetivos podem ser pensados aqui, na medida em que ao sermos "expostos", vulneráveis e dependentes dos outros, trocam-se afetos nessas relações de formas e modulações as mais diversas possíveis.

O afeto se torna, então, um importante operador analítico para problematizarmos as relações de amor e desejo. Aqui se trata, também, da relevância que há em discutirmos os laços que convidam travestis, pessoas trans e gênero inconformes a habitar as zonas de inteligibilidade conjugal, especialmente, quando suas existências são estigmatizadas e suas relações com o outro são marcadas pelo fetichismo e pela hipersexualização de seus corpos.

Desse modo, investimos nos afetos como modo político de falar do amor, tão negligenciado e secundarizado de forma não menos estratégica quando comparado a todos os *cis*temas (Simakawa, 2015) de opressão vivenciados por travestis, pessoas trans e gênero inconformes diante da lógica cisheteronormativa que cerceia, pune, patologiza e criminaliza seus gêneros, corpos e desejos (Santos; Amaral; Toneli, 2018). Definimos, assim, o cerceamento dos afetos como um poder estratégico, por representar a impossibilidade de experimentação dos afetos e uma das formas mais perversas de desumanizar um sujeito.

Entendemos, com isso, que falar de amor como uma das formas políticas de afeto não significa invisibilizar as lutas e exclusões que perpassam as experiências dos sujeitos que se produzem às margens, tampouco pretendemos deslocar a discussão para o âmbito privado, para o íntimo das relações conjugais. Pelo contrário, nosso objetivo é – por meio do afeto como objeto de análise – posicionar o debate no campo político da potência da vida e dos modos de existir.

Sob essa perspectiva, as análises que compõem esta escrita fazem parte de uma pesquisa mais ampla intitulada *Te desafio a me amar: desejo, afeto e a coragem da verdade na experiência dos homens que assumem relacionamentos com as travestis e mulheres trans* (Amaral, 2017), realizada entre 2014 e 2016, que discutiu o modo como os maridos, companheiros e namorados que assumem relacionamentos com travestis e mulheres trans ousam viver e enunciar o escândalo da verdade (Foucault, 2011). Por meio dos caminhos traçados pelo desejo, foram problematizados os enunciados que posicionam os homens como sujeitos que tomam a verdade sobre si como um modo de vida, ainda que para isso seja necessário vivenciar a invisibilidade de seus laços, suas sexualidades sob suspeita, a patologização de seus desejos e o precário reconhecimento que assalta os afetos e as relações consideradas dissidentes (Rubin, 2003).

Esse trabalho analítico dos enunciados que operam nas narrativas de seis homens cisgêneros e um transexual em relações conjugais com travestis e mulheres trans mostrou a importância da política dos afetos, por suas alianças com o desejo, tal como proposta por Baruch de Espinosa (2016).

Por conseguinte, partindo do pressuposto de que a produção do desejo depende de como o corpo é afetado (Espinosa, 2016), perseguimos a circulação dos afetos, a fim de espreitar os modos como nossa potência varia. Afinal, se é pela força dos afetos que nossa potência de agir aumenta ou diminui, é importante acompanhar "o que" acontece ao sabor dos encontros e "quais" afetos nossos corpos são capazes de produzir na relação com outros corpos. Por esses rastros, foi lançada luz aos enunciados que apontam para uma política dos afetos ou, ainda, para afetos (bio)políticos de alegria, amor, tristeza, medo, ódio, ousadia e ciúme que promovem aberturas, transformam, criam novas ideias, novos mundos. Afetos que mobilizam homens para que assumam seu desejo e amor a despeito de toda discriminação e precário reconhecimento de suas relações.

Além disso, focamos os regimes de visibilidade que circundam a produção discursiva sobre as conjugalidades, bem como o funcionamento dos enunciados relacionados ao reconhecimento dos laços amorosos das travestis e mulheres trans. Assim também, nos referimos à potência enunciativa dos jogos de legitimidade que fazem emergir a importância histórica e social do discurso do *amor romântico* nos processos de subjetivação (Freire-Costa, 1998), bem como os efeitos do *familialismo tóxico* (Deleuze; Guattari, 2010) como mecanismos de aprisionamento dos fluxos do desejo em uma ficção representativa e reducionista de família.

Para esta escrita, problematizamos ainda a relação de alguns maridos com o *trabalho sexual* exercido por suas companheiras, cujos enunciados mostram que a necessidade financeira parece atravessar diretamente os modos de viver e assumir a relação conjugal, associados ao desconforto e à insegurança como questões que também cercam os homens cujas esposas exercem a atividade sexual como forma de remuneração e sustento financeiro do casal.

Por fim, discutimos a potência dos afetos quando no encontro dos corpos são produzidos desejo, reconhecimento e amor como formas de humanização. Nesse momento, fazemos referência aos afetos que se produzem e acontecem quando um sujeito que escapa à imperiosa normatização cisheteronormativa – responsável pela dizimação das múltiplas expressões de gênero, sexualidade e desejo – tem a possibilidade de deslocar seu corpo coisificado para o terreno da afetividade e para o mundo onde habitam os seres capazes de serem amados.

Precisamos falar sobre o amor: do amor romântico à invisibilidade dos laços conjugais

> Muitas mulheres negras sentem que em suas vidas existe pouco ou nenhum amor (bell hooks, em *Vivendo de amor*, 2000).

É o encontro dos corpos que produz o desejo e a potência de agir. No entanto, esse movimento de ação e esforço sempre depende de como o corpo é afetado, ou seja, é pela força das afecções e pela capacidade de se afetar que a potência de agir aumenta ou diminui.

Assim, partindo dos pressupostos geométricos do filósofo Baruch de Espinosa acerca das afecções do corpo, acompanhamos os enunciados que tornam visíveis "o que" acontece nos encontros entre os maridos e suas companheiras travestis e trans e a respeito de "quais" afetos seus corpos são capazes de produzir na relação com outros corpos.

Permitimo-nos nos orientar pela ideia de afecções proposta por Espinosa (2016) como sendo um modo no/pelo qual sofremos alterações no contato com outros corpos, e também com o mundo, pois é dessas afecções que ocorrem os afetos e as experiências que produzem o sujeito.

Nesta perspectiva, vários modos de se afetar foram enunciados pelos maridos, desde seus deslocamentos nas formas de produzir saber sobre si, de se reconhecer, até os agenciamentos de amor, paixão, carinho, ciúmes e cuidado construídos na relação com suas esposas e namoradas. Entretanto, com Espinosa (2016) entendemos que os afetos não são simples emoções, mas acontecimentos vitais e medidas da variação de nossa capacidade de existir. Há, portanto, na concepção do filósofo uma ciência dos afetos que se fundamenta na importância de dois deles: alegria e tristeza.

Assim, é por meio dos encontros que as relações podem se compor e aumentar sua capacidade de agir, ao elevarem a potência de ser e agir no mundo, tal como acontece no afeto de alegria, que segundo Espinosa (2016) pode ser visualizado quando encontramos um corpo que combina com o nosso, no que é definido por ele como o "bom encontro". Desse modo, a expressão e a forma de afetação alegre é uma potência que requer aliados, quer conhecer pessoas, experimentar modos que nos faça entrar em contato com a diferença. Entretanto, não se refere ao prazer que amortece e anestesia, mas sim ao desejo que cria novas conexões e agenciamentos e, consequentemente, aumenta a capacidade de afetar e ser afetado. Com isso, a potência política desse afeto está em sua vontade ativa de querer se multiplicar e se expandir, tal como narrou um dos casais, juntos há 4 anos e meio, em entrevista realizada em 2014:

> Eu também me considero um pouco difícil e também venho de uma depressão, da perda de minha mãe e tudo mais, só que sou um pouco sensível, maternal e dou muito valor a isso, aos toques, aos afetos, ao amor, ao carinho, acho que isso é acima de tudo a base, o essencial. Nunca estive com um casal homossexual feminino ou

> masculino, mas se estão juntos é por que não deve ser só por sexo, deve haver algo a mais, de cumplicidade, de amor, de afeto entre ambos para pessoas do mesmo sexo estarem atraídas ali uma com a outra e serem felizes. É nessa base, no amor, no afeto, no carinho, que justifica. [Neste momento do diálogo, a esposa se aproxima da mesa onde conversávamos e complementa:] Assim, não é só o lado das necessidades de cada um, no sentido do que é que o outro traz de melhoria para a sua vida né, não é só por aí. Há um bem-estar, há uma necessidade de estar com e... Aprendemos muito um com o outro. Aprendi muito com ele. Aprendi uma profissão nova com ele. Uma nova maneira de estar no mundo (Amaral, 2017, p. 144).

A segunda passagem, ou seja, o outro ato pelos quais passamos e nossa potência de agir aumenta ou diminui se encontra no afeto de tristeza (Chaui, 2011). Nele, conforme Espinosa (2016), as afecções diminuem sua potência e, por efeito, a força para existir e agir, para afetar e ser afetado e para potencializar os fluxos do desejo para novas conexões e encontros. Nas entrevistas, foram citados por alguns dos maridos o ciúme e a insegurança da esposa como afetos que promovem no relacionamento tristeza e paralisia, tal como descreve um dos entrevistados:

> O que às vezes se torna difícil é se relacionar com pessoas com uma insegurança grande e grave. Por pouca coisa se desperta um ciúme desnecessário e eu perco os meus direitos de vida normal e necessária que já não tenho, e essa é uma das partes mais difíceis e que posso dizer que me causa sofrimento. E nesse aspecto, ela como pessoa, agora não como a "patologia" (sic), mas como pessoa em si também não é muito fácil nesse aspecto. Estou sempre correndo riscos! Este é um tipo de relacionamento em que tudo é levado ao grau máximo de tensão (Amaral, 2017, p. 145).

Nesse contexto, Espinosa (2016) afirma que embora sempre existam maus encontros nos afetos ligados à tristeza, e talvez sejam esses os encontros mais frequentes, o mal neste sentido diz respeito ao modo como se é afetado e não necessariamente à relação. E, assim, entende-se que é a partir destes dois tipos primários de afetos (alegria e tristeza) que nascem todos os outros, nos quais o amor é alegria acompanhada de uma causa exterior, e o ódio é a tristeza acompanhada de uma causa exterior (Chaui, 2011). Ou seja, estas afecções produzem ideias sobre si e sobre o mundo, e, do mesmo modo, a potência de pensar e criar associa-se à capacidade de ser afetada por múltiplas maneiras de construir e agir.

Outrossim, uma das questões interessantes para situar esse debate no campo dos afetos fundamentado por Espinosa (2016) é que os afetos nascem e se mantêm não apenas pela capacidade do nosso corpo em se relacionar com outros corpos, isto é, àquilo que o corpo pode, mas também ao modo como o mundo exterior os possibilita. Nessa leitura, pensar sobre quais encontros somos capazes de ter e engendrar implica analisar quais encontros são possíveis na sociedade.

Nesse terreno das condições que possibilitam encontros, aproximamo-nos dos afetos de amor e também da aridez de suas condições de existência. Aqui tentamos analisar a formação de enunciados que, a partir de um contexto possível de serem ditos por homens que assumem suas conjugalidades, deslocam as travestis e mulheres trans para a zona inteligível dos desejos e dos afetos ligados ao amor.

Nesse sentido, inspiradas pelas obras da feminista negra bell hooks e pelos escritos de Maria Clara Araújo, mulher trans negra, colunista do blog *Blogueiras Negras*, vislumbramos encontros entre a solidão da mulher negra e as impossibilidades do amor na vida das travestis e mulheres trans. Um dos primeiros pontos em comum entre essas duas experiências é que muitas dessas mulheres, mesmo que construam idealizações, não costumam construir expectativas no que se refere ao amor e, menos ainda, às chances de serem amadas.

bell hooks (2000) atribui a solidão das mulheres negras ao modo como a produção histórica de opressão e exploração impediram, e ainda, tornam pouco possível, a experiência da capacidade de amar. Para a autora, a escravidão condicionou os negros a conter e reprimir muitos de seus sentimentos e às mulheres negras apagou a capacidade de se amar, se afirmar e, portanto, imaginar ser amada.

Pela mesma linha de discussão, Araújo (2015), ao falar sobre si e aproximar as duas experiências de solidão das mulheres negras e trans, traz relatos acerca das formas como seus corpos se tornaram fetichizados e genitalizados, expondo a precariedade de suas vidas excluídas do campo dos afetos. Essas formas produzem subjetividades no modo como as mulheres trans e negras se relacionam com seus corpos, com seus gêneros, sexualidades e desejos, conformando-se às normas estéticas, de conduta e de relacionamentos ou, muitas vezes, desidealizando o amor como uma experiência afetiva.

Nesse sentido, o amor idealizado torna-se, no discurso dos maridos, uma forma não apenas de enunciar seu amor e tornar visível a construção histórica que atravessa esses discursos, mas se mostra também como uma maneira de sustentar o relacionamento frente à falta de reconhecimento social e à insegurança das companheiras, que nem sempre nutrem ou nutriam expectativas de serem amadas. Dessa maneira, por reconhecimento, entende-se a própria condição de humanidade, uma vez que a patologização das identidades travestis e trans também constitui os processos de vulnerabilização e de desumanização que deslegitimam, violentam e anulam seus modos de existir, tornando-se, muitas vezes, o fator que justifica seus comportamentos e modos de se relacionar, reduzindo-as à "patologia", tal como mencionado pelo entrevistado.

Atualmente, o conjunto de indicadores que posicionam as pessoas travestis e trans como doentes/transtornadas, disfóricas (DSM-5/APA; CID-10/OMS) e, mais recentemente, como incongruentes de gênero (CID-11/OMS) não se constitui como "verdade científica" apenas pela ausência de referência a seu sexo genital, mas também pela indiferenciação entre sexo, sexualidade e gênero e, principalmente, pela inteligibilidade do gênero concebido como dependente da lógica da diferença sexual e da complementaridade dos sexos, isto é, da cisheteronormatividade como condição para dar vida e sentido aos gêneros (Bento; Pelúcio, 2012). Trata-se, portanto, de uma violência normativa que modula a constituição de sujeitos, utilizando-se de um modelo para pensar a transexualidade como experiência "catalogável, curável e passível de normalização" (Bento; Pelúcio, 2012, p. 574), até mesmo para quem as ama e deseja.

Nessa perspectiva, assegurar a legitimidade de suas conjugalidades e, ao mesmo tempo, tentar sustentar as inseguranças de sua companheira frente ao amor faz com que muitos maridos recorram aos discursos biomédicos naturalizantes e, de certo modo, moralizantes da (psico)patologia, acionando, pela mesma linha normalizadora, o discurso da importância da estabilidade e da infinitude amorosa como atestados de uma experiência saudável em meio à "doença".

Nos sentidos que se referem ao amor ou à paixão, observamos a ideia de um sentimento que se "desperta" e se confirma como para "sempre" estável, tal como mencionou um dos maridos casado há 5 anos:

> [Perguntado se foi ao viajar e ficar mais longe que ele percebeu que estava gostando dela:] É eu acho que foi. Eu nem tenho bem certeza. Mas acho que foi mais ou menos isso. Só que, assim, eu senti, mas de fato não racionalizei; eu pensei: "Ah tá! Não sei"... Eu meio que assumi mesmo assim que tava tudo certo e eu acho que dois meses depois que eu tava aqui que eu captei assim: "Meu deus, é isso, e é isso... pra sempre!". Entendi que era ela e acabou, foi mais ou menos assim. E que indiferente de ser o que fosse ela era a pessoa da minha vida. Eu não tenho muito esses: "Ah meu deus, e é trans e não é!". Eu tinha um pouco de receio, não sei como é que eu vou definir... De como a sociedade me vê... Não que... Eu tinha medo da incomodação que eu ia ter, por que ah, ia ser muito chato se incomodar com esse povo que ia ficar toda hora falando... Ah daí eu pensei "ah"... Mas assim acabou nunca acontecendo. E se o povo me condenava, não me incomodou (Amaral, 2017, p. 147).

Dessa maneira, o medo de ser condenado pelos outros por se relacionar com uma travesti ou mulher trans circunda a história de alguns maridos, não tanto quanto o medo de se entender apaixonado e, com isso, ter sua sexualidade sob suspeita e seu desejo como alvo de escrutínio. O medo para Espinosa (2016) é uma paixão triste que jamais se transforma em ação, sendo sempre articulada a outras, determinando a maneira de sentir, viver e pensar. E, embora se produza pela contingência dos acontecimentos, o medo "não é ele próprio fruto da contingência ou do acaso, mas determinado por causas necessárias que, ignoradas, não cessam de alimentá-lo" (Chaui, 2011, p.152-153).

A estas causas podemos associar o fato de que os maridos, ao enunciarem seus desejos, colocam em evidência os riscos, não apenas tomando a palavra arriscada como forma de resistência à captura psiquiatrizante de desejos, mas inventando outras formas de classificar sua orientação sexual, ou ainda, expondo que há muitas formas de se experimentar a sexualidade a partir do afeto e de se posicionar como sujeitos, independentemente das relações que estabelecem com o sexo assignado as suas esposas. Com isso, o risco implica assumir o medo e o perigo e fazer deles sua própria condição de existência.

Mesmo diante dos riscos que obstruem os desejos ao perpassar as condições de vida e legitimidade dos maridos, como suas inquietações, dúvidas, medos e dificuldades, a capacidade de assumir tais riscos também diz respeito às condições que os possibilitam fazer isso. Pois não serem "marcados" no corpo e no gênero os protegem, ainda que não assegure quanto aos riscos diante da transfobia, da negação de acesso a direitos e do apagamento de suas existências como humanas, tal como os riscos, a norma e as violências que atravessam a vida de suas esposas. É o que Larissa Pelúcio (2009) chamou de a "invisibilidade dos normalizados" para se referir aos companheiros que não são alvos diretos das tecnologias de poder e destruição das vidas, mas cujos afetos e desejos podem ser igualmente caçados pela cisheteronorma.

Apesar das paixões tristes que compõem o medo, alimentado por perigo e risco, o enunciado do companheirismo também compõe o discurso amoroso dos maridos. Nesse sentido, Maria Luiza Heilborn (2004) entende esse afeto como uma forma de relação social oriunda da amizade, que nos casais modernos diz de um apoio psicológico mútuo. A importância do companheirismo no relacionamento e a sensibilidade corpórea foram ressaltadas pelos entrevistados como formas de sexualidade para além da relação sexual genital:

> Nessa parte, na parte sexual há necessidade de uma grande abertura na mente da gente... É preciso uma adaptação e acima de tudo o amor, a carência afetiva, as qualidades da pessoa, o companheirismo, novas coisas se descobrem e novas adaptações se fazem. Eu *tô* à vontade pra dizer assim, nos meus relacionamentos anteriores nenhuma mulher eu testei a temperatura do corpo... A [nome da esposa] realmente é uma pessoa muito quentinha, talvez pela minha carência afetiva ou por uma nova adaptação a uma nova situação sexual, na minha vida eu agora ache isso importante. Uma coisa que ao longo de 30 e muitos anos da minha sexualidade nunca foi notado ou relevante. E isso é bonito. Nunca vi isso em nenhuma mulher. Era um detalhe que pra mim não fazia diferença. São coisas engraçadas por que não é que as pessoas tenham que se readaptar, tem que encontrar é a capacidade de encontrar novos valores... Ahmm... Lidar com a diferença, mas lidar com ela sempre de mente aberta e sempre com o objetivo de dar prazer à pessoa. Sensível a coisas que antes nunca foram importantes (Amaral, 2017, p. 148).

Rearranjar-se, adaptar-se e abrir-se à diferença foram algumas das formas que a maioria dos maridos escolheu para descrever como seus interesses sexuais sofreram transformações a partir do amor. Ainda que não houvesse interesse na pesquisa por saber "como" as travestis e mulheres trans se relacionam sexualmente com seus maridos, em quase todas as entrevistas eles, ao enunciarem sobre o amor, sentiram-se à vontade para incluir, espontaneamente, a relação sexual entre os diálogos, como traz um dos entrevistados:

> Isso [a genitália] era o que tinha de estranho, por que com ela *tava* tudo certo sabe?! Eu me apaixonei por ela e pronto. Aí eu meio que entendi também que eu vou por pessoas, não vou por mulheres... Mas, sim, por pessoas. Mas... Mas... Eu acho que eu gosto mais do meio termo, tipo, o que a pessoa tem de melhor dos dois mundos, digamos assim. Mas, principalmente de personalidade, o corpo foi mais consequência... Eu acabei interagindo normal e de todas as formas possíveis com a genitália dela sem problemas, quer dizer... Acabou virando sem problema, né... Eu acabei me incomodando um pouco no começo, mas aos poucos isso vai se assentando... (Amaral, 2017, p. 149).

Nas discussões críticas sobre gênero e sexualidade, tanto o amor quanto o prazer sexual não são compreendidos como sinônimos de intimidade, privacidade e individualidade, mas enquanto formas de afetos (bio)políticos, que, assim como a paixão, o medo e o companheirismo discutidos até aqui, colocam em movimento um circuito de forças que produzem o que entendemos por sujeitos e, por consequência, as sociedades. Nessa perspectiva, extrapolamos a noção individual ou, até mesmo, conjugal-privada de afeto, apostando em uma política dos afetos que constitui e organiza as sociedades, ou seja, compreende-se que é pela maneira como os corpos são afetados que as sociedades são capazes de criar vínculos (Safatle, 2016).

Por esta lógica histórica e política societária, o prazer sexual enuncia-se dentro do que Foucault (2007) analisou como dispositivo da sexualidade – isto é, política, ideológica e discursiva –, no qual a partir de uma rede de "estimulação dos corpos, a intensificação dos prazeres, a incitação ao discurso, a formação do conhecimento, o reforço dos controles e das resistências, encadeiam-se uns aos outros, segundo algumas grandes estratégias de saber e de poder" (Foucault, 2007, p. 116-117). Sob seus regimes de fazer falar, catalogar, punir e normatizar os desejos, os maridos tentam posicionar o pênis de sua esposa, o qual alguns chamam de "isso" na dinâmica de seus prazeres.

Larissa Pelúcio (2009), ao entrevistar travestis, constatou que mesmo dentro de uma lógica supostamente rígida que caracteriza os homens viris como aqueles que são ativos sexualmente e mantêm uma distância segura do pênis da esposa, é possível perceber fissuras nesse quadro normativo quando a masculinidade do marido não está diretamente localizada na cama, mas visível em suas práticas sociais, tais como assumir a esposa publicamente.

Na pesquisa de Magnor Müller (2011) com casais, as interdições em torno da genitália também nos mostram que as regras e significados que constituem as relações entre as travestis e seus maridos possuem relação de semelhança a condutas existentes em outras formas de união, nas quais "existem partes do corpo que são preservadas, práticas que serão consideradas 'inadequadas' e regramentos que resguardarão as relações da 'perversidade'" (Müller, 2011, p. 74). Afinal, o caráter histórico e discursivo da gramática dos prazeres demonstra a capilarização do poder, que faz com que todos e todas nós sejamos constituídos sujeitos e, consequentemente, nos organizemos como sociedade sob regimes intensos de normatizações e normalizações universais.

Com isso, a captura pelo discurso do amor romântico como forma de reconhecimento dos laços conjugais e da estabilidade inventada em torno do amor também são formas normativas e legitimadoras de se experienciar as afecções alegres negadas às mulheres travestis e trans. Logo, sendo o amor romântico uma produção histórica e discursiva que tende a universalizar e naturalizar o amor como obrigação e desejo vivido por todas as sociedades do mesmo modo (Freire-Costa, 1998), ele se estabilizou como norma e conduta emocional na Europa, fazendo transitar seus anseios pelos ideais da vida privada burguesa até o desejo de felicidade e bem comum. Entretanto, o amor romântico foi individualizado e associado diretamente à felicidade, tornando-se "fantasmagoricamente onipotente, onipresente e onisciente. [O amor] Deixou de ser um meio de acesso à felicidade para tornar-se seu atributo essencial" (Freire-Costa, 1998, p.19).

Sobre isso, os enunciados românticos trouxeram pistas sobre como ter acesso à felicidade, que para alguns maridos se enlaça às ideias de superação de dificuldades, diálogo entre o casal e dedicação de ambos na/à relação, como menciona um dos entrevistados casado há 7 anos:

> Então não é fácil. Isso é o que tenho pra dizer. Se fosse fácil não teria graça nenhuma, tudo que é bom, bom de verdade assim, aquilo que tu sonha... Se um homem, se um cara sonha realmente em ficar com uma mulher trans, se ele deseja viver isso, ele precisa saber que isso não vai ser fácil, mas que isso pra ser lindo, ser real, ser bom, vai ter muito mais dificuldades do que facilidades. [...] O que existe na verdade é pessoas que se dedicam pela felicidade. Pela felicidade tu tem que ter essa dedicação. [...] O relacionamento é igual a qualquer relacionamento. Não muda em nada a diferença é como tu trata isso. Na maneira como tu recebe as coisas e muita gente já acha que é diferente, tipo tu não deve pensar que é diferente, tem que pensar que tu gosta de alguém, que tu quer ficar com alguém e ponto (Amaral, 2017, p. 150).

A potência discursiva do amor romântico associado à felicidade, bem como o circuito que coloca em movimento os enunciados de desafio e risco que envolvem a inteligibilidade dos relacionamentos das mulheres trans e seus maridos produzem novos afetos para além do companheirismo já supracitado, é a relação de cumplicidade estabelecida entre os maridos e suas esposas na construção/transformação corporal. Por conseguinte, podemos perceber nos relatos dos maridos que não se tratava apenas de "estar junto", financiar ou atribuir valor ao investimento simbólico e material da esposa (Silva, 2007; Benedetti, 2005), mas também de fazer parte do processo e se perceber em transformação.

Mesmo que a pesquisa não tenha tido a intenção de uma análise de frases e orações como uma analítica clássica do conteúdo, tornou-se relevante lançar atenção à conjugação dos verbos nas falas a respeito dos processos corporais das esposas e namoradas, como esta dita por um dos maridos casado há 4 anos e meio: "E a partir de janeiro *começamos* com o tratamento facial e depois de dez meses o médico começou a *nos* receitar medicamentos e hormônios" (Amaral, 2017, p. 151). Ou ainda, nos relatos sobre os desejos e planos do casal, juntos há 2 anos e meio:

> Sobre o corpo dela até eu mesmo já fiz essa pergunta uma vez pra ela: "Tu faria a cirurgia?". Daí ela disse que não. Aí ela me perguntou: "Por que, tu gostaria que eu fizesse a cirurgia?". Aí eu disse: "Olha vai da tua escolha! Se eu *tô* contigo é por que eu te amo, eu não *tô* contigo por que eu quero que tu mude algo em ti, se for mudar muda por ti, não muda por mim. Se tu ver que na

> tua vida tu vai te sentir melhor então faz". O sonho dela é colocar um silicone, ela sempre falou isso e... Ela quer colocar silicone e aí a gente da família dela ajuda... Quer ajudar... Se ela quer colocar vamos colocar (AMARAL, 2017, p. 151).

Ou seja, a cumplicidade em um contexto de reciprocidade também é demonstrada quando marido e esposa são trans e compartilham juntos a experiência de transição corporal. Nesse caso, o enunciado da afinidade como uma forma de experimentação e descobertas mútuas foi relatado pelo marido, não apenas em relação a seus corpos, mas também sobre as inseguranças sexuais que cercam o primeiro mês do relacionamento:

> É uma afinidade que eu não teria com uma mulher cis lésbica né?! Dialogamos muito sobre nossas mudanças e isso nunca tive antes! Eu *tô* descobrindo coisas ao meu respeito que... Como pessoa e como homem trans... A gente conversa muito então é uma coisa assim que... Eu acho que eu não tive isso com mulheres entendeu?! No processo de transição ela já tá bem mais avançada do que eu né?! Ela já tá há três anos... Eu *tô* há apenas nove meses, eu *tô* me transformando ainda. São processos muito diferentes e ela sabe disso também e eu também entendo e... [...] Até que a princípio a gente não teve relação ainda entendeu?! Tipo ela tá... Ela não tá preparada, a princípio ela fala pra mim por que eu sou o primeiro homem trans dela. [...] Então assim eu acho que nem eu também não *tô* preparado, entendeu?! Por que... Eu vou *tá* cem por cento preparado a hora que eu tiver a certeza daquilo que eu vou fazer que a princípio eu ainda não sei direito, entendeu?! Risos. É lógico que eu não passo essa insegurança pra ela né?! [...] É... Por que eu olho dessa forma assim oh, ela sempre se relacionou com homens cis, héteros tipo né?! Com homens, homens, né?! E eu é diferente entendeu?! Então tipo assim eu não quero decepcioná-la também entendeu?! Então essa parte eu *tô* um pouco inseguro sabe?! Um pouco inseguro, então... Mas... A hora que for pra acontecer eu acho que vai acontecer e tudo tem seu momento certo. Eu acho que o princípio é conversa, diálogo, tem que ter muito sabe?! Afinal, a gente sabe um pouco do que o outro passa (AMARAL, 2017, p. 151-152).

Ainda nos enunciados acerca do amor, foi mencionado pelos maridos certo arrependimento quando relatadas situações de traição e violência conjugal. Além da culpa, definida por Roland Barthes (2003) como um sentimento experimentado pelo sujeito que crê ter faltado de alguma maneira com relação ao ser amado, tais situações foram citadas como fatores importantes de desgaste e formas de "acabar" o amor, como contou o marido casado há 21 anos:

> Ela foi minha primeira vez com travesti. Tive uma outra, até saí de casa e me juntei com uma lá. Depois brigamos e eu voltei pra casa de novo. Risos. [Perguntado sobre o que o levou voltar pra casa:] Ah não, voltei pra [nome da esposa]! Não dava não! Conheci a outra no carnaval, aí deu uma loucura na cabeça, deu um branco e eu deixei minha esposa e fui morar com ela. Ela era amiga da [nome da esposa] ainda. Aí ela foi me buscar, mas aí eu não queria voltar, não queria voltar, não queria voltar, mas aí quinze dias depois eu voltei pra casa. Risos. Eu sei que eu sempre gostei dela... Eu gostava dela ainda né?! Então não tinha jeito, voltei pra casa! Não valia a pena deixar ela por besteira. Hoje a gente se gosta, mas não é mais aquele amor. Acho que o que aconteceu entre nós foi muita incomodação, ela se incomodou tanto que às vezes acho que o amor dela acabou. Ficou só amor de... Um gostar de ficar dentro de casa e o outro sai, mas fica incomodado enquanto o outro não chega. Antes eu era tão ciumento que se ela olhasse para os outros eu já batia nela (Amaral, 2017, p. 153-154).

Entretanto, muitas vezes brigas, tensões e ciúme são referidos como chateações momentâneas ou expressões de amor, como explica um marido:

> As outras mulheres que eu andei era só uma aventura. Ela não... Ela é coisa daqui [coloca a mão no peito]. Eu sou apaixonado por ela! As outras era sempre uma aventura. Se eu for pensar o que me faz estar 21 anos com ela, eu nem sei... Eu nem sei dizer... Mas é o amor. Amor. Eu amo ela muito! É por isso que eu não ligo mais para a ofensa dos outros. Quando ela deixa o celular dela, eu vou lá e fuço, fuço, eu vejo as conversas e eu fico com ciúmes. Eu brigo com ela, por que eu gosto muito dela. Mas sinto que ela ainda tem também um pouco por mim. Mas falar por ela é difícil falar né?! (Amaral, 2017, p. 154).

Sob esse viés, afetos como ódio, raiva, posse e ciúmes são afecções tristes que vão de encontro ao sujeito que busca perseverar em sua existência, são afetos que diminuem seu desejo. Para Espinosa (2016), quanto maior os afetos ligados à tristeza, mais o sujeito é afastado daquilo que pode, mais debilitado ele está e, com isso, menos é capaz de agir enquanto potência e expansão de vida. Nesses maus encontros, produz-se a violência em ato, ou seja, uma das formas mais brutas de poder, destruição e subjugação do outro. No caso da violência contra as mulheres, violar o outro ganha significado de soberania e dominação fundamentados em uma organização societária colonialista, patriarcal, sexista e misógina. Aliado a isso, as mulheres travestis e trans sofrem diariamente diferentes formas de violência de gênero em contextos sociais, institucionais e familiares por não se conformarem à pretensa cisheteronormatividade. No âmbito doméstico, essa violência ganha ainda mais força quando no encontro com a naturalização da posse e da dominação masculina conferida aos homens que acreditam "tê-las" e, a partir disso, as subjugam.

Em pesquisa realizada pelo Núcleo de Direitos Humanos e Cidadania LGBT da Universidade Federal de Minas Gerais (NUH/UFMG, 2016), entre 2012 e 2015, constatou-se que das 140 travestis e mulheres trans entrevistadas, 37,9% (53) afirmaram já terem sofrido violência de parceiro/namorado. Destas, 32,1% (17) relataram ter tomado alguma providência em relação à violência sofrida: 9 chamaram a polícia e/ou fizeram boletim de ocorrência, 4 revidaram, 1 bateu no marido/namorado, 1 denunciou, 1 resolveu sozinha e 1 terminou o relacionamento. De 17 providências, 58,8% (10) se referem a canais oficiais de denúncia. Perguntadas sobre o sucesso da providência tomada, das 15 entrevistadas que responderam a esta questão, 80% (12) disseram ter sido bem-sucedidas.

É importante mencionar que, no contexto das vulnerabilidades a que travestis e mulheres trans são expostas no que se refere à acesso e garantia de direitos, ser reconhecida como alguém do gênero feminino implica, entre outras posições de sujeito, a proteção e a assistência nos casos de violência doméstica. Apenas recentemente, em março de 2018, a Comissão de Direitos Humanos e Legislação Participativa (CDH) do Senado Federal e, em maio de 2019, a Comissão de Constituição, Justiça e Cidadania (CCJ) aprovaram um projeto que protege mulheres trans com a Lei Maria da Penha. Em seu parecer, a relatora do projeto destaca que – "em casos de violência contra transexuais e transgêneros identificados como mulheres – é, de fato, a condição feminina das vítimas que o agressor ataca" (Brasil, 2018, [s.p.]). Atualmente o Projeto de Lei do Senado PLS 191/2017 foi novamente encaminhado para apreciação do plenário, após recurso apresentado por opositores às pautas LGBT sob a argumentação que a proteção garantida pela Lei Maria da Penha pauta-se na "fragilidade biológica natural perante o sexo masculino" (Brasil, 2019, [s.p.]). Assim, diante da ineficiência estatal que ainda temos no país, para que travestis e mulheres trans possam denunciar as violências domésticas, também é necessário analisar a partir de vetores interseccionais de opressão (gênero, sexualidade, classe, raça, etnia etc.) que possibilitam, em muitas situações, os discursos de naturalização e o apagamento dessas violências por parte das esposas vítimas, tal como problematizado entre as mulheres cisgêneras em situações de violência doméstica e, do mesmo modo, problematizar outra questão específica às pessoas travestis trans, que é a negação da existência de suas conjugalidades por parte do Estado e das políticas públicas. Constata-se que, em ambas as situações, temos o afeto como circuito organizador e balizador das políticas de humanidade.

Entende-se, com isso, que humanizar é tornar reconhecíveis e, deste modo, vivíveis os movimentos que – agenciados pelo desejo – potencializam a capacidade de afecção e, com isso, os afetos. Pelos enunciados dos maridos, entende-se que é por meio da potência dos afetos que se produzem bons encontros, sejam eles inundados de amor romântico, pela ideia de estabilidade ou de infinitude. Pois são os afetos potencializados nos vínculos que possibilitam a expansão da vida como estratégia de existência e de resistência a todos os processos que insistem em desumanizar as travestis e mulheres trans, como no caso da dominação masculina e da violência doméstica e de Estado.

Sobre o desamor e os desagrados: familialismo e trabalho sexual

Os maridos entrevistados relatam em algum momento ter sentido a necessidade de contar para os familiares sobre seu relacionamento. Contar para a família que se está namorando uma travesti ou uma mulher transexual foi vivido com receio pelos entrevistados, pois, segundo seus relatos, compartilhar que estão em uma relação afetiva mobiliza novamente os discursos analisados em outras seções, como: o estigma do desvio, a sexualidade sob suspeita e o escândalo de não apenas desejar, mas de se dizer amando uma travesti ou trans.

Ainda que eles reconheçam todos esses discursos, na maioria das vezes, eles não são verbalizados. Entretanto, os maridos reconhecem o modo como atuam e circulam esses discursos, mesmo que implicitamente, quando relatam a expressão usada por seus pais ou mães ao ouvirem sobre suas relações. Um deles relata ter escutado da mãe: "Eu já sabia!", em referência à sua sexualidade, enquanto outro ouviu do pai: "Não basta ter filho drogado, tem mais essa agora!" (Amaral, 2017, p. 156).

Nessas situações, a surpresa e as reações dos familiares dos maridos fizeram com que alguns repensassem não o seu desejo, mas a capacidade de sustentá-lo socialmente. Essa retomada de questionamentos a partir dos comentários dos familiares, por vezes, foi reafirmada e ampliada quando, em contato com os familiares da esposa, as suspeitas se repetiram nos comentários que a sogra dirigia à filha: "Tá, mas se tu é assim, esse teu namorado é o quê?" (Amaral, 2017, p. 156).

Deleuze e Guattari (2010), ao criticarem a psicanálise e, mais precisamente, a teoria edípica, definiram como familialismo tóxico o teatro familiar que codifica e esmaga os fluxos do desejo, ou seja, uma forma de condução ao enclausuramento, à anestesia diante das sensações do mundo, isto é, a um endurecimento diante das possibilidades de conexões. Nesse sentido, podemos pensar que a "família dos maridos" e a "família das esposas", em sua intocável dinâmica estrutural, ao mascarar a aceitação ou deixar de reconhecer os relacionamentos dos filhos e filhas, intoxica e sufoca a passagem dos fluxos.

Esse familialismo incurável, de acordo com Deleuze e Guattari (2010), torna-se um cativeiro por manter como destino o romance familiar e a ficção burguesa da santa família, uma vez que – para conservá-la – é preciso aniquilar a produção de subjetividade e qualquer tentativa de fissura ou diferença, como ilustraram os maridos que narraram desistir de se relacionar com sua família por não suportar as piadas, as ofensas e insinuações dos irmãos em relação a suas esposas.

Outra forma perversa e tóxica de a família reter os movimentos produtivos do desejo destacou-se na fala dos maridos, quando eles contaram que reiteradas vezes os pais de suas esposas costumavam repetir o nome masculino delas, até mesmo quando eles telefonavam perguntando: "Fulana já chegou em casa?", e os pais faziam questão de corrigi-los: "Não. Fulano é quem está em casa!" (Amaral, 2017, p. 157). Observa-se que não se trata apenas de uma forma de mencionar o nome de registro da filha travesti ou trans ou, ainda, da situação de pais que não reconhecem/aceitam o nome social delas: há, aí, um modo de lembrar e marcar os maridos, cotidianamente, como pessoas que se relacionam com o sexo masculino, mesmo que seus desejos, afetos e amor digam o contrário.

Na contramão disso, também foram narrados pelos maridos alguns exemplos de abertura a novos encontros agenciada por seus familiares, como compartilhou um deles, casado há 4 anos:

> Aí a mãe já tinha contado para o pai. Ele já sabia, mas eu falei de novo com ele, e ele: "Tudo certo, fazer o quê, é a vida!". Na verdade ele só acata, ele nunca tem nada contra, ele só acata. E antes... Quando assim a gente era adolescente ele... Como é que eu vou dizer... Eu não lembro da maneira como ele falava... Enfim, ele fazia um monte, ele sempre fazia piada com qualquer traço feminino de algum amigo meu que aparecesse. Se tinha cabelo comprido, era por que era gay. Se tinha brinco, era por que era gay, essas coisas assim. Aí quando eu *tava* com a [nome da esposa] já fazia muito tempo que ele não dizia essas piadas, não sei se ele já *tava* no processo de entender ou aceitar, ou se já tinha parado e eu não sabia. Enfim, sei que quando aconteceu ele deve ter pensado: "Oh droga! Agora eu não tenho mais escapatória!". E sei que na minha frente ele sempre foi tudo certo, se ele sofreu ou se ele não sofreu, não sei nada disso (Amaral, 2017, p. 157).

Com isso, a partir do momento em que detectamos o quanto estamos impregnados pelo familialismo que prevê responsabilidades, culpas, obrigações, interdições e a conservação de um teatro inconsciente que elabora, recalca e presentifica as neuroses familiares, torna-se difícil imaginar dissidências e forjar fugas dessa estrutura esmagadora. Não em vão, não importando os arranjos conjugais, há sempre espaço e possibilidades neles para que as práticas e modos de controlar do familialismo sejam retomados. Tal captura se torna evidente quando desejar a casa, o carro e os filhos ainda faz parte dos sonhos da "formação de família", inclusive entre os maridos.

Como provocar rupturas e descontinuidades de dentro dessas formações instituídas quando elas também são desejadas? Para Deleuze e Guattari (2010), para que aconteça uma rebelião dos fluxos é necessário que a própria usina de produção desejante se desembarace do familialismo, de modo que ela não pare seus processos ou, mecanicamente, os faça girar no vazio.

Nessas condições, acompanha-se a contaminação do familialismo, que se derrama por outras esferas, encharcando os temores dos maridos a respeito de sua capacidade de "bancar" a relação. Com isso, é comum que outras tensões da relação também sejam atingidas e se manifestem como conflituosas, entre elas, o modo como alguns maridos lidam com o trabalho sexual de suas esposas. Logo, é importante contextualizar que dos sete maridos entrevistados, apenas dois mencionaram que suas companheiras exerciam ou já haviam exercido o trabalho sexual.

Pelos caminhos traçados por essas entrevistas, compreende-se que assumir a relação com uma esposa travesti ou trans potencializa uma série de discursos, normas e produção de saberes. São encontros que movimentam uma engenhosa maquinaria de produção de desejo e afetos e a formação de territórios virtuais, como a composição do espaço casa e rua, por exemplo.

Nesse espaço há uma partilha de códigos, contratos e negociações, como explica um dos maridos, casado há 21 anos:

> Eu sei que ela faz programa, conheci ela fazendo isso, mas é particular, é pessoal, é financeiro, ela sai por dinheiro. Lá em casa já é outra coisa... É outro... Outro esquema. Mesmo assim eu já tive bastante ciúmes dela, peço que ela nem me conte quem faz programa com ela. Me incomoda ver ela se arrumando pra sair, desde o início. Mas a gente nunca fala disso, acho que ela nem sabe como isso ainda me incomoda, ela fala sempre que é uma coisa profissional. Nunca pedi que ela parasse, mas já passou pela minha cabeça. Mas se eu pedir isso aí, nós vamos passar fome né?! Isso já é o profissional dela, e esse dinheiro é uma renda na nossa casa. Junta o dinheiro dela com o meu e assim a gente paga as contas. Agora eu *tô* trabalhando, moramos em uma casa encostadinha à mãe dela, mas cada um tem suas contas. Sempre foi assim (Amaral, 2017, p. 158-159).

A demarcação das fronteiras entre a rua e a casa na visão dos maridos cujas esposas se prostituíam era muito importante, porém não diminuía o modo eles como eram afetados pela situação. Por ser esta uma realidade que, muitas vezes, favorecia a manutenção financeira do casal, foram comuns os relatos em que o marido, mesmo incomodado, não se sentia à vontade para reivindicar que a esposa exercesse outro trabalho.

Nesse contexto, nem sempre a atividade sexual se constituiu como um problema desde o início da relação. Sobre isso, um dos maridos, casado há 7 anos, contou a respeito da ligação que ele foi percebendo entre a intensidade dos afetos conjugais e o reconhecimento do trabalho sexual como um problema. De acordo com ele, à medida que o casal vai assumindo e estabilizando sua relação conjugal, torna-se mais difícil aceitar o trabalho da esposa, como explica ele:

> Passou mais um tempo, dois, três meses a gente junto, eu falei pra ela que *tava* meio que difícil administrar essa história de programa. Eu falei pra ela: "Por mais que seja dessa forma ou daquela forma querendo ou não tu tá lá e tá fazendo isso, isso está acontecendo. Então não adianta eu pensar que é negócio, que é dinheiro, que é isso, que é aquilo, que querendo ou não a relação acontece. Então não mintam, não minta dizendo que isso é só um programa. Pode ser sim só um programa, mas que seja só um programa, tá acontecendo. E tudo aquilo que acontece... É que nem eu te dar um tapa de brincadeira e te dar um tapa sério. Resumindo, tira tudo, é um tapa. Aconteceu". [...] Então assim oh, se a tua esposa trabalha com o corpo, com programa, com prostituição e tu tem um relacionamento, saiba que pra ti ter uma vida legal isso não pode ser pra sempre. Nunca, jamais (Amaral, 2017, p. 159-160).

Aos maridos que relataram se sentir incomodados com o trabalho sexual exercido pela esposa, ainda que não houvesse outro meio de sustento financeiro do casal, é perguntado quando perceberam que tinham condições de falar sobre isso com suas companheiras:

> Foi aos poucos, eu comecei a lidar e trabalhar com isso e comecei a me sentir autoconfiante, por quê? Por que eu sabia que ela tinha vários relacionamentos, que tinham alguns caras que não gostavam por que ela mudou o perfil dela pra namorando (no Facebook), e ele mandou ela tirar, ela tirou. Os clientes pediram para ela tirar. E isso é chato, tipo o desejo dele era ter ela só pra ele, tanto que se incomodou por que ela colocou que *tava* namorando. Ela já me convidou para participar de programa, eu já fui ver... Isso depois de um ano que a gente já *tava* junto. Ela tinha me oferecido antes, mas eu não quis... Eu falei pra ela: "Não, vai é rápido, é rápido, pronto!". Ela levava em torno de trinta minutos, alguns vinte, alguns quarenta minutos... Eu ficava em casa e ela ia e voltava... Eu já levei ela num motel, busquei... Então foi meio chato essa parte! Foi a parte mais difícil,

> mas hoje isso... Eu *tô* dizendo isso por quê? Por que se um dia alguém vir a ler, saber e ouvir bem isso que eu *tô* falando dessa forma... É para ver o quanto a pessoa cresce com isso (Amaral, 2017, p. 160-161).

Para os maridos cujas esposas faziam ou já fizeram programas sexuais, o maior temor relatado por eles era a chance de perderem suas esposas para um cliente. O medo de que alguém as "bancasse" e as assumisse financeiramente foi várias vezes narrado entre os maridos. Diante disso, como uma maneira de desmistificar o trabalho sexual de suas esposas, e também como uma forma de se certificar sobre como são negociadas as relações com os corpos e desejos delas, alguns companheiros aceitaram acompanhá-las, para exercerem junto com elas o programa sexual, como relatou um dos entrevistados:

> Já acompanhei ela em programa, de ir junto, participando também. Pra mim foi... É uma coisa ruim que dá na gente! Ver a mulher da gente transando com outro cara lá é foda! Eu ia pra ajudar a fazer também e não era a mesma coisa. Não era legal. Eu fui várias vezes por que se eu fosse o cliente pagava mais. Eu fui por que eu quis, era a necessidade financeira, se não nunca tinha ido. Eu não tinha curiosidade. Agora não preciso mais, ainda bem! Eu não me incomodo em fazer sexo por dinheiro, mas ver ela é... Horrível. Eu nunca tinha feito isso, fui fazer só com a [nome da esposa] que me convidou, não conhecia isso nem como cliente. Putz, ver a mulher do cara ali com outro, tá louco! Dá uma coisa horrível na gente! Pooorra... (Amaral, 2017, p. 161).

O trabalho sexual ainda é uma das principais formas de remuneração das travestis e mulheres trans, em função de uma série de vulnerabilidades estruturais, como às relativas a escolaridade, classe, raça, conflitos familiares e históricos de violências (Amaral, 2012). Os dados da pesquisa do Núcleo de Direitos Humanos e Cidadania LGBT (NUH, 2016) indicam que de 139 participantes, 9,35% (13) afirmam ter feito sexo por dinheiro pela primeira vez entre 9 e 12 anos; 12,23% (17), entre 13 e 14 anos; 28,06% (39), entre 15 e 16 anos; 23,74% (33), entre 17 e 18 anos; 15,11% (21), entre 19 e 21 anos; 8,63% (12), entre 22 e 25 anos; e 2,16% (3), com mais de 25 anos. Uma (1), 0,72%, declarou não saber com qual idade fez sexo por dinheiro pela primeira vez.

Para além da prostituição, na mesma pesquisa, 61 entrevistadas declararam ter outra ocupação, sendo a maioria das respostas concentradas nas seguintes ocupações: cabeleireira, com 42,6% (26); maquiadora, com 8,2% (5); e para 4,9% (3), bombadeira. A partir desses dados, verifica-se que vulnerabilidades como a expulsão de casa e da escola no início da transição corporal, as dificuldades de acesso ao trabalho formal, as violências sofridas na família e nos espaços que deveriam proteger – como instituições escolares, de saúde, assistência, lazer, cultura, esportes etc. – são alguns dos responsáveis pelo trabalho sexual se constituir como primeira e única forma de renda para a maioria das travestis e mulheres trans brasileiras desde a infância. Com isso, a baixa escolaridade é uma das consequências que contribui para que as outras ocupações destinadas a elas se restrinjam aos espaços de beleza, por ainda serem aqueles em que elas são "toleradas" e nos quais, historicamente, puderam performar seu gênero de forma um pouco mais protegida.

Entretanto, salienta-se que, para além da prostituição como forma de sobrevivência, as relações com o desejo e o afeto também podem ser negociadas e estabelecidas no território das negociações sexuais, sendo a rua um espaço também de sedução, poder e emancipação. Cientes disso, os maridos encontram dificuldades em lidar com a ideia de que as esposas se prostituem não apenas por dinheiro, mas também por prazer.

Nesse sentido, é possível examinar a produção discursiva e analisar o modo como os prazeres fora do relacionamento conjugal, historicamente conferidos como um direito aos homens, instituem-se como desagravos ao relacionamento amoroso, a partir do momento em que o status do marido é ameaçado – isto é, quando o papel da esposa guardiã do lar com práticas sexuais estritamente conjugais é desvirtuado de seu objetivo maior, o casamento monogâmico.

A figura do cliente nesse contexto se constitui como aquele que não só pode assumir a relação conjugal e financeira com sua esposa, mas também como aquele que desestabiliza sua posição de marido. Relembrando Foucault (2007, p.132), quando afirma que "o violador atenta somente contra o corpo da mulher; o sedutor, contra o poder do marido", talvez estejam localizadas nessa tensão as condições disponíveis para o descontentamento dos maridos para com o trabalho sexual de suas esposas. Além, é claro, dos sentimentos de ciúmes – às vezes, também de posse – e das moralidades familialistas incompatíveis com tais condutas de esposa.

Sobre isso, a pesquisa do NUH/UFMG (2016), ao perguntar a quem as entrevistadas ajudavam com sua renda total, revelou que 96 delas declararam ajudar alguém com sua renda total, das quais: 45,83% (44) disseram ajudar os pais; 30,21% (29) ajudavam parentes; 10,42% (10) ajudavam um namorado/parceiro; e 7,29% (7) disseram ajudar amigos. Ressalta-se que nesta questão as participantes podiam escolher mais de uma opção. A partir destes dados, analisa-se que, mesmo quando as travestis e mulheres trans viveram e/ou conviveram com relacionamentos familiares e conjugais abusivos, discriminatórios e violentos, são os pais, os parentes e os parceiros os principais favorecidos pela renda do seu trabalho, considerado, por eles, como desqualificado, indecente e imoral.

No que se refere aos maridos, ainda que nenhum tenha mencionado querer "tirar" sua esposa da prostituição, é possível visualizar que o caráter salvacionista transita por outros meios e se articula com outras formas de normalização dos prazeres como o discurso facilmente justificável de que suas esposas devem buscar um trabalho "mais fixo", "mais garantido" do que o sexual.

Para finalizar, é importante salientar também o status da esposa no campo do trabalho sexual, haja vista que é, muitas vezes, na prostituição que as travestis e mulheres trans se sentem desejadas e autônomas com relação a seus corpos e prazeres. Por isso, ao casarem e decidirem por abandonar o exercício do trabalho sexual, muitas vezes há dúvidas sobre as possibilidades financeiras em outros trabalhos e sobre a importância que o trabalho sexual ocupa em suas vidas como posição de sujeito, espaço de negociação dos prazeres e de intensa circulação de afetos.

Considerações finais

Tomar o amor como potência política nos exige, como diria Céu Cavalcanti (2018), uma "escrita melada de afeto", que, de tão marginalizada, o purismo e as moralidades cientificistas não a querem por perto. Talvez porque acreditem que são menos importantes, urgentes, ou até inexistentes – para usarmos o discurso histórico e patológico construídos sobre o amor na vida das travestis e mulheres trans –, pois afetos nem sempre são palpáveis, produzem-se apenas nos encontros, e as variações de sua potência não são vistas, somente podem ser sentidas em sua intensidade.

Ao elevarmos o afeto ao operador analítico, tínhamos como objetivo trazer para o campo da problematização não apenas o modo como os corpos das travestis e mulheres trans são afetados, ou como essas experiências têm sido negadas a elas pelos processos de vulnerabilização, mas principalmente os modos políticos pelos quais são desumanizadas.

Nessas precárias expectativas de relacionamentos amorosos, que não necessariamente dizem respeito à dependência do outro para serem felizes, mas ao direito de poder amar e serem amadas, buscamos, por meio dos relatos dos maridos que assumem socialmente suas esposas travestis e mulheres trans, visibilizar os enunciados que os posiciona como sujeitos a partir do desejo por suas esposas. São enunciados de homens cisgêneros e transexuais que a partir de diferentes marcadores de diferença de sexualidade, classe, raça e geração expõem o modo como o sistema cisheteronormativo colonialista e patriarcal produz a invisibilidade de seus laços amorosos, a vigília sobre suas sexualidades, a patologização de seus desejos e a ininteligibilidade de seus afetos ao assumirem relacionamento conjugal com travestis e mulheres trans.

Desejo e afeto não são sentimentos que possibilitam a esses maridos assumirem suas esposas, esses são agenciamentos que se produzem no próprio encontro. Nesse sentido, entende-se que mais do que amor e vontade, é preciso engajamento político, e, portanto, uma coragem da verdade para romper com binarismos de gêneros, com os contágios da família nuclear burguesa e o domínio moral das relações machistas e procriadoras.

Referências

AMARAL, M. *Essa boneca tem manual: práticas de si, discursos e legitimidades na experiência de travestis iniciantes*. 2012. 165 f. Dissertação (Mestrado) – Programa de Pós-Graduação em Psicologia, Universidade Federal de Santa Catarina, Florianópolis, 2012.

AMARAL, M. *Te desafio a me amar: desejo, afeto e a coragem da verdade na experiência dos homens que assumem relacionamentos com as travestis e mulheres trans*. 2017. 188 f. Tese (Doutorado) – Programa de Pós-Graduação em Psicologia, Universidade Federal de Santa Catarina, Florianópolis, 2017.

AMARAL, M. *et al.* "Do travestismo às travestilidades": uma revisão do discurso acadêmico no Brasil entre 2001-2010. *Psicologia & Sociedade*, v. 26, n. 2, p. 301-311, 2014.

AMERICAN PSYCHIATRIC ASSOCIATION. *Manual diagnóstico e estatístico de transtornos mentais: DSM-V.* Tradução de Maria Inês Corrêa Nascimento *et al.* 5. ed. Porto Alegre: Artmed, 2014.

ARAÚJO, M. C. Solidão da mulher trans negra. *Blog Blogueiras Negras*, 16 jul. 2015. Disponível em: https://bit.ly/3pTKU2z. Acesso em: 23 mar. 2016.

ASSMANN, S. Condição humana contra "natureza": diálogo entre Adriana Cavarero e Judith Butler. *Revista Estudos Feministas*, Florianópolis, v. 15, n. 3, p. 647-649, set./dez. 2007.

BARTHES, R. *Fragmentos de um discurso amoroso.* São Paulo: Martins Fontes, 2003.

BENEDETTI, M. *Toda feita: o corpo e o gênero das travestis.* Rio de Janeiro: Garamond, 2005.

BENTO, B. Nome social para pessoas trans: cidadania precária e gambiarra legal. *Contemporânea*, São Carlos, v. 4, n. 1, p. 165-182, jan./jun. 2014.

BENTO, B.; PELÚCIO, L. Despatologização do gênero: politização da das identidades abjetas. *Estudos Feministas,* Florianópolis, v. 20, n. 2, p. 569-581, maio-ago. 2012.

BONASSI, B. C. *et al.* Vulnerabilidades mapeadas, violências localizadas: experiências de pessoas travestis e transexuais no Brasil. *Quaderns de Psicologia*, v. 17, n. 3, p. 83-98, 2015.

BRASIL. Senado Federal. Comissão aprova projeto que protege mulheres transgênero com a Lei Maria da Penha. *Senado Notícias*, Brasília, 21 mar. 2018. Disponível em: https://bit.ly/3bvMPCb. Acesso em: 7 jun. 2019.

BRASIL. Senado Federal. Mulheres transgênero e transexuais poderão ter proteção da Lei Maria da Penha, aprova CCJ. *Senado Notícias*, Brasília, 22 mai. 2019. Disponível em: https://bit.ly/3GJocA8. Acesso em: 15 ago. 2021.

CAVALCANTI, C. Da escrita melada de afeto. *Céu Cavalcanti Medium Blog*, [s.l.], 27 jun. 2018. Disponível em: https://bit.ly/3CEL5Cv. Acesso em: 30 jun. 2019.

CAVARERO, A.; BUTLER, J. Condição humana contra "natureza". *Revista Estudos Feministas*, Florianópolis, v. 15, n. 3, p. 647-662, set./dez. 2007.

CHAUI, M. *Desejo, paixão e ação na ética de Espinosa.* São Paulo: Companhia das Letras, 2011.

DELEUZE, G; GUATTARI, F. *O anti-Édipo: capitalismo e esquizofrenia I.* Tradução de Luiz Orlandi. São Paulo: Editora 34, 2010.

ESPINOSA, B. *Ética*. Tradução de Tomaz Tadeu da Silva. 2. ed. Belo Horizonte: Autêntica Editora, 2016.

FOUCAULT, M. *História da Sexualidade II: o uso dos prazeres*. Tradução de Maria Thereza da Costa Albuquerque. 12. ed. Rio de Janeiro: Edições Graal, 2007.

FOUCAULT, M. *A coragem da verdade: o governo de si e dos outros II*. Tradução de Eduardo Brandão. São Paulo: Editora WMF Martins Fontes, 2011.

FREIRE-COSTA, J. *Sem fraude nem favor: estudos sobre o amor romântico*. 5. ed. Rio de Janeiro: Rocco, 1998.

HEILBORN, Maria Luiza. *Dois é par: gênero e identidade sexual em contexto igualitário*. Rio de Janeiro: Editora Garamond, 2004.

hooks, b. Vivendo de amor. In: WERNECK, J.; MENDONÇA, M.; WHITE, E. (Orgs.). *O livro da saúde das mulheres negras: nossos passos vêm de longe*. Rio de Janeiro: Pallas; Criola, 2000.

MÜLLER, M. *"Lá em casa a gente conversa!": pedagogias da conjugalidade entre travestis e seus maridos*. 2011. 121 f. Dissertação (Mestrado) – Programa de Pós-Graduação em Educação, Universidade Federal do Rio Grande do Sul, Porto Alegre, 2011.

NUH – Núcleo de Direitos Humanos e Cidadania LGBT. *Relatório de pesquisa – Direitos e violência na experiência de travestis e transexuais na cidade de Belo Horizonte: construção de um perfil social em diálogo com a população*. Belo Horizonte 2016. Disponível em: https://bit.ly/3posPcV. Acesso em: 24 maio 2021.

ORGANIZAÇÃO MUNDIAL DA SAÚDE. *Classificação Estatística Internacional de Doenças e Problemas Relacionados à Saúde: CID-10*. 1993.

PELÚCIO, L. *Abjeção e desejo: uma etnografia travesti sobre o modelo preventivo de aids*. São Paulo: Annablume; FAPESP, 2009.

RUBIN, G. Pensando sobre sexo: notas para uma teoria radical da política da sexualidade. *Cadernos Pagu*, n. 21, p. 1-88, 2003.

SAFATLE, V. *O circuito dos afetos: corpos políticos desamparo e o fim do indivíduo*. 2. ed. Belo Horizonte: Autêntica Editora, 2016.

SANTOS, D.; AMARAL, M.; TONELI, M. J. Psicologia, políticas do corpo, do gênero e das sexualidades: capturas e resistências do cotidiano. *Revista Psicologia e Política*, São Paulo, v. 18, n. 42, p. 309-321, ago. 2018.

SILVA, H. *Travestis: entre o espelho e a rua*. Rio de Janeiro: Rocco, 2007.

SIMAKAWA, V. *Por inflexões decoloniais de corpos e identidades de gênero inconformes: uma análise autoetnográfica da cisgeneridade como normatividade*. 244 f. 2015. Dissertação (Mestrado) – Programa Multidisciplinar de Pós-Graduação em Cultura e Sociedade, Universidade Federal da Bahia, Salvador, 2015.

Capítulo 16

Cidadanias contingentes: notas sobre o fazimento do corpo entre *crossdressers*

Anna Paula Vencato[1]

Para Cristina Bandini (1948-2017),
in memoriam.

Introdução

A sociedade ocidental ao longo dos séculos tem classificado pessoas e objetos a partir de noções de masculino e feminino. Dentro dessa lógica, um homem "é" necessariamente e sempre "masculino" e uma mulher "é" inquestionavelmente "feminina". Contudo, essa lógica classificatória, binária e fixa não consegue contemplar a complexidade das relações, identificações e modos de vida que existem na vida social. Há sujeitos, cada vez mais visíveis em número e representatividade, que fogem a esta lógica classificatória, o que denuncia sua precariedade e o fato de que se constitui sobre uma falsa premissa.

As pessoas que sentem desejo por "vestir-se" com roupas que socialmente são significadas como destinadas ao "outro sexo" usam categorias diversas para se autoclassificar e falar acerca do que fazem. Algumas dessas categorias, de uso corrente atualmente, são travesti, transexual, *crossdresser* e transgênero. Assim como a lógica binária não dá conta de entender a complexa relação entre masculinidades e feminilidades ou de sua produção, escapa-lhe que os significados atribuídos pelos indivíduos acerca de suas práticas e a estas categorias

[1] Doutora em Antropologia pelo Programa de Pós-Graduação em Sociologia e Antropologia da Universidade Federal do Rio de Janeiro (PPGSA/UFRJ), professora da Faculdade de Educação da Universidade Federal de Minas Gerais (FaE/UFMG) e coordenadora do Grupo de Pesquisa Gênero, sexualidades, socialidades e subjetivações da mesma instituição. Endereço para correspondência: apvencato@gmail.com. Lattes: http://lattes.cnpq.br/0542304469914856. Orcid ID: https://bit.ly/3EQnMXh.

não é linear, tanto em termos de uma suposta "identidade coletiva" quanto dentro da trajetória individual de alguns sujeitos.

É comum que uma mesma pessoa possa se identificar como travesti ou transexual em diferentes momentos de sua vida, seja porque se adequou ao longo dos anos a certa identidade, seja porque essas identificações são fluidas. Isto faz com que se torne mais complexa, eventualmente, a argumentação em favor da garantia de certos direitos a esses grupos. Não porque pessoas com identificações não fixas não devam ser sujeitos de direitos, mas porque a falta de compreensão desses trânsitos esbarra com uma dificuldade do Estado – nas políticas públicas e de acesso à justiça – e do saber médico – sobretudo quando falamos em acesso à hormonioterapia, cirurgia de redesignação sexual, modificações corporais etc. – em reconhecer tais experiências e modos de vida como legítimos. Assim, não é incomum que exista uma pressão para que indivíduos trans construam um discurso e uma prática identitária lineares, assim como há uma desconfiança de que, quem não tenha uma identidade fixa e bem definida não seja "verdadeiramente" o que explicita ao reivindicar direitos.

Conforme já enunciei, também entram nesse jogo as necessidades e demandas apontadas por algumas dessas pessoas em relação à construção de seus corpos e a como se veem dentro das classificações sobre o que fazem, oriundas do campo da psiquiatria e da sexologia, e que impactam significativamente o modo como fazem uso dos serviços de saúde, por vezes tendo impossibilitado ou dificultado seu acesso a esse bem da cidadania.

Há de se considerar, inclusive, a dificuldade desses serviços em lidar com certos sujeitos e suas especificidades, o que se dá, de modo geral, pela falta de conhecimento dos/as profissionais e serviços de saúde sobre as demandas e necessidades específicas desta população e pelos estereótipos e preconceitos que atingem esse grupo.

Tomo aqui, de empréstimo, o conceito de "condição precária", tal qual proposto pela filósofa estadunidense Judith Butler. Para a autora, as vidas são sempre precárias, uma vez que toda vida está sujeita a certa temporalidade e à possibilidade de sua extinção. Deste modo, "a condição precária designa a condição politicamente induzida na qual certas populações sofrem com redes sociais e econômicas de apoio deficientes e ficam expostas de forma diferenciada às violações, à violência e à morte" (Butler, 2015, p. 46-47).

Meu argumento, nas próximas páginas, segue esta ideia de Butler, uma vez que a impossibilidade do reconhecimento das identidades ou dos fluxos identitários de pessoas trans é, em si, um dos facilitadores da precariedade inerente às suas experiências e existências.

Notas sobre a utilização das categorias travesti, transexual e *crossdresser*

Para algumas das pessoas que sentem desejo por se vestir com roupas socialmente atribuídas a "outro sexo" ou "outro gênero", o desejo de "se montar" ou "se vestir" e a efetivação dele constituem-se em importantes experiências, algo que é descrito como singular e importante para suas autoestimas, suas autoimagens e para sua percepção enquanto "pessoas completas". Contudo, a prática ainda é alvo de diversos preconceitos, e, nesse contexto, muitas pessoas acabam, para além do desejo e dos prazeres que estão relacionados a ela, tendo que negociar com várias dificuldades, tratar a prática como algo que deve permanecer apenas no privado e, preferencialmente, em segredo.

Mesmo que tenha me pautado na ideia de fazer uma pesquisa procurando por pessoas que compartilhassem uma prática de se vestir do "outro sexo" sem pensar inicialmente em termos classificatórios mais fechados, notei que, dentre as pessoas pesquisadas, tais termos se organizavam não apenas como um instrumento que possibilitava falar de si, mas também como chaves que funcionavam como formas de distinção entre diferentes grupos e pessoas e, eventualmente, formas de hierarquização entre eles – ou seja, além do falar de si, possibilita falar sobre o outro, assim como se diferenciar ou se aproximar dele.

Os dados apresentados neste texto são oriundos de uma pesquisa que empreendi entre 2007 e 2009[2] junto a homens que se identificavam como *crossdressers* ou *praticantes de crossdressing*. Estes homens eram associados de um clube que se organizava[3] pela internet chamado

---

[2] Embora tenha finalizado a pesquisa no segundo semestre de 2009, permaneci em contato com parte das interlocutoras da pesquisa. Infelizmente três delas, bastante centrais no meu trabalho, faleceram logo após o término da pesquisa.

[3] O BCC não foi oficialmente extinto, mas de acordo com minhas interlocutoras após o advento da rede social Facebook houve uma mudança substancial dos modos de

Brazilian Crossdresser Club, ou BCC. Assim, é importante que se diga que este é um texto que parte da experiência relatada de pessoas que se identificavam como *crossdressers/cds* ou que estavam em diálogo com elas.

Pode-se dizer, de forma rápida, que *crossdressers* são homens que "se vestem de mulher", "se montam"[4] ou que efetivam o "desejo de se vestir com roupas e acessórios femininos", embora o *crossdressing* (ou *cding*) seja algo um tanto mais complexo que isso. É uma "montagem transitória", realizada em alguns momentos específicos, que envolve graus variados de intervenção corporal, dependendo do que se pretende em termos de resultado final daquela produção ou das negociações possíveis relativas à prática em suas experiências sociais, o que engloba, por exemplo, se as pessoas com que se relacionam no cotidiano sabem e/ou aceitam o fato de praticarem *crossdressing*.

A seleção de interlocutoras para o trabalho, nos eventos de que participei ou nas entrevistas, não obedeceu a nenhuma restrição de classe social, geração, sexualidade ou cor/raça, embora as pessoas com que dialoguei se identifiquem quase sempre como brancas e heterossexuais. Com relação a classe social, de modo geral, eram pessoas com alto grau de escolaridade, profissionais liberais ou pessoas com cargos importantes em empresas públicas ou privadas. A faixa etária dos/as informantes, à época das entrevistas, era ampla e ia dos 19 aos 60 anos, embora a maior parte estivesse na faixa dos 50 aos 60 anos.

---

contatarem umas às outras. Nesse sentido, a plataforma facilitou o contato direto entre elas, suprimindo a necessidade de mediação do clube para se encontrar ou contactar outras *crossdressers*.

[4] Conforme constatei ao longo da pesquisa as "*crossdressers* não são mulheres e não se veem como tal. De forma rápida, poder-se-ia dizer que são homens que se vestem de mulher, ou que efetivam o desejo de se vestir com roupas e acessórios femininos, embora o *crossdressing* seja algo um tanto mais complexo que isso. E, mesmo assim, a noção de feminino que usam para se montar é bastante peculiar. É uma montagem transitória, realizada em alguns momentos específicos, que envolve graus variados de intervenção corporal, dependendo do que se pretende em termos de resultado final daquela produção. De modo geral, as *crossdressers* se inspiram e buscam realizar em suas montagens coisas que observam nas mulheres e que admiram ou coisas que elas veem nas mulheres e acham bonito ou interessante. Para algumas, é como uma espécie de brincadeira, mas também produz uma grande satisfação pessoal. Elas não são e nem procuram ser uma caricatura de mulher embora em alguns momentos a noção de uma espécie de paródia do real pareça informar suas montagens, atitudes e, sobretudo, sociabilidades" (VENCATO, 2013, p. 32-33).

Das entrevistadas, cinco possuíam pós-graduação, oito, curso superior completo, três, superior incompleto e uma havia recém completado o ensino médio. Com relação a como se identificavam, três se diziam transexuais (mas haviam se classificado a partir da categoria *crossdresser* alguns anos antes), uma se classificava como travestis de classe média/*cd*, uma era uma prestadora de serviços para *crossdressers*, duas eram *S/Os*,[5] nove se classificavam como *crossdressers* e uma pessoa, a mais nova das entrevistadas, classificava-se como *andrógina/cd*.

Quanto a essa classificação como andrógina, à época não havia ainda aparecido classificações como "trans não-binária" ou "gênero não-binário". Sobre esse tema, Claudio Magno Gomes Berto (2017) em sua dissertação de mestrado nos fala acerca dessa forma de identificação, em que masculinidades e feminilidades são entendidas como coexistentes e não hierarquizadas nas apresentações de si das pessoas que assim se classificam. Conforme o autor,

> [...] os discursos em favor do reconhecimento das identidades de gênero não-binárias frequentemente têm mencionado a existência de experiências de identificação e expressão de gênero que não se limitam a uma dicotomia classificável como masculinas/femininas em outros contextos culturais, buscando uma certa ancestralidade que permita afirmar que identidades não-binárias sempre existiram. Essas experiências têm sido descritas há algumas décadas por diversos estudos antropológicos, mas a frequente referência a elas nos discursos contemporâneos sobre identidades n-b as tem projetado a um novo nível de visibilidade (Berto, 2017, p. 61).

Assim, pode-se dizer a partir da pesquisa de Berto que o trânsito entre categorias de identificação não é novo nas vivências, mas talvez ainda não houvesse um discurso organizado acerca dele, como pude perceber ao longo de minhas pesquisas (2002-2013). No caso das interlocutoras de minha pesquisa, foi comum no discurso de algumas delas falas que revelam que a categoria utilizada para falar sobre si não era fixa ao longo de suas trajetórias individuais e que, nem sempre,

---

[5] *Supportive Opposite*, ou *S/O*, "é uma pessoa do sexo oposto que apoia a prática *Crossdresser*. Pode ser uma amiga, namorada, esposa, irmã, prima... Importante ressaltar que é alguém que APOIA, não só que aceita" (definição retirada de uma comunidade para *S/Os* em uma rede social, em 15 jul. 2008). É comum, contudo, entre as pessoas com que venho tendo contato, que as *S/Os* sejam esposas ou namoradas. De qualquer modo, nem toda *crossdresser* tem uma *S/O*.

deixam de ter significado estratégico dependendo do contexto em que eram acionadas. Isso pode ter uma maior ou menor variação de acordo com o acesso a informações a respeito do vestir-se do "outro sexo", seja via contato com alguma militância, com textos "científicos" ou o acesso a textos autobiográficos de outras pessoas que compartilham dessa prática que estão disponíveis na internet.

Embora seja importante considerar que, dentro destes diferentes grupos, os tipos de montagem ou de construção de si podem efetivamente variar tanto em grau de publicização da prática quanto em graus de intervenção e mudança corporal, as conversas que tive até o momento revelam também que trânsitos são frequentes entre um e outro grupo, o que implica pensar que as categorias relativas a tais práticas são fluidas e dinâmicas, assim como acionadas de modos variados em momentos e contextos diversos. Assim, embora as pessoas pesquisadas lançassem mão de um conjunto de classificações correntes em suas falas acerca de si, essas categorias classificatórias acionadas eram sempre contingenciais e, porventura, estratégicas.

Apesar de a existência de tensões com travestis e transexuais ser evidente entre as pessoas que pesquisei, as trans e travestis eram sempre vistas como que compartilhando com as *crossdressers*, nas visões que têm sobre si enquanto "grupo",[6] um ponto de partida comum, especificamente "nascer homem" e "vestir-se de ou sentir-se como mulher" de algum modo. Essas tensões também apontavam para questões diferenciadas que norteariam suas formas de olhar para si mesmas, de compreender suas práticas ou, mesmo, distinguir-se. Se essas relações não se dão de forma simples dentro do grupo, quando colocadas em perspectiva na vida social mais ampla, tudo se torna mais complexo.

Há uma disputa por legitimidade que se destaca na observação da construção das distinções internas entre estes grupos. Estas distinções produzem lugares diferenciados que resultam em acessos igualmente diferenciados a certas coisas importantes a esses grupos, como os serviços de saúde, sobretudo àqueles pertencentes à esfera da saúde pública. Embora se possa imaginar que transexuais e *cross-*

---

6 "Grupo" era um termo utilizado pelas interlocutoras de meu trabalho para se referir a pessoas que compartilhavam de certas questões existenciais com elas, no caso, a experiência de transição de gênero.

dressers estejam quase sempre nas classes médias e altas e as travestis pertençam, de modo geral, às classes populares, prender-se a esta ideia oblitera certas dificuldades que são comuns aos três grupos em termos de acesso a bens sociais. Ainda, esconde que dentro de um modo de classificação não há uma massa homogênea de indivíduos. No caso das *crossdressers* que pesquisei, a ideia de que as associadas do BCC eram "abastadas" até porque "se montar sai caro" frequentemente tornava invisíveis aquelas pessoas que tinham baixo poder aquisitivo e eram associadas do clube.

Não obstante, o fato de pertencer a certa classe social não opera sozinho como facilitador de acesso a certos direitos, e os estereótipos, preconceitos e consequentes discriminações resultantes do lugar social de "se vestir do outro sexo" atinge a esses três grupos, independentemente de isso acontecer de modo diferenciado por questões contingenciais a cada um deles.

Pessoas que se identificam através de diferentes categorias do que se convencionou chamar de "transgênero" podem ou não optar pelo uso de hormônios, silicone e afins e, independentemente do modo como fazem ou significam essas intervenções, classificarem-se de modo a desarticular certas verdades sobre as categorias que circulam neste universo.

Há uma ampla literatura que nos informa sobre a pluralidade de possibilidades de construção do corpo e do gênero por pessoas trans. Dentre inúmeros outros inúmeros trabalhos, citarei os de Berenice Bento (2006), Don Kullick (2008), Flávia do Bonsucesso Teixeira (2013), Hélio Silva (1993), Larissa Pelúcio (2009), Lorena Hellen de Oliveira (2017b), Marcos Benedetti (2005) e William Siqueira Peres (2005). Esta extensa literatura sobre travestis e transexuais, assim como sobre experiências de montação no Brasil, parece nos indicar que, conforme a fala da personagem Agrado do filme *Tudo sobre minha mãe*, de Pedro Almodóvar (1999), dizia, "quanto mais uma mulher parece com o que ela sonhou para si mesma, mais genuína ela é". Ou, para agregar aqui também às transmasculinidades, poderíamos reelaborar a fala para: "quanto mais um homem parece com o que ele sonhou para si mesmo, mais genuíno ele é".

Isso implica que, embora se possa dizer que "travesti é quem toma hormônio e usa silicone" ou que "transexuais são pessoas que desejam passar pela cirurgia de transgenitalização" e que "*crossdressers* não fazem alterações permanentes no próprio corpo", estas práticas não têm significados estáticos e estas afirmações tendem a constituir-se em estereótipos acerca do que diferentes pessoas pensam e fazem em relação à construção de seus próprios corpos. Ainda, embora exista um discurso que afirme que travestis, transexuais e *crossdressers* pertençam necessariamente a classes sociais diferentes e, portanto, tenham modos diferentes de acessar meios para intervir no próprio corpo, o que se evidenciou ao longo do meu trabalho de pesquisa foi que o acesso a tais modificações não é mais ou menos fácil para nenhuma dessas categorias, sobretudo naquilo que implica consultas ou acompanhamento de um/a profissional da área de saúde com formação para fazer certos procedimentos de modo adequado e seguro, como a hormonioterapia ou o acesso a modificações corporais via cirurgias estéticas.

Intersecções entre transgeneridade, classe social e acesso a direitos

Dentro do escopo do que era debatido acerca da *causa crossdresser*[7] pelas pessoas que pesquisei, para além do reconhecimento da legitimidade de suas experiências *montadas*, havia uma demanda pela realização de mudanças corporais tidas como *mais definitivas* e que implicam em acesso a certos serviços de saúde. Essa demanda coincide com algumas das principais bandeiras de luta do movimento LGBT[8] organizado. Ainda que elas resistissem a tornar o BCC algo parecido com o que compreendiam ser as bandeiras do movimento LGBT (que exigiria certa rigidez nos enquadramentos identitários e contestaria estratégias que passem pela manutenção do segredo, algo caro às *crossdressers*), em dados momentos há confluência de interesses acerca da reivindicação de direitos, o que fez com que algumas *cds* chegassem a procurar espaços

[7] Durante minha pesquisa, foi comum o uso desse termo enquanto referência a certo movimento de divulgação da prática do *crossdressing* na mídia ou, mesmo, dentro de certos espaços. A colaboração com esta pesquisa, a palestra em universidades diversas ou outros espaços, além de várias aparições em programas de TV e entrevistas para jornais e revistas compuseram um esforço da diretoria do BCC para tornar a prática um pouco mais conhecida, assim como menos estereotipada, para fora do clube.

[8] Sigla para Lésbicas, Gays, Bissexuais, Travestis e Transexuais. Para um mapa e histórico sobre a construção do que se chama hoje de Movimento LGBT no Brasil, ver Edward MacRae (1990), Regina Facchini (2005) e Júlio Assis Simões; Regina Facchini (2009).

para falar sobre suas demandas junto a políticos, gestores públicos ou movimentos sociais. Isso se deu de um modo bastante diferente daquele pelo qual atuava o movimento LGBT, ou seja, através da construção de espaços políticos mais duradouros de interlocução com o poder público. Novamente, a questão da gestão do segredo sobre a prática, tão cara às *crossdressers*, impunha limites a seus desejos de acessar determinados bens sociais cuja obtenção demandaria certa visibilidade.

Pessoas classificadas dentro do escopo do que é "transgênero" têm sido foco de diversos estudos nas últimas décadas, alguns dos quais os supracitados, sobretudo centrados em questões relativas a mudanças corporais pelas quais essas pessoas passam para adequar sua imagem e corpo àquilo que gostariam de ver como imagem refletida de si no espelho. Embora não se possa negar a centralidade da importância dessas mudanças – definitivas ou não – para quem se sente inadequado/a no corpo com que "nasceu", gostaria de versar aqui menos sobre as mudanças em si e mais sobre como se processam essas mudanças e as implicações disso, sobretudo para aquelas pessoas que estão menos visíveis e, por esta razão, mais vulneráveis dentro desse grupo.

A discussão acerca da "transgeneridade" emerge do campo médico enquanto categoria de "patologização" ou "distúrbio de identidade de gênero". Nesse contexto, a categoria é incorporada pelos movimentos sociais com o intuito de ser reapropriada e ressignificada e, consequentemente, passar a fazer parte da pauta das reivindicações por direitos sexuais e humanos.

No Brasil, essa discussão surge sobretudo dentro do então movimento homossexual a partir da década de 1990 e faz com que se amplie a quantidade de identidades políticas que são adicionadas à pauta de reivindicações por direitos dentro do "movimento homossexual", sobretudo quando o movimento de travestis toma para si o protagonismo de suas reivindicações específicas. Contudo, embora exista, desde o surgimento deste movimento, uma ampliação das identidades e reivindicações, algumas pessoas – por não se encaixarem ou por se recusarem a se encaixar nas classificações médicas que dão origem a estas categorias – continuam excluídas dos processos de reivindicação de direitos e mantêm-se em uma espécie de não lugar.

Este é o caso das pessoas que foram interlocutoras do trabalho de campo que empreendi acerca da construção da corporalidade e do gênero em homens que praticam *crossdressing* em contexto urbano no Brasil. Também é o caso das travestis, para citar outro grupo que tem dificuldades de acesso a certas políticas públicas. As travestis têm acesso limitado tanto no que concerne à justiça e aos direitos – como mudança do prenome em seu registro de nascimento e outros documentos ou no acesso a serviços de saúde que contemplem questões que lhes sejam pertinentes – quanto ao acesso a processos de hormonização – o que se refere tanto ao acesso a endocrinologistas, acompanhamento através de exames etc. quanto aos hormônios em si.

Uma questão a ser pensada diz respeito a classificação do "travestismo" e do "transexualismo" no manual internacional de transtornos psiquiátricos[9] e a seus impactos na vida das pessoas que são enquadradas nessas classificações.[10] Outra diz respeito a como esses sujeitos acessam ou não, têm espaço ou não nos serviços de saúde. Ainda, há de se pensar em que termos operam as produções de vulnerabilidades entre esses sujeitos, sobretudo no que concerne a questões relativas à saúde pública (mas não apenas a ela), que demanda políticas públicas direcionadas e que não vem conseguindo, sistematicamente, dar conta de atender adequadamente às demandas/necessidades dessa população.

Em que se pese a falta de recursos estruturais e humanos adequadamente formados para lidar com essa população, há outras questões que gostaria de levantar aqui: embora exista uma demanda social por parte desses sujeitos relacionada a processos de hormonização, mudanças corporais (plásticas, implantes de silicone), não há consenso nos serviços de saúde acerca da legitimidade desta demanda, tanto na esfera pública quanto na privada. Em qualquer pesquisa sobre pessoas trans, é recorrente o relato de mau atendimento, de passar por

---

[9] Publicado pela Associação Americana de Psiquiatria, o *Diagnostic and Statistical Manual of Mental Disorders* ou DSM, funciona como um guia para os profissionais da área de saúde mental. O *travestismo* é um dos *transtornos da sexualidade* listados neste guia. Para uma análise mais aprofundada sobre o discurso médico e psiquiátrico acerca das experiências de travestis e transexuais e seus limites, ver Jorge Leite Júnior (2011).

[10] Uma discussão importante neste contexto é do lugar ou importância da patologização da transexualidade e seu impacto na vida dos indivíduos que recebem este diagnóstico. Judith Butler (2009) faz uma discussão fundamental sobre a questão em seu artigo chamado "Desdiagnosticando o 'gênero'", ao discutir o caso de uma transexual que se suicida após receber o diagnóstico de que seu modo de perceber a si mesma era, para a ciência médica, uma patologia.

discriminações e preconceitos tanto nos serviços públicos de saúde quanto nos privados.

Ainda, embora existam serviços de saúde treinados para atuar ao longo do processo transexualizador ou em outros aspectos tais como a hormonioterapia, travestis e *crossdressers* contêm especificidades que com frequência as afastam das políticas de saúde que vêm sendo pensadas para estas populações no que concerne a mudanças corporais. Ademais, em termos de vulnerabilidade a DSTs/AIDS, transexuais e travestis até estão inclusos em alguns programas de prevenção e cuidados, mas *crossdressers* – até pela invisibilidade dada pela forma específica como gestionam o segredo de *se montar* ou por serem pensados como "de classe média" e, portanto, "menos vulneráveis" – não têm espaço dentro dessas políticas.

Serem vistas a partir do prisma da doença, das DSTs/AIDS, foi relatado como um incômodo pelas pessoas que pesquisei. Não porque não considerem as políticas de prevenção importantes, mas por questionarem o fato de que a transgeneridade lhes colocava sob a sombra da desconfiança e fazia com que, por vezes, não recebessem atendimento adequado às suas demandas. Nos termos de uma interlocutora "A gente vai no posto de saúde e diz está com dor de cabeça. É só dizer que se monta que já te entregam uma camisinha e mandam embora. Desde quando camisinha resolve dor de cabeça?".

Com relação especificamente às *crossdressers*, a ideia de que pertencem às classes mais abastadas faz com que se pense que elas acessam os serviços de saúde privados para se hormonizar, por exemplo. O que pude observar ao longo do meu trabalho de pesquisa é que o serviço privado de saúde não é mais receptivo a processos de "hormonização cruzada" – aplicação de hormônio feminino para homens, no caso – que o público, e que os poucos médicos e médicas que prestam este tipo de assistência costumam cobrar muito caro pelo serviço – "o dobro ou mais", conforme me foi relatado.

Igualmente, há de se pesar o desconforto que atinge todas essas pessoas em relação a como apresentar-se nos serviços de saúde, tanto em termos do não uso (por vezes relatado como proposital) de seu nome social no atendimento prestado quanto no que diz respeito a como os profissionais lidarão com as modificações que produziram em seus corpos. Os serviços de saúde que por vezes estão adequados ao atendimento de transexuais (às mulheres trans geralmente e, muito mais raramente, aos homens trans) não conseguem ainda atender adequadamente às travestis e *crossdressers* em todas as suas especificidades. Ou, quando têm uma boa equipe, em geral formada por poucas pessoas, não conseguem atender a toda a demanda que recebem.[11]

De acordo com Amanda V. Luna de Athayde (2001), no processo de transexualização, além da psicoterapia é indicada uma medicação antiandrogênica (com inibidores da produção de hormônios masculinos) e estrogênica (via ingestão de hormônios femininos). O objetivo dessa terapia hormonal é a adequação dos caracteres sexuais secundários. No caso das *crossdressers*, e também das travestis, um dos pontos problemáticos sublinhados quando discutem este tipo de hormonização é o fato de que uma das consequências de se tomar antiandrogênicos é a perda da possibilidade de se ter ereção.

Ao contrário do que se pode supor, no caso das *crossdressers*, não ocorre uma procura por médicos quando se decide iniciar um processo de hormonização e nem acontece o acompanhamento desse processo, uma vez iniciado. Mesmo em casos em que há acesso, a indicação do uso de antiandrogênicos e a possibilidade de perda da "potência sexual" afastam *crossdressers* e travestis do acompanhamento. Assim, é possível questionar a ideia de que as travestis não procuram serviços de saúde por pertencerem às classes populares ou "não terem dinheiro" para isso.

No caso das *cds*, que "têm dinheiro para isso", a procura por médicos também é restrita. Uma justificativa é a de que muitos médicos se negam a fazer este tipo de hormonização, por causa do preconceito. Outra é a de que os poucos médicos que fazem este tipo de terapia normalmente consideram as demandas mais comuns entre transexuais, para as quais existem protocolos de hormonização. Como as travestis e as *crossdressers* não buscam *tornar-se mulheres* ao final do processo, algo esperado dentro de certa perspectiva normatizadora dos corpos,

---

[11] Desde o término de minha pesquisa, foram inaugurados alguns serviços no Brasil para atender especificamente às pessoas trans. Há outros, mas gostaria de destacar aqui dois que são referência: o Ambulatório de Saúde Integral para Travestis e Transexuais do Centro de Referência e Treinamento DST/Aids-SP (2010) e o Ambulatório Saúde de Transexuais e Travestis, vinculado ao Hospital das Clínicas da Universidade Federal de Uberlândia (UFU), que nasceu do ambulatório "Saúde das Travestis", construído em 2007 (Oliveira, 2017a). Em artigo, Leite e Santos (2016), é possível encontrar uma lista de diversos serviços Brasil afora.

o que os médicos oferecem não é o adequado para essas pessoas, que acabam optando pelas receitas que deram certo com "as amigas".

É fato, contudo, que recorrer a receitas de amigas e amigos é algo comum também na vivência de pessoas que se identificam como transexuais. Diversos fatores relacionam-se com isso, e vão do parco número de serviços de saúde disponíveis, passando pelo custo das mudanças e sua celeridade. O mesmo ocorre também com aquelas pessoas que se identificam como transexuais, mas não se encaixam na cartilha de certo discurso biomédico sobre como deveriam ser essas experiências/esses desejos de produção de si.

Importa dizer, neste ponto, que alguns anos após a conclusão da pesquisa algumas de minhas interlocutoras faleceram, em geral, de doenças como câncer ou relacionadas ao alcoolismo. Durante seus períodos de adoecimento, abriram mão de suas princesas.[12] Não havia espaço, seja em razão da lógica familiar, seja em razão da lógica biomédica, para que pudessem se montar, mesmo que do ponto de vista da saúde isso pudesse lhes trazer algum bem-estar. Outra questão relevante desponta quando o entrecruzamento se dá no plano geracional.

Assim como é apontado pela dissertação de mestrado de Lorena Hellen de Oliveira (2017b) sobre travestis velhas em Belo Horizonte, é possível perceber como a idade também é um fator que pesa por vezes na decisão (ou imposição) de parar de se montar das interlocutoras de minha pesquisa. Nos processos de adoecimento em razão da idade, também é bastante comum que precisem abandonar suas princesas para garantir um mínimo de apoio de suas redes familiares ou de parentesco. Isso não é incomum mesmo nos casos em que elas sejam as principais financiadoras da sua rede de parentela.

Das vidas precárias

Neste texto, lidamos com sujeitos que são reconhecidos como parte do movimento LGBT e com sujeitos que permanecem em certa medida distantes desse modo de se organizar e demandar direi-

[12] Para as *cds* que pesquisei, o eu desmontado era nomeado sapo, enquanto o eu montado, princesa. Conforme me foi explicado, essa era uma alusão aos contos de fada. Nessas narrativas, em geral, quando uma princesa beija um sapo amaldiçoado por uma bruxa, ele volta a ser um príncipe.

tos. Mesmo entre os reconhecidos como sujeitos de direitos a partir do movimento, há hierarquias e relações de poder que impactam o espaço de vocalização de demandas e acesso a direitos. Ocorre que, nos últimos anos, transexuais, como sujeitos políticos, têm se aproximado estrategicamente do discurso médico de patologização[13] de sua condição para obter acesso a mudanças corporais e, indiretamente, ao reconhecimento jurídico de sua identidade de gênero.

Parte de suas conquistas, como a aprovação das cirurgias de transgenitalização em caráter experimental e, posteriormente, para a realização em qualquer serviço habilitado, tiveram como protagonistas os próprios profissionais que realizam tais procedimentos. Se esse processo garante ganhos para sujeitos que ocupam lugares deslegitimados socialmente, cria também um campo de "excluídos".

Como pudemos perceber, homens trans – que não necessariamente desejam a realização de neofaloplastia,[14] apesar de desejarem intervenções como hormonioterapia, mastectomia e histerectomia –, além de travestis e *crossdressers* não se encaixam no discurso médico de adequação do corpo biológico à alma ou à psique. O mesmo pode ser dito acerca das mulheres trans que questionam e se contrapõem a essa aceitação estratégica dos discursos biomédicos que as patologizam.

A produção dos protocolos de atendimento a demandas de pessoas trans é muito mais lenta do que as mudanças de identificações, os desejos e as realidades dessa população, e, somada ao preconceito, gera atrasos irreparáveis no acesso à cidadania de pessoas trans. Um exemplo recente foi a permanência, durante alguns anos após a liberação das cirurgias para mulheres trans, da cirurgia de redesignação sexual para homens trans como cirurgias de caráter experimental. Essa interdição fazia com que cirurgias de rotina, tais como histerectomias e retiradas de mamas fossem permitidas apenas aos homens trans que passassem por todos os ritos do processo transexualizador (Arán, 2010).

Para compreendermos as demandas de pessoas trans, sejam quais forem suas identificações, é necessário compreender que este é um

---

[13] Importa aqui que se explicite que esse discurso não tem eco em todo o movimento trans e, cada vez mais, vem sendo questionado dentro do movimento de travestis e transexuais.

[14] *Neofaloplastia* é o nome dado à cirurgia de construção ou reconstrução de um pênis.

terreno em constante mudança, que engendra novas tecnologias e possibilidades de viver a vida, mas que também é engendrado por estas. Em artigo recente, Anna Paula Vencato e Regina Stela Correa Vieira (2017) apontam para o fato de que a alta escolaridade de pessoas trans ou sua superespecialização no mercado de trabalho não têm sido suficientes para que elas acessem ou mantenham empregos, especialmente bons empregos, após a transição.

Isso faz com que, para além da classe social à qual pertençam, tenhamos de olhar para questões como gênero, geração e para os processos de identificação e diferenciação que constituem sua compreensão de si mesmos/as, a fim de pensar as vulnerabilidades a que estão submetidos/as e, também, os processos de agenciamento que podem produzir individual ou coletivamente.

Referências

ARÁN, M. Novos diretos e visibilidades para os homens trans no Brasil. *Boletim do CLAM,* IMS-UERJ, Rio de Janeiro, 6 out. 2010. Disponível em: https://bit.ly/3jVGRPJ. Acesso em: 13 jan. 2018.

ATHAYDE, A. V. L. Transexualismo masculino. *Arquivos Brasileiros de Endocrinologia e Metabologia*, São Paulo, v. 45, n. 4, ago. 2001.

BENEDETTI, M. *Toda feita: o corpo e o gênero das travestis*. Rio de Janeiro: Garamond, 2005.

BENTO, B. *A reinvenção do corpo: sexualidade e gênero na experiência transexual.* Rio de Janeiro: Garamond, 2006.

BERTO, C. M. G. *"Identidades de gênero não-binárias": uma análise ciborgue da performatividade de gênero em narrativas digitais*. Dissertação (Mestrado em Psicologia) – Faculdade de Filosofia e Ciências Humanas, Universidade Federal de Minas Gerais, Belo Horizonte, 2017.

BUTLER, J. Desdiagnosticando o gênero. *Physis*, Rio de Janeiro, v. 19, n. 1, 2009.

BUTLER, J. *Quadros de Guerra: quando a vida é passível de luto?*. Rio de Janeiro: Civilização Brasileira, 2015.

FACCHINI, R. *Sopa de letrinhas: movimento homossexual e a produção de identidades coletivas nos anos 90.* Rio de Janeiro: Garamond, 2005.

KULLICK, D. *Travesti: prostituição, sexo, gênero e cultura no Brasil.* Rio de Janeiro: Fiocruz, 2008.

LEITE JÚNIOR, J. *Nossos corpos também mudam: a invenção das categorias "travesti" e "transexual" no discurso científico.* São Paulo: Annablume; FAPESP, 2011. (Coleção Queer.)

LEITE, A.; SANTOS, C. Cartografias trans: mapas sobre a apropriação médica das transexualidades. *Clínica & Cultura*, v. 5, n. 1, p. 50-64, jan./jun. 2016.

MacRAE, E. *A construção da igualdade: identidade sexual e política no Brasil da abertura*. Campinas: Editora Unicamp, 1990.

OLIVEIRA, G. Para não descer do salto: programa leva apoio e conscientização a travestis e transexuais de Uberlândia. *Jornal da UFU*, n. 176, jul./ago. 2017a. Disponível em: https://bit.ly/2ZPBsTd. Acesso em: 13 jan. 2017.

OLIVEIRA, L. H. *Travesti envelhece, não vira purpurina!: um olhar interseccional sobre a(s) velhice(s) na experiência de travestis em Belo Horizonte*. Dissertação (Mestrado em Antropologia Social) – Universidade Federal de Minas Gerais, Belo Horizonte, 2017b.

PELÚCIO, L. *Abjeção e desejo: uma etnografia travesti sobre o modelo preventivo de aids*. São Paulo: Annablume; FAPESP, 2009. (Coleção Queer.)

PERES, W. S. *Subjetividade das travestis brasileiras: da vulnerabilidade da estigmatização à construção da cidadania*. Tese (Doutorado em Saúde Coletiva) – Universidade do Estado do Rio de Janeiro, Rio de Janeiro, 2005.

SILVA, H. *Travesti: a invenção do feminino*. Rio de Janeiro: Relume Dumará, 1993.

SIMÕES, J. A.; FACCHINI, R. *Na trilha do arco-íris: do movimento homossexual ao LGBT*. São Paulo: Editora Fundação Perseu Abramo, 2009.

TEIXEIRA, F. B. *Dispositivos de dor: saberes-poderes que (con)formam as transexualidades*. São Paulo: Annablume, 2013. (Coleção Queer)

TODO sobre mi madre. Direção e roteiro de Pedro Almodóvar. Espanha/França, 1999. (1h41min.)

VENCATO, A. P. Entre "reais" e "virtuais": noções sobre risco e verdade em um clube brasileiro para *crossdressers*. *Cadernos Pagu*, Campinas, n. 44, p. 367-390, jun. 2015.

VENCATO, A. P. *Fervendo com as* drags*: corporalidades e performances de* drag queens *em territórios gays da ilha de Santa Catarina*. Dissertação (Mestrado em Antropologia Social) – Universidade Federal de Santa Catarina, Florianópolis, 2002.

VENCATO, A. P. *Sapos e princesas: prazer e segredo entre praticantes de* crossdressing *no Brasil*. São Paulo: Annablume, 2013. (Coleção Queer.)

VENCATO, A. P.; VIEIRA, R. S. C. Trânsito de gênero e precariedade no mercado de trabalho: muito além da qualificação profissional. In: SOUTO MAIOR, J. L.; VIEIRA, R. S. C. (Orgs.). *Mulheres em luta: a outra metade da história do direito do trabalho*. São Paulo: LTR Editora, 2017. v. 1, p. 185-192.

Capítulo 17

Ser homem trans no Brasil no começo do século XX: o caso Dorival Reples

Luiz Morando

Do intenso desejo de ser reconhecido homem

As décadas de 1920 e 1930 são muito ricas em relatos, via imprensa, de casos, situações e manifestações de sujeitos cujas experiências e vivências da sexualidade são apresentadas como dissidentes à norma no Brasil daquele período. De fato, uma primeira observação que este texto exige é com relação ao uso do termo transgênero para aquele momento. Seria considerado francamente um anacronismo cultural transportar o conceito de transgeneridade e seus correlatos para o início do século XX. As ocorrências registradas naquele período eram feitas utilizando a menção a casos de mulher-homem (equivalente a homem trans hoje) e de homem-mulher (correspondente a mulher trans). Esses casos ainda eram definidos sob um rótulo mais geral de "mudança de sexo", concernente apenas à alteração na forma de se apresentar socialmente quanto à aparência externa. De todo modo, é visível que essa nomenclatura privilegia uma questão restrita ao mero âmbito do sexo como marcador distintivo das diferenças entre os seres humanos. Não havia a compreensão de gênero, como hoje é formulada, nem mesmo a de identidade de gênero, apesar de uma nascente segunda onda do movimento feminista – encarnada, sobretudo, pelas sufragistas.

Porém, à parte essa discussão referente ao anacronismo do uso daquela expressão no início do século XX, este texto intenciona se debruçar sobre um caso bastante significativo de um desejo, de um impulso e de uma vida voltados para a afirmação de uma identidade (de gênero) que não cabia nos padrões normativos daquele momento. Vamos começar com os seguintes registros:

7 de abril de 1925 – o jornal carioca *A Noite* retratou, na reportagem "Volúpia de ser homem", a história do alfaiate Nelson Ribas: identificado como pertencente ao sexo feminino no momento de seu nascimento, ele se casou com Marcelina Sales Gomes e foi denunciado no dia 3 daquele mês, em Bauru, interior de São Paulo. Assim o jornal caracterizou a situação: "É ela ou ele, o principal personagem de uma alta comédia desenrolada naquela cidade, uma dessas cousas que em face da qual o noticiarista não sabe como classificar o procedimento dessa criatura romântica ou anômala" (*A Noite*, 07/04/1925).

Ribas narrou ao jornalista sua história de vida, que segue abreviada: seus pais tiveram uma filha que, recém-nascida, fora dada a um médico para curá-la de uma doença. Por imperícia, tal médico a deixou morrer; no entanto, para não reconhecer a culpa, entregou àqueles pais outro bebê, do sexo masculino, que foi criado como mulher. O entrevistado ainda acrescenta que assumira um nome masculino e se casara com Marcelina "para viver tranquilamente e não ser perseguido pelos almofadinhas" (*A Noite*, 07/04/1925).

19 de outubro de 1927 – o jornal paulistano *A Gazeta* divulgou reportagem na qual o alfaiate Armando Frontini foi acusado de seduzir a amante de um vigarista que aplicava golpes, Pedro França, e levá-la consigo. Detido pela polícia, Frontini esclareceu que, tendo conseguido se desvencilhar do inquérito em Bauru, mudara-se para São Paulo, trocara de nome e se amasiara com Terezinha, com quem vivera dois anos. Todavia, recentemente se apaixonara por Cristina e fugira com ela. O jornalista emendou: "Comentários para quê? O caso é um típico fenômeno de anormalidade sexual e mental. A lei está aparelhada para solucioná-lo? Dificilmente o cremos. A melhor solução ainda é sem dúvida a palavra da ciência" (*A Gazeta*, 19/10/1927).

8 de setembro de 1931 – o jornal belo-horizontino *Estado de Minas* estampou a manchete "A estranha história de duas moças que se casaram". A partir de então, ficou-se sabendo que o alfaiate Dorival Rocha Reples havia se fixado em Ribeirão Preto e conhecido Idalina Aversani no carnaval de 1928, na pensão onde moravam. Ambos ficaram noivos em 1° de janeiro de 1929 e se casaram em 4 de outubro do mesmo ano. Dentro de certas circunstâncias, chegaram a Belo Horizonte em 12 de junho de 1930, fixando moradia na rua

Bonfim, 110. Dorival trabalhava na Alfaiataria Aquino, e Idalina era uma pacata dona de casa. No dia 6 de setembro de 1931, o casal foi denunciado à polícia.

Face a essas três situações, este texto se dedica a resgatar a narrativa de um homem transexual em Belo Horizonte no início da década de 1930. Minha atenção se limitará a um homem – a princípio Nelson, depois Armando, finalmente Dorival – que teve sua vida projetada pela imprensa a partir de 1925. As peripécias nas quais se envolveu lhe deram projeção nacional, principalmente por seu segundo casamento – aqueles com Marcelina e Idalina foram regulares, em um cartório civil – e pela denúncia sofrida em Belo Horizonte. Meu interesse, ao recuperar especificamente a história de Dorival Reples, é refletir sobre o processo de roteirização cultural construído por meio das notícias de um conjunto de jornais. Estruturado como relato de caso, este texto acompanhará sinteticamente os desdobramentos ocorridos ao longo de setembro de 1931, quando um homem transexual ganhou repercussão nacional por ser impedido de manter sua identidade de gênero masculina e ter dissolvida sua união marital com Idalina naquela ocasião.

Da denúncia de Dorival Rocha Reples

Dorival Reples nasceu em Piracicaba, em 5 de junho de 1901, em uma família de imigrantes espanhóis. Ainda criança, foi levado pelos pais para a Espanha. Retornou ao Brasil em 1914, em companhia de amigos dos seus pais, com os quais viveu durante 10 anos em São Paulo e com os quais aprendeu o ofício de alfaiataria. Em 1924, esses amigos retornaram para a Espanha, e Dorival permaneceu em São Paulo. Desde então, adotou uma identidade de gênero masculina, vestindo-se com roupas adequadas a essa identidade. Foi a partir daí também que passou a exercer a alfaiataria como meio de conseguir um salário mais digno.

Seja em Bauru, São Paulo ou Belo Horizonte, sua vida foi atravessada pela busca permanente de consolidar sua identidade de gênero e ser aceito, bem como a se regular pelos padrões normativos de vivência masculina na época – ou seja, trabalhar, constituir família, ter endereço fixo, ser mantenedor do lar. Sua vida também foi atravessada por denúncias constantes – até mesmo de forma irônica, quando um fora da lei, um aplicador de contos do vigário procurou a polícia para denunciar um sujeito que lhe havia "roubado" a amante, como exposto na seção anterior.

Centrando-me em Belo Horizonte, a polícia chegou a Dorival Reples a partir de uma denúncia cuja origem não foi suficientemente esclarecida, restando três versões conflitantes. A primeira é apresentada pelo guarda civil 329. Segundo o jornal *A Noite*, ele estava "de serviço no Cine Vitória, [e] teve dúvidas quanto à identidade de Dorival, que se fazia acompanhar da esposa. Quando se aproximavam do guichê, prendeu-os. Na Polícia, examinando-se o casal, constatou-se o embuste, que causou, aqui, uma impressão formidável" (*A Noite*, 08/09/1931).

A segunda versão foi apresentada em entrevista ao *Estado de Minas* por Pedro de Castro Guimarães, que avoca para si a autoria da denúncia. Guimarães relata que passara meses investigando Dorival, atraído por sua aparência ambígua. Ele descobriu a verdade pouco antes de entrar no Cine Vitória, cuja fila na bilheteria estava grande, o que facilitou um "encontro de corpos" (*Estado de Minas*, 08/09/1931). Isto é, o entrevistado sugere que propositalmente esbarrara em Dorival de modo a que sua mão pudesse, em contato com o corpo de Dorival, comprovar que ele não era homem! Após o fim da sessão, Guimarães seguiu o casal até seu endereço, chamou o guarda 328, Otoni Gonçalves, de serviço ali perto, e lhe falou dos suspeitos. O guarda imediatamente abordou o casal e levou-o à delegacia.

A terceira versão pode ser encontrada no livro *O lesbianismo no Brasil*, de Luiz Mott. O autor retoma o conteúdo de uma comunicação oral que o médico belo-horizontino Washington Ferreira Pires fizera no II Congresso Brasileiro de Medicina Legal e Criminologia, realizado em 1956, no Recife. Pires relata que Idalina e Dorival assistiam a um filme no Cine Vitória quando um "despeitado e desprezível pederasta" iniciara uma "pegação" em Dorival. Ele percebeu que o volume que Dorival trazia entre as pernas era falso. O "pederasta" correu para chamar um policial e denunciou Dorival, que dali mesmo foi levado com a esposa à delegacia (Mott, 1987, p. 51).

Seja lá como tenha ocorrido a denúncia, é certo que a notícia se espalhou rapidamente. Os olhares curiosos da população brasileira se voltaram para a capital mineira, e, estimulados pela imprensa nacional, acompanharam dia a dia a história de Dorival e Idalina: a detenção, as primeiras entrevistas, o deslocamento de trem até São Paulo, a viagem até Ribeirão Preto, a "entrega" de Idalina ao pai, a hospitalização e posterior prisão de Dorival. Ao mesmo tempo, o modo sensacionalista como a imprensa se acercou do fato ajuda a revelar a roteirização cultural que o caso sofreu.

> A cidade acompanha com enorme interesse o caso sensacional das duas jovens que viviam em comum, legitimamente casadas, como se entre elas houvesse, realmente, um homem. O episódio empolgou. Toda gente fervilha comentários. Nos bares, nas ruas, nos lares, em toda parte, a singular aventura é o assunto de cartaz. Agora, a curiosidade converge para o desfecho que se vae dar ao caso. Está se intrincando. Perdendo a sua feição inicial de divertida comedia, entremeada de aspectos dramáticos que quase se avizinharam da tragédia. É, pois, absorvente a expectativa geral. Justifica-se esse estado de espírito porque a vida da mulher-homem é uma série de acontecimentos aventurosos e romanescos (*A Noite*, 09/09/1931).

É importante ressaltar esses elementos para levantar um primeiro aspecto da pesquisa com fontes históricas – no caso deste artigo, um episódio relativo a um homem trans em 1931 na capital mineira: as imagens e representações cristalizadas nas reportagens sobre esse caso constituem um roteiro cultural correspondente ao esforço da imprensa de atuar na construção de determinada subcultura. Sua história foi repercutida por um amplo conjunto de jornais e revistas nas diversas regiões do país: reuni 23 meios impressos que cobriram essa história, arrebanhando os comentários em diversos locais, buscando ouvir pessoas comuns e especialistas no assunto. A própria cena de "despedida" de Dorival e Idalina, escoltados pela polícia e por jornalistas, na estação ferroviária, dá ideia do tumulto em torno do casal: uma multidão, "ávida de conhecer de perto a mulher-homem e sua consorte", acorreu à *gare*. "Como era natural, houve assuada, ditos chistosos, frases picantes, acompanhados de risos" (*A Noite* 10/09/1931).

Breve mapa de um roteiro cultural

A edição de *Uma interpretação do desejo*: *ensaios sobre o estudo da sexualidade* (Gagnon, 2006a) reúne textos fundamentais da trajetória acadêmica e intelectual do sociólogo norte-americano John Gagnon. Dois textos recolhidos nesse volume importam para o desenvolvimento deste artigo: "Pesquisa sobre práticas sexuais e mudança social", de 1975, e "O uso explícito e implícito da perspectiva da roteirização nas pesquisas sobre a sexualidade", de 1991.

Ao elaborar uma retrospectiva, ao longo do século XX, do esforço de pesquisa científica sobre sexualidade e gênero, John Gagnon (2006a) monta uma estrutura formada por duas correntes que dividem o discurso sobre a sexualidade naquele período, concentrando o debate ideológico em dois polos: o dos libertários – que levam a discussão para o campo da inclusão, isto é, retiram a sexualidade do campo do bizarro e do desconhecido e a levam para o espaço do reconhecimento pela cultura e de sua formulação como construção – e o dos conservadores – que efetuam a discussão na dimensão da repressão, enxergando no exercício da sexualidade, sobretudo das sexualidades dissidentes, o lugar da licenciosidade, do comportamento desregrado, das ações morais corruptíveis, da exposição de valores nocivos aos hábitos e costumes já estabelecidos.

Desnecessário chamar a atenção para o desenrolar desse processo, cheio de marchas e contramarchas, avanços e recuos, momentos de tensão e distensão, de opiniões mais exaltadas e apelos ao comedimento. Tanto é assim que Gagnon (2006a, p. 65) se aplica a observar, em meio à "interação complexa com as mudanças mais gerais das condições sociais, as tendências específicas da conduta sexual, o conteúdo das ideologias sexuais e o desenvolvimento das técnicas de investigação científica".

Gagnon também destaca a importância do tempo e das mudanças culturais para se pensar o quanto se aliena do passado nesses processos. Ele menciona que:

> Um dos indicadores mais sensíveis – e, portanto, mais elusivos – da mudança social é a velocidade com que os integrantes de uma cultura tornam-se estranhos ao seu passado pessoal e às formas históricas de experiência proporcionadas por sua cultura. Em outras palavras, como integrantes de um presente em andamento, desvinculamo-nos e/ou nos alienamos desses processos passados que criaram nossa situação cultural de hoje (GAGNON, 2006a, p. 67).

Na sequência, Gagnon justifica que esse alheamento teria duas origens: primeiro, a de que o sujeito é um produto individual das mudanças culturais. Assim, ao tentar compreender essas mudanças, ele utiliza recursos que também são culturais (a linguagem, por exemplo) e resultantes daquelas mudanças. Desse modo, o passado é perdido porque é vivenciado por meio de instrumentos e regras de retrospecção do presente. A segunda possibilidade para explicar o alheamento é que por melhores que sejam as tentativas de compreender os processos gerais das mudanças culturais, em parte nossas ações são frustradas pelo efeito de motivações variadas e múltiplas em consonância ou em dissonância com nossas intenções originais. Cada nova geração se distanciaria de determinada cultura e cenário sexuais, vendo-se obrigada a deparar-se com esse problema.

Percebe-se, então, porque se tornam fortes as duas correntes que se interessam pela compreensão das pesquisas científicas sobre a sexualidade: seja no âmbito da inclusão ou da repressão, que por si só implicariam mudanças culturais, ainda temos a própria passagem do tempo e as formas de apropriação/compreensão do processo de construção da sexualidade em si, sempre efetuadas *a posteriori* por meio de recursos simbólicos de apreensão.

Balizado pelos impasses e as limitações impostos pelo alheamento do passado, Gagnon apresenta o conceito de roteiro como um instrumento de atuação elaborado para estudar a conduta e as práticas sexuais. Pela proposta desse autor, a conduta sexual e a ciência da sexualidade são determinadas pela história e pela cultura. Sendo assim, ambas são construídas, mantidas, desaprendidas e organizadas pela estrutura social e pela cultura. Por sua vez, o gênero e a sexualidade são formas aprendidas de conduta sexual e se relacionam de maneiras diferentes nas diferentes culturas. Face a essas noções preliminares, Gagnon estabelece o roteiro como "aquilo que liga os sentimentos de desejo e prazer ou de repulsa e desintegração às atividades corporais associadas ao contato físico e aos sinais de excitação" (2006b, p. 219-220).

Gagnon esclarece, no entanto, que o roteiro não é uma propriedade de indivíduos isolados – ele tem sua existência como parte da estrutura social, como convenção mutuamente compartilhada, possuindo elementos que ligam a vida erótica à vida social em geral. O processo de roteirização é complexo porque atravessado por três planos: o intrapsíquico (o conteúdo da vida mental, em parte resultante da interação com os cenários culturais, em parte independente destes), o interpessoal (relacionado à utilização ou rejeição dos roteiros na interação social, constituindo padrões contínuos de comportamento social estruturado) e o cultural. Assim, os indivíduos teriam roteiros particulares e socializados de diversas práticas sexuais, sem necessariamente adotá-las como conduta sexual.

Desse modo, o que é possível delinear das notícias de jornal sobre o roteiro cultural desenvolvido por Dorival Reples (e também para Dorival Reples)? A exploração sensacionalista se fez pelo destaque dado – das manchetes às legendas das imagens, passando pelo conteúdo das reportagens – a determinados termos e expressões acoplados reiteradamente à imagem de Dorival e sua companheira: caso sensacional, estranha história, embuste, página de romance, Casanova moderno, caso complicado de transformismo, episódio ruidoso, rocambolesca aventura da infeliz moça. De modo geral, um item desse roteiro está presente: a noção de desvio, seja para destacar o exagero (sensacional), o exótico (estranho) ou o falso (embuste). Junto a esse elemento, destaca-se o perfil traçado pela opinião do repórter de *A Noite*:

> Um tipo curioso de mulher. Tudo nela é estudado. É a premeditação em carne e osso. Aparenta fortaleza de ânimo. Encouraça-se numa prudência notável. É displicente, muito calma e raramente ri. Enfrenta a curiosidade ambiente com uma serenidade de espantar. Não se intimida. Não encabula. E fica mesmo escandalizada com o espanto que fervilha em torno de um caso que ela reputa naturalíssimo (*A Noite*, 11/09/1931).

Primeiro, a insistência (dada como natural) em tratar Dorival pelo sexo atribuído a ele no nascimento (como aparecerá em outras citações). A esse "tipo curioso" vão sendo acumulados elementos simbolicamente associados ao masculino e que destoam do feminino, reforçando a ideia do embuste, da mascarada: ânimo forte, prudência notável, serenidade espantosa, ausência de timidez.

Em contrapartida à simulação de certa virilidade, expressa na caracterização acima (cabe ao homem ter ânimo forte, ser sereno e prudente, além de ser impetuoso), a demonstração real de depressão desse plano simbólico: Dorival tentou suicídio três vezes ao longo de setembro. No dia em que foi denunciado e levado à delegacia, o casal prestou um primeiro depoimento circunstancial e foi liberado para pernoitar em casa. Por decisão do delegado, um investigador passou a noite na casa e acabou impedindo, a certa altura, que Dorival matasse Idalina e se suicidasse com uma navalha. Durante a viagem de trem a São Paulo e dali até Ribeirão Preto, ocorreram mais duas tentativas, ambas frustradas.

Outra parte desse roteiro é escrita pelos atores policiais e do Judiciário. Após a conclusão da fase de inquérito policial, Dorival Reples foi denunciado como incurso em dois artigos do Código Penal vigente à época: o 379 ("Disfarçar o sexo, tomando trajes impróprios dos seus, e trazê-los publicamente para enganar. Pena de prisão celular por 15 a 60 dias") e o 380 ("Se por meio de algum artifício precedentemente mencionado, alguém conseguir de outrem dinheiro ou utilidade. Pena de 4 anos de prisão mais multa"). Como se pode ver, os dois artigos reforçam a ideia de embuste, falsidade ideológica, mascarada, como se a própria lei fosse garantidora de lugares sexuais dos indivíduos. Podemos supor que, em 1925, ano de sua primeira exposição pública, Dorival não tivesse claro conhecimento de sua situação do ponto de vista legal. Mas é muito possível que, em 1928, quando inicia sua terceira relação afetivo-amorosa, ele já tivesse consciência de sua condição jurídica e ainda assim afrontasse e corresse conscientemente os riscos inerentes a uma denúncia. É importante observar isso dentro do roteiro cultural para, primeiro, compreender a angústia e as atitudes suicidas quanto mais se aproximava do destino final de sua viagem (Ribeirão Preto e a prisão). É como se diariamente ele estivesse sendo confrontado com um desfecho totalmente desfavorável à sua construção identitária, ou seja, ser-lhe imposto um recuo em sua trajetória e a retomada de um sexo atribuído por terceiros, no qual não se reconhecia.

Um sinal muito claro dessa angústia e desse estado de conflito interior é dado por uma notícia do jornal *Estado de Minas*. Na reportagem, é informado que, ao chegar a Ribeirão Preto, Antônio Machado Sant'Anna, diretor da sucursal dos *Diários Associados* naquela cidade, fizera uma subscrição pública, a fim de comprar trajes femininos (vestido e roupas brancas) para Dorival. O jornalista obteve 183 mil réis. Dorival desceu do trem e foi encaminhado ao hospital (para tratar alguns ferimentos na cabeça decorrentes de sua terceira tentativa de suicídio) vestido com trajes femininos...

É também significativo reconhecer que Dorival tivesse consciência de sua condição jurídica instável, dados os desdobramentos que isso poderia trazer para sua companheira. Em seu roteiro cultural, na parte que cabe à construção da experiência afetivo-amorosa, havia a percepção clara do dever de proteger Idalina, como também de confiar nela. Havia uma cumplicidade na relação do casal. Tanto que não parece ser apenas efeito de discurso a postura ética que a esposa deixa transparecer em uma oportunidade. Em entrevista que Idalina deu ao jornal *A Noite*, durante a viagem a São Paulo, publicada em 14 de setembro de 1931, ela reconheceu ao repórter (coerente com a mentalidade e as circunstâncias socioculturais da época), quando perguntada se ignorava o sexo de Dorival [Maria]: "Eu sabia tudo. Não me cabia, porém, revelar um segredo que não me pertencia. Maria tinha lá suas razões. Respeitei-as. E não me arrependo, nunca me arrependerei" (*A Noite*, 14/09/1931).

Novos elementos do roteiro cultural

Em seu texto "Relações difíceis: a interação entre pesquisadores e atores sociais", Costanzo Ranci faz algumas reflexões a respeito dos problemas metodológicos na relação entre pesquisador e ator social em torno de determinado fenômeno social enfocado em uma pesquisa. O italiano Ranci (2005, p. 50-51) se depara com o seguinte fato: o tratamento da diversidade pode ser colocado como problema quando a necessidade de encontrar uma comunicação entre linguagens e culturas anteriormente desconhecidas se apresenta como obstáculo na interpretação dos atores sociais de determinado grupo ou comunidade. Ou seja, no caso deste artigo, as categorias da linguagem jornalística e seus pressupostos racionalistas não coincidem com as categorias da linguagem comum, representativas de determinado grupo social – neste caso, os transexuais daquela época. Inevitavelmente, os jornais, tomados como fontes documentais, farão emergir distinções e desvios entre a linguagem utilizada pela imprensa para representar a identidade de gênero de Dorival Reples.

O comportamento de Dorival era todo planejado, com receio de não se pautar pelo gênero masculino. Foi tarefa contínua tomada pela imprensa buscar depoimentos de pessoas que conviveram com Dorival ao longo daqueles últimos anos, a fim de ilustrar as reportagens e estabelecer os meios de fuga ao padrão sexual da época. Um ex-colega de trabalho, Adolfo Zéo, relatou o seguinte ao *Estado de Minas*:

> Conheci o "Dorival" em Ribeirão Preto, quando trabalhava na alfaiataria [...]. "Ele" se mostrava acanhado com as "piadas", quase sempre pesadas, dos nossos colegas. Isso é acanhamento de novato, pensei eu. De fato, dias depois, "Dorival" tinha se aclimatado. Tomava parte acalorada nas discussões e conversas dos companheiros, falava sobre mulheres, mostrando-se um conhecedor profundo da psicologia feminina.
>
> Suas palavras eram, certas vezes, tão bem pensadas que os colegas frequentemente pediam-lhe conselhos a respeito das namoradas e amantes.
>
> [...]
>
> A terminologia de "Dorival" é que era das mais interessantes. Nunca falava abertamente certos "termos técnicos" das "piadas", o que eu julgava ser devida à boa educação de que era dotado. "Dorival" tinha um gênio violento, pois ainda me lembro bem que, certa vez, ao receber um palavrão de um companheiro, arrumou-lhe um ferro de engomar à cabeça, produzindo-lhe uma profunda brecha (*Estado de Minas*, 16/09/1931).

A convivência com homens foi um aprendizado social para que Dorival reconhecesse as regras para sua atuação. Faz parte da construção do roteiro cultural que o indivíduo saiba dimensionar as ações sob uma nova pele, sair de um padrão mais limitado, no qual foi criado (no caso do feminino), para um padrão mais largo, mais plural de um novo gênero (masculino).

Por sua vez, Howard Becker, em seu "Estudo de praticantes de crimes e delitos" (1999), apresenta alguns dados obtidos em sua experiência na coleta de informações em grupos considerados desviantes. Becker depõe que o acesso a informações sobre atividades desviantes pode ocorrer "de maneira solitária, com cada desviante constituindo um mundo privado em si mesmo, ou podem, no outro extremo, ocorrer em um mundo complexo e segmentado" (Becker, 1999, p. 165-166). No segundo caso, uma consideração que o pesquisador deve procurar fazer se baseia na "relação das atividades desviantes com o mundo convencional" (Becker, 1999, p. 166). Parece-me ser um olhar semelhante a esse que o discurso jornalístico apresenta a respeito do caso de Dorival Reples: na maior parte das vezes, o repórter tende a revelar a distância entre o mundo convencional e o mundo dos transexuais, insistindo em exibir aquilo que é considerado desvio por aquele grupo. Neste caso, foi imprescindível que a imprensa buscasse a palavra de uma autoridade científica, jurídica, médico-legal ou policial para balizar o padrão admitido e se estabelecer como discurso de autoridade.

Os jornais não tardaram com relação a isso. O *Estado de Minas*, por exemplo, ouviu o delegado de Costumes de Belo Horizonte à época, Edgar Franzen de Lima. Foram cedidos quase dois terços de página do jornal para que ele tecesse considerações jurídicas, policiais e médico-legais, radiografando (ao seu modo, claro) Dorival Reples. Algumas de suas conclusões: "um corpo de mulher normal animado por uma 'alma sem sexo'"; "tipo perfeito de apatia sexual"; "misantropa"; possuidor de "psicopatia de simulação"; e ainda, a necessidade de esclarecer se era "andrógino, se predominava algum dos sexos ou se a mesma era uma inestésica sexual". Os jornais – e as autoridades convidadas a se expressarem – acabam reforçando o lugar constante do desvio e da insensibilidade das emoções (apatia) e do prazer (inestesia). Ainda há a fixação pelo que exclusivamente o corpo (o biológico) manifesta – "corpo de mulher" animado por "alma sem sexo".

Considerações finais

Os jornais fazem emergir distinções e desvios produzidos pela linguagem utilizada para representar a identidade de gênero de Dorival Reples: na maior parte das vezes, os repórteres tendem a revelar a distância entre o mundo convencional e o lugar da expressão da sexualidade, insistindo em exibir esse homem trans como desvio.

Com este rápido e restrito recorte, podemos perceber alguns elementos que compuseram a roteirização cultural construída por meio das reportagens dos jornais. Se retornamos ao conceito inicial de roteiro, oferecido por John Gagnon, podemos verificar que a construção imagética e simbólica de um homem trans, representado por Dorival Reples, está baseada na necessidade de repressão policial, de exposição ao público, de isolamento espacial, de exclusão social.

Retornando a Gagnon, "como integrantes de um presente em andamento, desvinculamo-nos e/ou nos alienamos desses processos passados que criaram nossa situação cultural de hoje" (2006a, p. 67). O levantamento do material mencionado aqui é apenas um passo inicial para começar a compreender, no âmbito de Belo Horizonte, nossa situação cultural atual. Mesmo com os limites que uma única fonte histórica impõe, a recorrência de estruturas, a formulação discursiva, a percepção de diferenças opinativas ou argumentativas e a própria mudança ao longo do tempo dessas construções podem ser úteis para ajudar a esboçar um suposto roteiro cultural de determinada população. Nesse sentido, a mobilização por mais direitos e pela permanência dos já conquistados também passa pela desalienação do passado e sua apropriação no presente.

Referências

Volúpia de ser homem. *A Noite*, Rio de Janeiro, ano XV, n. 4.802, 07 mar. 1925, p. 1.

Vida aventureira. *A Gazeta*, São Paulo, ano XXII, n. 6.514, 19 out. 1927, p. 3.

Belo Horizonte sensacional: presas, ao entrarem num cinema, uma "mulher-homem" e sua "esposa". *A Noite*, Rio de Janeiro, ano XXI, n. 7.108, 08 set. 1931, p. 1.

A estranha história de duas moças que se casaram. *Estado de Minas*, Belo Horizonte, ano IV, n. 1.075, 08 set. 1931, p. 8.

O caso do "marido-mulher" continua prendendo a atenção pública: a vida de "Dorival" contada por um seu amigo – A polícia paulista separou o casal. *Estado de Minas*, Belo Horizonte, ano IV, n. 1.082, 16 set. 1931, p. 8.

O caso sensacional da mulher-homem: Maria Manuela Perez tentou anavalhar a "esposa" e suicidar-se em seguida. *A Noite*, Rio de Janeiro, ano XXI, n. 7.109, 09 set. 1931, p. 1.

O caso da mulher-homem: Maria Perez já havia feito o "esposo" duas vezes. *A Noite*, Rio de Janeiro, ano XXI, n. 7.110, 10 set. 1931, p. 1.

O caso da mulher-homem. *A Noite* ouviu, na Barra do Piraí, sensacionais revelações do jovem "casal". *A Noite*, Rio de Janeiro, ano XXI, n. 7.111, 11 set. 1931, p. 1

O caso da mulher-homem: comovedora a entrevista de Adalina Averzoni para *A Noite*. *A Noite*, Rio de Janeiro, ano XXI, n. 7.114, 14 set. 1931, p. 1, 3.

BECKER, H. Estudo de praticantes de crimes e delitos. In: BECKER, H. *Métodos de pesquisa em Ciências Sociais*. 4. ed. São Paulo: Hucitec, 1999. p. 153-178.

GAGNON, J. H. Pesquisa sobre práticas sexuais e mudança social (1975). In: GAGNON, J. H. *Uma interpretação do desejo*: *ensaios sobre o estudo da sexualidade*. Tradução de Lúcia Ribeiro da Silva. Rio de Janeiro: Garamond, 2006a. p. 65-110. (Coleção Sexualidade, Gênero e Sociedade.)

GAGNON, J. H. O uso explícito e implícito da perspectiva da roteirização nas pesquisas sobre a sexualidade (1991). In: GAGNON, J. H. *Uma interpretação do desejo*: *ensaios sobre o estudo da sexualidade*. Tradução de Lúcia Ribeiro da Silva. Rio de Janeiro: Garamond, 2006b. p. 211-268. (Coleção Sexualidade, Gênero e Sociedade.)

MOTT, L. *O lesbianismo no Brasil*. Porto Alegre: Mercado Aberto, 1987.

RANCI, C. Relações difíceis: a interação entre pesquisadores e atores sociais. In: MELUCCI, A. *Por uma sociologia reflexiva: pesquisa qualitativa e cultura*. Petrópolis: Vozes, 2005. p. 43-66.

Posfácio

Mais uma conversa com Liliane Anderson

Vejo que o ponto fundamental com relação a esta pesquisa seria relatar minha entrada ali dentro do NUH, porque a minha entrada dá uma mexida nesse espaço acadêmico pra ele poder se repensar. Quando esse projeto surgiu, foi de muita relevância, até mesmo antes da entrada da Anyky Lima como ativista, parceira e articuladora da pesquisa. E aí, essa importância parte desse impacto da minha entrada como colaboradora no NUH, porque esta entrada já mexe com o olhar acadêmico pra algumas questões, como a necessidade de buscar estudos sobre as populações vulneráveis, especialmente travestis em condição de trabalho sexuais, naquele momento.

Eu vejo a relevância do conhecimento deste trabalho ali na prática, no dia a dia. Uma visão do projeto que ficou muito marcada pra mim é a questão da relação entre classe e raça. Eu sempre bati nessa tecla, de classe e raça articuladas com gênero e sexualidade. Aí, quando a gente foi pros campos de pesquisa, a gente observou muito isso que estava por trás da prostituição das travestis: desde a Avenida Paraná,[1] com a questão das meninas que moravam no alto, e nessas casas de prostituição também. Incrível como a raça/etnia era um critério de discriminação ali nas avenidas e ruas de trabalho na prostituição. E aqueles "meandros" em que nós convivemos também ficaram marcados dentro do projeto, que foi, através do grupo Solidariedade,[2]

---

[1] A Avenida Paraná, localizada na região central de Belo Horizonte, próxima à famosa zona de baixo meretrício na Rua Guaicurus, pode ser caracterizada como uma região popular, com alto fluxo de pedestres e programas de menores preços.

[2] O Grupo Solidariedade, criado em 1988, para apoio a pessoas vivendo com HIV/AIDS e familiares, recebia muitas travestis e transexuais. Através de uma de suas colaboradoras, Maria Lúcia, foi uma das primeiras parcerias feitas pelo Projeto Trans.

conhecer a Tomba Homem.[3] Acho muito interessante relatar sobre isso, sobre a Tomba Homem, pra não ficar no esquecimento, no apagamento. Foi aquele grupo, aquele grupo da Igreja Católica, que recebia aquelas meninas ali que viviam com HIV+, que trabalhava com prevenção. E foi ali, naquele miolo, perto da rodoviária, que já se afastava um pouco da Avenida Paraná, que mexeu muito com a gente. Vejo que essa parceria é muito importante de ser colocada, através dela chegamos nas ruas, para além da Anyky Lima como nossa articuladora no campo. Por exemplo, a questão da Vanusa ficou muito forte, a questão do vídeo.[4] O vídeo tem que ser lembrado, porque ele é riquíssimo em Belo Horizonte, ele não pode passar batido, ele é importantíssimo. O *Memorial*! Porque é através dele, desse espaço com os alunos na rua, que pode surgir os alunos pesquisando na rua – foi através desse projeto, não pode ser passado batido.

Eu já estava morando na casa coletiva de Anyky quando começamos a trazer as demandas do movimento de travestis para o NUH. A Rafaela estava chegando timidamente naquele período, da graduação dela. A gente começou denunciando as pedra que eram jogadas pelos ônibus na Av. Pedro II nas travestis que estavam lá trabalhando na noite, essa repressão que essas meninas sofriam, e como foi esse elo das repressões que foi gerando o diálogo com a universidade pra tentar fazer denúncias.

Os estudantes, que antes viviam em espaços muito preservados, acabaram tendo um olhar muito mais profundo quando entraram em contato com o campo de trabalho das meninas. Tinha, por exemplo, a Vanusa e Zorayde, pessoas que viveram na prostituição e eram respeitadas, que abriram caminho pra que nós estivéssemos próximas

[3] Tomba Homem foi o nome pelo qual ficou conhecida uma travesti carioca que morou e trabalhou na prostituição em Minas Gerais, desde finais da década de 1970. Contemporânea de figuras como Hilda Furacão e Cintura Fina, transitava entre a malandragem e a subversão do gênero, e ganhou fama com sua resistência à violência policial. Sua história carrega a história da capital, e foi conhecida pela equipe do Projeto através de relatos orais e também por um documentário produzido por Gibi Cardoso.

[4] O NUH/UFMG produziu, em parceria com Tatiana Carvalho Costa, três vídeos com depoimentos de travestis e transexuais residentes em Belo Horizonte/MG e Juiz de Fora/MG, nomeados respectivamente: "Memorial de Travestis e Transexuais", "Muito Prazer" e "TransHomemTrans".

dessas meninas ali na Av. Paraná, no início da pesquisa. Eu acho que isso é de relevância, toda essa experiência vai acabar falando da rua, e falar dessa prostituição, dessa... como é que eu posso dizer, dessa descaracterização,[5] de ser travesti quando chega numa certa idade, que é o caso da Vanusa e da Zorayde, por morar em periferias. Diferente de uma história como da Anyky Lima. Eu vejo que isso é de uma relevância! Pelo olhar dos alunos na época, muito atentos, quando iam conhecendo a realidade dessas meninas. Porque conheciam até a casa delas; além de conhecer na rua a Zorayde, acabaram conhecendo dentro da própria casa... Eu vejo que começamos a falar desse espaço na rua e acabamos trazendo as propostas pra dentro de casa também, como foi o acesso dentro dessas moradias coletivas que visitamos. Essas relações, entre aspas, familiares, que aconteciam, e de violências ao mesmo tempo, eu vejo de muita relevância.

Eu acho que seria até viável nós assistirmos novamente esse vídeo, porque ele vai trazer muitas lembranças, com falas muito fortes. Aquela fala da Mirella, por exemplo, que é muito forte, que ela fala que nascia quantas vezes fosse e ela ia se tornar travesti, aquela fala é muito... eu até me emociono, me desculpa. É muito marcante, sabe. Eu acho que encontro até essa dificuldade de me debruçar nas lembranças, porque me toca muito, sabe. Essas pessoas que se foram ali naquele vídeo, que deixaram histórias marcantes, uma realidade que estamos vivendo ainda hoje, que está passando batida. A gente precisa da fala da Mirella, eu acho que ela deveria ser sinalizada, em algumas questões daí, porque até hoje é um retrato que nós estamos vivendo o tempo todo, sabe, Marco... E me comove...

E as falas são muito fortes, essa demarcação de como a sociedade é hipócrita, e ela é dividida também, e isso acaba refletindo esse recorte social. Ela tá também muito presente, demarcada na nossa própria população. Não sei se Rafa lembra dessa minha fala, que até hoje uso em qualquer lugar... Hoje, dentro desse novo projeto, estou discutindo muito essa questão de classe, de raça, de escolaridade, essa baixa escolaridade. Eu acho que o livro poderia aproveitar que fez

[5] Lili se refere ao fato de muitas travestis e transexuais idosas pobres, fora da prostituição, serem obrigadas a se descaracterizar (usar roupas ditas masculinas, por exemplo) para sua segurança, por morarem ou transitarem em regiões violentas da cidade.

um campo de pesquisa tão rico, de levantamento, desse índice de escolaridade, pra discutir. Hoje, discutir sobre geração do mercado de trabalho está sendo muito difícil, porque a gente vê o índice de meninas que não têm oportunidade... Quero dizer, que não tiveram oportunidade, não; que foram expulsas muito cedo e não tiveram essa questão da escolaridade. Esse livro vai ser muito enriquecedor, no momento que nós estamos vivendo, porque eu vejo que ele vai servir pra uma reparação social para com a população.

Eu vejo isso como muito relevante de ter construído. Eu fico muito feliz quando olho pra trás e paro pra pensar em todos os trabalhos sociais que eu fiz. Feliz de ter ocupado um espaço de sociabilidade, um espaço que infelizmente é de exclusão social – a gente sabe disso. E essa oportunidade de estar ali nessa pesquisa foi muito enriquecedora, até de aprendizado, de quebrar paradigmas, meus mesmo, fazer uma mudança de discurso social, de militância. Aí eu me peguei muito refletindo a partir do momento que eu estive nesse lugar. E, a partir dali, levar essas demandas aonde eu pude ser ouvida. E não foi pelos meus pares, mas pares diferenciados.

Quando eu falo assim, saindo das questões, dos meus pares de pessoas trans, é muito enriquecedor. Porque eu pude mexer numa ferida, dentro daquele espaço acadêmico, com alunos que estavam a fim de fazer uma transformação social também, de fazer mudança. Eu vejo assim. Tenho só gratidão de ver que foi um mérito meu, eu tenho orgulho disso. Porque quando eu olho pra trás, eu sei que foi um mérito meu, uma gratidão que eu tenho a você que me deu essa oportunidade, por ter confiado. E eu sempre falo nas minhas mesas até hoje, em qualquer lugar: a gente sempre precisa de um gay pra sobressair. Então eu tive você enquanto um doutor gay, um professor, pra que eu pudesse ter um lugar de fala. E ali o meu lugar de fala foi muito privilegiado, ouvido, e a gente está conseguindo trazer uma riqueza fundamental que vai ser vista, vai ser encaminhada pra todo mundo, vai ser um produto, vai ser entregue. Eu sinto o maior prazer, eu não tenho nem expressão, de tanta felicidade de saber desse produto e de saber que fiz mudança em outras vidas de muitas meninas ali dentro.

Eu fico muito agradecida, também, que tem meninas que, no particular, conversam comigo, como a Veruca, com quem tenho amizade até hoje, que é lá da Avenida Paraná. Eu acho muito legal ela falar das questões dela, dessa oportunidade que teve, porque a gente sabe que é uma população muitas vezes invisível. Eu sempre falo assim: eu nunca fui prali, naquele espaço, construir algo a partir das minhas realidades, eu sempre me descaracterizei, colocando a realidade daquelas meninas pra serem pensadas, pensar o trabalho para aquelas meninas. E isso eu acho que foi o fundamental, assim que eu vejo, e muito rico, porque é muito difícil fazer esse papel de sair das nossas raízes, da nossa bolha, pra estar ali dentro daquele outro lugar diferenciado, que não faz parte da minha comunidade, como é a universidade.

No início, eram angústias, que, como eu tinha, os alunos também tinham. Mas eram momentos bons porque nós tínhamos um grupo de estudos que possibilitava estar pensando juntos. Quando esses próprios alunos também receberam pedradas, já não tinha mais aquela proteção. Essas alunas foram guerreiras, não simplesmente –eu observo assim: eu tenho admiração e carinho, porque não foram alunas que foram ali somente com o interesse de escrita, seja pro seu mestrado, seja pro seu doutorado, seja o TCC. Foi muito mais humanizador, foi um trabalho que cada um pegou pra si, mesmo quem nunca teve um contato e que começou a ter um contato muito forte, como Nicole, como Barbarela, como Júlia, Lorena, várias outras pessoas, sabe, que estiveram ali e que eu vejo que tinham essas dificuldades, que são normais em si. Mas essas alunas saíram da sua zona de conforto e enfrentaram. Até poderiam ter desistido, não desistiram, continuaram na pesquisa, pessoas guerreiras. Foram guerreiras essas alunas que estiveram ali, pra se debruçar em cima dessa pesquisa e saber colher. Por ser também pessoas muito jovens, ter um amadurecimento enquanto pesquisadores, os alunos que estavam começando foram muito bem, mais que pessoas mais velhas que estão aí na área.

Eu acho que a minha simplicidade, a forma de eu ser travesti, de uma forma que não estava padronizada, me ajudou muito também. Eu acho que esse meu lado muito místico, de ocupar aquele espaço mas com um pé no chão – e as meninas enxergavam ali a minha forma –, eu acho que sempre fiz na minha vida e sempre faço. Eu nunca me coloquei ali, pras meninas, me aproveitando daquele espaço. Acho que esse olhar de confiança das meninas fazia uma diferença muito grande, o fato delas perceberem que eu estava ali no dia a dia falando a mesma linguagem delas, falando "errado", porque eu não cheguei higienizada, com um discurso técnico. Acho que ajuda muito essa minha forma de me aproximar. Foi muito mais confortável por isso, por eu pensar assim, de saber a hora de entrar e a hora de sair, o momento que era meu momento e o que era delas. Momentos que eu sabia que eu não poderia olhar para aquele homem ali, que eu não estava ali pra aquilo, eu estava ali pra pensar nelas, e ter esse diferencial de estar sempre próxima a elas, fora do campo.

Estar morando na casa da Anyky me ajudou muito. Estar ali próxima a elas acabou me ajudando. Também fui em busca dessas meninas logo quando cheguei, no início, que nem tinha esse projeto. Eu vejo que essa proximidade minha, um pouco bagaceira, esse meu estilo bagaceiro – vou usar dessa forma – de estar ali nesses "boteco copo sujo", acaba colaborando muito, porque eu vejo que essas meninas não tinham esse olhar, não me tinham como UFMG. É diferente das *monas* que estavam no Vale do Jequitinhonha, que me viam como UFMG. Eu acho que as meninas sentiam assim, representadas por eu estar ali ocupando o espaço, e eu soube entrar, deixar os alunos mais confortáveis, e sair fora, no momento certo. Eu acho que isso também ajuda a ser muito gratificante, eu comecei a ir naquele lugar, mas era pra beber, na Rua Guaicurus, junto com as meninas. Eu já não fui mais junto com os alunos. Essa diferenciação colaborou muito. Por mais que eu tivesse medo, na época, me aproximei.

Eu fui poucas vezes na Afonso Pena,[6] eu não cheguei a ir muito tempo na Afonso Pena. Na Afonso Pena eu já tinha um pouco de receio, eu não sei se a Rafa lembra disso. Eu não me encaixei nesse campo, porque o meu campo era de ser mais estilo bagaceira. E por eu não estar dentro dos padrões, próximo do que as meninas estavam, por mais que estivesse dentro do NUH, eu vejo que este trâmite era diferenciado por isso.

A universidade acaba sendo muito violenta. A minha forma dentro da universidade incomodava por eu estar vestida de mulher,

---

[6] Os espaços de prostituição de rua na Avenida Afonso Pena, localizada em região nobre da capital, eram caracterizados pelo grande fluxo de carros e pelos programas mais caros.

não sei se o Marco lembra disso. Eu ia de saião, de chinelinho, toda "hipponga", uma coisa meio praiana, meio hippie, logo que eu cheguei na UFMG. Eu comecei a colocar vestidinho foi depois, quando fiz cirurgia nas pernas, né, porque até antes eu andava de saião, de chinelo, toda esculhambada. E aí eu reparava que tinham vários olhares. Eu vejo que na UFMG, que naquele espaço dentro da UFMG, o que me ajudou a estar ali dentro não foram professores, doutores, que estavam ali. Foi mais aquela equipe de pessoas que estavam ali dentro que eram os jardineiros, as meninas da limpeza, essas pessoas que conviviam com travestis que vinham de uma periferia. E é completamente diferenciada essa proximidade de classe social. Por isso, quando a gente pega essas questões da demarcação, até na prostituição, as violências são demarcadas por essa diferenciação. Na Afonso Pena, pra lidar, era um pouco parecido com a própria UFMG. Ali dentro, meu espaço era o trabalho.

Essa pesquisa ajudou a encaminhar muitas meninas, vejo que isso tem que ficar muito bem registrado ali. Muitas meninas conseguiram esse encaminhamento com os alunos que estavam ali, falando "vamos, vamos fazer isso, vamos levar". Faziam a cabeça da Anyky, que também conseguiu. Então, com os dados apresentados por vocês na hora da reunião... Lembro da Julinha também muito próxima, ela tinha esse papel muito mediador, de levar a pesquisa, fazer a pesquisa, lutar na pesquisa. E você também fazia muito bem isso, Rafa. E então eu vejo que isso é a pesquisa. Acaba que a gente faz um trabalho e depois a gente engaveta ele. Igual esse vídeo – voltando ao vídeo –, que é riquíssimo, que a gente tem que provocar, com esse desgoverno, fazer assim: "olha, a gente tem material, nós estamos aqui". Enquanto o governo não está voltando, vamos colocar nas redes esses materiais, botar pra rodar, vamos provocar esse Ministério da Educação que é horrível. Nós temos ali um produto de outros governos que passaram, e vamos jogar isso. Mesma coisa o projeto, o projeto é de relevância, pra atuação, e agora ele vai ficar muito mais presente, porque vejo que a gente está fazendo uma retomada, e, nessa retomada, esse projeto hoje é de relevância. A gente faz com essas redes maiores. E sobre a questão dos partidos, seja X ou Y, pra mim não interessa, o que interessa é pegar esses dados e jogar ali: tá aqui, usa esses dados, vai dar certo, nós temos tudo. Foi um projeto muito inesquecível, pra aplaudir, mas não podemos deixar de trabalhar nele, nós temos que fazer esse trabalho, sabe. Não sei se eu consegui... passar o que penso.

Esse projeto fechou com chave de ouro, no Encontro Sudeste.[7] Ele possibilitou fazer o Encontro Sudeste, isso tem que ficar muito bem demarcado, de a gente cumprir ali uma agenda, fechar com chave de ouro, levar travestis ali pra dentro, fazer ali dentro da UFMG. Acho que foi um marco histórico que não tem como falar. Esse projeto ajudou muito nessa reocupação social com as meninas, e eu vejo que dali muitas meninas que vieram de fora, de outros estados, que nunca tinham estado na universidade, abriram o campo de buscar uma EJA, de buscar projetos de vida pra elas, meninas que vieram de outros estados. E isso deu uma mudança muito grande pra vida dessas meninas.

E eu fico muito feliz de saber que quem usa os dados do nosso projeto é Marcely Malta.[8] Eu fico muito feliz disso, dela pontuar. Ela pega todos os projetos da universidade – e ela teve a oportunidade de conhecer o NUH – e usa. Ela teve agora uma reunião na Câmara de Vereadores, em Porto Alegre, e ela usou os dados do projeto. E eu acho muito legal que está disponível, ela foi lá e usou. E isso é muito gratificante, da gente saber que tem pessoas que estão usando. Mas como veio essa pandemia, já são dois anos de pandemia, as coisas ficaram muito distantes. Mas é legal que tem outras pessoas usando os dados, os nossos dados.

E, sobre a cultura, a gente tem que lembrar que levar as meninas pro Inhotim[9] foi uma coisa que nunca aconteceu em um evento assim. Foi riquíssima essa questão cultural. Quantas meninas não conheciam, não tinham acesso à cultura, e tiveram uma oportunidade. Não lembro se foi com Marco, uma menina usou uma fala muito forte sobre nunca ter ido. E ficou muito marcado isso dela falar ali

---

[7] VII Encontro de Travestis e Transexuais da Região Sudeste, realizado pelo NUH/UFMG em parceria com o Grupo Orgulho, Liberdade e Dignidade de Colatina (GOLD-Colatina/ES) e com o Núcleo Trans do Centro de Luta Pela Livre Orientação Sexual (CELLOS-Trans), na Faculdade de Educação FaE/UFMG, em 2012. Simultaneamente, realizou-se também, em sua primeira edição, o Encontro Nacional da Rede TRANS-EDUC da ANTRA, a rede de educadoras travestis e transexuais do país.

[8] Importante ativista trans da região Sul do Brasil.

[9] Museu de arte contemporânea e jardim botânico localizado na cidade de Brumadinho/MG, próximo a Belo Horizonte.

sobre a questão de nunca ter ocupado, nunca ter ido. E isso é legal, sabe, vejo que foram resultados.

Também o que puxou o Encontro foram as rodas de conversa. A roda de conversa em que as meninas estiveram, onde foi discutida a questão de nome social no cartão do SUS, que foi feito pelas meninas ali, aquilo também foi muito forte, porque foi uma demanda trazida das meninas da rua, e isso também tem que ficar muito presente. Porque essa era uma questão discutida muito pelas militantes que estavam dentro de grupos, não pra essas meninas que viviam ali na prostituição. E nós demos a possibilidade das meninas conhecerem essa questão da saúde, porque elas falavam na rua que elas não iam nas unidades de saúde por aqueles motivos... Aí teve aquele acompanhamento próximo riquíssimo que esses alunos fizeram ali, de sensibilização das unidades de saúde próximas às moradias delas, pra atender elas, e dos lugares de referência que elas iam também, pra construir esse elo.

Então esse projeto foi maravilhoso, que mexeu com essas meninas, que trouxe novas lideranças que estão aí até hoje. São nomes que a gente tem que citar. A Brenda, que é uma dona de casa, conheceu esse direito que ela não conhecia. A Lorena Paiva veio desse projeto também, por mais que ela batalhava na Europa, mas ela chegou e se aproximou demais. Tem a Gisela Lima, a Cristal Lopez, que foram lideranças-chave... Lembro sempre da Cristal, que nós conhecemos no projeto, cada dia com um nome de uma diva negra, e como ela passou a ocupar outros espaços na cultura e depois na política. Tem também aquela da Pampulha, a Amanda, que não pode ficar esquecida. Quem esteve muito próxima da Amanda foi a Nicole, por ela estar ali na Pampulha. O que elas tiveram de construção foi riquíssimo, e deu empoderamento pra essas meninas serem quem elas são hoje, pra andar de cabeça erguida até hoje. E eu vejo isso nas redes socais dessas meninas, acompanho elas no face. Sou muito grata de ver isso. Até aquela menina da Paraná, ela ocupou o espaço de direito dela dentro da saúde, foi buscando esse espaço. As meninas de Ribeirão das Neves também, que moravam muito distantes, nós mexemos e elas começaram a fazer sua terapia (hormonal), entre outras questões de saúde, e foi muito bacana... E isso tudo foi possível graças ao projeto. E elas também são gratas.

As diferenças que eu vejo hoje que nós estamos vivendo, né... O movimento entendeu, está entendendo, o que é a Universidade e fez essas parcerias. Eu acho isso muito gratificante. Às vezes a gente tem que ficar "antenando" algumas meninas pra isso, porque... O problema hoje não é só da Universidade, os problemas que estão acontecendo são da militância também. A Janaína[10] – que não está mais no nosso meio, tivemos pouco tempo com a Janaína – falava muito sobre isso, sobre como o movimento às vezes é muito ingrato com a nossa luta. O papel da academia é ajudar a construir esses dados que nós vamos fortalecer, o papel deles ali é entrar em cena e sair de cena. A Janaína, por exemplo... Vou falar nela por causa desse projeto do envelhecimento que saiu através do NUH – eu tenho vontade de fazer essa retomada –, essa questão de olhar o envelhecimento na fala das meninas que já estavam ficando velhas, que já estavam preocupadas pensando no envelhecimento. Ela também estava angustiada, porque muitas pessoas nossas estão morrendo. E nós, enquanto militantes, estamos nos afastando de alguma forma, estamos morrendo vivas, muitas entrando em depressão.

O papel da Universidade é esse: montar, fazer, entrar em cena e sair de cena. Nós que somos atores, artistas da nossa própria luta temos que saber pegar esses dados, que já estão consolidados, essa tabulação, e usar, buscar fluir essas questões. Mas eu vejo que os alunos contribuem muito bem. Eu falo também pelas reuniões que estou tendo, o olhar das militantes que estavam com a Juracy.[11] Eu tenho contado das meninas que estiveram dentro do projeto, tem o mesmo olhar, o quanto o projeto da Juracy também ajudou, né. Porque através desses nossos projetos a gente também ajuda a fortalecer outros projetos dentro da Academia; a gente não pode esquecer disso. Eu acho que essa troca de ideias quando a gente foi pra Floripa também nos fortaleceu e nos aproximou. Vejo também que uma coisa muito enriquecedora foram as apresentações dentro do Encontro lá em Recife, que deu

[10] Janaína Lima, pedagoga, importante ativista trans brasileira e amiga próxima de Lili, falecida em 2021.

[11] Profa. Dra. Maria Juracy F. Toneli, da Universidade Federal de Santa Catarina, que desenvolveu um projeto similar ao nosso, em parceria com os ativismos trans locais. Em 2014, as equipes dos dois projetos se reuniram em Florianópolis para conhecer e discutir resultados parciais das pesquisas.

oportunidade de vocês acabarem conhecendo o Encontro Nacional, porque foi feita ali uma ponte pro ENTLAIDS.[12] E uma porta de entrada para aqueles outros vídeos que foram feitos, com Giovana Baby, com Karla, Keyla Simpson. E foi através desse projeto que a gente pode ouvir a voz dessas lideranças. Independente de rede, se foi ANTRA, se foi REDE, as meninas foram ouvidas ali naquele espaço, gravadas. Foi um trabalho riquíssimo desse projeto, e ele tem que ser falado, ser colocado. E essa parceria com Juracy também tem que ser falada, porque hoje eu tenho contato com as meninas do Sul, que estão fazendo um trabalho, estão falando do projeto da Juracy. Quando eu vejo falarem do projeto dela, eu fico feliz. Eu estava lá no NUH, viajamos, fizemos uma troca de experiência, e as meninas estão usando esses dados. Então são coisas que nós estamos usando e que estão acontecendo.

Hoje eu estou buscando novamente essa parceria com o NUH, por causa desses dados, dessa reparação social mesmo, de falar sobre empregabilidade de forma diferenciada, trazendo a questão. Vamos colocar no colo também novamente da educação. Por mais que nós temos uma educação que hoje está, infelizmente... Falar "precária" é pouco, ela está um lixo, que nem é reciclável, nem pra isso está servindo. Mas dá pra pegar o aliado que seria o NUH e alavancar essa questão, pra trazer também o mercado de trabalho. Vocês têm dados riquíssimos que dá pra fazer essas provocações dentro do Estado de Minas, porque o que muda são os dados. Hoje eu mandei um vídeo, não sei se você assistiu, Marco, um vídeo do Contarato,[13] é uma fala dele muito forte, ele chamando a atenção do Ministro. Aí ele traz a questão da travesti/trans professora. E acho bacana a fala dele, e a gente tinha que ocupar e trazer a fala dele, aproveitar esse gancho que estamos vivendo. Esse projeto tem tudo pra incluir dentro dessa fala aí, pra ser somado, com esse desgoverno que estamos vivendo.

***

[12] Encontro Nacional de Travestis e Transexuais que Atuam na Prevenção à AIDS (ENTLAIDS).

[13] Senador Fabiano Contarato, que tem reagido publicamente a inúmeros ataques homofóbicos.

A conversa entre Liliane, Rafaela e Marco Aurélio aconteceu via zoom em função das restrições sanitárias da pandemia de covid-19, e foi finalizada com a inclusão, na sala de vídeo, de várias outras pessoas que compartilharam projetos e afetos com o NUH/UFMG na época da realização da pesquisa. Um reencontro espontâneo, cheio de lembranças e saudades. Lili, nos últimos meses, inaugurou uma outra relação com o meio acadêmico, é aluna de graduação em Enfermagem.

Muitas meninas que participaram das gravações dos vídeos citados, assim como dos campos da pesquisa, nos deixaram ao longo dos anos. Muitas delas vitimadas por condições precárias em saúde (física e mental), trabalho e segurança, contextos que tanto discutimos nas páginas deste livro. Sentimos muito a partida de Mirella de Carlo, Fernanda Muller, Michelle Bordon, Tina, Tiffany, entre tantas outras, aqui homenageadas. Recentemente Anyky Lima, nossa Rainha, fez sua partida, nos deixando com saudades, esperança e responsabilidade em continuar sua luta.

Foto: Roberto Reis.

"Se eu tivesse que nascer de novo, e virar travesti, eu viraria dez vezes de novo. Porque eu amo ser travesti. Eu jamais voltaria atrás, se eu tivesse que fazer tudo de novo, eu faria tudo de novo."
Mirella de Carlo

Sobre as autoras e os autores

Adriana Sales

Graduada em letras, mestre em Educação pela UFMT, é doutora em Psicologia pelo Programa de Pós-graduação em Psicologia da UNESP, Campus de Assis/SP. Ativista junto à ANTRA.

Adriano Souza Senkevics

Doutorando e em Educação pela USP, Especialista em Gestão de Políticas Públicas pela Universidade UnB, com experiência em sociologia da educação, políticas educacionais e indicadores sociais.

Anna Paula Vencato

Doutora em Antropologia pela UFRJ, professora adjunta e coordenadora do Grupo de Pesquisa Gênero, Sexualidades, Socialidades e Subjetivações da FaE/UFMG.

Bárbara Gonçalves Mendes

Doutoranda em Psicologia social pela UFMG, integrou a equipe da Pesquisa Trans no NUH/UFMG e atua principalmente nos seguintes temas: gênero, sexualidades, identidades coletivas, movimentos sociais, política, futebol e psicologia do esporte.

Brune Coelho Brandão

Doutoranda em Psicologia na UFJF, atua nas seguintes áreas: saúde, educação, juventude, políticas públicas, sexualidade, gênero e feminismo, psicologia comunitária e pesquisa-intervenção.

Denyr Jeferson Dutra Alecrim

Mestrando em Medicamentos e Assistência Farmacêutica na UFMG, integrou a equipe da Pesquisa Trans no NUH/UFMG e tem experiência na área de Saúde Coletiva, com ênfase em Epidemiologia e Assistência Farmacêutica.

Fernanda Deotti Rodrigues

Psicóloga hospitalar, doutora e mestre em Psicologia pela UFJF - Linha de pesquisa Processos Psicossociais em Saúde.

Herbert de Proença Lopes

Doutorando em Psicologia pela UNESP, estuda as relações entre psicologia social, processos de subjetivação, gêneros e sexualidades, psicologia comunitária, movimentos sociais, teatro e arte pública.

Igor Ramon Lopes Monteiro

Doutorando em Psicologia pela UFMG. Mestrado em Psicologia, tem trabalhado na esfera da educação e da segurança pública.

João Manuel de Oliveira

Doutor em Psicologia Social pelo Instituto Universitário de Lisboa (ISCTE), é professor visitante associado na UFSC e pesquisa estudos de gênero, estudos críticos da sexualidade e teoria feminista.

Júlia Carneiro

Mestre em Psicologia Social pela UFMG, integrou a equipe da Pesquisa Trans no NUH/UFMG. Professora de Psicologia na FACISA Unaí, dedica-se ao estudo de direitos humanos, ações de mobilização social, criminologia e estudos de gênero

Juliana Perucchi

Doutora em Psicologia pela UFSC, atua nas seguintes áreas: saúde, educação, juventude, políticas públicas, direitos sexuais e sexualidades, gênero e feminismo, psicologia comunitária e pesquisa-intervenção.

Karina Dias Gea

Mestranda em Psicologia Social na UFMG, integrou a equipe da Pesquisa Trans no NUH/UFMG e atua principalmente nas áreas de estudos de gênero e sexualidade; direitos humanos e cidadania; política; movimentos sociais e feminismo.

Keila Simpson Sousa

Ativista LGBT desde 1990 e líder da ANTRA, foi presidente do Conselho Nacional de Combate à Discriminação de LGBT em

2013, ano em que recebeu o Prêmio Nacional de Direitos Humanos. Nos últimos anos, coordenou CPDD LGBT.

Larissa Pelúcio

Doutora em Ciências Sociais pela UFSCar, realizou Pós-doutorado na Université Paris 8. Estuda temas como gênero, sexualidade, saúde e mídias digitais.

Liliane Anderson

Pesquisadora do Núcleo de Direitos Humanos e Cidadania LGBT da UFMG. Atuante em diversas associações e projetos na luta pelos direitos de travestis e pessoas trans.

Lorena Oliveira

Mestra em Antropologia Social pela UFMG, integrou a equipe da Pesquisa Trans no NUH/UFMG. Pesquisa os temas gênero, geração e sexualidade com metodologias de história oral e memória e patrimônio cultural.

Luiz Augusto Mugnai

Doutor em Ciências Sociais pela UNESP, atua principalmente nos seguintes temas: gênero, sexualidade, aborto, mídias digitais, cidadania e direitos humanos.

Luiz Morando

Doutor em Estudos Literários pela UFMG. Desde 2000, desenvolve pesquisa de resgate da memória das identidades LGBTQIA+ em Belo Horizonte, no período compreendido entre 1950-1989.

Maria Juracy Toneli

Doutora em Psicologia pela USP, tem interesse principalmente em: gênero e feminismo, masculinidades, saúde sexual e reprodutiva, diversidade e direitos sexuais, violência de gênero, travestilidades.

Marília dos Santos Amaral

Doutora em Psicologia pela UFSC, desenvolve pesquisas no campo da psicologia social crítica, com ênfase nos estudos de gênero, teorias feministas e estudos queer.

Nicole Gonçalves da Costa

Graduada em Psicologia e Mestre em Psicologia Social pela UFMG, integrou a equipe da Pesquisa Trans no NUH/UFMG.

Olívia Vilas Bôas da Paixão

Bacharel em Direito pela UFMG, tendo sido bolsista do CNPq, em sede de iniciação científica, integrou a equipe da Pesquisa Trans no NUH/UFMG.

Paula Sandrine Machado

Doutora em Antropologia Social pela UFRGS, pesquisa os temas: gênero, sexualidade, corpo, intersexualidades, transexualidades, processos de medicalização e estudos da ciência e da tecnologia.

Paulo Henrique Queiroz Nogueira

Doutor em Educação pela UFMG, atua principalmente nos seguintes temas: juventude, gênero, diversidade sexual e escolarização.

Rogério Diniz Junqueira

Doutor em Sociologia das Instituições Jurídicas e Políticas pelas Universidades de Milão e Macerata (Itália), pesquisa direito à educação, gênero, sexualidade, deficiência, racismo e avaliações educacionais.

Sofia Ricardo Favero

Doutoranda em Psicologia Social e Institucional na UFRGS, suas pesquisas são voltadas para temas como gênero, sexualidade, ativismo, epistemologia, infância, diagnóstico e patologização.

Vinício Brígido Santiago Abreu

Doutor em Psicologia na UFMG, atua na articulação entre psicologia, política, gênero e trabalho, com ênfase em diversidade sexual e de gênero e psicologia social e do trabalho.

viviane vergueiro

Doutoranda em Estudos sobre Gênero, Mulheres e Feminismos na UFBA, é ativista transfeminista.

Este livro foi composto com tipografia Bembo e
impresso em papel Off-White 70 g/m² na Formato Artes Gráficas.